[清]馬時芳 著
張艷 校注

正續樸麗子校注

上海古籍出版社

圖書在版編目(CIP)數據

正續樸麗子校注／(清)馬時芳著；張艷校注.——上海：上海古籍出版社，2019.5
ISBN 978-7-5325-9210-4

Ⅰ.①正… Ⅱ.①馬… ②張… Ⅲ.①雜著-中國-清代 Ⅳ.①Z429.49

中國版本圖書館CIP數據核字(2019)第069860號

正續樸麗子校注

〔清〕馬時芳 著

張 艷 校注

上海古籍出版社出版發行

(上海瑞金二路272號 郵政編碼200020)

(1) 網址：www.guji.com.cn
(2) E-mail：guji1@guji.com.cn
(3) 易文網網址：www.ewen.co

上海惠敦印務科技有限公司印刷

開本850×1168 1/32 印張14.875 插頁2 字數348,000
2019年5月第1版 2019年5月第1次印刷
ISBN 978-7-5325-9210-4
K·2646 定價：68.00元
如有質量問題，請與承印公司聯繫

略説馬平泉（代序）

馬平泉（1762—1837），名時芳，字誠之，號平泉、見吾道人、澹翁等。清乾嘉時河南禹州人。心學家，夏峰北學的後勁。

平泉爲世家子。當其出生時，馬氏在禹州已經三百五十餘年，歷代不乏顯宦名士。十世祖馬文升有文武才，歷仕明景泰、天順、成化、弘治、正德五朝，官至兵部尚書。四世祖馬濬，以王學傳家。三世祖馬相晋，講學嵩陽書院，與中原名士襄城劉青藜兄弟及李來章友善。祖父馬季吴，服膺明代理學家薛瑄，爲學沉潛篤實，絶重躬行。祖母趙氏，爲孫奇逢弟子趙御衆之女孫。趙氏藏書遂盡歸馬氏。父馬興淇，歷署贛縣、樂安、安福、鉛山縣事，爲官清正，善草書。

平泉幼承庭訓，少年時即胸懷遠志。弱冠中副榜，此後屢試不第。年五十二方授封丘縣教諭，盡忠職守，傾心課徒，深得門生愛戴。任職一年五個月，丁母憂歸鄉，隨後家居十數載。年六十五再授鞏縣教諭。年七十五卒於官。著述甚豐，其中以正續《樸麗子》最爲知名。其他尚有《求心録》《馬氏心書》《道學論》《風燭學鈔》《易引》《論語義疏》《來學纂言》《黄池隨筆》《芝田隨筆》《垂香樓文稿》《四家輯語》《挑燈詩話》《風檻待月》《評點智囊補》等，總數百卷以上，篇幅浩繁，内容精切。

平泉畢生服膺心學，精研陸王論著，對孫奇逢學説尤有心得。

明末清初心學大家孫奇逢於易代之際，由河北南遷，避亂河南輝縣夏峰村，課徒講學不輟，直至逝世，歷時二十五年。此後，中原地區就逐漸形成了夏峰北學的重要一支——中州夏峰北學。① 自清初的睢州湯斌、嵩陽耿介、開平趙御衆、襄城李來章、柘城竇克勤、上蔡張沐、儀封張伯行、中牟冉覲祖等人始，到乾嘉時期的夏錫疇、馬平泉、何昱、余昭、劉青蓮、郭爽、鄧萬吉、樊執中、胡煦等人，一代代學者的努力，使夏峰之學在河南的發展未曾稍衰，儘管其影響力已由當初的全國退回省內。在漢學大盛的學術環境之中，平泉擔起承續重任，"恪守前軌，不爲時風衆好所轉移。……闇然自修，孤行其志"②，繼承光大夏峰之學，爲此後河南心學的持續發展鋪平了道路。道咸時的理學名臣李棠階、倭仁，清末民初的教育家、實業家李敏修、王錫彤，乃至新中國的歷史學家嵇文甫，均深受馬氏思想影響。

平泉的思想"以本心爲提綱，躬行爲著落，明體達用爲歸宿"③。概言之約爲四端：

（一）崇尚實用事功，反對空疏道學

平泉繼承王學左派及夏峰北學經世致用的精神，反空疏而重事功。他批評儒學浮泛之風時談道：

---

① 另一支爲河北夏峰北學。代表人物無爲孫奇峰在河北講學時的弟子王五修、王法乾、王餘佑等人。
② 嵇文甫：《孫夏峰學派的後勁——馬平泉的學術》，《嵇文甫文集》中冊，河南人民出版社，1986年，第441頁。
③ 關於馬時芳的學術思想，可參嵇文甫：《孫夏峰學派的後勁——馬平泉的學術》，《嵇文甫文集》中冊，第438—453頁；《記馬平泉的學說》，《嵇文甫文集》下冊，第692—703頁。

吾儒之學，必課諸事而後實。談玄渺，薄事功，自宋儒始也。士大夫好尚中於人心，下爲風俗，而上爲政教。孔明、謝安石皆能以一隅爭衡中原。宋以全盛之勢，遇敵即走竄於臨安。是時尚有天下十分之七，端拱喘息，甘爲小朝廷而弗恥。人皆謂朝廷無人，而不知學術之浮闊有以基之屬也。流風相扇，至於今未已。吾兄試看，世間高談闊論、崇攻簡册者有非夢夢者乎？……如此糊塗，安望其當天下事？蓋古人即事爲學，學焉而日通；今人離事爲學，學焉而日空。（《黄池隨筆·與鳳崖大哥書》）

他認爲宋儒談玄渺、薄事功正是國家傾覆而無由之的原因。離開事功而空談道學，只能日學日空，一無所得。

同時，他認爲真正的道學與成聖成賢並不相悖。針對當時一些學者反空疏道學以至於根本反道學的觀點，如："道學與聖賢各一事也。聖賢依乎中庸，以實心勵實行，以實學求實用；道學則務語精微，先理氣，後彝倫，薄事功。"他反駁道："聖賢、道學安得區分？聖賢，道學之歸宿；道學，聖賢之日用。……至云實心、實行、實學、實用，聖賢有一不如是乎？"（《樸麗子·卷二》）明白指出"聖賢"是"道學"的目的，"道學"是"聖賢"的手段，手段若要達到目的，必須落在人倫日用的實處。

平泉處處以致用爲先。弟子親手植藜，製杖以贈。他"拊之良久，辭。……曰：'子之贈我，以致用也。今年未及杖，故不受。'"（《樸麗子》卷四）連手杖這樣的微物也必以"致用"量之，不中則不受。

（二）揄揚權謀智術

講致用、重事功到一種程度，則對權謀智術的揄揚自成必然之勢。故此平泉尤其欣賞張良：

> 漢有三傑，子房稱首。子房能率衆與敵角逐於原乎？曰：不能。子房能謹守管籥理繁治劇乎？曰：不能。子房之所能者，皆天下成敗興亡之大略，默運於心，應機而發，如庖丁解牛，批郤導窾，游刃有餘。子房可謂能自用其長者矣。（《樸麗子》卷五）

同時，他也非常關注權謀智術在亂世自保、盛世安身上所起的作用：

> 高帝雄斷少恩，手創天下。天下之外，一無所顧。誅韓信、取樊噲頭，實畏惡其智勇，恐後人不足以制之。留侯於分羹時早已覷破，故雖爲帝畫策臣，而始終在即離遠近間。天下甫定，脫然從赤松子游耳。（《樸麗子》卷五）

然而，平泉亦深知權謀智術因過於詭詐，有時未免有故意陷人於阱、坑害無辜的嫌疑，以致爲人詬病，因此他辯解道：

> 佛、老、申、韓、孫、吳之書去聖人之道皆遠，然自聖人用之即聖人矣。譬之桂附皆有毒，然陰寒之疾非此不愈。良醫用藥期於投症，無定品也。夫唯聖賢能知聖賢。太公望、散宜生不遇孔、孟，不且爲權謀術數之雄哉？（《樸麗子》卷六）

爲圖補救，他又給權謀智術的使用設置了底綫。他舉例道：

> 梁孝王使人刺殺故相袁盎。景帝詔田叔案梁，具得其

事,乃恚燒獄辭,空手還報。上曰:"梁有之乎?"對曰:"有之。""事安在?"叔曰:"焚之矣。"上怒。叔從容進曰:"上無以梁事爲也。"上曰:"何也?"曰:"今梁王不伏誅,是漢法不行也。如其伏法,太后食不甘味,卧不安席,此憂在陛下也。"上大賢之,以爲魯相。樸麗子曰:"漢法不行,孰有過於諸侯擅殺輔相乎?具梁王之罪,布告天下,收其組綬,以太后意赦不誅,庶幾其可。田叔佞諛之尤,君子羞之矣。"(《樸麗子》卷五)

可知,他所設底綫即不可爲佞諛而枉法。他希望以此來桎梏權謀智術,使之不至過於越軌,爲奸人所乘。

但是,這一設定究竟合理與否?又如何準確把握?這些問題馬氏都沒有回答。嵇文甫評道:"他既然反對談玄説妙,由是而向另一端發展,凡涉及根本理論問題他都不大感興趣。究竟合理與否,他不加深究,而只是看現狀,講作用。"①也因此,所謂底綫不免懸空,無法落到實處,而權謀智術也就容易流入詭詐一途。

(三)循順物理人情

平泉繼承王學"與匹夫匹婦同的便是同德,與匹夫匹婦異的便是異端",推崇循順物理人情,將之與君子的修爲聯繫在一起:"君子處世,惟情惟理。情理窮,而君子之途塞然。"(《樸麗子》卷三)

他循順物理,強調尊重事物發展的規律:

---

① 嵇文甫:《記馬平泉的學説》,《嵇文甫文集》下册,第703頁。

園中偶出豆一本，樸麗子鋤其草而灌溉之。自春徂夏，蔓引華滋，望之爛然，然而不實。詢諸老圃。老圃曰："是豆也，夏種秋收，感寒氣而結實。今暑方炎炎，安得實乎？"曰："余姑待之。"老圃曰："今已繁盛如此，比秋而黃落矣，又何待焉？""然則，如之何？"老圃曰："子姑剪其蔓、落其華，俾無空耗於外。如此，則是豆也，受氣獨早，蓄精益多，具收成將倍於他豆。"及秋，果然。(《樸麗子》卷一)

他推崇人情，同王陽明一樣，將之上升到天理層面：

鄉人欲志其父之墓。延一孝廉至，所以敬奉者無不到。逾旬，鄉人具紙筆請曰："期迫矣。求先生動筆。"接筆爲書其姓氏、里居、世系、子孫數行而止。鄉人求增益，孝廉作色曰："可書穀幾石、麥幾斗耶？"又一中官干某內翰作壽序。內翰歷序漢唐以來宦寺之禍以畀之。中官大慚恨，月餘不出戶。樸麗子曰："二人所持甚正，然於情何遠也，辭焉猶愈。夫文筆有害於名義者，斷腕弗爲。至於一切酬應之作，何妨少遷就以諧人情乎？人情允愜處即是天理。"(《樸麗子》卷三)

對人情的重視使平泉成爲必然的、樸素的人道主義者。
一方面他與某些儒者大唱反調，旗幟鮮明地批判"執理而不通情"的行爲，包括歷代爲官方所襃揚的忠臣義士。他論方孝孺：

蓋孝孺爲人強毅介特，嗜古而不達於事理，托迹孔孟，實類申韓，要其志意之所居，不失爲正直之士，故得以節義

終。然而七百餘口纍纍市曹,男婦老稚瀝血白刃,彼其遺毒爲已烈矣。(《續樸麗子》卷十八)

另一方面,他深切同情爲悖逆人情的禮教所苦之普通百姓,特別是飽受壓迫的女性:

餓死事果小耶?物果吾與耶?言大而正,遂成科律。若謂不用犧牲無以共祭祀,早寡無依,不妨聽其再醮。誰肯出此鄙語?究其間,得失正相半耳,亦安可不知也?……襄城一婦早寡,父令改適。舅不可,鳴諸官。官從其父。又一婦甫嫁而夫殁,有去志,舅呵斥之,逾月瘦死。(《求心錄》卷二)

他一反程朱科條,公然將"早寡無依再醮"與"寧餓死不失節"相提並論,認爲各有得失,當折衷而行。並舉兩例說明夫死守節對婦女的戕害,言下深有同情之意。這些不能不說都是非常具有革命性的言論。

(四)齊人物,等貴賤

循順物理人情使得平泉對在上者不迷狂,對在下者不鄙視。對在上者不迷狂。他視"聖人"與衆人同,所以不同者,皆在後世"曲儒"可以神化歪曲:

聖賢與人同者也。其不同者,人異之耳。後世理學之名,似特立一格,爲是學者鰓鰓乎求異於人也。(《馬氏心書》卷一)

並打破歷來的崇古迷信：

> 古人亦人耳，耳目口鼻之所同嗜者，未必大遠於人人。（《續樸麗子》卷十）

這種見識在古人中確是相當通達清明的。

對在下者不鄙視。他與鄉人交接毫無爲難勉強之色，反而樂在其中。他不但認爲君子不當免俗，甚至認爲不免俗方是真正的"賢"：

> 習俗移人，賢者不免。不免俗而賢，斯其所以賢也。堅持古義，恭也，而人恥之，竟至無室，亦太甚矣。夫學古，所以善俗，非以戾俗也。執古義以行於俗，安往而不窮哉？《周禮》大司徒以俗教安，帝王且不違俗，況士庶乎？固矣哉，士之爲士也。（《樸麗子·卷七》）

平泉思想約略有此數端。此外，他尚有對包容忍恥、禮俗禮制、教化無功等問題的探討，俟他日再做詳論。

張　艷

2018 年 9 月 21 日

總 目 錄

樸麗子校注……………………………………………… 1

續樸麗子校注…………………………………………… 201

樸麗子校注

整理説明

是書始作於嘉慶二年(1797)，嘉慶八年(1803)完成。馬平泉自序解釋書名來由："樸，不材木也。花不足以悦目，實不足以適口，匠氏數過之而弗覯也。麗者，麗於是以安身也。樸麗子者，其別號，遂以名其書。"内容"遠稽於古，近觀於今，農圃樵牧之屬，街談巷議之語，以及一飲一食、一草一木之細微，有所感發於心，輒警惕咨嗟而書之。感情著乎筆端，或意含於辭外，雖其間未必悉合，要皆反身切己之言，得諸磨鍊艱苦中。其於涉世之方三折肱矣"。從細處著眼，將其心學思想貫注於寓言形式之中，以期唤起人情物理之思。此書是馬氏著作中流布最廣、聲名最盛的一部。目前所見版本有：上下兩卷本，光緒乙未(1895)祥符王渭春刻本；四册本，光緒乙未(1895)證性書屋本；九卷本，民國乙卯(1915)禹縣存古學社石印本，收入《平泉遺書》。經校勘考源，可以確定王渭春刻本與證性書屋本實係一本。王本與證性本雖年代較早，然而均爲選本。遺書本雖較晚出，但一係全本，二爲平泉晚年最終定稿。故《校注》以平泉遺書本爲底本，以證性書屋本對校之。原書無標題，現每段題目係校注者擬定。

目　録

平泉遺書敘／王棽林 …………………… 13
樸麗子敘／李棠階 …………………… 17
樸麗子序／馬時芳 …………………… 19

卷一 …………………………………………… 21
　一　書屋被盜 …………………………… 21
　二　君子先行其言 ……………………… 23
　三　崐山人得玉 ………………………… 23
　四　有老圃善植菸 ……………………… 24
　五　金珠不市鬻 ………………………… 25
　六　大宛人得千里馬 …………………… 26
　七　江南人呼大麥爲小麥 ……………… 27
　八　諸葛武侯云 ………………………… 27
　九　桓宣武曰 …………………………… 28
　十　士有游於楚者 ……………………… 28
　十一　道旁有虎 ………………………… 29
　十二　假使顏淵 ………………………… 29
　十三　君子小人之辨 …………………… 30
　十四　慎獨 ……………………………… 31
　十五　天不絕人路 ……………………… 31

十六　鄉人有爲子謀師 …………………………… 33
十七　童子爲人家傭 ……………………………… 34
十八　村農善居積 ………………………………… 34
十九　子思言於衞侯 ……………………………… 35
二十　宿旅店 ……………………………………… 36
二十一　園中偶出豆一本 ………………………… 36
二十二　觀於匠氏之肆 …………………………… 37
二十三　荆公謂老泉 ……………………………… 37
二十四　聞之郎官 ………………………………… 38
二十五　游崆峒之隈 ……………………………… 39
二十六　有富者倨而勇 …………………………… 40
二十七　有士於盜爲左鄰 ………………………… 41
二十八　縣令某已報最 …………………………… 41

卷二 ………………………………………………… 43
　一　吾鄉有人 …………………………………… 43
　二　鄰家有牝馬 ………………………………… 44
　三　鄉人有妾 …………………………………… 45
　四　或論《西銘》 ……………………………… 46
　五　有少年荒於賭 ……………………………… 47
　六　木工 ………………………………………… 48
　七　一儒者講學山中 …………………………… 49
　八　老儒怒 ……………………………………… 50
　九　嗜博者 ……………………………………… 51
　十　言心言性 …………………………………… 52
　十一　犯而不校 ………………………………… 53
　十二　客有自粵中來者 ………………………… 53

十三　投宿一士家 …… 54
十四　群採玉於山 …… 55
十五　三人浴於河 …… 55
十六　病瘵 …… 56
十七　晋人圍曹 …… 57
十八　吴王夫差將許越成 …… 58
十九　越伐吴 …… 59
二十　宋向戌 …… 60
二十一　盟於平丘 …… 62
二十二　天王使劉定公勞趙孟 …… 63

卷三 …… 65
一　訪於鄉之杖者 …… 65
二　叔孫歸 …… 66
三　隗囂使馬援往觀公孫述 …… 67
四　與鄉人士會飲 …… 68
五　群釣 …… 69
六　農子忽棄其耒耜 …… 70
七　諫宋宗 …… 70
八　醉者臥於途 …… 71
九　吾有幽憂苦衷 …… 72
十　小築新成 …… 72
十一　富翁慳 …… 73
十二　嗜火酒者 …… 74
十三　擔橘欲入城者 …… 74
十四　郡有巨室 …… 75
十五　觀劇 …… 75

十六　唐太宗攻安市城 ················· 76
十七　太宗將征高麗 ··················· 77
十八　將軍中毒矢 ····················· 78
十九　蠅溺浴盆中 ····················· 78
二十　款賓而演戲於庭 ················· 79
二十一　黃老之學 ····················· 80
二十二　共爲人傭耕 ··················· 80
二十三　鄉人欲志其父之墓 ············· 81

卷四 ································· 82
一　園丁種瓜 ························· 82
二　與客食蒸羊 ······················· 83
三　廝夫爲人食馬 ····················· 83
四　嗜菸者 ··························· 83
五　鄉人持隻雞壺酒 ··················· 84
六　獵者臂鷂 ························· 84
七　稻出菝中 ························· 85
八　衆共逐盜 ························· 85
九　客持藜杖 ························· 86
十　獵者設機 ························· 86
十一　南花 ··························· 87
十二　士居僻鄉 ······················· 87
十三　禹郡出紫霞盃 ··················· 88
十四　危者使平 ······················· 89
十五　入雲巖 ························· 90
十六　南山有虎 ······················· 91
十七　猿與麋鄰 ······················· 91

十八　雖有良醫 …… 92
十九　鄉翁嗜酒 …… 93
二十　患脅癰 …… 94
二十一　范陽盧志 …… 95
二十二　庚申夏旱 …… 96

卷五 …… 98
一　《周官》盛水不漏 …… 98
二　老儒湛深經術 …… 99
三　童子食麥飯 …… 100
四　張松暗結劉豫州 …… 100
五　養鳥者 …… 102
六　問鬼 …… 102
七　主人盛筵款賓 …… 103
八　馬服君 …… 104
九　冲世衡 …… 105
十　立國在乎得人 …… 106
十一　盜牢 …… 107
十二　使流俗盡愛 …… 108
十三　惠子謂莊子 …… 108
十四　高帝雄斷少恩 …… 109
十五　唐太宗分遣大臣 …… 110
十六　漢有三傑 …… 111
十七　梁孝王 …… 112
十八　楚元王敬禮申公 …… 113
十九　士攜友游 …… 115
二十　鄉耆 …… 117

卷六 … 118

一　陳白沙問《易》… 118
二　佛老申韓孫吳之書 … 119
三　鹿與虎相值 … 119
四　老人流寓 … 120
五　州吁 … 120
六　齊桓公連八國 … 121
七　盟於甯母 … 122
八　桓公之霸 … 123
九　秦敗晉師 … 123
十　文公斬袪 … 125
十一　秦康公送子雍 … 126
十二　范武子 … 127
十三　士與黠者 … 129
十四　子向者好議論 … 129
十五　孟嘗君 … 130
十六　張相國 … 131
十七　魏惠王 … 132
十八　漢之功臣 … 133
十九　游於大河之北 … 134
二十　南虎與北虎 … 134

卷七 … 136

一　樸麗子之友 … 136
二　賈季怨陽子 … 137
三　柯陵之會 … 138
四　屠岸賈滅趙氏 … 139
五　邑宰以廉稱 … 140

六　遣僕市海洋…………………………… 140
七　讀《漢書》…………………………… 141
八　天時與人勢…………………………… 142
九　金既與宋連和………………………… 142
十　齊侯使晏嬰求繼室於晋……………… 143
十一　士有三十未成室者………………… 144
十二　婦得罪於姑………………………… 145
十三　鄉塾師性方嚴……………………… 146
十四　鄭子皮授子產政…………………… 147
十五　客亟稱姜肱兄弟…………………… 148
十六　與一士人遇於途…………………… 148
十七　陰符………………………………… 149
十八　又損庵與徑臨……………………… 149
十九　御事之要…………………………… 150
二十　某人無禮…………………………… 151
二十一　與友人同飲茶園………………… 152
二十二　行必張拱………………………… 152
二十三　郯城中有一士…………………… 153
二十四　有塾師喜夸大…………………… 154
二十五　生於其心………………………… 155
二十六　富翁憂其子……………………… 156

卷八……………………………………… 157
　一　問儒………………………………… 157
　二　則古稱先…………………………… 158
　三　棄金玉而寶瓦石…………………… 159
　四　士信於知己………………………… 159
　五　歸自郡城…………………………… 160

六　賣酒媼 ································· 161
七　鄉老年 ································· 161
八　跛丐 ··································· 162
九　牡丹隆冬盛開 ·························· 163
十　游苑陵 ································· 164
十一　遇故人之子 ·························· 164
十二　與友觀漁者 ·························· 166
十三　黃陶庵 ······························· 166
十四　崔浩 ································· 167
十五　李光弼 ······························· 168
十六　神宗升遐 ···························· 169
十七　士與人相善復相失 ·················· 170
十八　叔弓如晋 ···························· 171
十九　宋昭公 ······························· 172
二十　智伯欲伐衛 ·························· 172
二十一　耿楚洞 ···························· 173
二十二　士求交 ···························· 174
二十三　勿徇人喪己 ······················· 175
二十四　畫師 ······························· 176

卷九 ······································· 177
一　夜鰥鰥不能寐 ·························· 177
二　甯戚 ··································· 178
三　晋文公 ································· 178
四　韓宣子憂貧 ···························· 179
五　越石父 ································· 180
六　趙孟 ··································· 181

七　魯侯侵鄭	182
八　小邾射	184
九　陳恒弒其君	185
十　越王勾踐	185
十一　趙烈侯好音	187
十二　魏與趙攻韓	188
十三　張耳與陳餘	189
十四　王茂直	190
十五　欲學伊川	191
十六　岳忠武	191
十七　忠武功在垂成	192
十八　張綱致仕	193
十九　靖難師急	193
二十　申文定公掌吏部	195
二十一　孫徵君	195
二十二　士君子不廊廟則山林	196
二十三　木偶	197
二十四　士受辱不動	197
二十五　手擘指畫	198
二十六　老僕	198
二十七　游淵泉之側	199

平泉遺書敘

王棼林①

　　平泉遺書都十一種，禹州馬先生著。當先生時。禹未改縣，故從舊名，文史例然。先生諱時芳，字誠之，居禹治西南觀耡園②，環有平泉，因以爲號焉。
　　馬氏爲禹故家，自端肅公文升③以降，聞人繩繩。先生父諱興淇，號菉洲，以拔貢爲安福丞，歷署名縣，人盛傳其"草聖"。至先生仍世益光，弱冠中副榜。久赴秋試不遇，賦《歸來》詩十二首以見志。後爲封丘教諭，以憂④歸，築精舍於端肅賜第明農堂西偏，作水竹居，杜門却掃者久之。道光歲丁亥復選授鞏縣教諭。

---

　　① 王棼林——原名王森林，字槐三。清末民初禹縣方岗鎮栗子溝村人。舉人。曾游學日本。宗崇心學，絕重躬行。傾向革命，提倡婦女放脚，拆除廟宇。興辦實業，修塘聚水，建橋修路，以求方便百姓。1915 年主持禹州存古學社，刊印《平泉遺書》。1919 年至 1935 年間主筆修撰《禹縣志》，相關人員受食而不受薪，王氏食薪皆不受，義務修志。完稿次年即病故。卒年七十二。此敘作於民國乙卯(1915)十一月十九日。
　　② 觀耡園——馬平泉十世祖、明代五朝老臣馬文升致仕，御賜明農堂，歸養故鄉。因文升閒居常觀農人耕種，故有此名。在今河南禹州梁北鄉觀耡園村。文升舊宅尚存殘垣。
　　③ 馬文升——禹州馬氏第五世。景泰二年(1451)進士。爲官五十餘年，景泰、天順、成化、弘治、正德五朝重臣。曾任兵部尚書、吏部尚書等職。有文武才，多次戍邊平叛。年八十餘卒，謚端肅。
　　④ 憂——此指嘉慶二十一年(1816)平泉居母喪事。

先生已篤老，遲遲後出。道省垣謁大吏，恥之，欲歸。既而曰："崇卑，勢也；昇沈，時也。時勢儻來乎前而我不與，所以定命也。"遂赴選。歲丁酉卒於鞏縣學署，壽七十七歲。鞏人至今思慕之。

先生少縱酒輒醉使氣，中歲與名流角逐，東浮淮南、過江北、渡河、行歌燕市，迄無所得，始痛折節爲學。其學不淪幽渺，不滯言詮，外切求之人情世故，而内直反之吾心自安。峻者夷之，隘者廓之，間者溝之，迂者徑之。自是行千里皆坦途。其於學以求樂、學以解縛之恉，一編之中三致意焉。蓋深悟爲道日損，損之又損，以歸於簡易樸實，隤然幾無復壇宇之存。而其中心藏之者，則默以權略機應、空明澄澈自喜。時龍山李公馭昌禄贈詩云："權略機應皆適道，空明澄澈不是禪。"所未敢昌言譁衆者，國之利器不以示人，誠慎之也。其師法自蘇門①以規②陽明、白沙，而象山，而堯夫、明道，而濂溪，而文中子，再溯郭林宗，以薄張子房，而衍演爲莊周、老聃。其崇論不諱魏武，而更推轂司馬仲達、姚廣孝，間及寄奴、賀六渾，别出孤識以旌公孫鞅。日以惻隱天性，呼人惺惺。顧又曰："菩心太重，不可以學道，此則俟知者知耳。"綜覽先生述作以考班志，固屬儒家者流，而橫潰以入雜家，見王治之無不貫，此其所長也；每下愈況，百姓與能，及其至也，上哲其猶病諸？

先生書大帙首《樸麗子》，次則《求心録》，二者蓋數數增删，故傳寫多異同。前光緒年間，祥符王君渭春③有《樸麗子》之刻，

---

① 蘇門——即蘇門山，在今河南省輝縣西北，又名蘇嶺、百門山。明末清初心學家、夏峰北學創始人孫奇逢曾在山下隱居。

② 規——通"窺"。

③ 祥符王渭春——祥符，今屬河南開封。王渭春，即王樹森，號慰春，亦作渭春。清末民初開封著名紳士，富於家資，出資刻書多種，光緒二十一年(1895)刻印《樸麗子》。

乃依鞏縣孫君子忠①削本，美哉，猶有憾。茲則先生晚年定論也，凡十九卷。《求心錄》分四部，今禹人所存皆非完璧。茲求得先生手書原草照錄，初無卷次。《馬氏心書》四卷，《來學纂言》一卷，《論語義疏》十九卷，《風燭學鈔》四卷，《黃池隨筆》上下各一卷，《芝田隨筆》若干卷，《垂香樓詩稿》可六卷，《挑燈詩話》九卷，《風檻待月》一卷，彙印於吾禹存古學社，先生手著略備于斯矣。

若《鳴竹隨筆》《聞雞隨筆》《垂香樓文稿》《續稿》《周易注》，或隱或殘，皆未及董理。此外《夏峰傳信錄》《四家輯語》文中子、周子、程伯子、陽明。則先生所選訂也。更有《趙寬夫遺書》亦經先生整正。《陽明全集》《理學宗傳》《四書近旨》則先生所評點也。又先生最喜讀《智囊補》②，謂與《易》相表裏。其批本舊藏吾禹楊子蘅先生家，今失之矣。聞李文清公③稱美平泉書，以此爲最。或文清家舊有藏本乎？應俟異日訪之河內李氏。

頃，郭孝廉春園出示先生女弟甘荼女士④詩稿，其楣上行間酬嬉淋漓，皆先生手迹。詩大佳，真星鳳也，宜附先生書以傳，爲

---

① 孫君子忠——孫道恕，字子忠，清末鞏縣人。服膺馬時芳思想，選取《樸麗子》分上下兩卷抄錄注釋。

② 《智囊補》——明馮夢龍輯。選取明以前正史、野史、筆記等材料中關涉權略智謀故事千餘則。

③ 李文清——李棠階（1798—1865），字樹南，號文園，謚文清。河南河內（今河南溫縣）人。理學家。曾任翰林院庶吉士、禮部尚書等職。

④ 甘荼女士——馬靜君，號甘荼女士，馬平泉三妹。適新鄭劉氏，所遇不淑，夫早亡，苦節教子以終。善詩文，有《甘荼女士集》。兄妹二人情深，多有唱和，平泉自以爲不如。

吾友陳明經肇卿①持去，曰以付影印。

先生嘗曰："道有仙風，禪有寂光，在吾儒爲德容。"蓋自讚也。舊傳先生老年嘗應劉氏蒼佩先生②齋。招飲入城，蓋觀者如堵墻。先生至，則乘一牛車，赤面銀鬚。衆歡羨爲神仙焉。則君子之所養，可知矣。先生工書法，不落晋人下，醰醰有道味，即鄉愚亦雅重之。肇卿諉余叙先生《遺書》，并爲之傳。謹（最）〔撮〕其學要，兼寓身世如此。

昔司馬子長成《史記》有《自序》，實即傳也。至班孟堅《漢書》終篇，並命曰《敘傳》。區區之爲，猶師古也。雖然，先生書在，讀者當自得之，敘亦辭費矣。每手一編，輒覺先生不死。晬面盎背，坐人春風。何以傳爲？吾亦自攄吾仰止之意耳。

民國乙卯十一月十九日里後學王棽林敬撰於何陋居之小瑯嬛。

---

① 陳肇卿——陳嘉桓，字肇卿，號具茨山農。清末民初禹縣朱閣鄉馬墳（即馬文升墓）村人。貢生。宗奉心學。曾受禹州知州曹廣權派遣，游學日本。回禹任潁濱經舍師範學堂堂長。又與王棽林一同受學於中州名士李敏修。李稱王、陳及田春爲"禹縣三傑"。參與編纂《禹州志》。其子陳祥驥一貫魚肉鄉里，後以民憤極大而外逃。陳肇卿受累，於1951年被政府槍斃，年七十一。

② 蒼佩先生——劉玉威，字蒼佩，號樾庵。清代禹州人。邑中世家。祖延祜、父劉湛俱曾出仕，皆有文名。康熙五十五年（1716）貢生。工草書，善詩文。嘗與竇靜庵、冉永光、耿逸庵諸前輩講蘇門之學。著有《來嵩閣詩集》。

樸麗子敘[1]

李棠階

予從劉子叶六[2]得讀其師馬平泉先生《樸麗子》一書，而不覺灑然有契於心也。掩卷歎曰："先生其矙然於戒懼之實，而脱然於塵埃[3]之外者乎？"蓋先生宗尚陸王，以慎獨爲本，深造密詣，浩然自得，自宥密之際以達於行習之間，渾然一誠之所貫，而於世味則泊如，於世機[4]則豁如也。慨夫世之儒者離性命與事功而二之，遂致狃古非今失之迂，談精説妙失之空，曲謹小廉失之腐，矜己傲物失之戾，曲徑歧途，紛然錯出，而不可究詰，於是儒滋爲世詬病，而聖學幾不可爲。先生憂之，此《樸麗子》所爲作也。

今讀其書，或寓言，或正言，或恢諧，或莊論，或談笑，或涕

---

[1] 樸麗子敘——證性書屋本作"平泉先生樸麗子序"。
[2] 劉子叶六——叶，證性書屋本作"協"。劉瑞律，字協六，號鏡洛。清代鞏縣劉蘇村人。拔貢生。平泉弟子，從游十年，能紹述乃師學術精要。平泉卒於鞏縣學署，貧乏無以收斂。協六與同人出資發喪，親扶櫬送歸禹縣。同年肄業，坐館授徒。發願刊刻平泉遺著。積三年館金，刻平泉所著《四家輯語》及《風燭學鈔》。後又與同志刊《馬氏心書》行世。今所見馬氏著述多以瑞律所刻爲底本。
[3] 塵埃——證性書屋本作"埃壒"。
[4] 機——證性書屋本作"幾"。

泣，上下古今，洞悉夫治亂興衰成敗之故，而該貫乎物理人情①之微，經緯條理，燦若列眉，要皆自道其心得。蓋慎獨之功愈簡易愈真切，愈精明愈廣大，於世儒之病埽除而廓清之，則自有以隱合乎古人，而超然於意言之表焉耳。抑吾尤願讀是書者，約己而力踐之，以求得其所以然之故。勿拘文而牽義，勿②執此而病彼，則庶幾不失③先生之微意乎？

劉子尊信師說，表章不遺餘力，出是書示余，屬爲之序④。余學無實得，愧不足以發明先生之蘊，而固辭不獲，遂撮其大意於簡編⑤，亦庶幾共相砥礪，以無負先生之教云爾。

河內李棠階。

---

① 物理人情——證性書屋本作"人情物理"。
② 勿——證性書屋本作"以"。
③ 不失——證性書屋本作"不負"。
④ 之序——證性書屋本作"序之"。
⑤ 簡編——證性書屋本作"簡端"。

樸麗子序

馬時芳

往時，余以菲才屏居又損莽①中。遠稽於古，近觀於今，農圃樵牧之屬，街談巷議之語，以及一飲一食、一草一木之細微，有所感發於心，輒警惕咨嗟而書之。感情著乎筆端，或意含於辭外，雖②其間未必悉合，要皆反身切己之言，得諸磨鍊艱苦中③。其於涉世之方三折肱矣。樸，不材木也，花不足以悦目，實不足以適口，匠氏④數過之而弗覷也。麗者，麗於是以安身也。樸麗子者，其別號，遂以名其書。凡九卷⑤，起丁巳至癸亥。今者遇難⑥幸免，感大造再生之恩，不敢虛此歲月，因復取生平所有雜著及《黄池》《芝田》諸隨筆，參稽校訂，合前書爲十九卷。力策餘光，用以仰答天庥，不勝戰兢辣

---

① 又損莽——平泉之書齋。莽，同"庵"。"往昔"至"又損莽中"，證性書屋本作"余以菲才，性復戇愚蠢，爲世所棄，動多齟齬，塊然寂處於深菁茅庵中，如是有年"。

② 雖——證性書屋本無此字。

③ 艱苦中——證性書屋本作"艱苦之中"。

④ 匠氏——證性書屋本作"匠石"。

⑤ 凡九卷——"凡九卷"至"七十三歲"，證性書屋本作"起丁巳至癸亥，凡二百四篇。嘉慶八年清和月，樸麗子序"。

⑥ 遇難——道光十四年(1834)平泉在鞏縣學署之卧房崩塌，僅床鋪處未遭殃及，遂以幸免。

息之至。

　　道光十四年甲午秋八月既望,禹州馬時芳書於羣學天籟亭,時年七十三歲。

卷　一

一　書屋被盜

樸麗子書屋被盜，家人奔告，則急遽而問曰："吾六經舊本尚存乎？"曰："存。"曰："是群聖之法言也，而龍坡居士[一]之遺也。吾《四書近旨》尚存乎？"曰："存。"曰："是六經之總會也，而夏峰先生[二]之手澤也。吾《孝經本義》尚存乎？"曰："存。"曰："非是，何以爲人？呂明德[三]之所以爲明德乎？《諸葛武侯集》①尚存乎？"曰："存。"曰："是伊尹、太公之流亞②也，管、樂不足以當之。吾《韓昌黎集》尚存乎？"曰："存。"曰："壯哉其折庭[四]，湊乎其文似之。吾周濂溪、程明道遺書鈔本尚存乎？"曰："存。"曰："濂溪，後世之孔子也。明道不減顔子。"曰："吾邵子《皇極經世》尚存乎？"曰："存。"曰："其於治亂興壞之機審[五]矣，明道所稱爲内聖外王[六]者也。吾《岳忠武集》尚存乎？"曰："存。"曰："此人目之極則[七]也。善哉'文官不愛錢，武將不惜死'③，審如是，天下有不太平者乎？吾《陸子學譜》尚存乎？"曰："存。"曰："是真能自

---

①　《諸葛武侯集》——證性書屋本作"吾《諸葛武侯集》"。
②　流亞——證性書屋本作"匹亞"。
③　文官不愛錢，武將不惜死——證性書屋本作"'文官不愛錢，武將不惜死'之言"。

得[八]者,子輿氏[九]之的傳也。學如此,然後實。"曰:"吾陽明先生《文録》尚存乎?"曰:"存。"曰:"夫乾,天下之至易也;夫坤,天下之至簡也。愈簡易愈真切,愈真切愈簡易。良知一呼,斯道重光。微斯人,吾其倀倀[一〇]矣。"

【注】

[一]龍坡居士:趙御衆,字寬夫,號惕翁,亦號龍坡居士。明末清初河北灤州(今灤州市)人,後遷河南密縣(今新密市)超化寨。從孫奇逢受業於輝縣蘇門百泉書院,與魏一鼇、湯斌等同門。晚年自號"超化老人"。與上蔡張沐(仲誠)、嵩陽耿介(介石)、睢縣湯斌(孔伯)、雄縣李封(霞表)、沛縣翁深(藏若。原名閻爾梅)、中牟冉覲祖(永光)、超化錢佳選(升階)、杞縣馬菽史(中漢)、超化鄭際夏等相與講學,稱"超化十子"。著有《弗措録》《困亨録》《山曉堂詩集》,手輯《夏峰傳信録》《夏峰答問》。趙氏爲平泉曾祖母之祖父,其藏書後盡歸馬氏,平泉尚得見。

[二]夏峰先生:孫奇逢,字鍾泰,號啓元。明末清初直隸省保定府容城(今河北保定容城縣)人。晚年隱居河南輝縣夏峰村,故有此稱。心學大家,夏峰北學第一人。著有《理學宗傳》《聖學録》《北學編》《洛學編》《四書近指》《讀易大旨》《書經近指》等。

[三]吕明德:吕維祺,字介孺,號豫石。明末新安(今河南洛陽新安縣)人。理學家。曾於洛陽建明德堂,故人稱明德先生。一生精研《孝經》,著有《孝經本義》。李自成軍攻陷洛陽,維祺死節。

[四]折庭:"庭"亦作"廷"。面折廷争的省稱,謂在朝廷上犯顔直諫。韓愈爲諫諍唐憲宗奢靡佞佛而作《諫迎佛骨表》,遭貶潮州。

[五]審:清楚,明白。

[六]内聖外王:古代修身爲政的最高理想。謂内備聖人之至德,施之於外,則爲王者之政。

[七]極則:最高標準。

[八]自得:自己有心得體會。

[九]子輿氏:即孟子,名軻,字子輿。自得,見《孟子·離婁下》:"君子深造之以道,欲其自得之也。自得之則居之安,居之安則資之深,資之深則取之左右逢其原,故君子欲其自得之也。"

［一〇］悵悵：無所適從貌。

二　君子先行其言

樸麗子曰：“聖人云：‘君子先行其言而後從之。’[一]老子曰：‘良賈深藏若虛。’君子盛德，容貌如愚。蓋自古盛德之士，其可以彌綸[二]天地、建立勳業者，未有不始於含蓄深沉者也。夫不深沉，則應事無力；無含蓄，則多忤而善窮。是以君子之立事也，恃行不恃言。凡與人異者，君子尤兢兢，必不得已而後出之者也①。且吾行與人異，雖忤我，我固已得矣。以言忤人，譬如樵者持斧斫壁，無所從得薪，而吾之斧鈍矣。故用斧在乎得薪，不得薪，則且善而藏之②，無爲與壁角也。”

【注】

［一］君子先行其言而後從之：見《論語・爲政》。意謂君子對於打算說的話，先實行，而後才說出來。

［二］彌綸：統攝，治理。

三　崑山人得玉

崑山人得玉，寶之，恐恐然唯懼其失之也。此人工書，習訓詁之學，愛好著述，又時時爲詩歌、筆札。顧[一]自計，以爲古人稱筆墨紙硯爲四寶，文章所藉以傳，乃取玉而斲爲硯。無幾何

---

① 也——證性書屋本無。
② 則且善而藏之——證性書屋本作“則甯刀善而藏之”。

時，怒而揮於石上碎之。其友讓之曰："惜哉，玉也。胡爲乎碎之？"曰："物之所以足貴者，以有用也。此玉堅滑不受墨，尚不如瓦礫，是以碎之。"其友乃欷歔慷慨曰："汝有此玉，汝何不琢之爲璧爲琮，而用以禮天地？汝何不琢之爲圭爲璋，而用以修聘享？汝何不琢爲瓚，以薦黃流[一]？汝何不琢爲磬，以振金聲？且也琢爲璁璜可以節步，琢爲瓊琚可以永好，琢爲如意可以揮三軍而料[三]戎兵。而乃斵爲硯，則其所以爲寶者，乃其所以爲累耳。"

【注】

[一] 顧：於是。
[二] 薦黃流：祭黃河。薦，以之爲祭品。黃流，黃河。
[三] 料：治理。

四　有老圃善植菸

有老圃善植菸。樸麗子與之遇於野，而訪問其術。老圃曰："菸比他物爲難殖，其關係尤在下種與萌芽時。當察節候，而謹其寒燠燥濕。必使生氣充實，無少損傷。此時用力，當十倍他時。初似過勞，合攏計之，實爲省力。今之種菸者多矣，講求其法者亦詳矣，然往往各詡[一]其法，以相陵駕。外爭則内虛，而不足以即[二]吾事之曲折。時多有笑余之術爲拙者，余都不復置辯，及較其所獲，卒亦罕有先余者。今老矣，憶植菸數十年，未嘗一與人較巧拙，而第[三]徐徐間與人略較其直[四]。"又曰："既成束，切勿用水，用水則難久貯，而人得故高下其直[五]以持[六]我。欲重反輕，是謂罔功。"樸麗子矍然[七]拜謝曰："丈人之言，與道大適。"

【注】

［一］詡：誇耀。
［二］即：接近。
［三］第：只是。
［四］直：值。
［五］高下其直：討價還價。
［六］持：挾制。
［七］矍然：急忙貌。

五　金珠不市鷽

樸麗子曰："金珠不市鷽；干將鏌鋣不以決雞鼠；千里之馬負鹽車而行太行，曾不如一駑犞。是以君子得時則駕，不得時則蓬累而行[一]，言卑躬斂迹，不以賢能自耀也。夫衆人瞶瞶[二]，一人昭昭[三]；衆人靡靡[四]，一人皇皇[五]。則此一人者，衆之所惡也，抑其所仇也。地微名卑，分不足以相臨。君子亦何苦以其閒散之身，無罪無辜，而日投諸風波之場乎？斯所以蓬累而行也。然則，隨之與？曰：其無甚害者，隨之可也。若其必不可隨者，則亦聽其惡而已矣，則亦聽其仇而已矣。"

【注】

［一］蓬累而行：飛蓬飄轉飛行。比喻人之行蹤無定。
［二］瞶瞶：昏瞶糊塗。
［三］昭昭：明白。
［四］靡靡：紛亂貌。
［五］皇皇：整肅貌。

六　大宛人得千里馬

大宛人得千里馬，日食粟一石，而不任其驅使。或請鬻之，答曰："非馬之不任余驅使也，余不足以用之也。"或曰："盍獻之國主？"曰："否否[一]，未也。"居久之，漸不能給[二]。或又以爲言。曰："否否，未也。"遲之又久，聞國主欲自通於上國，而購千里馬以爲請，遂獻之。酬以千金。乃謂人曰："余向之不獻馬者，馬非主之所急，豈其[三]捐[四]千金之賞？"吳王方深居乎銷金[五]帳中，衣玄狐裘，飲羊羔酒，國人有獻美絺[六]於前者。美絺者，夫婦織三年始成，薄如蟬翼，天下之絕製也。王見之，曰："嘻！孤安用此，使人心栗[七]。"楚王田[八]於郊，中暑，得渴疾。其臣使秦，歸，購得葡萄酒以獻王。王大怒曰："我方熱甚，而飲我酒，是欲殺我也。"誅之。樸麗子曰："君子藏器於身，待時而動。嘉謀遠猷[九]不以時，無功而獲罪者比比也。悲夫。"

【注】

[一] 否否：不是不是。應對之辭。

[二] 給：供給，此處謂供應馬糧。

[三] 豈其：難道。

[四] 捐：棄。

[五] 銷金：嵌金色綫。

[六] 絺：細葛布。

[七] 心栗：因時當天寒，而美絺單薄，因此見之使人感覺寒冷而想要發抖。

[八] 田：打獵。

[九] 遠猷：遠大的謀略。

七　江南人呼大麥爲小麥

或問曰："江南人呼大麥爲小麥，小麥爲大麥；呼粉爲麪，麪爲粉。何也？又有可異者，回紇傳以父爲阿多，河北人呼父爲大，山東人呼達，閩人呼父爲郎伯，漢沔人呼父爲爸，蜀人呼母爲姐，江漢人呼母爲媞，淮南人呼母爲㜑，吳人呼母爲嬰，何也？"樸麗子曰："子不必問呼爲小麥、大麥，爲麪、爲粉，問一焉而已，曰飽。子不必問呼爲父、爲阿多、爲大、爲達、爲郎伯、爲爸，呼爲母、爲姐、爲媞、爲㜑、爲嬰，問一焉而已，曰孝。"

八　諸葛武侯云

樸麗子曰："諸葛武侯云：'臣①鞠躬盡瘁，死而後已。成敗利鈍，未可逆覩。'裴晉公[一]云：'雞豬魚蒜逢着則喫，生老病死遇時則行。'二公之言何其異耶！蓋武侯所言，天下之事也；晉公所言，一身之事也。天下之事不可已者，吾盡吾力則心無虧欠矣；一身之事之可已者，吾聽諸天則心常閒泰矣。武侯，義也；晉公，達也。然武侯之殁，倉無餘粟，庫無餘錢；而晉公伐蔡[二]，誓不與賊俱生，又未嘗不同也。惟義，故達；惟達，故義。"

【注】

[一] 裴晉公：裴度，字中立。中唐時歷仕德宗、憲宗、穆宗、敬宗、文宗五朝。官至中書令，故亦稱"裴令"。在藩鎮割據的混亂時代撥亂反正，

---

① 臣：原作"目"，據證性書屋本改。

封晉國公。

[二]晉公伐蔡：唐憲宗時蔡州(今河南汝南縣)叛軍首領吳元濟盤踞一方，官軍屢次征剿失敗，形勢極危。裴度親請督戰前綫，終於順利平叛。

九　桓宣武曰

樸麗子曰："桓宣武[一]曰：'成敗由人，存亡繫才。'此英雄語。劉青田[二]云：'隨緣過活。'此曠達語。孔明云：'謀事在人，成事在天。鞠躬盡瘁，死而後已。'此聖賢語。宣武盛氣騰踔，其不在枋頭[三]之後乎？青田頹然自廢，其不在西湖望雲[四]之時乎？知天而不惑，修身以立命，盡己而不盈縮於外，卓然爲千百世模範者，其唯孔明乎？"

【注】

[一]桓宣武：桓温，字元子，一作符子。東晋權臣。消滅蜀"成漢"政權，三次北伐，戰功卓著。後有代晋之心，未成而死。謚宣武。

[二]劉青田：劉基，字伯温。元末青田縣南田鄉(今屬浙江文成縣)人。明代開國功臣，輔佐朱元璋奪取天下。封誠意伯。

[三]枋頭：古地名，北朝時屬汲郡朝歌縣(今河南浚縣西東枋、西枋兩城)。太和四年(369)桓温第三次北伐，先勝後敗，屯兵枋頭時遭遇前燕頑抗，加之糧道斷絕，不得已退兵，途中又被伏擊，大敗而回。

[四]西湖望雲：劉基歿，其子璉、璟之好友黃伯生撰《誠意伯劉公行狀》，文中有云："(劉基)嘗游西湖，有異雲起西北，光映湖水中。時魯道原、宇文公諒諸同游者，皆以爲慶雲，將分韻賦詩。公獨縱飲不顧，乃大言曰：'此天子氣也，應在金陵，十年後有王者起其下，我當輔之。'"

十　士有游於楚者

士有游於楚者，以書問其友曰："僕始至楚，聞其人語，惡之。

人聞吾言,亦似不喜。罕近我者,就之則散去。初不以屑意,既思入其地則思安之,遂學南音。佶屈啁啞,不能上口,頗懷忸怩。然既學之,則思既[一]其事。久之,自思頗相脗合[二],庶幾和其俗而安之矣。出與人言,未數語,則又群訕笑不止。如之何而可?"其友曰:"是謀非吾所能及。夫人失其所類,進退罪也。盍歸乎來?"

【注】

[一] 既:成。
[二] 脗合:符合。

十一　道旁有虎

道旁有虎瞋目而蹲。群童子戲其前。一童子持莛[一]而數之曰:"張汝口,枵[二]汝腹,擊之以莛,汝慴服?"虎屹然不爲動。又一童子持竿而數之曰:"枵汝腹,張汝口,驅之以竿,汝其走?"虎屹然不爲動。又一童子持錐而數之曰:"爪如戟,齒如鍔,刺汝之目,何噬何攫?"虎大怒,瞋目如雙炬,雷轟崛起,磨牙而食之盡。群童子驚散。哀而爲之歌曰:"非虎之暴兮,虎不汝堪兮。擊之驅之,吾平且安兮。子兮子兮,唯汝之自殘兮。"

【注】

[一] 莛:草莖。
[二] 枵:空。

十二　假使顏淵

或問曰:"假使顏淵、曾子當家貧親老時則何如?"樸麗子曰:

"聖人言之矣：菽水[一]而得其歡心，即孝也。"曰："亦思禄養否？"曰："禄及其親，人子之至願也。顧求之有道，得之有命，非人子所能强致也。大抵出處[二]者，人生之大節，無時可以或苟。進禮退義，所以敬身，即所以愛親，孝莫重於此矣。"

【注】

[一] 菽水：豆與水。指所食唯豆和水，形容生活清苦。語本《禮記·檀弓下》："子路曰：'傷哉！貧也！生無以爲養，死無以爲禮也。'孔子曰：'啜菽飲水盡其歡，斯之謂孝。'"後常以"菽水"指晚輩對長輩的供養。

[二] 出處：出仕和退隱。

十三　君子小人之辨

或問君子小人之辨。樸麗子曰："辨在獨。小人唯不知獨，所以瞞昧一生，雖有善行，亦只支架於外，何關痛癢？必於獨中有工夫，方是君子路上人。縱外面不無破綻，不害其爲君子。吾夫子志在《春秋》，只於獨上勘得透。亂臣賊子無所容其奸，所以能撥亂世而反之正，此①真自古天下治亂大機括[一]。不但人品從此分也，世之立教者惟當開發人之本心，從此尋向上路，自然步步踏實，路近而功倍。本心者，獨也。"

【注】

[一] 機括：機關。

---

① 此——證性書屋本無。

十四　慎　獨

或問慎獨。樸麗子曰:"與人前同①。即②以一節言之：臨財勿苟得,義也。然有懼罪者矣,有畏謗者矣。至於罪謗之所不及而亦如之,如漢楊震爲東萊太守,當之郡,道過昌邑。故所舉荆州茂才王密③謁見。至夜,懷金十斤以遺震。震曰:'故人知君,君不知故人。何也?'密曰:'暮夜無知者。'震曰:'天知,神知,我知,子知。何謂無知?'密愧而出。推之,事事皆然,能慎獨也夫④。曰:'猶有説乎?'曰:'不知。'曰:'子從事於學有年矣,何謂不知?'曰:'僕不敏,見其淺而不能見其深也,見其粗而不能見其精也。且吾力之所能勉者,吾知之；吾力之所⑤不能勉者,吾亦不敢知之也。'"

十五　天不絶人路

樸麗子曰:"余聞之：天不絶人路。當險阻之來,雖萬難措手,但有一隙可乘,即當拮据[一]圖存,由此以濟。譬夫山窮水盡,專⑥瞬間,花柳簇簇,又一絶妙世界⑦矣。然此非真豪傑不能

---

① 與人前同——證性書屋本無此四字。
② 即——證性書屋本無。
③ 故所舉荆州茂才王密——證性書屋本作"故所舉荆州茂才王密爲昌邑令"。
④ 夫——證性書屋本無。
⑤ 吾力之所——證性書屋本作"其"。
⑥ 專——證性書屋本作"轉",是。
⑦ 世界——證性書屋本作"境界"。

也。嘗聞一孀婦僅一子，將授室矣，忽病且死。母拊而慟哭曰：'祖宗之祀斬於汝父矣。'子喉間猶絲絲有氣，泣曰：'斬與不斬，尚未可知。'急詰之，云①：'與某臨②女有私，已懷孕八月矣，但不知爲男爲女，且無由致之耳。'語畢氣遂絕。婦不哭，但日咄咄畫空[二]。如是者數日，突携女僕數十人劫鄰女而逃。鄰家共訝曰：'奸耶？彼實婦人。盜耶？彼實巨富。'稟於官，莫能得其所在。數月，婦攜鄰女抱孫自首於官。官聞其故，大嗟賞之，置不問。女亦自結其褵[三]，爲夫死守，撫子成立，事姑以孝聞。蓋其逃時，車四出，婦與女安車軟輪，行皆僻道，晝夜不息，直至分娩而後止。又聞一女子，國色也，勢家欲納爲妾，而女已聘矣。乃賂其里中無賴兒，誣稱與女通。夫聞而辭婚。女家以女素修謹，不允。夫鳴於官。女單身抵夫家，拜於姑前，泣曰：'兒今爲人誣，雖百口奚辭？顧兒處女也，事之虛實可立辨，兒與其辱於官，顛倒於穩婆之手，不若辱於吾姑之前，得實而死，亦無恨於九原也。'遂挽姑入寢室，須臾抽身去。姑出，招其子而謂之曰：'爾婦實無他。言之者誣也。'即擇日與子成婚。夫婦諧和無間。嗚呼！若此兩人者，非所謂真豪傑與？或曰：'私子不可以承祀，女子暴露姑前，皆傷雅道。'腐矣哉。"

【注】

[一] 拮据：勞苦操作。

[二] 咄咄畫空：語出《晉書•殷浩列傳》："浩雖被黜放，口無怨言，夷神委命，談詠不輟，雖家人不見其有流放之戚。但終日書空，作'咄咄怪事'四字而已。"此處指手對空中擘畫，意指謀劃。

[三] 結其褵：結褵，古代嫁女的一種儀式。女子臨嫁，母爲之系結佩

---

① 云——證性書屋本作"答曰"。
② 臨——證性書屋本作"鄰"，是。

巾，以示至男家後奉事舅姑，操持家務。

十六　鄉人有爲子謀師

鄉人有爲子謀師於其友者。友曰："茲有人焉，學孔孟之學，志伊尹之志，明於文事[一]，嫻於鈐略[二]。其達而在上也，内則吉甫[三]，外則召虎[四]；其處而在下也，守先待後，成己成人，亦不失爲鴻儒。如此，其可乎？"鄉人曰："大哉！非吾之所敢望。"其友曰："茲有人焉，則古稱昔，左規右矩，出其門者，皆繩檢之士。如此，其可乎？"曰："正哉！非吾之所敢望。""茲有人焉，博古通今，作爲文章，凌韓爍柳。如此，其可乎？"曰："高哉！非吾之所敢望。""取經之液，掞[五]史之華，明文義，遵傳注，習歸胡王唐[六]之法而茜染之使有色，歷金陳章艾[七]①之氣而鎚鍊之使有光，以帖括[八]名於時。此人何如？"曰："願子爲我先容[九]，吾將敦請焉。雖然，其書法何如？"曰："少病腕，不工書。"問工書者，枚舉②十數人以對，請工書者。

【注】

[一] 文事：文德教化之事。
[二] 鈐略：武事。
[三] 吉甫：尹吉甫，周宣王時重臣，傳說是《詩經》的主要收集者。
[四] 召虎：召穆公姬虎。周宣王時重臣，曾率兵平定淮夷。
[五] 掞：鋪張，闡發。
[六] 歸胡王唐：歸，歸有光，字熙甫，別號震川，又號項脊生，世稱"震

---

① 金陳章艾——證性書屋本作"金陳章黄"。
② 枚舉——證性書屋本作"其友枚舉"。

川先生"。明代崑山縣(今江蘇崑山)人,與同時胡友信、王慎中、唐順之尊崇唐宋古文,皆爲唐宋派文學家。

[七]金陳章艾:證性書屋本作"金陳章黃"。金聲、陳際泰、章世純、艾南英、黄淳耀,俱爲明末古文家,皆江西人,推崇唐宋,力抵王世貞、李攀龍的秦漢派。故有"金陳章艾""金陳章黃"之稱。另有羅萬藻與陳、章、艾并稱"陳章羅艾"。

[八]帖括:唐制,明經科以帖經試士。把經文貼去若干字,令應試者對答。後考生因帖經難記,乃總括經文編成歌訣,便於記誦應時,稱"帖括"。後泛指科舉應試文章。

[九]先容:先爲介紹、關説。

十七　童子爲人家傭

有童子爲人家傭,斥口[一]高歌,雖大勞不廢。主人厭之,禁之不可。主婦曰:"是殆不可禁。請畀其傭錢。"與之,又資以數千。既得錢,因欲以孳利[二],宵晝籌度,歌聲遂絶。樸麗子曰:"傭而歌,天籟也,如之何其能已也?斷之以利而天籟漓,天籟漓而歌聲自息。倘亦所謂拔本塞源者,與彼婦之言可以止喧。嗟彼黃童,游其述中,用滋不爽於厥躬。嗚呼哀哉!利誠萬敗之門也。"

【注】

[一]斥口:張大口。
[二]孳利:生利。

十八　村農善居積

有村農善居積,致小康。一日,忽失錢數十貫。未幾,聞在其鄰家,蓋爲狐所憑[一]也。家人欲發,村農曰:"勿庸。"秘之,而約與同賈[二],獲厚利焉。樸麗子曰:"雖發之,庸有濟乎?而用之,則利在我矣。此事雖小,可以喻大。"

【注】

[一]憑:戲弄。
[二]同賈:一同做買賣。

十九　子思言於衛侯

子思[一]言於衛侯曰:"君之國事將日非矣。君出言自以爲是,而卿大夫莫敢矯其非;卿大夫出言自以爲是,而士庶人莫敢矯其非。君臣既自賢矣,而群下同聲賢之。賢之,則順而有福;矯之,則逆而有禍。如此,則善安從生?《詩》曰:'具曰予聖,誰知物之雌雄?'[二]抑亦君之君臣乎①?'"樸麗子曰:"甚哉,自是[三]之不可也。人君以削其國,大夫以敗其家,士庶人以錮其身。子思豈獨爲衛君警哉!"

【注】

[一]子思:孔伋,字子思,春秋戰國之間魯國人,孔子之孫。曾居衛,與衛國國君多有問答。此段文字見《孔叢子·抗志》。
[二]具曰予聖,誰知物之雌雄:見《詩經·小雅·正月》。原文"物"當作"烏"。意謂都說自己是聖賢,誰能分辨烏鴉的雌雄?
[三]自是:自以爲是。

---

① 抑亦君之君臣乎——《孔叢子·抗志》作"抑亦衛之君臣乎"。

二十　宿旅店

樸麗子宿旅店中，早起，車已駕。見側房一女子據胡床振袂揚聲而談，辭鋒四溢。數男子圍而傾聽①。所言皆人負之之事也。而曰："車驅之，車驅之。"行既遠，顧謂御者曰："適女子之言何如？"對曰："辯哉。""頗見之乎？"對曰："美哉。"曰："美而辯，何以在風塵中也？"御者曰："美而辯，但見人非，不見己非，所以在風塵中也。"

二十一　園中偶出豆一本

園中偶出豆一本[一]，樸麗子鋤其草而灌溉之。自春徂夏，蔓引華滋，望之爛然，然而不實。詢諸老圃，老圃曰："是豆也，夏種秋收，感寒氣而結實。今暑方炎炎，安得實乎？"曰："余姑待之。"老圃曰："今已繁盛如此，比秋而黃落矣，又何待焉？""然則，如之何？"老圃曰："子姑剪其蔓，落其華，俾[二]無空耗於外。如此，則是豆也受氣獨早，蓄精益多，具收成將倍於他豆。"及秋，果然。

【注】

[一] 一本：一株。
[二] 俾：使。

---

① 傾聽——證性書屋本作"聽"。

二十二　觀於匠氏之肆

樸麗子觀於匠氏之肆，見匠師立於旁，諸匠引繩、削墨、揮斤、運斧，惟匠師是聽。匠師徐以所握尺擊木而警告之曰："學匠有要在先：虛其心，以策其力；以敬授人言，勿云己善；其巧無限，勿謂己能；其道難成。"諸匠皆唯唯惟謹[一]。匠師出，一匠亦握尺擊木而言之如前，群起而誶之。樸麗子曰："其言則是，其人則非，宜其辱也。"

【注】

[一] 惟謹：謹慎小心。

二十三　荆公謂老泉

或曰："荆公[一]謂老泉[二]身爲儒生，侈口談兵，以此少[三]之。論者以爲卓識，然與？"樸麗子曰："此猶然當時之習氣，好爲美言者爾①。夫國家雖安，忘戰必危②。宋之敝也，在於怯弱。政尚寬大③，而無鎮國威遠之謀，非講武不足以救之。大臣不知，而儒生知之；大臣不言，而儒生言之。庶幾[四]吾君吾相聞而一悟也。何足爲譏？孔子曰'我戰則克'[五]，豈④張皇於臨時哉？"

① 爾——證性書屋本作"耳"。
② 夫國家雖安，忘戰必危——證性書屋本作"夫國家雖治，忘戰則危"。
③ 政尚寬大——證性書屋本作"君臣偷安"。
④ 豈——證性書屋本作"豈徒"。

【注】

［一］荆公：北宋王安石封荆國公，故有此稱。

［二］老泉：蘇洵，字明允，號老泉。北宋眉州眉山（今四川眉山）人。蘇軾、蘇轍之父。大器晚成，善政論文。著有《權書》《几策》等。

［三］少：批評。

［四］庶幾：希望。

［五］我戰則克：見《禮記·禮器》："孔子曰：'我戰則克，祭則受福。'蓋得其道矣。"又有："暴虎馮河，死而無悔者，吾不與也。必也臨事而懼，好謀而成者也。"大意謂謹慎小心，準備充分，不輕開戰，凡戰必勝。

二十四　聞之郎官

樸麗子曰："聞之郎官[一]上應列宿，出宰百里，苟非其人，民受其殃。縣令，親民之官，帝王猶爲兢兢。士非愷悌慈祥、明達政體者，亦不敢輕充士選①。士以②上無缺政，而閭閻康樂也。自學術偷敝③，士子咿唔占畢[二]，剽搶[三]陳言，以苟[四]利禄。世家子弟，習爲驕惰，不辨豆菽。白屋之士，耳目狹隘，求田問舍，義無可採。若而人者，設一旦居元元[五]之上，而望其軫恤[六]子惠之耶？"

【注】

［一］郎官：謂侍郎、郎中等職。通常爲皇帝左右親近的高級官員。

---

① 士選——證性書屋本作"是選"，是。
② 士以——證性書屋本作"是以"，是。
③ "自學術偷敝"至文末——證性書屋本作"自學術日偷，士子皇皇攘攘，不過取青匹白盜竊陳言以苟利禄。世禄子弟習爲驕惰，酒肉紈綺不辨菽豆，白屋之士耳目不出委巷，求田問舍義無可取。夫舉不辨豆菽、求田問舍之夫，一旦加之元元之上，欲民之無殃，不可得矣。故興學爲治平先務"。

［二］咿唔占畢：咿唔、占畢皆爲讀書聲。
［三］剽捲：剽，搶劫，掠奪；捲，即扯。剽捲，即剽竊。
［四］苟：貪求。
［五］元元：百姓。
［六］軫恤：深切顧念和憐憫。

二十五　游崆峒之隈

樸麗子游崆峒之隈[一]，見一人儀狀樸厚，未嘗學問。與之語，朗朗多可聽，及觀其行事，亦無大疵謬①，鄉里稱善人焉。從者曰："彼不讀書，何以能然？"曰："不讀書，故能然，以無卷帖[二]襞積於中以窒塞之也。"後入資爲縣令，知愛民，刑政不擾民，民德之。偶值逆匪作亂，去其治尚百里餘，令惶惶莫知所爲。城門晝閉，籤民兵[三]登埤[四]聚守，四民失業[五]。夜半有號於城外者，城上人皆驚，號曰："賊至矣！"令震懾不能舉步，諸皁扶以登車。於是人情[六]大駭，叫跳如沸，有投井者，有縊死者。比曉察之，則一人逐盜過城而呼也。樸麗子曰："此不讀書之過。"從者曰："等[七]不讀書也，何前得而後失與？"曰："濟變以才，備載於書，非比尋常日用也。自非薄綜[八]②載籍、究其經綸之妙融貫於心，安能因應不窮哉？吾前所云謂夫不善讀書者也，吾後所云謂夫不讀書者也。夫書必不可不讀，讀之又必有其道。人非五穀不生，一粒不化，即足爲病。子何疑焉？"

---

① 疵謬——證性書屋本作"剌謬"。
② 薄綜——證性書屋本作"博綜"。

【注】

[一] 隈：山水彎曲的地方。
[二] 卷帖：科舉考試方式。
[三] 籤民兵：籤，下令徵調。民兵，古時指鄉兵，列入兵籍，有事則徵召入伍。
[四] 堞：城上呈凹凸形的矮牆。
[五] 失業：不務本業。
[六] 人情：人心。
[七] 等：同。
[八] 薄綜：博通。

二十六　有富者倨而勇

有富者倨而勇。鄉人利其財[一]，欲群劫之，憚而不敢發，乃謀約與賈於外，共尊奉爲賈師，日中[二]其所欲。富者遽[三]自喜，益托大，計會出入漫不以屑意。鄉人恣意乾沒，不數年，家資蕩然，鄉人皆肥，時周之，後不能繼，遂至行乞。人謂之"師丐"云。樸麗子曰："人雖至陋，喜尊奉己者。遇攘奪者，懦夫亦奮[四]，庸詎[五]知尊奉之深於攘奪乎？夫足不躓[六]於險而躓於夷，人不死於火而死於水。攘奪者易防，尊奉者難覺。戒之哉！"

【注】

[一] 利其財：以其財爲利。
[二] 中：滿足，迎合。
[三] 遽：於是。
[四] 奮：奮力反抗。
[五] 庸詎：豈。
[六] 躓：跌倒。

二十七　有士於盜爲左鄰

有士於①盜爲左鄰，數勸之，弗悛[一]，脅以危語而止。盜大困，日詬詈。士不能耐，謀之右鄰。右鄰曰："君自度能制之乎？"曰："不能。""既不能，何若聽彼所爲乎②？不則恐且劗[二]刃於君之腹中。"自是，盜如故。居久之，罵③復熾。右鄰詰其故，盜曰："彼嘗數勸我，今雖置我，其腹非[三]我也。"士聞斯言也，以其家行。樸麗子曰："人欲如火，抑之實難。礙人之欲，危矣哉！"

【注】
[一] 悛：悔改。
[二] 劗：插，刺。
[三] 腹非：同"腹誹"。口中不説，心中譴責。

二十八　縣令某已報最

縣令某已報最[一]也，謁上官。上官以某縣難治爲憂，令請往至。糾以嚴刑，愈嚴而愈紛也。數月，以病去。樸麗子曰："令知其一，不知其二。亦狃[二]於蒲騷者與？夫刑所以弼教，以慈祥爲本。殘民以逞[三]，未有不亂者。人性皆善，苟誠有以感動之，款款爲謀，無所拂戾，誰則必爲惡者？至於陷身刑戮，上之人

---

① 於——證性書屋本作"與"，是。
② 何若聽彼所爲乎——證性書屋本作"何若聽彼之所爲而若罔聞知乎"？
③ 罵——證性書屋本作"詈"。

所當哀矜。天之於人,至篤也。孰非其嬰孩,而可肆爲荼毒乎?裴政[四]奉命撰新律,人議除訊囚諸酷法,深得祥刑[五]之旨,至今賴之,可謂仁人也。"

【注】

[一]報最:舊時長官考察下屬,把政績最好的列名報告朝廷叫報最。

[二]狃:局限,拘泥。

[三]殘民以逞:殘,殘害;逞,稱願,滿足某種心願。殘害人民,來實現某種願望,使自己稱心如意。

[四]裴政:裴政,字德表。南北朝至隋時人。精通法理。奉楊堅之命與蘇威合編《開皇律》,對後世刑罰制度影響深遠。

[五]祥刑:善用刑罰。

卷 二

一　吾鄉有人

或曰："吾鄉有人焉,君子也。其情熱,其言直,愛人如不及。"樸麗子曰:"熱情之中有禮焉？愛人之中有道焉？牧童憫其牛之多虱也,而澆之以沸湯,虱盡而牛糜爛。鄰翁有駿駒種,愛之,日食以精鑿[一],以氈簟藉其蹄[二],寢處室中。人謂之曰:'是非馬性。宜食芻豆[三],牧郊坰[四],而習其馳驅。'弗聽。駒長,不能噉[五]芻豆,精鑿不給,日漸羸。見韁鞿則狂跳,不任驅策。用幹者[六]壓而驅之,不數武[七]輒汗喘。翁鬻之。人亦卒不能馴也,殺而食之。若此二人者,其愛馬牛耶？其非愛馬牛耶？且吾尤疾夫假愛人之情,以行其詐而售其奸者也。"

【注】

[一] 精鑿：指舂過的精米。
[二] 以氈簟藉其蹄：羊毛或其他動物毛皮製成的塊片狀材料。簟,供坐臥鋪墊用的葦席或竹席。藉,以物襯墊。意謂以人用的氈簟來襯墊馬蹄,可見其愛重。
[三] 芻豆：草和豆。
[四] 郊坰：泛指郊外。
[五] 噉：吃。

［六］幹者：有能力的人。此指長於馬術的人。
［七］武：原指一次舉足所跨的半步。後泛指脚步。

二　鄰家有牝馬

　　鄰家有牝馬，良驥也。乳子，愛護之甚，見人輒踶跑。鄰家怒呼衆束縛之，而鞭其子。馬氣噴湧①，目如血，鬣尾皆張，以頭觸柱，長嘶訇然，奮踶起丈餘，繩索斷絶如割，自是愈益躁烈。人皆相顧錯愕，莫敢近。一童子時以香料竊食其子而拊摩之，馬顧視帖然，如是者數日。童子察其無他，徐絡其首，牽之游郊坰間，馬隨之惟[一]所往。時驅策之，亦不忤。與之漸相習。居無何，馴擾[二]如平時，卒稱良驥。樸麗子曰："馬猶是馬也。因溺其子而踶跑，是失其性也。鄰家怒而鞭其子，盛氣與馬角[三]，是亦失其性而已。以氣治氣，變而愈厲。大凡物之有所溺者，不可奪也，而可用也。童子亦智矣哉。"

【注】

　　［一］惟：聽從。
　　［二］馴擾：順服。
　　［三］角：鬥。

---

① 噴湧——證性書屋本作"盆湧"。遺書本是。

三　鄉人有妾

鄉人①有妾恃寵而侈,家日落。其妻數以直言勸夫,不聽②。心啣之,妾又肆爲讒構。妻懼,力諫,繼以泣。夫大恚,絕之,不與通一語。妻歸而謀諸其姊曰:"自妹適,夫家貧窶③,與夫共④勤劬,粗立業⑤。今夫惑於新婦,人將破吾家。諫弗聽,反疾予如仇⑥,將奈何?"姊曰:"夫疏間親、邪矇正、情掩義,皆至常也,無足怪⑦。第夫婦如仇,是則不祥之大者。盍屈意於妾,因以悦於夫⑧?"曰:"屈意不難,如吾家何?⑨"姊曰:"咄咄⑩!癡女子!汝吾人,人已不吾汝矣。[一]汝勢不過貪糟糠始糟糠終⑪,何不可者?世間多貧夫婦,孰與夫反目如仇者哉?凡吾爲汝謀,非徒安汝身,實以全汝義也。"從之,自是夫婦如初。

────

①　鄉人——證性書屋本作"閩士"。
②　不聽——證性書屋本作"夫不聽"。
③　夫家貧窶——證性書屋本作"夫家家貧窶"。
④　共——證性書屋本作"日夜"。
⑤　業——證性書屋本作"家業"。
⑥　諫弗聽,反疾予如仇——證性書屋本作"吾泣諫不聽,而反疾予如仇"。
⑦　夫疏間親、邪矇正、情掩義,皆至常也,無足怪——證性書屋本作"夫疏間親、邪勝正、情掩義,皆至常,無足怪者,曷於丈夫乎多求"。
⑧　因以悦於夫——證性書屋本作"因以悦於夫,姑任汝運守"。
⑨　曰:屈意不難,如吾家何——證性書屋本作"汝默曰:'屈意不難,第吾不言,如吾家何'"。
⑩　咄咄——證性書屋本作"嗟哉"。
⑪　汝勢不過貪糟糠始糟糠終——證性書屋本作"且汝即不言,勢不過貪糟糠始糟糠終"。

【注】

　　［一］汝吾人，人已不吾汝矣：意謂你把人家當自己人，人家已經不把你當自己人了。

四　或論《西銘》

　　或論《西銘》[一]曰："《西銘》論萬物一體之理是也。然豈徒心知此理，即道濟天下乎？父母愛其子，有疾病、患難而不救，可乎？今不講體國經野[二]之政、捍災禦變之方，而曰'吾仁愛之心同於天之生物'，果此心一舉，萬物即生乎？吾不知之矣。"又論《大學衍義》[三]曰："《大學》條目，自格物至治平，條條相因，各有其功。《衍義》列目至齊家而止，謂治國平天下可舉而措之。其虞舜時瞽瞍允若[四]，洪水即平、三苗即格乎？周文之世，太姒徽音[五]，江漢即化、崇侯即服乎？吾不知之矣。邱瓊山[六]補之，似矣。然不究古今時勢、南北情形，縷陳多法，悉請施行，是亂天下也。即其海運一議，臚列歷年漂失之數，謂所省足以相抵。不知一舟人命詎止[七]數十，合數十舟即逾千百，又焉抵乎？"樸麗子曰："儒者不用於時，則立言以訓世。《西銘》力發仁體，固無可議者；《大學衍義》亦有用之書，然拋荒治平何哉？《衍義補》余亦疑之，至海運一議，爭利便輕民命，真不可令仁者聞矣，大抵狂夫之言。聖人用以資治，若一有執住，《官》《禮》亦禍世之書。天下不患無任事之人，患不曉事耳。陸子云：'往時充員救局[八]，於四方奏請、廷臣建置更革及書生貴游[九]獻計，與同官悉意論駁，嘗得寢罷。編摹稽考，何足當大臣之膳？唯此，庶幾可償萬一耳。'"

【注】

［一］《西銘》：爲北宋哲學家張載所作《正蒙·乾稱篇》中的一部分。張載曾將其録於學堂雙牖的右側，原名《訂頑》，後程頤將《訂頑》改稱爲《西銘》。核心思想在以乾坤、天地和父母（含男女，夫婦及家庭）爲一體，以乾坤確立起感通之德能，闡明此德能如何從個體之身位向家庭或家政展開，并推達到天下。本段以下引文出自紀昀《閲微草堂筆記·姑妄聽之》。

［二］體國經野：體，劃分。國，都城。經，丈量。野，田野。把都城劃分爲若干區域，由官宦貴族分別居住或讓奴隸平民耕作。泛指治理國家。

［三］《大學衍義》：南宋理學家真德秀撰。其治國之道、民生之理和廉政文化很爲後世所推崇。康熙皇帝稱之爲"力明正學"。

［四］允若：順從。

［五］徽音：猶德音。指令聞美譽。

［六］邱瓊山：邱濬，字仲深，號琛庵，又號玉峰、瓊臺等。明代廣東瓊山府（今海南海口瓊山區）人，世以"瓊山"尊之。著有《大學衍義補》。

［七］詎止：豈止。

［八］敕局：宋時内廷承旨撰製法律條例的機構。此當指中央行政機構。

［九］貴游：指無官職的王公貴族。亦泛指顯貴者。

五　有少年荒於賭

有少年荒於賭而貧①。樸麗子念其有親誼，爲之極論賭之不可與所以立身成家之道。少年感動②，遂斷賭。居無何，或告

---

① 有少年荒於賭而貧——證性書屋本作"有少年荒於賭，無以資其生。一日過樸麗子，樸麗子念其有親誼而哀其窮，握其手而送諸里門之外"。

② 感動——證性書屋本作"感激"。

樸麗子曰："某少年大忿子①,且出惡言,子其防之。且子何所得罪於若?"樸麗子沉吟久之,曰:"吾於若無所得罪。"繼而爽然[一]曰:"抑[二]余欲有以問子:若復賭乎?"曰:"賭。"曰:"賭則吾知罪矣。夫以忠言讜論[三]②匡拂人,用則其德[四]也,不用則其仇也。吾曾力規若賭,其仇我,固矣。吾平生好直言,吾仇多矣,可勝防乎?吾亦防吾之直言而已。"

【注】

[一] 爽然:了然。
[二] 抑:連詞。於是,那麽。
[三] 讜論:直言。
[四] 德:感激。

六　木　工

有木工者,天下之良工也,性孤懻[一],所授徒惡其直,多叛去。一人左右隨工師指,雖督責甚,滋益恭。工師喜,爲之盡。久之③,所爲器獲厚利,直倍他工。④ 一日,又督責之,輒訇然怒收其斤斧繩墨以去⑤。居常指所獲笑謂人曰:"吾向所以屈抑

---

① 大忿子——證性書屋本作"大詈汝"。
② 讜論——證性書屋本作"極論"。
③ 久之——證性書屋本作"閱數載,粗得工師術"。
④ 所爲器獲厚利,直倍他工——證性書屋本作"所爲器往往獲厚直,倍於他工"。
⑤ "怒收其斤斧繩墨以去"至"吾向所以屈抑於彼人者"——證性書屋本作"發怒,收其斤斧繩墨以去,不復至工師家。居常指所獲直嘻笑謂人曰:'吾向所以忍數年氣,屈抑於老傖者'"。

於彼人者，爲此故也。"樸麗子曰："好譽惡直，世路之難行①，久矣。今觀工師爲徒子所賺，又有不在於此者。蜀道闢而日險，悲夫！"

【注】

［一］孤戆：迂愚而剛直。

七　一儒者講學山中

一儒者講學山中，遇老人，日相款接，有深識。久，叩曰："我可爲聖賢乎？"老人曰："君所講道學，與聖賢各一事也。聖賢依乎中庸，以實心勵實行，以實學求實用；道學則務語精微，先理氣[一]，後彝倫[二]，尊性命[三]，薄事功。用意亦少別。聖賢於人有是非心，無彼我心；有誘導心，無苛刻心。道學則各立門户，不能不爭；既爭，不能不巧詆以求勝。以是意見生，種種作用遂不盡，可令孔孟見矣。君剛大正直之情，實可質鬼神而無愧。率其本性爲聖爲賢，亦在此。若君所講，則各自一事，非愚之所知也。"樸麗子曰："聖賢、道學安得區分？聖賢，道學之歸宿；道學，聖賢之日用。然如老人所列，則真各一事矣，可勝嘅[四]哉？至云實心、實行、實學、實用，聖賢有一不如是乎？嗚呼！彼老人者，其抱道而隱者與？"

---

① "世路之難行"至段末——證性書屋本作"世路之難行也，久矣。今觀工師爲徒子所賣，又有不在於此好譽惡直者。悲夫，蜀道闢而日險，人心變而愈厲。昔賈瓊請絶人事，有以哉，有以哉"。

【注】

　[一]理氣:"理"指事物的條理或準則,"氣"指一種極細微的物質。宋以後,理氣關係問題成爲哲學中兩種觀點爭論的中心。
　[二]彝倫:彝,常;倫,理。意爲常理,常道。
　[三]性命:指萬物的天賦和禀受。
　[四]嘅:感歎。

八　老儒怒①

　　有老儒怒而謂樸麗子曰:"弟子某貧,初欲廢學。余强教之,飲之食之,書籍紙筆資給之。及入庠,望之有加。乃忽舍余去。自是,與余若不相識。余欲嚴繩之。"樸麗子曰:"何益?"曰:"雖無益,彼能無愧乎?"曰:"是奚可哉?吾德既不足以化之,威又不足以制之,而使人愧。君子愧而奮其修;小人愧而戾其氣。小人無愧;愧矣,君子之懼。轉深愧而怒,不如不愧之,猶得以少安也。事之行也,以求益也。無益而又甚焉,子其謂之何?"

---

① 按:此段與證性書屋本異文較多。具引書屋本如下:有老儒蹙眉而愬於樸麗子曰:"弟子某家貧,初父兄欲廢學。余愛其材而强教之,而飲食之,書籍紙筆皆給資之。及入庠余益喜,望之有加。亡幾何時忽舍予去。自是,與余若不相識。余欲糾衆弟子數其失而責之,何如?"樸麗子曰:"雖責之庸何益?"曰:"雖無益,彼能無愧於心乎?"樸麗子搖首曰:"是何可哉,是何可哉?吾之德既不足以化之,威又不足以制之,而使人愧。君子愧而勵其修,小人愧而鼓其氣。夫泯泯者日肆焉,以躑躅於謬戾之叢而冥不知愧,君子懼焉。而君子之懼。轉深愧而怒,固不如不愧之,猶得以少安也。子休矣。以求益也,無益,而更甚焉,子其謂之何?"

九　嗜博者

　　有嗜博者①，日常不足，然不敢令其父見也。一日，父大怒，焚其博具，扃外户，使不得出。數日不能食，羸然病矣②。父憐之③，縱之出。自是，博益橫[一]。又有嗜鬥雞者如狂④，父禁之，不可。殺其雞，又購一雞，復殺之，遂鬱鬱以死。樸麗子曰："人生⑤各有所樂，君子樂得其道，小人樂得其情。所樂者，生趣也。無生趣者死。博與鬥雞，敗類也。然既視若性命矣⑥，惟當從容開喻⑦，以需其一旦之悟⑧。不則亦⑨防閑[二]之，使不至大肆而已⑩。亟亟⑪厲禁之，勢必不行；行，則其患往往轉有加於所禁之上。自古欲興化致治，而或僨[三]焉者⑫，則操切之爲之也。"

---

　　①　有嗜博者——證性書屋本作"有少年嗜博者"。
　　②　數日不能食，羸然病矣——證性書屋本作"數日後，忽忽自失，若喪魂魄，飲食悉不能下咽。亡何，羸然病卧於床矣"。
　　③　"父憐之"至"博益橫"——證性書屋本作"父憐之，使復博。自是遂不畏其父"。
　　④　"有嗜鬥雞者如狂"至"鬱鬱以死"——證性書屋本作"有少年嗜鬥雞者，日籠雞逐逐各村中如狂，饑寒皆不能自恤。其父不能禁，怒而殺其雞，又出重貲購一雞，復殺之。少年居無所事，亦漸就尪廢，卒鬱鬱以死"。
　　⑤　人生——證性書屋本作"民生"。
　　⑥　然既視若性命矣——證性書屋本作"爲父者既不能端其好惡於始，而使至此"。
　　⑦　開喻——證性書屋本作"開諭"。
　　⑧　以需其一旦之悟——證性書屋本作"以需其一旦之悟可也"。
　　⑨　亦——證性書屋本作"亦惟"。
　　⑩　而已——證性書屋本作"焉則已矣"。
　　⑪　亟亟——證性書屋本作"急急焉"。
　　⑫　自古欲興化致治，而或僨焉者——證性書屋本作"自古欲興教化、移風俗而益僨焉者"。

【注】

[一] 横：放縱。
[二] 防閑：防備和禁阻。
[三] 債：失敗。

十　言心言性

言心、言性、言理氣，皆恍惚，無不質對[一]。至於實事，試而不見，其短立見。故必持一不可行之説，使人不能試，而後號於衆曰："吾所傳者，先王之法，足爲萬世致太平。如不用何？"後之言"封建井田"是也，是亦有激而云而。論者謂："學，求聞道而已，曰天、曰心、曰性。忠孝節義猶爲末務，禮樂刑政更末之末矣。爲是説者，其必永嘉之徒[二]也夫？"樸麗子曰："封建井田不可復舊矣，言封建井田者，只坐不練事，好高務大耳，不必過繩。至於天也、心也、性也，忠孝節義、禮樂刑政也，一而已矣。忠孝節義者，心性之見端[三]；禮樂刑政者，忠孝節義之條件也。惡有所謂末？又惡有所謂末之末哉？"

【注】

[一] 質對：對證。
[二] 永嘉之徒：指永嘉學派，又稱"事功學派""功利學派"等。南宋時形成於浙東永嘉（今温州）地區，提倡王霸、事功之學的儒家學派，代表人物爲葉適。在哲學思想上，認爲道在物中；提倡王霸、功利之學，反對虚談性命。此段所引"論者"文出自《閲微草堂筆記·姑妄聽之》。
[三] 見端：顯露的端倪。

十一　犯而不校

曾子云："犯而不校。"[一]① 不校，而人以爲易與[二]，屢犯而益甚，斯亦難矣。鄰家牽牛②，踐踏老農苗。人告之，不問。未幾，刈其禾，不問。未幾，叱犢侵其田而耕，又掘其墳上樹取其枝。未幾，老農往詰之，曰："奚爲侵吾田？"曰："吾兩家壤畔相銜接，地皆開荒，誰爲畫界？我侵若耶？若侵我耶？""何爲伐吾墳樹？"曰："若不葬南崗北陂，其樹根枝半在我地，我掘其根取其枝，於若何與？"老農氣結，不能言，連揮之，徐曰："吾過矣。吾地不當與汝接，吾墳不當與汝臨也。"

【注】

[一] 犯而不校：別人冒犯自己也不計較。出自《論語·泰伯》。
[二] 易與：容易對付。

十二　客有自粵中來者

客有自粵中來者，珍寶奇玩羅几上③，樸麗子若無睹。客曰："此物顧[一]不佳耶？"曰："吾性不嗜此。"徐又出老坑端溪

---

① 曾子云犯而不校——證性書屋本作"樸麗子曰：'曾子云："犯而不校。"雖不能至，願學焉'"。
② "鄰家牽牛"至"人告之不問"——證性書屋本作"老農之事可怪哉。鄰家嘗牽牛而踐老農之苗，人告之，老農曰：'偶然耳。'若弗聞也者而置之"。
③ 珍寶奇玩羅几上——證性書屋本作"珍玩奇寶羅列几席"。

硯[二]數方。遂趨而出①。客挽②之曰:"不足當一視耶?"曰:"非不欲視,顧[三]此物鄙人③所好,恐觸目戀戀④,不能遽割耳。避之,所以塞邪萌⑤。"

【注】

[一]顧:難道。

[二]老坑端溪硯:老坑,指年代既久、素以出產量大且質精而著稱的石材坑口。端溪硯,廣東肇慶(古稱端州)所產名硯。

[三]顧:但。

十三　投宿一士家

樸麗子與老友投宿一士家。士出所爲文數首,老友大歎賞。士喜,又出數十篇,具美饌旨酒進老友。左手握巨觥,右手持文,流目[一]縱談,每閱一藝,諛辭有加,而酒亦屢變益上。顧士貌翊翊然[二],惟恐老友不劇飲也。少間,樸麗子請曰:"文果佳乎?"老友曰:"余並未嘗入目。""不入目何以贊不容口?"笑曰:"贊而已,何須入目?與子晚投人家,素不相識,不如此,安所得酒食乎?世俗好諛惡直,子閱歷久,頭斑白,尚不知耶?此子所以窮也。子能舍而從我乎?飲糟啜醨,且將與子遨游乎通衢。"樸麗子默然良久,曰:"吾思之,吾重思之。"

---

① 遂趨而出——證性書屋本作"樸麗子趨而出"。
② 挽——證性書屋本作"挽留"。
③ 鄙人——證性書屋本作"余"。
④ 恐觸目戀戀——證性書屋本作"恐視之而戀戀於心"。
⑤ 避之,所以塞邪萌——證性書屋本作"余之趨而違之者,自審其力不足,所以塞邪萌"。

【注】

［一］流目：瀏覽。

［二］詡詡然：自得貌。

十四　群採玉於山

群採玉於山，道遇虎蹲而磨其牙。有二人請避虎，由他路進。諸人奮然曰："吾等群來，乃爲一虎所阻，必阻虎，汝行矣。"遂與虎角。久之，虎急，怒而嘯林，木皆震動，群彪闃至[一]。衆懾慴[二]，莫知所爲。虎大肆搏噬[三]，有死者有傷者，餘各奔竄去。及二人獲玉以歸，聞之，歎曰："不用吾言，以至於此。夫成事者不角氣，角氣者無所成。山之入也，爲得玉也。狠[四]與虎角，雖勝虎且稽[五]吾事，況不勝乎？卒之死傷枕藉道路間，亦奚爲哉？亦奚爲哉？"

【注】

［一］群彪闃至：彪，虎；闃，喧鬧。群虎喧鬧而來。

［二］懾慴：恐懼。

［三］搏噬：搏擊吞噬。

［四］狠：隨便。

［五］稽：延誤。

十五　三人浴於河

有三人浴於河，一善沒[一]者，一從學於沒者，一絶不識水性。沒者縱橫深淵中若平陸。從學者心豔之，攘臂曰："吾師能如此,吾豈不能耶?"奮踔[二]浴於淵,溺焉。師探而舁出,氣已絕。師扶其首而哭之曰:"吾誤汝!吾誤汝!"不識水性者濡足淺瀨而還。"叔嫂不親授受,禮與?"曰:"禮也。"叔久病,行欲趴①,嫂掖之。兄見之,怒逐其妻。樸麗子在棘闈[三]中,溷廁積臭②不可當,入者必閉其門。樸麗子出,適有入者③,因不閉。入者出亦不閉,人呼閉門④,答曰:"户開亦開,户闔亦闔,門固開,余豈得⑤闔?"噫!世間事每每為此等措大[四]所壞,人但知劍戟足以殺人,而不知學術之弊其害尤烈也。語云:"不藥當中醫。[五]⑥"學焉不能得其通,不如不學之爲猶愈[六]也。

【注】

[一] 没:潛游。
[二] 踔:跳躍。
[三] 棘闈:指科舉時代的考場。唐、五代試士,以棘圍試院以防弊端,故稱。
[四] 措大:舊指貧寒失意的讀書人。
[五] 不藥當中醫:不吃藥勝於中醫。
[六] 猶愈:還更好些。

十六　病瘥

有病瘥[一]者,延醫治月餘。顧視其病良已[二],而呻吟不絕。

---

① 叔久病,行欲趴——證性書屋本作"有叔久病,行趴地"。
② 積臭——證性書屋本作"積垢"。
③ 適有入者——證性書屋本作"適有入者至"。
④ 人呼閉門——證性書屋本作"樸麗子遥呼閉門"。
⑤ 得——證性書屋本作"宜"。
⑥ 不藥當中醫——證性書屋本後有"此語可以喻學"六字。

謂醫曰："吾病非可旦夕愈，先生且歸休，越數日當復相煩。"醫者去，病者起矣。一日，遇醫者於途，避之不及，遙謂曰："人言秘方不可信，真誑語。先生去後，病益劇，倉卒不及請教，檢秘方聊試之，乃一劑而愈也。"醫者面如赭，掩耳疾走。樸麗子曰："語云：'饑則爲用，飽則颺去。'[三] 蓋喻不義之人不可以恩結也。斯亦快論哉。然猶未悉物情[四]之變態[五]。夫飽而颺去，身負不易①之名，而人得以持其後飽而示之，饑尚何言哉？若病瘵者，真可謂能者矣。"

【注】

[一] 瘵：多指肺病。
[二] 良已：痊愈。
[三] 饑則爲用，飽則颺去：當人飢餓時容易聽人所用，一旦吃飽就會走掉。
[四] 物情：物理人情，世情。
[五] 變態：謂萬事萬物變化的不同情狀。

十七　晋人圍曹

晋人圍曹，門[一]焉，多死。曹人尸諸城上[二]。晋侯患之，聽輿人[三]之謀曰："稱舍於墓。"師遷焉。曹人凶懼[四]，爲其所得者棺而出之，因其凶也而攻之，遂入曹。吳伐越，勾踐禦之，患其整[五]也。使死士再，擒焉，不動。[六] 使罪人三行，屬[七] 劍於頸而辭曰："二君有治，臣奸旗鼓。[八] 不敏於君之行前，不敢逃刑，敢歸死。"遂自刎也。師屬之目。因而伐之，大敗之。樸麗子曰：

---

① 不易——原文如此。疑當作"不義"。

"兵以譟動。無譟,以待敵之譟者也。凶懼、屬目,譟也。譟而攻之,故濟。夫譟不可先,不可後。智者之乘譟也,如拯溺而追亡也。敵無譟,則多方以誤[九]之。誤之不動,奈何? 曰:'不動,不可敗。'"

【注】

[一]門:攻門。

[二]曹人尸諸城上:曹人將晉人屍體置於城上。本段文字見《左傳·僖公二十八年》,有删减。

[三]輿人:衆人。

[四]凶懼:恐懼,驚擾不安。

[五]整:嚴整。

[六]使死士再,擒焉,不動:派敢死之士往,輒爲吳師所擒,欲使吳師亂取之,而吳不動。

[七]屬:放置。

[八]二君有治,臣奸旗鼓:治,軍政。奸旗鼓,違反軍令。意謂吳越兩君之間有戰事,臣下違反了軍令。

[九]誤:迷惑。

十八　吳王夫差將許越成

吳王夫差將許越成[一],申胥[二]力言其不可,且曰:"爲虺弗摧,爲蛇將若何?[三]"弗聽,乃許之成。樸麗子曰:"申胥於吳越得失之故審矣。斥口陳辭、激切酸楚,攀裾折檻[四]不足喻其忠,燭照數計[五]不足喻其明。有臣如此,而使勾踐玩之於股掌之上,雖夫差之昏乎,抑亦有數[六]焉存而。申胥可悲矣。"

【注】

［一］許越成：答應與越國和解。本段文字見《國語·吳語》，有異文。

［二］申胥：指伍子胥。世居申地，故亦稱申胥。

［三］爲虺弗摧，爲蛇將若何：虺，小蛇；弗，不；摧，消滅。小蛇不打死，長成大蛇該怎麼辦。

［四］攀裾折檻：宋代孝宗、光宗父子不睦。孝宗病重，群臣大哭拉著光宗的衣裾請求他去看望父親，光宗最終也沒有去。見《宋史·儒林傳》。後用攀裾表示臣子竭力請求國君。漢槐里令朱雲朝見成帝時，請賜劍以斬佞臣安昌侯張禹。成帝大怒，命將朱雲斬首。雲攀殿檻，抗聲不止，檻爲之折。經大臣勸解，雲始得免。後修檻時，成帝命保留折檻原貌，以表彰直諫之臣。見《漢書·朱雲傳》。後用折檻爲直言諫諍的典故。

［五］燭照數計：燭照，明察、洞悉。數計，以數字來計算。

［六］數：命運。

十九　越伐吳

越伐吳。吳師軍於江北，越軍江南。越王乃中分其師爲左右軍，以其私卒[一]六千人爲中軍。明日，將舟戰於江。及昏，乃令左軍銜枚，溯江五里以需。亦令右軍銜枚，踰江五里以需。中夜，乃令左軍右軍涉江，鳴鼓水中以需。吳師大駭，乃不待旦，亦中分其師以禦越。越王乃令其中軍啣枚潛涉，不鼓不譟以襲攻之。吳師大北。左右軍涉而從之，又大敗之。三戰三北，遂滅吳。樸麗子曰："中軍，正兵[二]也。左右軍，奇兵[三]也。越王以奇爲正，以正爲奇。所謂善攻者，敵不知所備，實戎政之閫奧[四]，名將之衣鉢。"

【注】

［一］私卒：家兵。屬於私人的兵士。本段文字見《國語·吳語》。

[二]正兵：指擺開陣勢正面作戰的軍隊。對"奇兵"而言。
　　[三]奇兵：出乎敵人意料而突然襲擊的軍隊。
　　[四]閫奧：原指門檻與房屋西南角。此處比喻學問或事理的精微深奧所在。

二十　宋向戍

　　宋向戍[一]善於趙文子[二]，又善於令尹子木[三]，欲弭諸侯之兵以爲名[四]。如晋，告趙孟。謀[五]於諸大夫。韓宣子[六]曰："兵，民之殘[七]也，財用之蠹，小國之大災也。將或弭之，雖曰不可，必將許之。弗許，楚將許之，以召諸侯，則我失爲盟主矣。"晋人許之。如楚，楚亦許之。如齊，齊人難[八]之。陳文子[九]曰："晋楚許之，我安得已？且人曰弭兵，而我弗許，則固攜[一〇]吾民矣。將焉用之？"告於秦，秦亦許之。皆告於小國，爲會於宋。樸麗子曰："弭兵義甚高，名甚美，事有必不可從而不可不從者，此類是也。老於世故，熟於人情，曲以濟國家之務者，其韓宣子、陳文子乎？君子愈不能不欲嘔欲吐於向戍之爲之也。"

　　晋城虒祁[一一]，諸侯朝而歸者，皆有貳心。爲取鄆故，晋將以諸侯來盟。[一二]叔向[一三]曰："諸侯不可以不示威。"乃並徵[一四]。丙寅治兵於邾南[一五]。甲車四千乘，遂合諸侯於平丘[一六]。晋人將尋盟，齊人不可。叔向曰："諸侯有間矣。不可以不示衆。"治兵建而不旆，復旆之。[一七]諸侯畏之。邾人、莒人愬魯於晋。晋侯不見公[一八]，使叔向辭焉。魯人懼，聽命。甲戌，同盟於平丘。樸麗子曰："觀叔向生平，非肯爲此言者[一九]，不得已也。夫招攜[二〇]以禮，懷遠以德。既無德，禮非威[二一]與？衆且立爐[二二]矣。事衰朝之難矣也。子產作丘甲[二三]、鑄刑書[二四]，與此皆臣子十分苦心[二五]。"

【注】

[一] 宋向戌：春秋時宋國大夫。本段文字見《左傳·襄公二十七年》，有異文。

[二] 趙文子：趙武，又稱趙孟、趙文子，春秋時晉國重臣。

[三] 子木：楚國令尹，名屈建。

[四] 以爲名：意謂換來好名譽。

[五] 謀：指趙文子謀。

[六] 韓宣子：春秋時晉國卿大夫，韓厥之子。

[七] 殘：害。

[八] 難：爲難。

[九] 陳文子：姓陳，名須無，字文子，春秋時齊國大夫。

[一〇] 固攜：固，就。攜，離間。

[一一] 虒祁：位於今山西侯馬市高村鄉虒祁村，因春秋時晉平公所建虒祁宮而得名。先是楚靈王興建章華宮，以此向國人及諸侯國誇耀其威力。晉平公隨之興建虒祁宮，與楚國競譽於諸侯。由於晉國時處霸主地位，勢力強大，各諸侯國雖對晉平公之舉暗地譏諷，但不敢不表示朝賀。然而虒祁宮建成後不到三年，晉平公即死去。本段文字見《左傳·昭公十三年》。

[一二] 爲取鄆故，晉將以諸侯來盟：魯國伐莒，攻占了鄆。鄆位於今沂水縣邊界，是莒國（位於今山東莒縣。莒國舊都介根，膠州西南，後遷莒）的門户。晉國是莒國的盟國，故而打算聚合盟國軍隊討伐魯國。

[一三] 叔向：羊舌肸，字叔向。春秋後期晉國賢臣，和晏嬰、子產是同時代人，正直和才識見稱於時。

[一四] 徵：召集諸侯。

[一五] 邾南：邾國南部。邾國是魯、莒的鄰國，在今山東鄒城周圍地區。

[一六] 平丘：今封丘縣平丘集。

[一七] 建而不旆，復旆之：樹旗而不加末狀如燕尾的垂旒。據楊伯峻《春秋左傳注》：此蓋晉之先鋒旗。"建旗"而"不旆"，意治軍僅供檢閱；"復旆"則意味著將正式用兵。

[一八]晉侯不見公：晉侯因邾、莒告愬，故不見魯昭公以示不滿。

[一九]非肯爲此言者：指叔向所云："寡君有甲車四千乘在，雖以無道行之，必可畏也。況其率道，其何敵之有？"

[二〇]招攜：招引尚未歸心的人。

[二一]威：脅迫，欺淩。

[二二]立爐：立刻灰飛煙滅。

[二三]丘甲：各家解釋不一。一般認爲古代軍賦制度四丘爲甸，每甸出甲士三人，步卒七十二人。魯成公因齊難，臨時增徵甲士，改爲每丘出一人，稱爲丘甲。五十二年後，鄭簡公仿魯國作丘賦，增加百姓對軍賦的供應。這是春秋以來由於戰爭的頻繁，各國普遍地有加賦的趨勢。因此樸麗子說"事衰朝之難矣"。

[二四]刑書：刑法的條文。公元前536年，子產將鄭國的法律條文鑄在象徵諸侯權位的金屬鼎上，向全國公佈，史稱"鑄刑書"。此舉開創了古代公布成文法的先例，否定了"刑不可知，則威不可測"的秘密法，在當時頗有爭議。

[二五]皆臣子十分苦心：作丘甲、鑄刑書都被認爲是違背常規的事情，是末世亂政才有的，因此樸麗子將之與叔向不合於理的話并舉，認爲是不得已爲之。

二十一　盟於平丘

盟於平丘，子產爭承[一]，自日中至於昏。晉人許之。既盟，太叔咎之[二]曰："諸侯若討，其可瀆乎？[三]"子產曰："晉政多門，貳偷之不暇[四]，何暇討？國不兢[五]亦陵[六]，何國之爲？"樸麗子曰："世俗靡靡[七]，迎風便倒，意在苟且。求全而究，必至於從而甚焉。[八]《洪範》所謂弱也[九]。子產身相小國，介於兩大，而明目張膽使其君重於九鼎，豈不壯哉！用見古人處事自有真骨力，不以異順[一〇]爲長也。"

【注】

[一] 承：次第，順序。本段文字見《左傳·昭公十三年》。

[二] 太叔咎之：太叔，子太叔，即游吉，鄭國正卿。子太叔責備子產和晉國爭吵順序問題。

[三] 諸侯若討，其可瀆乎：瀆，輕易。謂諸侯如果來討伐，豈能輕易應付。

[四] 貳偷之不暇：不能一心一意，苟且偷安還來不及。

[五] 兢：競爭。

[六] 陵：遭欺凌。

[七] 靡靡：草隨風倒伏貌。

[八] 求全而究，必至於從而甚焉：意謂企求退讓以保全自身，到了極點，對方必然會接著做更過分的要求。

[九]《洪範》所謂弱也：弱，懦弱。《尚書·洪範》："六極：一曰凶短折，二曰疾，三曰憂，四曰貧，五曰惡，六曰弱。"

[一〇] 巽順：馴順。

二十二　天王使劉定公勞趙孟

天王[一]使劉定公[二]勞趙孟於潁館[三]於洛汭[四]。劉子曰："美哉，禹功！微禹，吾其魚乎？吾與子弁冕端委[五]，以治民、臨諸侯，禹之力也。子盍亦遠績[六]禹功，而大庇民乎？"對曰："老夫罪戾是懼，焉能恤遠[七]，吾儕小人[八]，朝不謀夕，何其長也？"劉子歸以語王曰："諺所謂'老將知而耄及之'者[九]，其趙孟之謂乎？晉正卿以主諸侯，而儕於隸人。[一〇]朝不謀夕，棄神人矣。神怒人叛，何以能久？趙孟不復年矣。"樸麗子曰："劉子之論，大而無薄，後世浮夸之權輿也。趙孟過遜，其亦揶揄劉子之意與？而劉子肆口薄之，侈心勝氣[一一]，君子無所取焉。"

【注】

［一］天王：周天子。此指周景王。本段引《左傳》文字見《左傳·昭公元年》。

［二］劉定公：春秋時代劉國國君姬夏。

［三］潁館：潁地的館舍。潁，今河南登封西南。

［四］汭：水濱。

［五］弁冕端委：弁、冕皆古代男子冠名，吉禮之服用冕，通常禮服用弁。因以"弁冕"指禮帽。端委，古代禮服。

［六］績：承續。

［七］恤遠：慮及長遠。

［八］小人：指見識短淺的人。

［九］老將知而耄及之者：老了會聰明些，可是糊塗也跟著來了。

［一〇］晋正卿以主諸侯，而儕於隸人：主，主持。儕，等同。隸人，低賤的人。意謂趙孟身爲晋國正卿主持諸侯盟會，却自比低賤的人。

［一一］侈心勝氣：自大的心，强盛的氣勢。

卷　三

一　訪於鄉之杖者

樸麗子訪於鄉之杖者曰："任事易,謀事難;謀事易,成事難。則如之何?"杖者曰："余嘗聞之:爲人所不爲,與爲人之所難爲,不可以謀於人。言謀欲定也,繼去六賊[一],其庶幾矣。""何謂六賊?"曰:"勿尋自便之路,自便則廢也。勿存速效之心,速效則棼[二]也。勿起炫長之意,炫長則争也。勿萌責報[三]之念,責報則沮也。勿懷居功之見,居功則忌也。勿有懼罪之慮,懼罪則靡[四]也。六賊去而事不成者,未之有也。其猶有不成者,命也。君子無愧心焉耳。其發也,其收也,皆内斷於己,而需其命於天,此之謂立誠。"

【注】

[一]謀欲定也,繼去六賊:賊,危害。想要決定對策,要去除六種危害才差不多。

[二]棼:紛亂,紊亂。

[三]責報:求取報答。

[四]靡:倒下。

二　叔孫歸

叔孫[一]歸，曾夭御季孫以勞之[二]。旦及日中不出[三]，曾夭謂曾阜[四]曰："旦及日中，吾知罪矣。魯以相忍爲國也。忍其外，不忍其內，焉用之？[五]"阜曰："數月於外，一旦於是。[六]庸何傷？賈而欲贏而惡囂乎？[七]"阜謂叔孫曰："可以出矣。"叔孫指楹[八]曰："雖惡是，豈可去乎？"乃出見之。樸麗子曰："叔孫指楹，無可如何也。知其無可如何而安之，達人哉！"

【注】

[一]叔孫歸：叔孫，叔孫豹，又稱穆子、穆叔。魯昭公時期，國政執掌在叔孫氏、季孫氏、孟孫氏三家手中，由於權力之爭，三家又各有矛盾。歸，指叔孫豹在虢國盟會後返回魯國。本段文字見《左傳·昭公元年》。

[二]曾夭御季孫以勞之：曾夭，季孫氏家臣。御，駕車。季孫，季孫宿，又稱季武子。勞，慰問。

[三]旦及日中不出：從早晨到中午叔孫氏都不出來接見季孫氏。杜預注："恨季孫伐莒，使己幾被戮。"正當叔孫豹代表魯國到虢國參加諸侯盟會時，季武子征伐楚國已經占據了的莒國。楚國大怒欲殺叔孫豹，叔孫豹也做好了就戮的準備。幸而晉國使臣趙武向楚求情，叔孫才免一死，自此非常怨恨季武子。

[四]曾阜：叔孫氏家臣。

[五]忍其外，不忍其內，焉用之：指叔孫豹在外而甘願受楚國殺戮，在內而故意讓季孫氏久候不出，有什麼用處。

[六]數月於外，一旦於是：意謂叔孫豹在外辛勞幾個月，我們只在這裏等待一個早晨。

[七]賈而欲贏而惡囂乎：商人想要盈利，但是却厭惡喧鬧嗎？

[八]楹：廳堂的前柱。

三　隗囂使馬援往觀公孫述

隗囂[一]使馬援[二]往觀公孫述[三]。述勝陳陛衛[四]，延援入，欲授以封侯大將軍位，賓客皆樂留。援曰："天下雌雄未定，公孫述不吐哺走迎國士，與計成敗，反修飾邊幅，如偶人形。此子何足久稽天下士？"因辭歸。謂囂曰："子陽井底之蛙耳，而妄自尊大。不如專意東方[五]。"囂乃使援奉書洛陽。援到，帝在宣德殿南廡[六]下，袒幘[七]坐迎，笑謂援曰："卿遨游二帝間。今見卿，使人大慚。"援頓首曰："當今之世，非但君擇臣，臣亦擇君。前至蜀，述陛戟[八]而後進臣。臣今遠來，陛下何知非刺客奸人而簡易若是？"帝復笑曰："卿非刺客，顧説客耳。"援曰："天下反覆，盜名字[九]者不可勝數。今見陛下，恢廓大度，同符高帝，乃知帝王自有真也[一〇]。"援歸，謂囂曰："上才明勇略，非人人敵也。"囂曰："何如高帝？"援曰："不如也。高帝無可無不可[一一]。今上好吏事，動如節度，又不喜飲酒。"囂意不懌，曰："如卿言，反覆勝耶？"樸麗子曰："伏波遨游群雄間，卒歸光武，可謂能擇主矣。至謂光武不如高帝，囂以爲反覆勝，何也？石勒曰：'吾若遇光武，與之逐鹿中原，未知鹿死誰手。若遇高帝，當北面臣之。'英雄能知英雄耳。"

【注】

[一]隗囂：字季孟，西漢末年天水成紀(今甘肅秦安)人。出身隴右大族，青年時代在州郡爲官，以知書通經而聞名隴上。後長期割據平襄。本段文字見《後漢書·馬援傳》。

[二]馬援：字文淵。東漢光武帝時名將，後封伏波將軍。先從隗囂。

[三]公孫述：字子陽。西漢末年扶風茂陵(今陝西興平)人。王莽亂政，群雄并起，公孫述自稱輔漢將軍兼領益州牧，後稱帝，終爲東漢所滅。

［四］勝陳陛衛：在階下佈置了很多衛士。

［五］東方：指劉秀。當時隗囂在甘肅，劉秀在洛陽，故有此言。

［六］廡：堂下周圍的走廊、廊屋。

［七］袒幘：謂頭包髮巾而不戴冠。

［八］陛戟：謂持戟侍衛於殿階兩側。

［九］盜名字：盜取尊號。

［一〇］帝王自有真也：意謂自然有真正的帝王。相對於上文"盜名字者"而言。

［一一］無可無不可：靈活，不死板。

四　與鄉人士會飲

樸麗子方與鄉人士會飲，適有客詡詡[一]自外來。詢之，精武藝。輒[二]下之，就請其術。客亦盡言無隱，相對極歡。既去，從者曰："先生每見人，一材一藝，即爲傾心，而己若一無所能者。即如傾[三]者，彼劍戟拳勇，先生所不道[四]也。先生幼讀孫吳，究心鈐略，不嘗云乎'戰謀爲上，戰力爲下'，何有爲一武夫而懇款如是？其無乃[五]拙於居身，見人而不見己乎？"樸麗子曰："子之言則爲愛我矣，而殊未達夫區區之情也。夫予以卷屈樗櫟[六]之質，拓落草莽中，家愈貧，途愈塞，身衣破衣，足曳敝蹝，上無益於國，下無益於家，固時人之所憫笑，相與望望[七]焉遠而拒之者。今且歡然與吾相酬接，是固余情之所甚喜也。況其爲才藝之士。老子云：知希我貴[八]。其言失於過冷。然苟患人之不己知，而急急表報[九]者，淺且疏。伣伣葂葂[一〇]中，安有真賞[一一]？而輕自標異，以刺人人之耳目乎？且夫謀爲上，力爲下，固矣。然豈能廢力乎？必申謀以屈力，是掩人也。吾疾夫行實未著，而侈然[一二]以大言掩人者也。"

【注】

　[一]詡詡：自得貌。
　[二]輒：立即，就。
　[三]傾：頃，剛才。
　[四]不道：猶言不奈。
　[五]無乃："恐怕是"，表示委婉測度的語氣。
　[六]樗櫟：《莊子·逍遥游》："吾有大樹，人謂之樗，其大本擁腫而不中繩墨，其小枝捲曲而不中規矩，立之塗，匠者不顧。"後以"樗櫟"喻才低下。此處用爲自謙之辭。
　[七]望望：失望掃興貌。
　[八]知希我貴：《老子》有"知我者希，則我者貴"，意謂瞭解我的人很少有，遵循我的原則的人也很難能可貴。
　[九]表報：表白，告訴。
　[一〇]伾伾菝菝：卑賤猥瑣貌。
　[一一]真賞：真的賞識。
　[一二]侈然：驕縱自大貌。

五　群　釣

有群釣者，持長竿大鈎釣深潭中。一人獨守淺瀨，手輕竹，嗒然[一]坐，若欲睡者。樸麗子適至前，問曰："與人同釣，何爲舍大而取細？"曰："吾志不在魚也。"曰："子已操鈎設餌，持竿於兹矣，而曰'吾志不在魚'，豈誰信之？子欲行子之志，莫若不釣。欲人信己，莫若摘餌而收綸[二]。"釣者熟視流水，不答。徐嘆曰："洋洋灑灑，殆移我情。"

【注】

　[一]嗒然：形容身心俱遣、物我兩忘的神態。典出《莊子·齊物論》："仰天而噓，嗒焉似喪其耦。"

[二]綸：釣絲。

六　農子忽棄其耒耜

　　有農子忽棄其耒耜，而訪其鄰之老人曰："吾沾體塗足，終歲勤動，所獲不過擔石。日食粗糲，豐凶又不可知。吾將適東海，漁於萬頃之波，期食珍錯焉。"老人曰："嘻！子之所期，誠厚矣。顧東海在何處？吾恐無所得珍錯而已，羸然饑斃於道途。夫鶩遠者空，徙業者窮。諺曰'見子不顧，苗爲可恃'[一]也。子姑收爾耒耜，往耕爾田焉，且以糊爾口。"

　　鄉人有善造酒者，其方秘不傳。一日，病卧。客因問疾，請其方。不得已，與之。客甚喜，手握方，致慇懃，詳叩其病源。答曰："大概中酒[二]耳。"指床頭曰："昔人云：'三日不飲酒，便覺形神都不相親。'如我阿堵物，可一日不飲耶？"因極贊其酒不已。客怃然起，謂曰："然則子之所以極得意者，乃其所以自病與？"置其方几上而去。

【注】

　　[一]見子不顧，苗爲可恃：看見人不東張西望，那麼他的莊稼就有指望了。

　　[二]中酒：飲酒而致病。

七　諫宋宗

　　或諫宋宗[一]曰："不用魏公[二]之言，必亡天下。"帝曰："朕寧亡天下，不用魏公之言。"樸麗子曰："帝之失，固矣。毋亦魏公實有以激之，積而至於此與？至於此，轉無所措其忠愛。凡有血氣者，皆有競心。人臣苟純意國事，得不慎其所發哉？"

【注】

［一］宋宗：疑有脱文，似當作"宋仁宗"。宋仁宗多病，諸子早亡。韓琦、歐陽修等多次諫言選宗室子立儲以定國本，故觸怒仁宗。

［二］魏公：北宋名臣韓琦，封魏國公。

八　醉者卧於途

醉者卧於途，雪積寸許。樵者過其前，呼之，不應。拊其口，寒如冰。欲去，諦視之，則父執之子也。急取薑湯飲之，以口噓氣納鼻中。少焉，體微動。又少焉，欠，伸手扶地，徐徐起，坐而嘆息。樵者掖之立而背承之，呼村人共夾持之。行未幾，酒性發，扶持小失意，輒詬罵。村人皆舍去，謂樵者曰："是非人情。君亦胡爲者？"曰："是吾父執之子也。吾必送至其家，而後而歸耳。"將抵里門，酒漸醒，問曰："汝何人？"曰："某人。兄顧不識耶？""何爲至此？"曰："兄醉，送兄歸耳。"曰："吾不醉。汝何爲者？汝無多用心以翹吾過［一］。吾無所須用若。"樵者怒，忍而對曰："始恐兄之傷也，今無慮矣。"遂去。樸麗子曰："醉而辱，猶可也。醒而辱，不可也。君子處世，惟情惟理。情理窮，而君子之途塞然。不有醉者，安見樵者？樵者，庶幾乎君子。"

【注】

［一］翹吾過：舉發我的過失。

九　吾有幽憂苦衷

客謂樸麗子曰："吾有幽憂苦衷欲一愬之，而恐人之不余亮[一]也，又恐人之怒余也。子，解人也。今以求教於子。"應之曰："似此，不如無言。"客不能禁，累言之而累噓。因亦爲之嘆息，顧不能置一辭。適有人爲判其曲直，客始聞之喜，繼且惡然[二]俯首莫能舉。判者語益快厲[三]。客則怒，左右視。樸麗子急揖客曰："客去矣。"送客至門，見一少者一壯者鬥不可解，叩其故，人曰："少者愬其兄及弟之短於壯者。壯者怒，大訽其兄弟。少者不能忍，遂至相毆耳。"樸麗子曰："人合易睽，天合難分。[四]骨肉親戚，一恩愛同榮辱，無時而恝[五]。而人不吾直，不如無愬；而人直吾，愈不如無愬。觀於鬥者，不堪捧腹耶？"

【注】

[一]亮：通"諒"。體諒。
[二]惡然：慚愧貌。
[三]快厲：放肆激烈。
[四]人合易睽，天合難分：睽，乖離。意謂血親之外的人相合，容易乖離；天生就是血親的人難以分開。
[五]恝：忽略。

十　小築新成

樸麗子小築新成，而惡其門之不正也，命匠自巽移置離[一]方。顧其工甚固，匠且拆且言曰："向者，惟恐其不固。孰意向之用力多者，乃爲今日難地也。"樸麗子揖而慰之曰："非爾用力之過也，乃吾始謀之未審也。"

【注】

〔一〕自巽移置離：巽，東南方。離，南方。謂從東南方移至南方。

十一　富翁慳

鄉有富翁慳。遘危疾，諸醫不愈。東鄰，醫者也，歸而聞之，往視。富翁執其手而泣，東鄰亦泣曰："勿怖，余能治。"遂爲自調方藥。閱月而痊。病既痊，治酒酬醫。翁亟感東鄰待我厚，誼同更生；顧以爲室廬相接，脱以此待我，時有所需索，何以應之？而東鄰獨不與焉。或相值，亦不一及。亡何，東鄰小拂，翁意面斥之。衆皆不平，一老人數之曰："汝病非若不愈，奈何衆辱之？"則乾笑曰："吾並未嘗延若。"曰："不延而治汝，何如延而後治汝？汝病之既愈，委[一]以未嘗延人。猶有鬼神，非老人之所敢聞也！[二]"後東鄰略聞此言，以述於樸麗子。因謂之曰："子胡爲不待延而往？"曰："吾鄰也，必待延而後往，何安乎？"曰："子不安於人，人將安汝。[三]"出而嘆曰："嗟乎！世態相懸殊遠矣。其延者，隆禮貌，享厚實，雖庸醫，奉爲上客；不延者，未嘗受人一揖之肅、一杯之敬，雖具華、扁之術，竭忠盡力，適以招奚落而自取辱耳。延不延之間，蓋可忽乎哉？"

【注】

〔一〕委：推脱，推諉。
〔二〕猶有鬼神，非老人之所敢聞也：意謂善惡有鬼神監督、酬報，你的結果怎麽樣不是我敢聽的（指不是好結果）。

［三］子不安於人，人將安汝：意謂你不安坐視富翁重病不愈，他却安心折辱你。

十二　嗜火酒者

有嗜火酒[一]者，其友規之曰："過飲火酒，且得寒疾。"弗聽。及疾，歷諸醫，不效。其親者曰："某既能先知子疾，必能療子。盍使治之？"答曰："不用彼言，今成疾，彼必喜其言之中，是形吾短也。且吾何顏對之？"曰："不治將不起。"曰："吾甯不起。"友聞之，自謁榻前，曰："始吾恐子之病也，故言之。既病矣，忍不治之耶？子幸無以從前爲愧。向者，子未及其害，自今有不聽我者乎？且吾方竊恨吾言之中，而何有於喜也？與子交久，願復進一言：無保始而怠終[二]，以性命爲試也。"治之而愈。

【注】

［一］火酒：即燒酒。
［二］保始而怠終：爲保全初始而終不悔改。

十三　擔橘欲入城者

有擔橘欲入城者，時日已垂暮，其行皇皇，卒然問道旁人曰："尚可入城否？"曰："緩行則可。即不能入城，臨城有店可投宿也。"擔者怒，以爲戲己，行愈疾，躓焉，盡傾橘於地。顧視，懊喪錯愕，立自詬誶，然已無可如何。乃一一拾之，亂投框中，或反擲入遠處，橘滾滾不定。及拾畢，天已昏黑，不可行矣，是夜竟露宿。

十四　郡有巨室

郡有巨室，庭壁上多時賢書翰。其姻，名筆也，顧不見隻字。或以爲珍重而藏之。有人與巨室習，曰："非也。爲其書多箴規語而惡之，得則束之高閣，或輒焚之矣。"樸麗子曰："箴規又可[一]惡乎？其束之、焚之耶？則壁上書翰從可知矣。然彼箴規者何不察人，而使之厭棄如此乎？""余聞之①，貴賤親疏、長幼尊卑各有分量，不容踰越。箴規者，父兄師友之所有事也。執人人而箴規之，則其束之、焚之也固宜。"

【注】

[一] 可：通"何"。

十五　觀　劇

樸麗子觀劇，竟夕不移步。門人問曰："先生亦嗜此乎？"曰："余今日讀經，門人疑而請其説。曰：'觀其謙退者吉，驕亢者凶，轉瞬榮枯，號笑無常，怵然動趨避之思，何必非讀《易》？觀其善者端冕垂紳，進趨偉如，不善者粉抹墨塗，備極醜態，怵然發勸懲之感，何必非讀《詩》？觀其君垂裳而臨涖於上，臣正笏而承宣於下，咨嗟贊勷，爲國爲民，慨然見明良[一]之會，何必非讀《書》？觀其揖讓周旋之節，吉凶軍賓[二]之儀，或撙節而退讓，或發揚而蹈厲[三]，穆然想明備[四]之遺，何必非讀《禮》？觀其尊卑儼然，上

---

① 余聞之——證性書屋本作"樸麗子曰：'抑余又聞'"。

下不踰,忠良榮華,奸譽[五]戮死,凜然見褒貶之公,何必非讀《春秋》? 持此意以往,耳之所聞,目之所見,將無在而非經矣。且夫讀經以檢束其身心也,當擾攘喧呶之際,不敢馳騖[六],不敢紛逐,屏氣斂迹,如在書齋,非讀經而何?"

【注】

[一] 明良:謂賢明的君主和忠良的臣子。

[二] 吉凶軍賓:吉凶軍賓嘉,古代五禮。《禮記》:"禮者,履也,律也,義同而名異,五禮者,吉凶賓軍嘉也。"

[三] 蹈厲:本指舞蹈時動作的威武。後用以形容精神奮發,意氣昂揚。

[四] 明備:明確完備。

[五] 奸譽:奸詐諂媚。

[六] 馳騖:奔競。

十六　唐太宗攻安市城

唐太宗攻安市城①,高麗以十五萬來救。江夏王道宗[一]請於帝曰:"高麗傾國赴援,平壤之守必虛。願假臣精兵五萬②,則十五萬衆可不戰而降矣。"帝不應③。帝嘗言:"朕觀古人兵法,千言萬語不出'多方以誤之'一言。"道宗之計,所備非所攻,所攻非所備,正所謂"多方以誤之"也。然而不應,何也? 樸麗子曰:"太宗結髮從戎,百戰無前,逞其智勇,以爲視此小醜剪滅之而朝食,不欲功由道宗成耳。夫高麗之征,驕兵也。其困而未至大敗

---

① 唐太宗攻安市城——證性書屋本作"或曰唐太宗攻安市城"。
② 願假臣精兵五萬——證性書屋本作"願假臣精兵五萬直搗其巢"。
③ 帝不應——證性書屋本無。

者，敵無人也。"

【注】

［一］江夏王道宗：江夏王李道宗，唐高祖李淵堂侄。

十七　太宗將征高麗

太宗將征高麗也①，謂群臣曰："於今名將惟李世勣[一]②、薛萬徹[二]、道宗三人耳。"其不及李靖[三]，何也？樸麗子曰："太宗神武，世勣等皆出其下，所折服者惟靖，唐、李問答之書可按也。是時，太宗無法家拂士，驕氣日滋，又當急於自逞之時，不言靖，忌其所以掩己也。至③困於小夷，踉蹌而歸，然後致詢，亦何益哉？吾是以嘆虛公[四]之難也。史稱靖沉厚④，每與時宰參議，恂恂似不能言。嗚呼！不如此，其能免於禍患乎？或以爲太宗嘗欲以靖爲群臣楷模，不言靖，不欲比之將帥之列，重之也。"

【注】

［一］李世勣：即李勣，原名徐世勣，字懋功。唐高祖李淵賜其姓李，後避唐太宗李世民諱改名爲李勣。唐代曹州離狐（今山東菏澤東明縣東南）人，名將，封英國公。

［二］薛萬徹：唐代名將，京兆咸陽（今陝西咸陽東北）人。隋代名將薛世雄之子，初爲隋將，後與兄長薛萬均降唐。

［三］李靖：字藥師，隋唐間雍州三原（今陝西三原縣東北）人。名將，

---

① 太宗將征高麗也——證性書屋本作"或曰太宗之將征高麗也"。
② 李世勣——證性書屋本三人名字作"世勣、道宗、薛萬徹"。
③ 至——證性書屋本作"直至"。
④ 沉厚——證性書屋本作"性沉厚"。

封衛國公,與李世勣併稱。戰功卓著,南平蕭銑、輔公祏,北滅東突厥,西破吐谷渾。諡景武,陪葬昭陵。

[四] 虛公：無私且公正。

十八　將軍中毒矢

將軍中毒矢左手將指[一],急呼醫。醫鉗出其鏃,敷藥,服托裏湯[二]飲數帖。旬餘痊可,而左臂木强不可運。久之,遂廢左臂。或謂醫曰:"毒矢在指,法當立斷其指。子號良醫,何乃使將軍廢臂?"醫曰:"凡人當急迫時,但能救之,無所不可。若少緩,則多擬議推擇。方將軍呼我時,我豈不知請立斷其指耶？顧吾恐其事過情舒而不見其指以爲厲己也。今吾但用藥餌,將軍不殞命,吾亦可以無咎,不差勝乎？將軍豈在一臂。"

【注】

[一] 將指：足的大指或手的中指。
[二] 托裏湯：又名乳香散、内消散、香粉散。由乳香、真綠豆粉等製成的散劑。主治癰疽、發腦、發背内潰及諸惡毒沖心。

十九　蠅溺浴盆中

蠅溺浴盆中①。樸麗子出之,投於地。垂斃矣,莫能動。群

---

① 蠅溺浴盆中——證性書屋本作"有蠅溺於浴盆中"。

蟻環嘬[一]之。少焉，蠅甦，徐振其兩翼①，挣欲起。群蟻皆②適適然[二]去，不反顧。由此觀之，蟻之所食者，皆死蠅也。

【注】

[一] 嘬：叮，咬。
[二] 適適然：驚恐貌。

二十　款賓而演戲於庭

或款賓而演戲於庭。至夜分，優請罷客，不許。是時，諸客皆科頭[一]露頂，咕囁[二]耳語，彼此狎侮，與戲相應和。忽一優體大聲宏，幞頭[三]長髯，岸然出；一開口，震動梁屋間。座客相視匿笑，或掩其耳。曲未終，客散去過半。優大慚沮，垂首便入。一人闒然至前，急挽其袂曰："以汝氣體[四]，已非庭事所宜；而所扮演，又爲人所不喜之人。欲免奚落訕笑，得乎？雖然，汝今有所受[五]而來，汝姑盼終之。主人翁豈負汝耶？"

【注】

[一] 科頭：謂不戴冠帽，裸露頭髻。
[二] 咕囁：形容低語。
[三] 幞頭：古代一種頭巾。古人以皂絹三尺裹髮，有四帶，二帶繫腦後垂之，二帶反繫頭上，令曲折附項，故稱"四脚"或"折上巾"。此處意爲戴幞頭。
[四] 氣體：人的氣質和形貌。

---

① 徐振其兩翼——證性書屋本作"振其兩翼"。
② 皆——證性書屋本作"則皆"。

［五］有所受：有所接受，有所接受。意謂收了主家的酬勞。

二十一　黃老之學

樸麗子曰：“黃老之學能操乎萬敗之所莫能攖［一］，而已常綽然有餘。然而亦已冷［二］矣。孔孟悲天憫人，惓惓莫能推釋，則以身試者也。所謂昭然揭日月而行也。惟其見幾早，明哲於險阻之中，故亦得以無患。然而難矣，不難不足以見至仁也。抑聞之，自古學黃老者，雖有大功於世，後嗣往往不熾。冷則氣索［三］與乾没者多與？”

【注】

［一］攖：擾亂。
［二］冷：冷酷。
［三］氣索：勇氣喪失。

二十二　共爲人傭耕

有共爲人傭耕者，餉以腊肉。或取數臠①置禾中，曰：“歸以遺阿母。”群傭相視②無言。一少年攫食之③，曰：“此肉乃主人勞苦我輩，少潤枯腸。而曰‘歸以遺母’，母當自奉養，雞魚羊豕可勝市乎？”衆皆笑之。樸麗子曰：“孝，懿德也。而不免見哂於衆

① 數臠——證性書屋本作“其半”。
② 視——證性書屋本作“覷”。
③ 攫食之——證性書屋本作“攫食之盡”。

者,拂人情也。人情不可拂也,瞶亂不可勸也,盛怒不可折也。余嘗適野,佃户罵其鄉人①。喝禁②之,則大怒,狂詩不可當。余默然③去。蓋彼盛暑大勞,氣血奔放,吾言又值其盛怒,是吾之過也。"

二十三　鄉人欲志其父之墓

鄉人欲志其父之墓。延一孝廉至,所以敬奉者無不到。踰旬,鄉人具紙筆請曰:"期迫矣,求先生動筆。"接筆爲書其姓氏、里居世系、子孫數行而止。鄉人求贈益,孝廉作色曰:"可書穀幾石、麥幾斗耶?"又一中官干某内翰[一]作壽序。内翰歷序漢唐以來宦寺之禍以畀之。中官大慙恨,月餘不出户。樸麗子曰:"二人所持甚正,然於情何遠也,辭焉猶愈。夫文筆有害於名義[二]者,斷腕弗爲。至於一切酬應之作,何妨少遷就以諧人情乎?人情允愜處即是天理。[三]"

【注】

[一]内翰:清代稱内閣中書爲内翰,掌撰擬、記載、翻譯、繕寫。
[二]名義:名聲與道義。
[三]人情允愜處即是天理:允愜,妥帖。人情妥帖之處就順遂了天道。語出王守仁。

---

① 鄉人——證性書屋本作"鄉"。遺書本是。
② 喝禁——證性書屋本作"喝止"。
③ 默然——證性書屋本作"俯首"。

卷　四

一　園丁種瓜

　　園丁種瓜。樸麗子分數本，手殖①之。園中瓜已纍纍矣，而所殖瓜苗②奄奄欲萎。問諸園丁，答曰："生意，瓜所自具，人不過從③而輔翼之耳。吾瓜間數日一灌漑，先生一日嘗至於再。苗之力不勝水，故不茂。吾瓜鋤不過三次，草盡土活而止。先生間日一鋤，或日鋤之，土頻動則傷本根。先生視苗之弱也，意爲土薄而糞不足也，厚糞之。糞力猛烈，熏蒸銷爍④，而瓜之生意息矣。今之奄奄者，其幸也，而猶望果實乎？"樸麗子竦⑤然而嘆曰："嗟乎！天下事固有欲增益而反損焉者。灌漑之不節，糞鋤之不當，其可乎哉！"

---

① 殖——證性書屋本作"植"，下同。
② 所殖瓜苗——證性書屋本作"樸麗子之瓜苗"。
③ 從——證性書屋本作"種植"。
④ 爍——證性書屋本作"灼"。
⑤ 竦——證性書屋本作"悚"。

二　與客食蒸羊

嘗與客食蒸羊①,客呼苦酒[一],樸麗子曰:"聞羊肉能②補形[二],見醋則罔功。"客曰:"羊非醋不美。"曰:"與其美之於口,何若美之於身與? 其美之於暫,何若美之於久?"

【注】
　[一] 苦酒:醋的別名。
　[二] 形:此指身體。

三　厩夫爲人食馬

厩夫爲人食馬,馬肥而不馴,客謂之曰:"盍教之?"答曰:"教則不能無假鞭策;鞭策,皮毛不能無所傷。傷皮毛,主人且齎怒而罪我,何居?"客曰:"若不思盡職,惟懼罪乎?"曰:"夫職奚不盡也? 主人令我食馬,未令我教馬。馬肥,吾職盡矣。教非吾職也。勞勞於職任之外,以觸怒而招尤,當不其然。"

四　嗜菸者

有嗜菸者,數日不得,思之甚苦。忽於故包中見菸一捻,喜,

---

① 嘗與客食蒸羊——證性書屋本作"樸麗子與客食蒸羊"。
② 能——證性書屋本無。

戲舐之,戟舌刺喉,取水頻漱之久乃安。樸麗子曰:"人情各有所嗜①,而用之必以其道②。用不以道,則其所嗜者,皆足以爲吾大害。向之求而惟恐不得者,且推之惟恐不遠矣。可不慎與③?"

五　鄉人持隻雞壺酒

鄉人持隻雞壺酒而祈於社曰:"有田百畝,附岡濱川,卑無苦濕,高無苦乾,雙歧垂末,歲歲有年。"聞者笑之。旁一人曰:"何笑爲?""笑其所操者約,而所求者奢。"曰:"以視夫白首而祈厚實者,不猶愈乎?"樸麗子曰:"公等皆不必云云。鄉人所祈者,社之本意也。顧其力恐不能給耳,不須祈請,豈計所操之多寡有無哉?"

六　獵者臂鷂

獵者臂鷂而詬於野④。樸麗子問故,忿然曰:"吾始而伺雀於阜,雀見吾則竄而之原。吾趨而尾諸原,垂及,伏而伺⑤。久之,顧視吾鷂目騰色飛,曰:'可矣。'鷂發,雀竄於荆棘,使吾終日空行不獲少適意。"樸麗子曰:"誠如若言,吾爲若數之。數之曰:

---

① 有所嗜——證性書屋本作"有所嗜者"。
② "而用之必以其道"至"則其所嗜者"——證性書屋本無。
③ 可不慎與——證性書屋本作"豈苂之罪哉"。
④ 獵者臂鷂而詬於野——證性書屋本作"有臂鷂而獵於野者忽立而詬於"。
⑤ 伺——證性書屋本作"俟"。

可惡哉,雀①!而何不視獵者在阜而即待於阜耶?而何不視獵者在原而即待於原耶?而何不舍而生、棄而命,少適獵者意耶?"獵者聞言大憖沮②,俯首疾趨而去。

七　稻出菽中

稻出菽中,苗厭厭然起,農夫摘而鋤之。或曰:"是稻也,而顧鋤之乎?"農夫曰:"稻之美,甲六穀。然孤置菽中,則爲廢苗矣。且稻,夏穀也。今秋矣,故鋤之。"樸麗子曰:"嗟乎!稻,人人之所習見,而人人之所共嗜者也,非其地、非其時,猶芟除如良莠然,又況不爲人人所習見、人人所共嗜者乎?《易》三百八十四爻皆言乎時地也,時地之義大矣哉。"

八　衆共逐盜

衆共逐盜③,盜入叢林中。圍之一年,長者揮左右開一角,盜逸去,皆咎之④。長者曰:"盜無所獲,必擒之矣,爲我操之太蹙,彼必致死[一]於我。鼠急猶噬,而況人乎?且盜之罪不至死,脱擊之而斃且獲罪擒送之官,仇我必深。今畏我者,衆也。吾能

---

① 雀——證性書屋本作"雀也"。
② "獵者聞言大憖沮"至"疾趨而去"——證性書屋本作"獵者赧然曰:'子無多言,余知過矣'"。
③ 衆共逐盜——證性書屋本作"有衆逐盜者"。
④ 皆咎之——證性書屋本作"衆皆咎之"。

常糾衆而備之乎①？吾之爲此，爲吾輩，非爲盜也。"衆乃服。樸麗子曰："孫子云：'多算者勝，少算者不勝。'況無算乎？此不獨兵家爲然。世界茫茫，禍患相尋，皆坐無算耳。善哉，爲吾非爲盜之言也。夫天下安有毒人而非自毒者乎？"

【注】

［一］致死：謂拼命。

九　客持藜杖

客持藜杖贈樸麗子②。拊之良久，辭。客曰："此物雖微，然自萌芽至丈餘，皆手自灌溉。及成，又自剷削丹漆，特以贈子。奚③爲不受？"曰："子之贈我，以致用也。今年未及杖，故不受。"曰："姑留以待之。"曰："子伐取太早，未經霜霰，故易朽。"客默然。

十　獵者設機

獵者設機而折其臂。其友謂之曰："著意害物，轉而自受其禍，天道也。盍改諸？"曰："余仿吾鄰翁所爲耳。初，鄰翁蓄竹數

---

① 吾能常糾衆而備之乎——證性書屋本作"吾安能時時糾衆而嚴備之乎"。
② 客持藜杖贈樸麗子——證性書屋本作"客有持藜杖贈樸麗子者"。
③ 奚——證性書屋本作"何"。

十畝，禽鳥四集。群貍嘗攫食之，骨肉①狼藉地上。鄰翁以意，創爲機阱，貍至則死。今鄰翁故無恙，何有於余？"友曰："翁心存安輯[一]群生，汝實利之耳。迹雖同，仁暴殊矣。夫末俗飾迹忘心，天道糾心而遺其迹[二]，迹者心之所形，得心而迹在其中矣。然迹可飾者也，心不可飾者也。天不爲人愚，故直探其隱微，而福極之、應因之。子無規規[三]焉徒較其迹爲也。善迹且不可較，況其未善者乎？"

【注】

[一]安輯：安撫。

[二]末俗飾迹忘心，天道糾心：謂卑下的風俗是粉飾行迹，以期忘記本心；而天道却會督責本心，而不關注行迹。

[三]規規：淺陋拘泥貌。

十一　南　花

南花之最豔者曰錦堂春。正朱色，大如掌，葉肥厚而澤，木本虛其中，頗難養，少傷寒暑燥濕輒死。樸麗子曰："得非以中虛之故與？虛則内不堅而外易搖。"或曰："修竹冬青非虛中乎？"樸麗子曰："竹多節而淡，是花虛而耀於外，故不同也。"

十二　士居僻鄉

士居僻鄉中，不可耐，以問樸麗子曰："吾欲聊屬吾鄉，使相

---

① 骨肉——證性書屋本作"骨肉毛血"。

親睦如古井田誼,皆不吾聽,甚至怨怒。將若之何?"答曰:"子欲以責己者責人,轉相支住[一],人己兩困。衆人如浮萍泛泛①,易合易離,苟且旦晚耳。子欲根底而維繫之,是也;既不能,聽之猶可。若復深求,必致紛崩擾亂,子不且爲殘萍矣。吾爲子謀:子姑默然焉,無殘萍也。[二]"

【注】

[一] 支住:即"支绌",也作"支左絀右"。謂處境窘促,顧此失彼,窮于應付。

[二] 子姑默然焉,無殘萍也:意謂您姑且不要言語,別使得自己像殘萍似的無人理會。

十三 禹郡出紫霞盃

禹郡出紫霞盃,製自前明。徽府用以飲酒,可却百病,世爭寶之。厥後作者漸廣,減其藥料。至於今則竟以紅土搏成,僅存形模。然其榧仍裝潢精燦,或用蜀錦越羅,下者亦用紬絹。市者不視盃,但辨榧議直。縞紵[一]贈答,至家有其物,人亦不復愛惜。或曰:"是特用意爲市耳,若自用,定不如此。愛至則明生,人情忠於己而疏於人,愛與不愛故也。"樸麗子曰:"不然。人己異體而同情,未有愛己而不愛人者也。惟其此以虛往,彼以虛來,轉相視效,浸假益偷[二],至於如此。始於誑人,終於自誑,得謂之愛己乎哉?"

① 衆人如浮萍泛泛——證性書屋本作"衆人情薄如浮萍泛泛"。

【注】

〔一〕縞紵：喻深厚的友誼。亦指朋友間的互相饋贈。語出《左傳·襄公二十九年》："（吴季劄）聘於鄭，見子産，如舊相識。與之縞帶，子産獻紵衣焉。"

〔二〕浸假益偷：此謂人情漸漸更加澆薄。

十四　危者使平

樸麗子曰："危者使平，怠者使傾，不誠然乎哉①？余之登風后頂[一]而歸也，日已垂暮，亂石嶜岈，下臨深谷②，色蒼蒼然不見底。以兩手據石匍匐③，警呼惕息，幸免疏虞。山腰以下路漸夷，輒復寬然以爲無慮矣，信步行歌，數至傾跌，乃大懼。顧自嘆曰：'若使向者如此，吾齏粉矣。'又山路多歧，所至問詢而後行。忽欲計其里④，步數之，然亦不廢訪問。未及五里，失路者再。心有繫者，必有所窒。斯讀書亡羊所由等⑤於博塞[二]者與？"

【注】

〔一〕風后頂：嵩山餘脉具茨山主峰，在今河南新鄭西南十五公里辛店鎮境内。相傳爲黄帝臣子風后封地，故而得名。

〔二〕博塞：亦作"博簺"。即六博、格五等博戲。

---

① 乎哉——證性書屋本作"哉"。
② 谷——證性書屋本作"壑"。
③ 匍匐——證性書屋本作"匍匐蛇行"。
④ 里——證性書屋本作"里數"。
⑤ 等——證性書屋本作"同"。

十五　入雲巖

　　樸麗子入雲巖[一]，見老翁斂膝端坐於巖内，鬚眉如雪，面奕奕有光，知非常人，趨前致敬。老翁曰："子何來？"對曰："游風后頂。"曰："風后之游樂乎？"曰："樂。""風后頂與雲巖孰勝？"曰："風后頂高峻，雲巖幽秀，各具其勝，未易軒輊。"老翁曰："風后頂高而露足，大而無林，孤峙天表而無所包含①蘊育，此外壯也。雲巖在大壑中，遠望之窈然無所見②，比至前，嶺角一轉，萬象軒呈，恍惚變幻③，驚目駭矚。巖中之雲氣宛然，吸噓巔壁④，醞釀霖澤。巖之外峪岈怪石，如入武庫，矛戟森森。深谷⑤寒潭，蛟龍盤據，以時出没，感雷電而神變化。又有蒼松翠竹，奇花異草，禽鳥五色，飛鳴上下，斑斕成文，韻諧韶護⑥，此内壯也。老夫愛此，故常居之。"徐⑦又曰："觀子衣冠動止，豈業儒者乎？"曰："然。""既業儒，知⑧儒之真乎？"曰："小子寡昧[二]，何足以知之。"老翁曰："孔孟而後真儒輩出，代不乏人，其失也漢蕪、唐浮、宋陋，祛此三者可以知真儒也。"樸麗子唯唯拜教，欲復有所請，顧視翁目已瞑，遂退。

---

　　① 含——證性書屋本作"涵"。
　　② 無所見——證性書屋本作"無所有"。
　　③ 變幻——證性書屋本作"變化"。
　　④ 巔壁——證性書屋本作"嶺壁"。
　　⑤ 深谷——證性書屋本作"深窟"。
　　⑥ 護——證性書屋本作"濩"。
　　⑦ 徐——證性書屋本無。
　　⑧ 知——證性書屋本作"識"。下"知真儒"之"知"證性書屋本亦作"識"。

【注】

［一］雲巖：具茨山新密縣端内有雲巖洞、雲巖宫。雲巖洞相傳係黄帝練兵講武之地。雲巖宫係宋人於雲巖洞之上修建的一座寺廟,初時有軒轅門、講武門、四師殿、藏經閣及玉皇閣等建築。現存有唐代"風后八陣圖碑"、元代至元年間的重修雲巖宫碑和明代萬曆年間的"雲巖宫碑"等。

［二］寡昧：謂知識淺陋,不明事理。

十六　南山有虎

南山有虎食人,道路梗塞。二少年約共除之。遂入山谷,各擒一虎歸。鄉人皆驚喜,問虎何以擒。其一人曰:"持巨挺[一]與虎鬥,虎不勝。連擊之,斃。"其一曰:"察虎所常游息處,布桐油於地。虎至,蹲卧其上,毛膠如氈,急以掌撩撥之,膠愈甚。又數揉其目,目亦膠蔽不能視物。性剛烈不可奈,輒大吼,頻頻騰擲空際。久之,虎不動。就視之,則塊然[二]死虎矣。"樸麗子曰:"二少年約共除虎,卒擒虎以歸,皆壯士。然持挺與虎鬥,脱有疏虞,豈得免虎口乎?布油於地,不見虎而虎自斃,卓哉!其勇過人遠矣。"

【注】

［一］挺：即梃,棍棒。
［二］塊然：木然貌。

十七　猿與麋鄰

猿與麋鄰,雅敬麋,日採山果饋之。麋置於旁,不以屑意。

猿曰："是必以爲不美也。"因窮幽險攀藤葛，得佳果實，天下之珍異，跪而獻麋。麋復置之。猿進而請曰："始饋果而不食，余以爲未當口也。繼且窮幽險得珍果，不敢自用，獻於左右，復不食。余惑焉，敢請其故。"麋曰："若自嗜之，余不嗜也。"猿廢然[一]去。既出，麋笑曰："余何所須此戔戔[二]也者，而數來溷[三]余。"樸麗子曰："聞之齊王好竽，時有以瑟見者，三日不得通，因自贊其瑟。門者曰：'瑟雖善，如王不好何？'夫不察人爲意[四]，執人人之耳而强聒之以其所不欲，其不爲麋之所笑者幾希。"

【注】

[一] 廢然：失望貌。
[二] 戔戔：淺少。
[三] 溷：打擾。
[四] 爲意：在意。

十八　雖有良醫

雖有良醫，不醫其所不救；雖有善射，不射其所不及。醫於未病者，上也；醫於將病者，次也；醫於已病者，下也；至於灼肌膚、刳腸胃、毒人以求生者，又下之也，非醫之所樂爲也。然而良醫不廢者，爲其可生也。野有浮屍，痭痭然[一]腰粗於甕，面目敗滅不可辨。急呼醫至，醫一瞥之，怒曰："戲我耶？故困我耶？"攢鼻而去。養由基[二]力穿七札[三]，去百步懸楊葉而射之如樹。一日從楚王①乎章華之臺[四]，適有大鳥飛鳴空際，王命射之。對

---

① 楚王——與"乎章華之臺"間有脱文，疑爲"游"。

曰："臣之射只及百步，强免[五]亦不過加數步耳。今此鳥以意計之，將不下三百步，臣不敢射以辱君命。"王嘆曰："以養由基之射，不能爲寡人三百步取大鳥。無他，勢不及也。審勢哉！"由是觀之，善醫者有不醫，醫必愈也；善射者有不射，射必中也。

【注】

［一］癎癎然：腫脹貌。
［二］養由基：春秋時神射手。
［三］七札：七層鎧甲。札，甲的葉片。
［四］章華之臺：亦稱章華宮，楚靈王所修建離宮，爲當時極宏大之建築，後毁於戰亂。
［五］强免：免，同"勉"。盡力而爲。

十九　鄉翁嗜酒

鄉翁嗜酒，日輪飲其佃户家。佃户不能給，合謀欲辭去。中一人曰："不如取彼之酒飲彼。"時秋禾已熟，共竊菽，釀而飲之。翁甚喜。居久之，有發覺者，翁召之。其人已知，捧大罍巨觥至庭前，謂翁曰："何事唤余？"翁怒曰："爾猶不知耶？爾何爲竊菽？"對曰："主人令我竊而猶詰責我耶？我耕田若干畝，歲入若干，主人所知也。日噉粗糠猶不足以飽妻孥。而主人不時縱引①吾家，一日之飲耗費吾數日産。欲不應，懼得罪；欲辭去，無所從得食。夫迫人以必不容不竊之勢，而責其勿竊，難矣。何異强人以酒，而責其勿罪②也。今不得已以主人物享主人，似亦無

---

① 引——原文如此。當作"飲"。
② 勿罪——原文如此。當作"勿醉"。

不可者。且不但我一人,主人之佃户悉如此矣。何必沾沾[一]也?"因笑指其罋曰:"家釀新熟,色味俱美。不如姑且盡阿䐗中物,圖今日之歡。"遂握巨觥而獻之曰:"敬以此爲主人壽。"翁囁嚅不能出一辭,是日復大醉。

【注】

[一]沾沾:拘執。

二十　患脅癰

有患脅癰[一]者,醫至驚曰:"是殆不可爲。雖然,依吾猶可生。"其父曰:"今以兒屬君。"醫與之同寢食,力治之。閱月,將平復矣。醫有事歸,約三日返。比返,而瘡大變,新肉復潰。醫曰:"是不謹所致。"辭去。父挽留之曰:"第嚴防之。"醫曰:"防行於所見,而窮於所不見。君不若涕泣危言,以動其心。"復治之。顧病者重,以爲苦,嘗以足抵床笫,恚曰:"吾不畏死!彼何爲者?"醫聞之,遂行。安成孝廉某游金陵,遘惡瘡,歸。其母早寡,只一子,日拊而涕泣。而家故豐饒,懸重資賄醫[二]。及痊,酬以五百金。醫者諄屬曰:"是瘡十無一二生,今幸痊可。然須戒葷百日。脱復發,萬無生理。"母大懼,周防之,而自茹素。會其父忌辰,母私市雞豚以祭。而是時,百日期垂滿。母藏其餕餘[三]於密櫥中扃之,而自帶其匙,戒婢勿洩,爲孝廉他日備朝餐。適母出,孝廉聞肉香,詢婢,婢不對。聞香出櫥中,急索匙。婢皇遽告母。母奔至,而孝廉已破櫥屬厭[四]矣。母瞪目問曰:"汝食肉乎?"對曰:"兒食淡久,聞肉香不能奈。且所爭一半日耳,想亦無妨。"母以頭摩其胸而哭之,髮盡散。翌日瘡發。以千金求前醫,辭焉。

遂死。樸麗子曰："母之於兒可謂至矣,而不能救其死。夫千金造屏,碎於一擊;防之千日,疏於一時。死生真有命,人力其奈之何? 而吾獨怪彼孝廉者何以死哉!"

【注】

[一] 脅癰:肋部腫瘍。
[二] 賄醫:請醫生。賄,通"囏"。
[三] 餕餘:剩餘的食物。
[四] 屬厭:飽足。

二十一　范陽盧志

范陽盧志[一]問陸機[二]曰："陸遜、陸抗與君遠近?"機曰："如君與盧毓、盧珽。"志默然。弟雲謂機曰："殊邦遐遠,容有不悉,何至於此?"機曰："我祖父名播四海,安有不知耶?"議者以此定二陸之優劣。樸麗子曰："陸氏禍伏於此矣。[三]孰優孰劣耶? 以此事度之,雲爲長,而雲對荀隱之言[四]亦殊輕薄。聖人云'邦無道,危行言孫',[五]。南容三復白圭[六],斯其所以免於刑戮也。"機、雲以亡國之餘,托身昏朝,乃欲以口舌争衡,其及宜也。余甚哀二陸之死,因爲推其致禍之由,亦考古者之殷鑒也。

【注】

[一] 盧志:字子道。范陽涿(今河北涿州)人,出身世家。西晉成都王司馬穎謀士,永嘉之亂中被殺。此段文字見《世説新語·方正》。
[二] 陸機:字士衡,西晉吴郡吴縣(今江蘇蘇州)人。出身吴郡陸氏,爲東吴丞相陸遜之孫、大司馬陸抗之子。東吴滅亡後,與弟陸雲(字士龍)同仕西晉。

[三]陸氏禍伏於此矣：盧志與陸機齟齬，後向執政的成都王司馬穎進讒，藉故殺死陸機并夷三族。

　　[四]雲對荀隱之言：《世説新語·排調》載：荀鳴鶴、陸士龍二人未相識，俱會張茂先坐。張令共語。以其并有大才，可勿作常語。陸舉手曰："雲間陸士龍。"荀答曰："日下荀鳴鶴。"荀隱，字鳴鶴，當時名士。張華，字茂先，曾任中書令、右光禄大夫。云從龍，風從虎，故而陸雲因其字而言"雲間"。荀隱，都城洛陽人，舊是以帝王所居爲日下，故有此言。

　　[五]邦無道，危行言孫：危，高峻。孫，卑順。意謂天下亂，要行爲方正，言語卑順。語出《論語·憲問》。

　　[六]南容三復白圭：見《論語·先進》："南容三復白圭，孔子以其兄之子妻之。"意謂南容括反復誦讀《詩經·大雅·抑》之"白圭之玷，尚可磨也；斯言之玷，不可爲也"，以此警誡自己。後因以"三復白圭"謂慎於言行。

二十二　庚申夏旱

　　庚申[一]夏旱，苗垂槁，人心皇皇。有善推步[二]者曰："立秋日當雨。"至期果然。鄉人方聚而相慶，忽一老嫗至，就衆斂資酬神，曰："我前適野，目亢旱狀，心甚惻，虔禱於神。神靈不二日而雨。初，我禱雨時人謂我'多約伴侶'，我曰：'不須，只須我一人。'今我欲獨酬神，衆不可。此雨所關非細，諸君勿吝囊橐。"聞者皆竊笑。樸麗子極①以目止之，而爲斂錢奬慰之而去。因徐謂諸人曰："君等奚笑也？"曰："此雨久經人推定，彼乃攘爲己功。"樸麗子曰："自古建功立業皆適與時會耳。孔明不能復漢室，岳中武②不能復中原，豈智力之不及哉？然而韓信、王濬[三]

---

① 極——證性書屋本作"急"，是。
② 岳中武——證性書屋本作"岳忠武"，是。

皆一世豪傑,猶不能不貪天功以爲己有①,而何有於一老孀婦乎？而爲之粲然也？"

【注】

[一]庚申：此指嘉慶五年(1800)。

[二]推步：推算天象曆法。古人謂日月轉運於天,猶如人之行步,可推算而知。

[三]王濬：字彭祖,西晉太原晉陽(今山西太原)人。名將,率兵平定東吳。

① 貪天功以爲己有——證性書屋本作"貪天以爲己功"。

卷　五

一　《周官》盛水不漏

　　樸麗子曰:"一部《周官》,盛水不漏,然制亦太密矣。迨至末季,變而加厲,浮文掩要,委瑣繁碎,莫可殫舉,若之何其能久也?秦皇繼之以滅裂,焚之坑之,并先王之大經大法,一切蕩然,無復留遺。斯亦如火燄崑岡,玉石俱焚者矣。東漢節義,前代罕比。一君子逃刑,救而匿之者破家戕生相隨屬而不悔,至於婦人女子亦多慷慨壯烈,視死如歸。及魏晋矜爲清談,以任誕相高,斯又與東漢風尚恰相反背矣。夫大飢必過食,大渴必過飲,此氣機[一]之自然也。君子知其然,故不習難勝之禮,不爲絶俗之行,節有所不敢虧,而亦不敢苦其節也,情有所不敢縱,而亦不敢矯其情也。居之以寬恕,而持之以平易,是亦君子之小心而已矣。"

【注】
　　[一]氣機:中醫學名詞。指人體内氣的正常運行,包括經絡、臟腑的功能活動。如氣機發生異常,一般有氣機不宣、氣機阻滯等病理變化。

二　老儒湛深經術

有老儒湛深經術①,詩文冠冕一時。其叔爲怨家所劾繫縣獄,而京師素多知交,命往營救。都人士聞其來,爭相延致,談經講道,動徹宵旦,一時名大噪。居久之,適與當事者遇,叩其來意,告以故。當事者訝曰:"何不早言？此事亦定案,部文下流[一]矣。"又聞一孝廉北上,其兄因事繫獄,嫂傾家貲託其贖兄罪,同還里閈[二]。比至京,用此金買一豔妾歸。嫂聞車馬聲,趨迎於門,不見兄,急問曰:"汝兄安在？"曰:"在囹圄。"而妾從車中翩翩然出。嫂瞪目指妾而呼曰:"此得非贖兄之金所爲耶？"孝廉皇遽無以對。嫂大哭以頭撞其胸者數十,曰②:"無義賊！天不容汝矣！"遂氣結而卒。未幾③,孝廉嘔血死。樸麗子曰:"談經講道與買豔妾不可同日而語,然④其爲喪心[三]一也。憶少時讀書三峰山[四],見一童子持囊而⑤泣。問其故,曰:'鄰家託我糴米[五],今日已晡[六],未得米,吾負若,是以泣。'余亟以手摩其頂曰:'可兒,可兒。'"

【注】

[一]下流:下發。
[二]里閈:指鄉里。
[三]喪心:喪失理智。
[四]三峰山:在今禹州市區南偏西,因三座山峰連綿而得名。山有

---

① 湛深經術——證性書屋本作"沈湛經史"。
② 曰——證性書屋本作"罵曰"。
③ 未幾——證性書屋本作"亡何"。
④ 然——證性書屋本無。
⑤ 而——證性書屋本無。

[五] 糴米：買米。
[六] 晡：晡時，古時十二時辰之申時，相當於今十五時至十七時。

三　童子食麥飯

童子食麥飯[一]，中一雞子，目屬之而不肯遽食，見人至則讓食。人謂幼而知禮。又讓及一童子，童子曰："我不食飯而食雞子。"童子色變，睨之，不應而疾走。又一小女郎携女伴游後圃，握葡萄一穗輪讓之，時葡萄尚未悉熟，中有熟者一兩餜①耳，圓大而美，一人摘此兩餜去。女郎棄諸地，捧②其乳媪之手而啼。急還之，面赬汗如洗。樸麗子曰："此一童子一女郎者，以讓始，以怒終，是③豈初終之頓異哉？奪其所愛故也。夫世界本坦途，貪戾[二]者自寘荆棘。無所往而或可勿徒咎人爲也。"

【注】

[一] 麥飯：磨碎的麥做成的飯。
[二] 貪戾：貪婪暴戾。

四　張松暗結劉豫州

張松[一]暗結劉豫州[二]，勸劉璋迎入川，復以書勸豫州早定

---

① 餜——證性書屋本作"顆"。下同。
② 捧——證性書屋本作"奉"。
③ 是——證性書屋本無。

大計。書爲其兄肅所得，遂奏之。松孥戮。客謂樸麗子曰："肅之行未饜人心，然不者，恐致族誅。抑亦古所謂大義滅親者乎？子以爲何如？"答曰："肅宜焚其書而請於璋曰：'臣弟松志意不常，自多其才，時懷怨望。臣恐疏於防閑，重滋罪戾。禮，制於未然之謂。乞徙之遠方，用懲浮囂，使之畏罪思過，報稱[三]有日。'如此，則璋無不從，公私兩得矣。若所云大義滅親，古惟周公之於管蔡[四]、石碏之於石厚[五]。然皆稔惡[六]稱亂，不誅之無以靖難。松豈至此哉？肅特出於懼禍之深，不足語於是①。就以論數其賣主之罪，僇[七]之家廟而拊其孤②，松亦受死無怨，何至男婦纍纍，併首市曹也？夫危人以安己，君子弗爲，況輕致弟於夷滅乎？肅真忍心人也。"

【注】

[一] 張松：東漢末年割據益州之劉璋的謀士，暗通劉備。

[二] 劉豫州：指劉備，曾封豫州牧。

[三] 報稱：報答。

[四] 周公之於管蔡：周公的弟弟管叔和蔡叔與紂王之子武庚反叛，周公平叛，管叔自殺，蔡叔被囚。但天下都以周公爲正義。

[五] 石碏之於石厚：石碏，春秋時衛國人。衛莊公有嬖妾所子州吁，有寵而好武，莊公弗禁。碏進諫，莊公弗聽。碏子石厚與州吁游，勸誡亦弗聽。後州吁弑桓公而自立爲君，未能和其民。石厚向其父請教安定君位之法，碏假意建議石厚從州吁往陳，通過陳桓公以朝覲周天子。旋請陳拘留兩人，由衛使右宰醜殺州吁，又使家宰獳羊肩殺石厚。當時稱碏能"大義滅親"。

[六] 稔惡：罪惡深重。

[七] 僇：同"戮"。

① 不足語於是——證性書屋本作"固不足語於是"。
② 而拊其孤——證性書屋本無。

五　養鳥者

養鳥者編竹爲籠而破，尋竹補之。或與以鐵絲，不受。或曰："是豈不堅於竹乎？"曰："堅則堅矣，顧參一二鐵絲於衆竹之中，吾籠無所加固而遂爲殘籠矣。"於是易之以竹。樸麗子曰："優者不必優，絀者不必絀[一]。物各有能，適用爲良。千里追風，羈靮[二]而屬諸牛車之内，適足以爲累而泥[三]於行耳。彼養鳥者，其知之矣。"

【注】

[一] 絀者不必絀：低劣的不必廢黜。
[二] 羈靮：馬絡頭和韁繩。泛指馭馬之物。
[三] 泥：阻滯。

六　問　鬼

或問鬼。樸麗子曰："子所問者何鬼也？先儒有謂造化之迹者[一]矣，有謂二氣之良能者[二]矣。"曰："非此之謂。謂家際之鬼、人死之鬼，是鬼也謂有乎？人或以爲無矣。果有乎？"曰："否。""謂無乎？人或以爲有矣。果無乎？"曰："否"。"然則奈何？"曰："在有無之間。夫冰成於水，而寒於水。非冰寒也，氣凝而寒包也。及冰融氣解，而寒去矣，然而有餘寒焉。人成於氣，非人靈也，氣積而靈發也。及人死氣涣，而靈失矣，然而有餘靈焉。鬼者，餘靈也。又不見夫木乎？木化而火，火化而灰。鬼，離乎木而未即於灰者也，其爲物亦僅[三]矣。故曰在有無之間。"

問曰："然則忠臣義士以及羽客[四]仙人，其身雖死，其鬼往往常流行天壤間，其故何也？"曰："是不可一例論。忠臣義士養其氣而無所害，羽客先人鍊其氣而無所散。其死者，軀殼也。其所以生者，未嘗死也。所以生者未嘗死，則即以之長生而已矣。"

【注】

[一]先儒有謂造化之迹者：先儒，指程頤。《禮記·中庸》："鬼神之爲德，其盛矣乎。"程頤章句："鬼神，天地之功用，而造化之迹也。"

[二]有謂二氣之良能者：指張載。載有云："鬼神者，二氣之良能也。神者，氣之伸，陽之動也。鬼者，氣之屈，陰之静也。"

[三]僅：接近。

[四]羽客：指方士。

七　主人盛筵款賓

主人盛筵款賓，躬自把盞，一少年獨不飲。數巡①，主人復起把盞，屬之，辭。主人曰："僕②老且賤，諸君辱臨，皆盡歡。君不憐余老而少假[一]之，豈③有所不足於我乎？"復洗爵④，固勸之。座客皆曰："君素飲，今何靳[二]於一盞？"猶不飲。主人笑舉爵口邊曰："席將終矣，君卒不賜一飲乎？不飲將使君之衣代飲。"少年喜怡緩語，即取爵自澆其衣，酒淋漓滴地上。主人面如土，席遂散。一時哄傳，以爲怪談。亦有稱少年，以爲有力量者。樸麗子聞而嘆曰："昔王敦客石崇家。崇以美人勸酒，云：'不飲

---

① 數巡——證性書屋本作"已數巡"。
② 僕——證性書屋本作"余"。
③ 豈——證性書屋本作"其"。
④ 復洗爵——證性書屋本作"復手自洗爵"。

則斬美人頭。'客無不醉者。至敦,敦不顧。已斬二人矣,敦亦慢①不屑意,崇不能強。識者知其他日必作賊。敦以強勝,少年以柔盛,吾不知之[三]矣。聞此少年好觀先儒語録,見先儒節概多,當必有所本。夫參著朮苓可以引年,取壯夫嬰兒遍唻之,其亡也忽焉。故學不知道,聖經賢傳,皆足以遂非長傲,帝王官禮[四],亦禍世殃民之資。近見一班後生,少聰明露頭角者,往往走入剛僻不近情一路,父兄之教不先,師友之講不明。是則事之可憂者耳。"②

【注】

[一] 假:寬容。
[二] 靳:吝惜。
[三] 不知之:知,通"智"。不認爲他們智慧。
[四] 官禮:官府的禮法。

八　馬服君

樸麗子曰:"馬服君[一]爲趙將,其妻稱其身所奉飯飲而進食者以十數,所友者以百數。豈不欲集思廣益得人言哉? 及救韓也,兵去邯鄲三十里而令軍中曰:'有以軍事諫者死。'則何耶? 其犯令者已斬之矣。許歷[二]③以軍事諫,用其言。歷請死。曰:'胥後令。'則又何耶? 夫軍事尚靜[三],謀之未定也,集思廣益,

---

① 慢——證性書屋本作"漫"。
② 是則事之可憂者耳——證性書屋本作"悠悠河流,何時返乎? 昔有人善憂者,憂天之墜,人皆笑之。余今者之憂,豈亦此與? 悲夫"。
③ 許歷:證性書屋本作"軍士許歷"。

不厭其多。及其既定,在於併心一慮①,堅定而不搖②,多言多擾,故有'以軍事諫者死'之令。若許歷之言,勝算也,勝算又可誅乎?馬服君之令非禁人言也,蓋爲夫③不當言而言者也。兵無定形,可尋常計乎?厥後趙成王欲將其子括,藺相如曰:'王以名使括,若膠柱而鼓瑟耳。括徒能讀父書,不知合變[四]也。'夫所謂合變者何也?識者取閼與之捷[五]而尋繹之,其與合變之道可得而言矣。"

【注】

[一] 馬服君:趙奢,戰國時趙國名將,趙惠文王賜封號馬服君。曾在閼與之戰中大破秦軍。
[二] 許歷:趙國將領,趙奢部屬。
[三] 尚靜:崇尚穩定。
[四] 合變:隨機應變。
[五] 閼與之捷:閼與,戰國時韓邑,後屬趙,故址一説在涅縣,一説在武安,一説在銅鞮縣,尚無定論。公元前269年,趙奢率軍在此地擊敗秦軍。

九　沖世衡

沖世衡[一]④既城寬州[二],苦無水⑤,鑿百五十尺⑥見石。工

---

① 一慮——證性書屋本作"一志"。
② 堅定而不搖——證性書屋本作"堅固不移"。
③ 夫——證性書屋本無。
④ 沖世衡——沖,證性書屋本作"種"。下同。
⑤ 苦無水——證性書屋本作"苦無泉"。
⑥ 鑿百五十尺——證性書屋本作"鑿地百五十尺"。

徒拱手曰："是不可井矣。"世衡曰："過石而下將無泉耶？爾其屑而出之，凡一畚償一金①。"復致力，過石數重，清泉沛然。朝廷因署爲清澗城。樸麗子曰："建豎之才，世亦不乏，但苦無定力耳。夫遇一難而輒沮，經一挫②而遂頹，此皆不足以有爲者也。觀冲公鑿井事至清泉沛然，不禁捧腹稱快。吾輩爲學不當如是耶？"

【注】

[一] 冲世衡——即種世衡，字仲平。北宋洛陽（今屬河南）人。邊疆名將，子諤、孫師道皆名將。重氣節，有才略。

[二] 城寬州——城，築城。唐儀鳳三年（678）置羈縻寬州於延州都督府綏州綏德縣境，貞元十四年（798）廢州。種世衡時任鄜州（今陝西富縣）判官，爲抵御西夏修筑延州（今陝西延安）東北二百里故地寬城，名青澗城。

十　立國在乎得人

樸麗子曰："自古立國在乎得人。主聖而能任人者王，中材而能任人者霸，庸主能任人亦足以蒙業而安。成湯之於伊尹，武王之於太公③、召公，尚矣。管仲一亡虜[一]耳，桓公脫囚而用之，尊爲仲父，齊國大治，天下莫強焉。王景略[二]以布衣見秦王堅，立授以政，破諸舊臣之議而位其上。此皆卓卓者。齊主洋[三]，其無道主乎！然當是時，君昏於上，政清於下，則楊暗[四]之爲之也。"

---

① 償一金——證性書屋本作"償爾一金"。
② 經一挫——證性書屋本作"經一蹶"。
③ 太公——證性書屋本作"周公"。遺書本是。

【注】

［一］亡虜：逃亡的罪人。

［二］王景略：王猛，字景略。東晉北海郡劇縣（今山東濰坊壽光東南）人。十六國時期前秦丞相，輔佐苻堅統一北方。

［三］齊主洋：北齊顯祖高洋，字子進，南北朝時期北齊政權開國皇帝。在位初期，勵精圖治，征討四方，後期却暴虐無度，終酗酒暴斃。

［四］楊暗：暗，證性書屋本作"愔"。楊愔，字遵彦，南北朝時期北齊宰相，有才略，深受高洋信任，處理政務純熟，故而儘管在上者荒淫，在下位者尚能安居。

十一　盜　牢

樸麗子曰："盜牢[一]持數尺之絲、徑寸之針鈎牛舌而牽之，牛隨其後惟謹，不敢少逡巡[二]。此豈有異術哉？制其痛處也。是故勝人於巨不若勝人於細，勝人於難不若勝人於易，勝人於昭昭不若勝人於冥冥也。夫以淮陰侯之强，戰必勝，攻必取，而陳平馳驟[三]之，顛倒[四]之，聲隨響應，無不如志。誠與以理勢之必然，而操乎其所不得遁也。天子游雲夢，朝諸侯，諸侯皆朝，信安能已乎？其後，蕭相爲吕后畫策斬信長樂鐘室，亦祖此計。趙王[五]、成安[六]之所不能敵，燕、代、齊、魏[七]之所不能抗，龍且[八]之所不能當，項王之所不能禦，一武夫縛之，如縛雞然。吁！計亦深矣①哉！故曰：三寸柔舌銛於鋒鍔，一縷心思雄於九軍②。"

---

① 矣——證性書屋本無。

② 一縷心思雄於九軍——此句下證性書屋本有"其陳平之謂乎？抑平之言曰：'吾生平多陰謀，到家所忌。'誠哉是言也。彼此固已知之矣"。

【注】

　　［一］牢：關養牲畜的欄圈。此指牛欄。
　　［二］逡巡：拖延。
　　［三］馳驟：驅使。
　　［四］顛倒：使錯亂。
　　［五］趙王：指趙國後裔趙歇，本爲代王，被陳餘迎立爲趙王。
　　［六］成安：陳餘，魏國大梁人。秦亡後收復趙地，尊趙歇復爲王。趙歇封陳餘爲代王，號成安君。後爲韓信、張耳所敗，被殺。
　　［七］燕、代、齊、魏：燕，其王臧荼，後投降韓信。代，其王陳餘。齊，其王田廣，爲韓信所俘。魏，其王魏豹，亦爲韓信所俘。
　　［八］龍且：秦末名將，項羽部屬。後來爲韓信所敗，最終被殺。

十二　使流俗盡愛

　　或曰：“使流俗盡愛之，可乎？”曰：“不可。”“使流俗盡惡之，可乎？”曰：“不可。”“然則如之何？”曰：“潔其身，方其行，而運[一]之以恕，持之以謙，守之以禮，包荒以大其量，忍辱以斂其氣，盡己而無所責望於人，既不受愛，亦不受惡。譬夫寒燠疊更，蒼松自若，蟲鳴籜[二]謝，風月皎然。”

【注】

　　［一］運：用。
　　［二］籜：草名。

十三　惠子謂莊子

　　惠子謂莊子曰：“魏人遺我大瓠之種。我樹之成而實五石。

以盛水漿，其堅不能自舉也。剖之以爲瓢，則瓠落[一]無所容。非不嘐然[二]大也，吾爲其無用而剖之。"莊子曰："夫子固拙於用大矣。何不慮以爲大樽[三]而浮乎江湖？"樸麗子曰："夫人才自古爲難。有大才，有小才。大以大受，小以小受。得所受則兩成，失所受則兩敗。此固在知之者與用之者矣。然尤在於自知審而持之也堅。蕭何薦韓信於漢王。王曰：'吾爲公以爲將。'何曰：'雖爲將，信必不留。'王曰：'以爲大將。'何曰：'幸甚。'遂擇良日，齋戒，設壇場，具禮，拜信爲大將。於是虜魏王豹，破代，擒趙王歇，定齊，定燕，殺龍且，逼項王死東城，卒成帝業，信之力也。向使信爲一將留，詎能出樊噲、灌嬰輩右哉？蕭何善知人，高帝善用人，信善自用。"

【注】

[一] 瓠落：大而空的樣子。
[二] 嘐然：大而空的樣子。嘐，《莊子·逍遙游》原文作"枵"。
[三] 大樽：形如酒器，可繫於腰間作渡水之用。亦稱"腰舟"。

十四　高帝雄斷少恩

樸麗子曰："高帝雄斷少恩，手創天下，天下之外，一無所顧。誅韓信、取樊噲頭[一]，實畏惡其智勇，恐後人不足以制之。留侯於分羹[二]時早已覷破，故雖爲帝畫策臣，而始終①在即離遠近間。天下甫定，脫然從赤松子[三]游耳。信不悟此，故卒②冒不韙

---

① 始終——證性書屋本作"祇"。
② 卒——證性書屋本無。

之名，身死族滅。蕭相國亦僅而①得免。其欲廢太子也，非徒溺於愛而已也，以太子仁柔，恐不足以任天下之重，故曰：'終不使不肖子居愛子之上。'大臣强諫而不聽，太傅陳説古今而不聽，留侯招四皓，一見而太子定。此妙用也，神龍變化，風雲出没，隱見不可端睨[四]。而或豢而養之者，中其欲也。"

【注】

[一] 取樊噲頭：燕王盧綰叛亂，劉邦正當發病，派樊噲前去平定，後疑樊噲與呂后串通干政，劉邦復命陳平、周勃往噲駐地殺之，并要求獻出頭顱以驗真假。未及殺樊噲，劉邦病死。

[二] 分羹：《史記·項羽本紀》記楚漢相争，項羽俘獲劉邦之父，威脅劉邦如不投降就烹殺其父，劉邦回應："吾與項羽俱北面受命懷王，約爲兄弟，吾翁即若翁，必欲烹而翁，則幸分我一桮羹。"

[三] 赤松子：又作"赤誦子"，號左聖南極南嶽真人左仙太虛真人。傳説中的上古仙人，擅服用水玉以祛病延年。

[四] 端睨：亦作端倪。窺測，捉摸。

十五　唐太宗分遣大臣

唐太宗分遣大臣巡行黜陟，李靖薦魏徵。帝曰："徵箴規朕失，不可一日離左右。"乃命靖等十三人分行天下。其倚毗鄭公何如哉②？徵卒，帝自製碑文併爲書石。其君臣相得何如哉？然帝③之欲殺之也，屢矣，非長孫后豈能免乎[一]？厥後又踣其所撰碑[二]。正直之難容也，如是夫！夫鄭公遭遇太宗，千載一時

---

① 而——證性書屋本無。
② 何如哉——證性書屋本作"不宛然左右手哉"。
③ 帝——證性書屋本作"太宗"。

猶如是①，他復何説②？嗚呼！斯豈衛公[三]每朝對所由恂恂似不能言與？

【注】

[一] 非長孫后豈能免乎：事見《舊唐書·魏徵傳》："上（太宗）嘗罷朝，怒曰：'會須殺此田舍翁。'后問爲誰，上曰：'魏徵每廷辱我。'后退，具朝服立於庭，上驚問其故。后曰：'妾聞主明臣直；今魏徵直，由陛下之明故也，妾敢不賀！'上乃悦。"

[二] 厥後又踣其所撰碑：謂此後唐太宗又推倒爲魏徵撰寫的墓碑。事見《新唐書·魏徵傳》："徵亡，帝思不已，登淩煙閣觀畫像，賦詩悼痛，聞者媚之，毁短百爲。徵嘗薦杜正倫、侯君集才任宰相，及正倫以罪黜，君集坐逆誅，纖人遂指爲阿黨；又言徵嘗録前後諫争語示史官褚遂良。帝滋不悦，乃停叔玉婚（按：太宗本欲將衡山公主嫁給魏徵子叔玉），而仆所爲碑，顧其家衰矣。"

[三] 衛公：指李靖，封衛國公。

十六　漢有三傑

漢有三傑[一]，子房稱首③。子房能率衆④與敵角逐於原乎？曰：不能。子房能謹守管籥理繁治劇乎？曰：不能。子房之所能者，皆天下成敗興亡之大略，默運於心，應機而發，如庖丁解牛，批郤導窾[二]，游刃有餘。子房可謂能自用⑤其長者矣。殷深

---

① 猶如是——證性書屋本作"猶復如此"。
② 他復何説——證性書屋本作"其他則又何説"。
③ 稱首——證性書屋本作"爲最"。
④ 衆——證性書屋本作"數十萬衆"。
⑤ 能自用——證性書屋本作"善用"。

源[三]之敗也,桓宣武謂①浩有德有言,朝廷用違其才。浩山林之志不終,不自揆度,用罔取戾[四],豈朝廷之咎哉?

【注】

[一] 漢有三傑:指張良、蕭何、韓信。

[二] 批郤導窾:批,擊。郤,空隙。窾,骨節空處。從骨頭接合處劈開,無骨處則就勢分解。比喻善於從關鍵處入手,順利解決問題。典出《莊子·養生主》。

[三] 殷深源:殷浩,字淵源(因《晋書》避唐高祖李淵之諱,故改爲深源),東晉陳郡長平(今河南西華)人,豫章太守殷羨之子。名士,曾隱居多時,深孚衆望。後因會稽王司馬昱拔擢而一度與權臣桓溫於朝中抗衡,最終因北伐失敗被桓溫趁機彈劾廢爲庶人。

[四] 用罔取戾:因爲無知而獲罪。

十七　梁孝王

梁孝王使人刺殺故相袁盎[一]。景帝詔田叔[二]案[三]梁,具得其事,乃悉燒獄辭,空手還報。上曰:"梁有之乎?"對曰:"有之。""事安在?"叔曰:"焚之矣。"上怒。叔從容進曰:"上無以梁事爲也。"上曰:"何也?"曰:"今梁王不伏誅,是漢法不行也。如其伏法,太后食不甘味,卧不安席,此憂在陛下也。"上大賢之,以爲魯相。樸麗子曰:"漢法不行,孰有過於諸侯擅殺輔相乎?具梁王之罪,布告天下,收其組綬[四],以太后意赦不誅,庶幾其可。田叔佞諛之尤,君子羞之矣。"

----

① 謂——證性書屋本作"云"。

【注】

［一］梁孝王使人刺殺故相袁盎：西漢梁孝王劉武，文帝之子，景帝同母弟。袁盎，字絲，漢初楚國人，文帝景帝時重臣。梁孝王恃母竇太后寵欲繼兄位，景帝亦有此說，爲竇嬰諫止。後袁盎提議以景帝子劉徹爲太子，進一步觸怒劉武，遂派刺客殺以盎爲首的敵對大臣十餘人。

［二］田叔：西漢趙國人，喜劍術，習黃老，爲景帝大臣。

［三］案：查辦。

［四］組綬：本指古人佩玉所繫的絲帶，後比喻官爵。

十八　楚元王敬禮申公

楚元王[一]敬禮申公[二]等。穆生[三]不嗜酒，每置酒，必爲設醴[四]。及王戊[五]即位，亦如之。後忽忘設，穆生退曰："可以逝矣。醴酒不設，王之意怠。不去，楚人將鉗[六]我於市。"稱疾卧。申公、白公强起之，曰："獨不念先王之德與？今王一旦小失禮，何足如此①？"穆生曰："《易》稱知幾。其神機者，動之微，吉凶之先見者也。君子見幾而作，不俟終日。先王所以禮吾三人者，爲道存也。今而忽之，是忘道也。忘道之人，胡可與久處？吾豈爲區區之禮哉？"遂謝病去。申公、白公獨留。厥後王戊與吴通謀。二人諫，不聽。胥靡[七]之，衣之赭衣[八]，舂[九]於市。

晋出帝[一〇]立，不告契丹，且不稱臣。契丹怒，數以責晋。景延廣[一一]謂其使者喬瑩曰："先皇帝，北朝所立。今天子，中國自册。可以爲孫，不可以爲臣。且晋有横磨大劍[一二]十萬口，翁要戰則來，他日不禁孫子取笑天下。"瑩知其言必起兩國之爭，懼

---

①　如此——證性書屋本作"至此"。

後無以取信①,因請載於旀,以備遺忘。延廣從之。瑩藏諸衣領中,具以告契丹,契丹遂大舉入寇,晋不能支。延廣馳見契丹,契丹責之曰:"南北失懽,皆因爾也。"召瑩質其前言,廣不服,瑩出所藏書②,乃服。

韓公雍[一三]旬宣[一四]江西,忽報甯府[一五]之弟至,公托疾少需③。密召三司[一六],且索白木几,乃匍匐迎入,具言兄叛狀。公辭病聵莫聽,請書。舁几進,王詳書其事而去。公上其事。朝廷使使按,無迹。時王兄弟相懽,諱無言[一七]。坐雍離間親王罪,械以往。上木几親書④,乃釋。樸麗子曰:"天之於人也,無所不用其愛⑤。世界本甚寬⑥,隨人所趨。然一有不審,輒觸禍機⑦。古稱僨車[一八]之上無仲尼,覆舟之下無伯夷。惟其見事明而決機早也。《易》曰:'弗過防之,從或戕之。'[一九]過防,其誰能戕?如穆生、喬瑩諸人庶幾得其意與?"

【注】

[一]楚元王:劉交,字游。漢高祖劉邦異母弟。性好讀書,多才藝,少與魯穆生、白生、申公俱受詩於浮丘伯。劉邦即皇帝位,立交爲楚王。交以穆生、白生、申公爲中大夫。

[二]申公:《史記·儒林列傳》稱"申培公",西漢魯(今山東曲阜一帶)人,經學家。吕后稱制,浮丘伯客居長安,劉交遣子劉郢與申公前往受

---

① 懼後無以取信——證性書屋本無"後"。
② 所藏書——證性書屋本作"所載書"。
③ 少需——證性書屋本作"乞少需"。
④ 上木几親書——證性書屋本作"公上木几親書"。
⑤ 天之於人人也,無所不用其愛——證性書屋本作"天之於人,無所不愛"。
⑥ 世界本甚寬——證性書屋不無"甚"。
⑦ 輒觸禍機——證性書屋本作"則蹈於危機"。

業。漢文帝聞申公爲《詩》最精，以爲博士。

[三]穆生：西漢魯國人。與下文"白公"同爲申公同門。

[四]醴：甜酒。

[五]王戊：劉交太子辟非早卒，以次子劉郢即位。王戊爲劉郢子。郢在位時令申公爲戊師，申公督責甚嚴。戊不好學，深恨之。

[六]鉗：古代刑罰。以鐵器鉗束人的頸項、手、足。

[七]胥靡：胥，都。靡，通"縻"，捆綁。

[八]赭衣：古代囚徒所穿。

[九]舂：漢代一種徒刑。

[一〇]晋出帝：後晋出帝石重貴。後晋高祖石敬瑭養子。石敬瑭憑藉契丹勢力稱帝，卑辭自稱"兒皇帝"。重貴繼位，不肯向契丹稱臣。契丹攻晋，重貴兵敗被俘。

[一一]景延廣：後晋名將，力主不稱臣於契丹。

[一二]橫磨大劍：長而大的利劍。比喻精銳善戰的士卒。

[一三]韓公雍：韓雍，字永熙。明代長洲（今江蘇蘇州）人。正統進士，授御史，巡按江西。本段文字見馮夢龍《智囊·上智部·見大》。

[一四]旬宣：周遍宣示。旬，遍。

[一五]寧府：指正德時寧王朱宸濠。後謀反，爲王守仁俘虜，被殺。

[一六]三司：明代各省都設都指揮司、布政司、按察司，分掌軍事、民政、司法，合稱三司。

[一七]諱無言：沒有避諱的話。謂無話不談。

[一八]僨車：覆車。比喻覆敗。

[一九]弗過防之，從或戕之：意謂不要過分防範，如果跟從，就會受到戕害。

十九　士攜友游

士攜友游遠方，心卿之。道逢故人，私懇之曰："結友而游，以圖歡也。今吾友朝夕晤對，事皆仰成於我，而漠然若不相關者。且我何能獨勤若？"故人答曰："既爲朋友，偏勤偏勞固無足言者。嘗讀唐人遠游詩有云:'轉與奴僕①親',[一]。奴僕且然,況朋友乎? 如子所云,誠不愜人意,然何如無?"曰:"似此亦奚啻[二]無。"故人作色曰:"子以正誼[三]望人,能保己之皆是乎? 就令皆是,而必以正誼望人,此亦常不及之事矣。子不能投迹空山,木石居而鳥獸群,而操切如此,吾甚惜子之不廣而自處於窮也。"居無何,士染惡疾,童僕亡匿。再雇,無敢應者。其友宵晝侍湯藥,同卧起。士謂曰:"子不懼傳染乎?"答曰:"子别父母離兄弟,與吾游兹土,而②病如此,雖傳染,且得已乎? 吾若亦舍子去,安所用朋友爲?"士乃感嘆欷歔③,執其手曰:"吾聞之:仁不輕絶,知不輕怨[四]。吾今乃知友之不可以已也。微故人,幾示④良友矣。"

【注】

[一] 轉於奴僕親:謂逆旅孤寂,顯得自己與奴僕也相親近了。原詩爲唐末崔塗所作《除夜有懷》:"迢遞三巴路,羈危萬里身。亂山殘雪夜,孤燭異鄉人。漸與骨肉遠,轉於僮僕親。那堪正漂泊,明日歲華新。"

[二] 奚啻:還不如。

[三] 正誼:本來的道理,應當的道理。

[四] 仁不輕絶,知不輕怨:仁愛的人不輕易棄絶别人,智慧的人不輕易怨恨别人。語出《戰國策·燕策三》。

---

① 奴僕——證性書屋本作"童僕",下同。
② 而——證性書屋本作"今"。
③ 欷歔——證性書屋本作"唏嘘"。
④ 示——證性書屋本作"失",是。

二十　鄉耆

鄉耆年八十餘，過又損庵。行不杖①，齒不搖，髮不落，其容貌如五十歲人，步履如四十歲人，其精神之爽、其音聲之高亮而堅實，少年不及也。樸麗子致敬，問曰："長者高年矍鑠②如此，有方③乎？"曰："何方？但多喫飯、少近婦人④。"

---

① 行不杖——證性書屋本作"行不持杖"。
② 高年矍鑠——證性書屋本作"年高而健"。
③ 方——證性書屋本作"法"。下"何方"證性書屋本作"何法"。
④ 但多喫飯少近婦人——此下證性書屋本作"樸麗子肅然起曰：'宜哉'"。

卷　六

一　陳白沙問《易》

陳白沙問《易》於吳徵君[一]。答曰："此間自有龍潭老人可訪也。"比往見，一人披簑叱犢而耕。問之，即龍潭老人也。白沙通殷勤，延至其家。問《易》，不對。白沙固請，具道徵君意。乃爲略言其大意數十條，皆素所未聞者。信宿去。老人送之門外，白沙一揖作別。甫數武，聞老人頓足曰："康齋非愛我者。"樸麗子曰："古人云：人生得一知己，可以不恨。此亦磊落奇傑之士，不得志於時，慷慨而道之者也。今觀龍潭老人之風，人之同不同又何如哉？《易》曰：'遯世無悶，不見是而無悶。'[二]其龍潭老人之謂乎？"

【注】

[一]吳徵君：吳與弼，字子傅，號康齋。明代崇仁縣（今江西撫州崇仁縣）人。理學家。其學自得，而著重躬行。無意仕進，終身講學不倦，開創崇仁學派。景泰帝徵召而不仕，故稱徵君。

[二]遯世無悶，不見是而無悶：謂逃避世俗而心無煩憂。

二　佛老申韓孫吳之書

樸麗子曰："佛、老、申、韓、孫、吳之書去聖人之道皆遠，然自聖人用之即聖人矣。譬之桂附[一]皆有毒，然陰寒之疾非此不愈。良醫用藥期於投症，無定品[二]也。夫唯聖賢能知聖賢。太公望、散宜生[三]不遇孔、孟①，不且爲權謀術數②之雄哉？"

【注】

[一] 桂附：桂，肉桂，中藥用於進補。附，附子，中藥用於大補。兩種藥材常同用，但若製作方法或用量不當容易引起中毒。

[二] 定品：固定標準。

[三] 散宜生：西周開國功臣，與南宮适、閎夭、太顛並爲周文王股肱之臣。

三　鹿與虎相值

鹿與虎相值則狂奔。虎見其去，蹲而待。久之必還視虎，虎在，復奔去。如是者至於三四。緣嶺渡崖，往復不已。虎度其力已疲，徐起攫而食之。蠅虎[一]視蠅所在，斂身趨而前。蠅睨之，故示若不見狀，比垂及，則颺去，集於遠處，自撥弄其兩翼，灑然意得，頻望虎。時復近虎③，或當其前，或據其後，數數嘗試之，

---

① 不遇孔孟——證性書屋本作"不遇孔孟論定"。
② 權謀術數——證性書屋本作"權譎"。
③ 虎——證性書屋本作"之"。

習而益①近，若與虎戲，然卒爲虎擒。樸麗子曰："虎之不及鹿，蠅虎不及蠅，章章矣。使鹿與蠅一去而不返，虎雖暴，將奈之何？由此觀之，非虎斃之也，自斃也。夫鹿善走，其斃也即以走；蠅善飛，其斃也即以飛。害中於恇怯[二]，而患成於有所恃也。恇怯則亂，有所恃則玩[三]。怯與恃，其所以不免與？"

【注】

[一] 蠅虎：蜘蛛的一種，體型較小而不結網，常在牆壁上捕食蒼蠅和其他小蟲。俗稱蒼蠅老虎。

[二] 中於恇怯：中，成。恇怯，怯懦。

[三] 玩：輕慢。

四　老人流寓

老人流寓吾鄉，仆而折其臂，醫不能治。樸麗子適至前，老人袒而示之，極言其流離苦楚狀，涕泗交頤。因亦爲之濡睫，嘆惜曰："嗟乎！若老人者，非所謂煢獨之人歟？胡不少假之而爲留其臂也。"抑余復有感焉：兄弟如手足，老人一折其臂，彼傷如此；彼兄弟鬩墻、輕相捐棄如陌路者，獨何以爲心哉？

五　州吁

州吁未能和其民，厚問定君於石子。石子曰："王覲[一]爲

---

① 益——證性書屋本作"愈"。

可。"曰："何以得覲？"曰："陳公方有寵於王，陳衛方睦，若朝陳使請，必可得也。"厚從州吁如陳。石碏使告於陳曰："衛國褊小，老夫耄矣，無能爲也。此二人者，實弒寡君，敢即圖之。"陳人執之，而請蒞於衛。衛人併殺之。樸麗子曰："吾於是而知古人之深沉也。夫州吁之寵，石子亦逆知其速禍而諫矣。及州吁弒逆，其疾[二]之也，可言既乎？然而問定君焉。吾於是而知古人之深沉也。惟深沉，故一舉手而事濟。"

【注】

[一] 王覲：謂朝見周王。

[二] 疾：痛恨。

六　齊桓公連八國

齊桓公連八國伐楚，責以包茅不入，楚人不服。師進，次於陘。楚子[一]使屈完[二]如師。師退，次於召陵。齊侯陳師與觀曰："豈不穀是爲？先君之好是繼。與不穀同好，何如？"對曰："君惠徼福於敝邑之社稷，辱收寡君，寡君之願也。"齊侯曰："以此衆戰，誰能禦之？以此攻城，何城不克？"對曰："君若以德綏諸侯，誰敢不服？君若以力，楚國方城以爲城，漢水以爲池，雖衆，無所用之。"完及諸侯盟。樸麗子曰："齊侯伐楚，義聲先路[三]，天地震動。而屈完始終只是閒閒略不措意然，可謂奇士。夫伐楚之舉實宏霸業，舍其大而責其細，何也？曰：審勢也。力不能制人之命，而窮之以無可遁，非算[四]也。然伐罪，義舉也；而繼好，隱衷也，不可洩者也。公遽言之，敵有以測我矣。衆戰、攻城之語尤淺。噫！桓公非屈完敵也。是役也，若無仲父，將見八公山草木皆兵。"

【注】

[一] 楚子：指楚成王。
[二] 屈完：楚國大夫。
[三] 先路：先行。
[四] 非算：不是謀略。算，謀略。

七　盟於甯母

　　盟於甯母[一]，討鄭故也。管仲言於齊侯曰："臣聞之：招攜以禮，遠懷以德。德禮不易，無人不懷。"齊侯修禮於諸侯。諸侯官受方物。鄭伯使太子華聽命於會，言於齊侯曰："洩氏、孔氏、子人氏[二]寔違君命，君若去之以爲城[三]，我以鄭爲内臣。"齊侯將許之，管仲不可。公曰："諸侯有討於鄭，未捷。今苟有釁，從之，不亦可乎？"對曰："君若綏之以德，加之以訓辭，而帥諸侯以討鄭，鄭將覆亡之不暇，豈敢不懼？若總以其罪人以臨之[四]，鄭有辭矣。且合諸侯，以崇德也。會而列奸[五]，何以示後嗣？君其勿許，鄭必受盟。"冬，鄭伯請盟於齊。樸麗子曰："管子創霸不廢權術，然兢兢以德禮爲先，務實有以操天下向背之柄。鮑子所謂治於高奚[六]者也。夫名義之威甚於兵車，是非之心，庸夫不昧。勿謂人薄，顧自處何如耳。管子，天下才。不如是，勿足以糾合諸侯乎？"

【注】

　　[一] 甯母：古地名。春秋魯地，在今山東金鄉東南。公元前653年，齊桓公和魯僖公、宋桓公、陳世子款、鄭世子華會盟於此。此段文字見《左

傳·僖公七年》。

[二] 洩氏、孔氏、子人氏：三家爲鄭國賢臣。

[三] 君若去之以爲城：您如果除掉他們而和敝國講和。"城"《左傳》原文作"成"，講和義。

[四] 若總以其罪人以臨之：總，統領。如果領著他的罪人以兵進攻鄭國。

[五] 會而列奸：盟會而使奸人列隊其中。

[六] 高奚：一作"高傒"，字敬仲，春秋齊國世臣。公元前686年，公孫無知等作亂，殺齊襄公自立，高傒等用計誅除亂黨，并擁立公子小白爲齊桓公。

八　桓公之霸

樸麗子曰："桓公之霸，管子之爲也。宰孔[一]責齊侯不務德而勤遠略，此醇王[二]之詣，管子有慚色矣。抑即吾夫子所謂器小者與？然世益變，事愈難。桓公多欲而諸侯強梗，其得政又在中年以後，踴躍以赴事機之會，以舒時艱而立功名，固亦君子之所不廢耳。"

【注】

[一] 宰孔：周公旦後裔，春秋初年周國國君。
[二] 醇王：使王淳樸。

九　秦敗晉師

秦敗晉師於韓[一]，獲晉侯，公子縶[二]請殺之。子桑曰："晉未可滅而殺其君，祇以成惡。"乃許晉平。晉侯使郤乞[三]告瑕呂飴甥[四]，且召之子金，教之言曰："朝國人而以君命，賞且告知曰：'孤雖歸，辱社稷矣，其卜貳圉[五]也。'"衆皆哭。晉於是乎作爰田[六]。呂生曰："君亡之不恤，而群臣是憂，惠之至也。將若君何？"衆曰："何爲而可？"對曰："徵繕[七]以輔孺子。諸侯聞之，喪君有君[八]，群臣輯睦，甲兵益多，好我者勸[九]，惡我者懼，庶有益乎？"衆悅。晉於是乎作州兵[一〇]。樸麗子曰："子金所教，唐興元改元詔書[一一]大概祖此。武夫悍卒莫不感動。夫子金之謨[一二]收人心，練甲兵固四鄰，興復之事備矣。即其謀焚公宮，人臣各忠所事，可厚非耶？子金忠如荀息[一三]，而其才略實不在狐、趙[一四]後，乃一則焜燿天壤，一則鬱屈沉陸。人生有幸有不幸，君子所爲，拊遺編而欲爲之流涕者也。"

【注】

[一]秦敗晉師於韓：事見《左傳·僖公十五年》。秦穆公與晉惠公在韓原(今山西河津與萬榮之間的黃河東岸)交戰。

[二]公子縶：字子顯，秦國公子。後護送公子重耳歸晉國即位。

[三]郤乞：晉國大夫。

[四]呂飴甥：字子金，晉國大夫。公元前645年，秦晉韓之戰後，晉惠公遭秦國俘虜。呂飴甥至秦國勸秦穆公支持晉惠公，惠公被放回。公元前636年，公子重耳回國即位爲晉文公。呂飴甥、郤芮想火燒宮殿殺死晉文公。寺人勃鞮告密，事敗。呂飴甥、郤芮逃至秦國，秦穆公將他們誘殺。

[五]卜貳圉：占卜日子，讓太子圉即位。

[六]爰田：以公田賞賜衆人。也稱轅田。

[七]徵繕：徵，徵收賦稅。繕，修理鎧甲兵器。

[八]喪君有君：失去了國君，又有了新君。

[九]勸：勉勵。

[一〇]州兵：春秋時晉國由各州自行組成的地方軍隊。

[一一]唐興元改元詔書：唐德宗建中三年(783)，涇原節度使姚令言反叛，擁立原上官朱泚爲帝。次年(784)德宗改元興元，元月下"罪己詔"，

稱"朕實不君",宣佈赦免朱泚之外的叛將。五月唐將李晟克復長安。

〔一二〕謨:計策,謀略。

〔一三〕荀息:春秋時晉國大夫。

〔一四〕狐、趙:狐,晉文公時重臣狐偃,晉文公重耳舅父,隨重耳逃亡在外十九年,爲其心腹,後盡忠輔佐晉文公使之稱霸諸侯。趙,晉文公時重臣趙衰,是輔佐晉文公稱霸的五賢士之一。

十　文公斬袪

文公斬袪而逃[一],尊君父也,強勉而不陷於亂矣。受野人之塊[二],忍屈辱也,強勉而不至於暴矣。左執鞭弭[三]、右屬橐鞬[四]以與君周旋,壯哉!抑猶有浮氣未銷歟?將雄傑之概,固不能常閟[五]而時一露歟?要其不死於子玉之手者[六],幸也。奉匜沃盥,既而揮之[七],何物女流,不逼人太甚哉?公子懼,降服請囚可矣可矣①,豪氣磨盡矣。非十九年之險阻艱難不及此。不如此,烏足與於功名之會乎?

【注】

〔一〕文公斬袪而逃:袪,衣袖。晉文公重耳未掌晉國前,其父晉獻公慾使幼子奚齊爲繼承人。太子申生被迫自殺。重耳亦爲獻公所派宦官勃鞮逼迫自殺,不從,逾牆逃走,倉促間衣袖被鞮逼斬斷。

〔二〕受野人之塊:野人,指國都郊外的人。塊,土塊。重耳逃走後,流亡諸國十九年,備嘗酸辛。《左傳·僖公二十三年》記:"(重耳)處狄十二年而行。過衛,衛文公不禮焉。出於五鹿,乞食於野人,野人與之塊,公子怒,欲鞭之。子犯曰:'天賜也。'稽首,受而載之。"

〔三〕鞭弭:馬鞭和弓。

---

① 可矣可矣——疑衍一"可矣"。

[四]櫜鞬：盛放弓和箭的器具。

[五]閟：隱藏。

[六]不死於子玉之手：重耳本以逃亡身份受到楚國庇護和禮遇，但在回應楚王關於將來如戰場相與當如何行事的問題時，答復"退避三舍"等語，却以相等的君主身份言之，觸怒楚臣子玉，慾殺之，爲楚王拒絕。

[七]奉匜沃盥，既而揮之：奉，捧。匜，上古盥洗時盛水之器。沃，澆。盥，洗手。重耳流亡至秦國，秦穆公將懷嬴等五個女子嫁給重耳。重耳在懷嬴恭敬地侍奉盥洗之後，無禮地以手揮使退下，懷嬴大怒。重耳懼怕因此被逐，爲表歉意，像囚犯一樣脱去上衣以謝罪。

十一　秦康公送子雍

秦康公送子雍於晋而多與之徒[一]。衛宣子[二]與諸大夫皆患穆嬴[三]，且畏逼，乃背先蔑[四]而立靈公[五]，以禦秦師。及堇陰①，宣子曰："吾若受秦，秦則賓也；不受，寇也。既不受矣，而復緩師，秦將生心。先人有奪人之心，軍之善謀也。逐寇如追逃，軍之善政也。[六]"訓卒，利兵，秣馬，蓐食，潛師夜起，敗秦師於令狐。先蔑奔秦。先蔑之使也，荀林父[七]止之，曰："夫人[八]、太子猶在，而外求君，此必不行。子以疾辭，若何？攝卿以往，可也。"弗聽。樸麗子曰："一夫兩心，拔刺不深。[九]既不受秦，故應如此。雖然，夫豈不可嚴備而情喻之乎？史佚[一〇]曰：'勿始禍。'宣子始禍矣。賈季目爲夏日之日，諒[一一]哉！計太深，手太辣，造物忌之。先蔑棄老成之言，其及[一二]宜矣。《易》曰：'羝羊觸藩，不能進，不能遂，無攸利。[一三]'《象》曰：'不能退，不能遂，不詳也。[一四]'不詳其何能利？是行也，與盾同譏。"

---

①　堇陰——平泉遺書本誤作"董陰"，據《左傳》改。

【注】

[一] 秦康公送子雍於晉而多與之徒：秦康公，秦穆公與夫人穆姬之子，重耳外甥。爲太子時曾送重耳由秦歸晉，賦詩《渭陽》以示惜別。在位期間多次與晉國發生戰爭。以下事件見於《左傳·文公七年》。公元前621年晉襄公去世，晉權臣趙盾打算廢黜太子夷皋，而立襄公庶弟，時在秦爲質的公子雍爲君，於是先蔑與士會前往迎接，秦康公即派遣軍隊護送公子雍回晉。然而趙盾中途變卦，奉太子夷皋即位，是爲晉靈公。秦軍遂在山西令狐地區被趙盾的軍隊擋住——史稱"令狐之役"，結果晉擊敗秦。

[二] 衛宣子：原文如此，誤，當爲"趙宣子"。即趙盾，當時晉權臣。

[三] 穆嬴：太子夷皋母。日哭，以襄公遺命跪求趙盾勿廢太子。

[四] 先蔑：晉國將軍。當時被派往秦國迎接公子雍。

[五] 靈公：即夷皋。

[六] 吾若受秦……軍之善政也：意謂我們如果接受秦國送公子雍回來，他們就是客人；不接受，他們就是敵人。已經決定不接受了，而又遲遲不肯進攻，秦國將會動別的念頭。爭取主動而有打擊敵人士氣，這是作戰的好謀略。驅逐敵人好像追趕逃亡者，這是克敵的好戰術。

[七] 荀林父：晉國正卿。

[八] 夫人：指太子母穆嬴。

[九] 一夫兩心，拔刺不深：漢緯書《易緯》所引古語"一夫兩心，拔刺不深。所爲無功，求事不成"。

[一〇] 史佚：即尹佚，西周初年太史。

[一一] 諒：體察。

[一二] 及：及禍。

[一三] 羝羊觸藩……無攸利：羝羊，公羊。觸，抵撞。藩，籬笆。公羊的角纏在籬笆上，進退不得。比喻進退兩難，不能得利。

[一四] 不能退，不能遂，不詳也：詳，通"祥"。意謂不能進，不能退，不吉。見《周易·大壯》象辭。

十二　范武子

范武子將老[一]，召文子[二]曰："燮乎！吾聞之，喜怒以類者鮮，易者實多[三]。《詩》曰：'君子如怒，亂庶遄沮；君子如祉，亂庶遄已。'[四]君子之喜怒，以已亂也。弗已者，必益之。郤子[五]其或者欲已亂於齊乎？不然，余懼其益之也。余將老，使郤子逞其志，庶有豸[六]乎？爾從二三子唯敬。"乃請老。鄭公孫黑肩[七]有疾，歸邑於公[八]，召室老、宗人立段[九]，而使黜官[一○]、薄祭[一一]。曰："吾聞之，生於亂世，貴而能貧，民無求焉，可以後已[一二]。敬共事君，與二三子。生在敬戒，不在富也。"樸麗子曰："無喜無怒爲偶人，易喜易怒爲亂人。君子之學，喜怒爲懲[一三]。嗚呼！敬焉至矣。公孫曰'敬共事君，與二三子'，與'爾從二三子唯敬'何其言之似也。二子皆生長亂世，存心危而涉歷熟，舉其生平所得力者鄭重而傳諸其子，宜其若是深切與！斯萬世立身津梁也。"

【注】

[一] 范武子將老：范武子，晉國大夫士會。初封隨，稱隨武子，後改封范，又稱范武子。將老，告老致仕。此段文字見《左傳·宣公十七年》。

[二] 文子：士會之子，名爕。

[三] 喜怒以類者鮮，易者實多：類，法。易，反。意謂喜怒合乎禮法者少，不合於禮法者多。

[四] 君子如怒……亂庶遄已：沮，已，均爲"止"義。遄，速。祉，喜。意謂君子如果發怒，禍亂或許可以很快止息。君子如果喜悅，禍亂或許可以很快停歇。見《詩經·小雅·巧言》。

[五] 郤子：郤克，晉國正卿。

[六] 豸：解決。

[七] 鄭公孫黑肩：《左傳·襄公二十二年》原文作"公孫黑肱"。公孫黑肱，字子張，子印之子，鄭穆公之孫。

[八] 歸邑於公：將封邑歸還給鄭簡公。

[九] 召室老、宗人立段：室老，家臣之長。宗人，長宗室禮儀者。段，黑肱之子。召見室老、宗人立段爲繼承人。

[一○] 黜官：減少家臣。

[一一] 薄祭：祭祀從簡。
[一二] 生於亂世……可以後已：意謂生在亂世，地位尊貴但能夠守貧，不向百姓求取什麼，這就能夠在別人之後滅亡。《左傳·襄公二十二年》原文作"可以後亡"。
[一三] 懲：克制。

十三　士與黠者

士與黠者①共事月餘，事已畢，將別矣。黠者私謂其僕曰："爾主人可謂能者矣。周慎警密，未嘗略授人以隙。"既而微笑曰："然有一焉。嘗以手押寄吾，事畢，合收還，今猶在吾處，想其誤也。吾若持之，得脫然去乎哉？今假手以還爾主。行矣，爲我謝曰：'我知彼者。'"士接手押，驚詫失聲曰："我誤矣。吾何至一誤此耶？脫彼持我，前局盡翻矣。"碎之，而自批其輔。或曰②："觀黠者之言，非不欲持之，蓋深悉士之能，恐持之而未必有濟也。已省其勞，人感其德，亦黠矣哉！而吾不能不重爲士咎者，謹之千日，失之一時，得謂之能者乎？天收場一着，君子所尤兢兢也。"

十四　子向者好議論

或謂樸麗子曰："子向者好議論，尚直言，居常有稜稜[一]不可犯之氣。今與人接，大都寒溫常談耳，有不合輒囁聲，辭色不

---

① 黠者——證性書屋本作"豪猾者"。下同。
② 或曰——證性書屋本作"樸麗子曰"。

善者,斂身避之,雖傭奴孏婢,亦若抑然有以自下。吾疑焉。"應之曰:"子且以爲向者議論直言遂有所裨益焉?""否耶。""子且以爲向者稜稜不可犯之氣,人遂不犯焉?""否耶。""子且以爲傭奴孏婢遂可肆然上之焉?""否耶。"

【注】

[一]稜稜——威嚴貌。

十五　孟嘗君

孟嘗君在薛,荆人攻之。淳玉髡[一]過薛,孟嘗君郊迎之,謂曰:"荆人攻薛,夫子弗憂,文無以復侍矣。"對曰:"謹聞命。"至於齊,王問荆薛故。對曰:"荆甚固而薛亦不量其力。"王曰:"何謂也?"曰:"薛不量其力而爲先王立清廟[二]。荆固而攻之,清廟必危,故曰薛不量力而荆亦甚固。"齊王和其顏色曰:"嘻!先王之廟在焉。"疾興兵救之。顛蹶之請,望拜[三]之謁,雖得,則薄矣。善說者陳其勢,言其方[四],人之急也若自在隘窘之中,豈用強力哉?樸麗子曰:"與人以必不得已之勢,坐以需之,而己若無與,此兵家之能事,所謂'致人而不致於人'者也。淳于偶用之以救薛。"

【注】

[一]淳玉髡:原文如此,誤,當作"淳于髡"。淳于髡,戰國時齊國稷下學官代表人物,博學善辯。

[二]清廟:宗廟。

[三]望拜:遠遠望見即行叩拜。言極其恭敬。

[四]方:道理。

十六　張相國

　　或説張相國[一]曰："君安能少[二]趙人，而令趙人多[三]君？君安能憎趙人，而令趙人愛君乎？夫膠漆，至粘也，而不能合遠；鴻毛，至輕也，而不能自舉，夫飄[四]於清風，則横行四海。故事有簡而功成者，因也。今趙萬乘之國，帶甲百萬，常依强秦。君易[五]萬乘之趙，而慕思不可得之小梁，臣竊爲君不取。"曰："善。"自是之後，衆人廣座之中，未嘗不言趙人之長也，未嘗不言趙俗之善也。樸麗子曰："諺云：'輕人輕己。'誠知輕人之爲輕己，而猶敢輕人乎哉？説者老於世故，了然人己間，推之即孟子愛人人愛、敬人人敬之旨。嘗謂《國策》有毒，是以近日有《國策》去毒選本[六]。然若此類，則是萬病回春靈丹一粒也。正使讀之者飲和食德[七]，淵然以深[八]。"

【注】

　　[一] 張相國：戰國時趙國的相國。此段見《戰國策·趙策三》。
　　[二] 少：輕視。
　　[三] 多：尊重。
　　[四] 飄：迅疾。
　　[五] 易：輕視。
　　[六]《國策》去毒選本：清陸隴其編《戰國策去毒》。其《自記》云："《戰國策》一書，其文章之奇，足以悦人耳目，而其機變之巧，足以壞人心術，如厚味之中有大毒焉。故今舉文士所共讀者，指示其得失，庶幾嘗其味而不中其毒也，故以'去毒'名。"陸隴其，原名龍其，避諱改隴其，字稼書，浙江平湖人，世稱當湖先生，清代理學家。
　　[七] 飲和食德：飲和，享受和樂。食德，享受先人德澤。
　　[八] 淵然以深：謂有深刻寄託。

十七　魏惠王

魏惠王[一]死，葬有日矣，天大雨雪，至於牛目[二]，壞城郭，且爲棧道[三]而葬。群臣多諫太子[四]者，曰："雪甚如此而喪行，民必甚病之。官費又恐不給，請弛期改日。"太子曰："爲人子而以民勞與官費用之故，而不行先王之喪，不義也。子勿復言。"群臣皆不敢言。惠公[五]駕而見太子曰："葬有日矣。"曰："然。"惠公曰："昔王季歷[六]葬於楚山之尾，欒水齧其墓，見棺之前和[七]。文王曰：'嘻！先君必欲一見群臣百姓也夫，故使欒水而見之。'於是出而爲之張朝[八]，百姓皆見之，三日而後更葬。此文王之義也。今葬有日而雪甚及牛目，難以待。太子爲及日[九]之故，得毋嫌於欲亟葬乎[一〇]？願太子更日。先王必欲少留而扶社稷、安黔首也，故使雪甚，因弛期而更爲日。此文王之義也。若此而弗爲，意者羞法文王乎？"太子曰："甚善。敬弛期，更擇日。"樸麗子曰："聞之迎刃而解，妙哉其用刃也。夫漢高欲易太子，恐其不克負荷也。梁太子不弛期者，懼不義也。情之所縕，窾郤在焉，就而批之導之，游刃有餘矣。神者妙萬物，而爲言妙之所運，不關形勢。一髮可以引千鈞，第覺叔孫太傅[一一]未是駿物[一二]。"

【注】

[一] 魏惠王：戰國時魏國國君，名魏罃，在位五十年，此時爲國勢鼎盛期。此段文字見《戰國策·魏策二》，亦見於《呂氏春秋·開春》。

[二] 至於牛目：謂積雪厚至牛目。西漢董仲舒《雨雹對》稱災異亦有"雪及牛目"之說。金正煒認爲"牛目"似"半月"之訛。

[三] 棧道：架木爲道。

[四] 太子：指魏襄王。惠王子，名魏嗣，一名赫。

[五] 惠公：指惠施，魏國重臣。

［六］王季歷：又稱"王季""公季"，古公亶父之子，周文王之父。

［七］前和：和，棺材兩頭的木板。前和指棺材前頭的木板。

［八］張朝：佈置朝見之所。

［九］及日：按期。

［一〇］得毋嫌於欲亟葬乎：得毋，是不是。嫌，嫌疑。亟，急。意謂是不是惹上趕緊埋葬先王的嫌疑呢。

［一一］叔孫太傅：叔孫通。任漢高祖劉邦太子劉盈之太傅，諫阻劉邦欲廢黜劉盈而改立寵姬戚夫人之子如意，但未起決定性作用。待張良用計請出劉邦欲見而不可得的商山四皓隨侍劉盈上朝，劉邦始絕念。

［一二］駿物：物，人。駿物，才俊之人。

十八　漢之功臣

樸麗子曰："漢之功臣，留侯以冷免[一]，鄧侯以曲謹免[二]，曲逆之免以術[三]。樸直者，唯淮陰侯耳，故死。要之，淮陰侯之於漢，視三子何如也？漢負淮陰，淮陰不負漢也。余獨怪淮陰侯既知帝畏惡其能，蒯生策又不用[四]，唯有退避耳，不退避，帝豈舍之乎？淮陰不退，即學道謙讓，亦不免。嗚呼哀哉！淮陰之品不及子房，勝於蕭、陳，其於明哲保身之道則遠矣。兵法之精，乃其所以自禍與？"樸麗子曰："弊必有所歸。緩之禍，急之亦禍，其遂無道以處之乎？七國之亂不始於鼂錯，錯實促之。當是時，吳若用田祿伯[五]及少將[六]之策，事殆未可知也。士大夫輕言建豎，動至紛紜，至於無益，而弊愈甚，不反為庸庸者揶揄哉？錯之意非不善，忽焉國震身戮，亦奚為者哉？夫窮變通久有自然之時用，非甚盛德，烏能消患於未然乎？"

【注】

［一］留侯以冷免：留侯張良因閒散不預事而倖免。

〔二〕鄭侯以曲謹免：鄭侯蕭何因謹小慎微而倖免。

〔三〕曲逆之免以術：曲逆侯陳平因計謀而倖免。

〔四〕蒯生策又不用：蒯生指蒯通，楚漢相争之際曾向韓信建議其擁兵自重，與項羽、劉邦三足鼎立，被韓信拒絶。

〔五〕田禄伯：吴王劉濞大臣。獻計欲親率五萬人，配合主力軍，循江淮而上，攻取淮南、長沙，直入武關，分進合擊，與吴王會兵於關中，以出奇制勝，吴王不納。

〔六〕少將：吴少將桓將軍。建議根據吴軍特點，揚長避短，不計較占據城池多少，急速奪下洛陽的武庫和糧倉，據險待敵，被吴王拒絶。

十九　游於大河之北

樸麗子游於大河之北，訪士於其鄉之杖者。杖者曰："吾鄉有某士者，性慷慨，裕學問，詩文皆有宗法，書學右軍，其畫尤精，又通鈐略及星卜之術。子欲見之，吾爲先容。"又一杖者曰："此人誠才士，然僻傲而不近於人情。"樸麗子竦然而止，顧謂從者曰："嘻！戒之哉，彼士也！一短足以病九長。"

二十　南虎與北虎

南虎與北虎穴相近也，兩相約①曰："每得食，共享之。"相得甚懽。犬羊麋豕鹿獐之屬常委積二穴間。如是積歲餘，北虎雅敬南虎。一日見乳虎倦卧，顧自念：犬羊皆常食，不若以此虎歸，可愈得若懽。遂潛扼其吭〔一〕而斃之，負以歸，謂南虎曰："此

---

① 兩相約——證性書屋本作"而相約"。

肉顧不勝於犬羊鹿豕耶？"南虎色然驚然，且勉食之，不能下咽。而北虎磨牙大嚼，屬饜[二]然後去。南虎曰："觀渠所爲，足使胆裂。忍於彼，何有於此？不速去，且及我。"自是奔避不復與北虎相見。樸麗子曰："凡以陰謀毒策干人[三]而能自全者，鮮矣。"

【注】

[一] 吭：音 háng。咽喉。
[二] 屬饜：飽足。
[三] 干人：冒犯他人。

卷　七

一　樸麗子之友

　　樸麗子之友①博學嗜古，垂老矣，拓落無所合。謂樸麗子曰："吾學修而益困，砥節礪行而人益疏，何也？"應之曰②："得失，時也。子學雖修，非時之，猶如赴越而北轅耳，其困固宜矣。秉道懷貞，世俗所忌。子雖不言，人已啣子矣。又好以古義勸人，好爲名高者貌唯唯而心唖之，其他見子直望望然去。子之道自彼視之，奚啻奪之衣而揮之食，而肯與子相從於飢寒乎？"友憮然若若③有所失，曰："請改之以赴時俗，可乎？"曰："不可。""然則將奈何？"曰："益修爾學，益砥爾節，益礪爾行。困可以遂志，而不必蘄[一]於通也。疏可以息勞，而不必使之密也。吾誠無所求易乎？子無已則有一焉。而今而後，子姑無以古義勸人，可乎？"

【注】

　　[一] 蘄：同"祈"。祈求。

① 友——證性書屋本作"友人"。
② 應之曰——證性書屋本作"樸麗子應之曰"。
③ 若若——疑衍一"若"字。

二　賈季怨陽子

賈季[一]怨陽子[二]易其班[三]，而知其無援於晉，使續簡居[四]殺之。初，陽處父聘於衛，反，過甯[五]，甯嬴從之[六]，及溫[七]而還。其妻問之，曰："以[八]剛。《商書》曰：'沉潛剛克，高明柔克，'[九]夫子壹之[一〇]，其不没乎[一一]？天爲剛克，猶不干時，况在人乎？[一二]且華而不實，怨之所聚也。犯而聚怨，不可以定身。余懼不獲其利，而離[一三]其難，是以去之。"樸麗子曰："嗚呼！陽子竟以剛死矣。剛故無援，無援故賈季得而殺之。然則非季殺之也，剛殺之也。甯嬴已言之矣。"

【注】

[一] 賈季：即狐射姑，一作狐夜姑。晉國大夫狐偃之子，晉文公表弟。文公即位封狐射姑於賈，故亦稱賈季。本段《左傳》相關文字參《左傳·文公五年》。

[二] 陽子：陽處父，晉國大夫。

[三] 易其班：班，班次。賈季本爲中軍帥，陽子易之爲中軍佐，故而成隙。

[四] 續簡居：《左傳》原文作狐鞫居，晉國大夫，狐氏，狐偃族人。因食邑在續，又稱續簡伯、續鞫居。狐射姑命他殺死陽處父，十一月，事情敗露，續鞫居被趙盾處決。

[五] 甯：晉國地名。據楊伯峻，當在今河南獲嘉縣西北、修武縣東。

[六] 甯嬴從之：甯嬴，甯地掌管逆旅事務之大夫。甯嬴認爲陽處父是君子，故而舍官隨侍。事見《國語·晉語》。

[七] 温：温山。在今河南修武縣北五十里。

[八] 以：通"已"。太。

[九] 沉潛剛克，高明柔克：深沉的人要用剛强來克服，爽朗的人要用柔弱來克服。

[一〇] 夫子壹之：意謂陽處父是爽朗之人却又很剛强。

［一一］其不没乎：恐怕不得善終吧。

［一二］天爲剛克，猶不干時，況在人乎：克，《左傳》原文作"德"，此處疑誤。意謂上天屬於剛强的德行，尚且不觸犯寒暑四時運行的次序，何況人呢？

［一三］離：同"罹"。遭遇。

三　柯陵之會

柯陵之會[一]，單襄公[二]曰："郤氏，晉之宠人也。三卿而五大夫，可以戒懼矣。高位實疾債，厚味實臘毒。今郤伯之語犯[三]，叔迂[四]，季伐[五]；犯則陵人，迂則誣人，伐則掩人。有是寵也，而益之以三怨，其誰能忍之？雖齊國子[六]亦將與焉。立於淫亂之國，而好盡言以翹人過，怨之本也。惟善人能受盡言，齊其有乎？"卒皆如其言。樸麗子曰："陸遜斷諸葛恪[七]，與三郤同；孔明斷張溫[八]，與國武子同。勢有必至，無所逃也。人情莫不求福避禍，好生而惡死。然如此類者，代不絕書。此陷於前，彼蹈於後，可哀也已。三郤，吾無責焉。如彼國子者，蓋天資聰明而直諒[九]者也，亦奚爲哉？亦奚爲哉？"

【注】

［一］柯陵之會：柯陵，亦作加陵、嘉陵，春秋時鄭國西地。公元前575年，晉厲公爲與楚國爭霸，會齊、魯、宋、衛、曹等諸侯於柯陵。此段文字參《國語·周語》。

［二］單襄公：周簡王卿士單朝，謚襄公。

［三］郤伯之語犯：郤伯，指郤錡。晉卿，晉國重臣郤克之子。犯，陵犯他人。

［四］叔迂：叔，指郤犨，晉卿，郤錡族父。迂，通訏，詩誕。

［五］季伐：季，指郤至，晉卿，郤犨之侄。伐，炫耀。

［六］國子：即國佐，一作國差，亦稱賓媚人。春秋時期齊國上卿。謚武，稱國武子。

［七］陸遜斷諸葛恪：陸遜，三國吳大都督。斷，判斷，評判。諸葛恪，諸葛瑾之子，陸遜部下，性桀驁，後被吳主孫亮殺死。陸遜曾就諸葛恪性格訓誡道："在我前者，吾必奉之同升；在我下者，則扶持之。今觀君氣陵其上，意蔑乎下，非安德之基也。"意謂在我前面的人，我必定要尊敬他而與他同升；在我下面的人，我一定扶持他。現在，你對上盛氣凌人，對下輕慢蔑視，這不是安養德行的根本。語見《三國志·陸遜傳》。

［八］孔明斷張溫：張溫，三國吳大臣，曾出使蜀國，與諸葛亮相友善，性剛直，後爲孫權廢黜。《三國志·張溫傳》注引《會稽典錄》："亮初聞溫敗，未知其故，思之數日，曰：'吾已得之矣，其人於清濁太明，善惡太分。'"

［九］直諒：正直誠信。

四　屠岸賈滅趙氏

屠岸賈滅趙氏[一]，朔有遺腹子，其客公孫杵臼及友人程嬰欲保全之。杵臼曰："立孤與死，孰難？"嬰曰："死易，立孤難耳。"杵臼曰："趙氏先君與子厚，子彊爲其難者，吾請先死。"乃共取他人嬰兒負之，衣之以文葆[二]，匿山中。程嬰出謂賈諸將曰："誰能與我千金，吾告趙孤處。"諸將喜，攻杵臼。杵臼大罵程嬰，與嬰兒俱死。樸麗子曰："死易，立孤難。十五年撫養調護，心膽俱碎矣。而且教育出一代名卿[三]，立孤之分盡，誠哉其難也，以視杵臼之死，其難易可同日而語哉？要皆積誠蘊結，訇然勃發，並爲千古奇男兒。而或者乃云：嬰受十五年笑罵，杵臼雖死享義名，故嬰難。噫！是何言歟？彼二子當日者，何嘗有分毫計及於此哉？且夫人生作事，自有由來，不切[四]按諸性情真諦之所極，而毀譽是營，重外者内必輕，斯乃賤丈夫齷齪者之所爲，而人心所以日即於澆漓也。悲夫！"

【注】

　　[一] 屠岸賈滅趙氏：屠岸賈，春秋時晉國大臣。趙氏，晉國世家。事見《史記·趙世家》。
　　[二] 文葆：有花紋的襁褓。
　　[三] 一代名卿：所救趙氏孤兒即趙武，後爲晉國正卿。
　　[四] 不切：不近。

五　邑宰以廉稱

　　有邑宰以廉稱，百姓製錦旛綉"清官第一"四大字以獻，請樹衙門外，許之。一老人私嘆曰："吾邑數受宰虐，今得賢父母，如脱水火。然今兹去矣，免罪爲幸。"無何，鄰邑諸宰合力陷之，被劾幾不免，踉蹌而去。樸麗子曰："人縱不愛名，未有不妬名者；縱不恥己之短，未有不恥形其短者。爲善而隱其名，人且不吾堪，而又張之，必無幸矣①。然老人既知其不可，何不公言之？"曰："下抒其忠，上矜其譽，意各有着。言豈能入？彼老人者，計之審矣。"

六　遣僕市海洋

　　有遣僕市海洋者，僕善居奇，三年致萬金。歸獻主人畢，語次間偶觸其家諱，主人心啣之。又歸途中嘗蒲博[一]，積輸百餘金，爲小僕所發。主人大怒，杖之於庭。樸麗子曰："嗟乎！三年之勞不足蓋一言之愆，萬金之獲不足贖百兩之罪。爲其僕者，不

---

　　① 必無幸矣——證性書屋本作"其及宜矣"。

亦難乎？"

【注】

［一］蒲博：賭博。

七　讀《漢書》

樸麗子曰："余讀《漢書》，詳袁盎本末。觀其數以古義繩其君，亦抗爽之士哉。然其毀絳侯[一]，殺鼂錯[二]；淮南厲王[三]以罪廢，盎勸文帝①誅丞相、御史以謝天下。何其戾也！袁盎、鼂錯兩相傾軋，錯戮，盎亦凶死[四]，説者以爲錯之報，然自袁盎、鼂錯入朝，漢庭亦嘖嘖[五]多故矣。"

【注】

［一］絳侯：周勃。西漢初年大臣，手握重兵，歷高祖劉邦、惠帝劉盈、文帝劉恒。文帝甚禮遇之，勃頗自矜，袁盎諫言文帝減禮以立威，帝從之。

［二］鼂錯：亦作晁錯，漢景帝時大臣。袁、鼂素有仇隙，鼂錯協助景帝削弱藩國實力，激起七國叛亂，袁盎遂建議景帝殺死鼂錯以塞責平叛，景帝從之，然亂亦不平。

［三］淮南厲王：劉長，漢高祖劉邦少子，文帝異母弟，性驕縱。以仇殺死辟陽侯審食其，袁盎建議文帝削減封地以示懲戒。劉長後因謀反被捉，押送都城途中不食而死。文帝也因此遭天下議論説不能容弟。

［四］盎亦凶死：袁盎後因反對景帝立弟弟梁孝王劉武繼承人，被劉武派刺客殺死。

［五］嘖嘖：形容議論紛紛。

---

① 文帝——證性書屋本作"帝"。

八　天時與人勢

樸麗子曰："天時與人勢①相會而成世,各有節奏分量。若或域[一]②之者然過求焉,必亂。漢承③酷烈之後,易以寬大,使百姓樂業,上下安閒,抑亦足矣。論者謂三代之治,亡於漢高。曹相若聞,故當飲以醇酒數斗。北魏孝文世雄邊陲,忽遷都洛陽,興化致治,銳意隆古,豈不善哉？然而,自是日就衰替,何與？"

【注】

[一] 域：局限、約束。

九　金既與宋連和

金既與宋連和,欲敗盟而無以發,乃遣使激怒高宗。高宗不爲動,徐曰："卿北方名家,何苦如此？"使憖而退。樸麗子曰："人不畏我怒而怒之,則我失矣；人欲我怒而怒之,則人得矣。既已和矣,豈可小不忍以啓大釁？此亦高宗黑漆盆中之一隙與[一]？"

【注】

[一] 此亦高宗黑漆盆中之一隙與——意謂宋高宗一塌糊塗之外,尚有此一綫聰明。

---

① 人勢——證性書屋本作"人事"。
② 域——證性書屋本作"限"。
③ 承——證性書屋本作"當"。

十　齊侯使晏嬰求繼室於晉

　　齊侯使晏嬰求繼室於晉[一]。既成昏[二]，晏子受禮，叔向從之晏[三]。叔向曰："齊其何如？"晏子曰："此季世也，吾弗知。齊其爲陳氏矣[四]。公棄其民而歸於陳氏。齊舊四量：豆、區、釜、鍾[五]。四升爲豆，各自其四，以登[六]於釜，釜十則鍾。陳氏三量皆登[七]一焉，鍾乃大矣。以家量貸，而以公量收之。[八]山木如市，弗加於山；魚鹽蜃蛤，弗加於海。[九]民參其力，二入於公而衣食其一。公聚朽蠹，而三老凍餒。國之諸市，屨賤踊貴[一〇]，民人痛疾，而或燠休[一一]之。其愛之如父母，而歸之如流水。欲無獲民，將焉避之？箕伯、直柄、虞遂、伯戲，其相胡公，已在齊矣。[一二]"樸麗子曰："觀晏子言，使人感傷①。然身爲國相，何不力拯之而私議之耶？蓋其事②已必不可爲矣。不可爲而強爲之，其亡愈速。老臣爲國，意量自殊。與其決裂以速亡，不若③委蛇而小濟也。"

【注】

　　[一]齊侯使晏嬰求繼室於晉：先是，齊景公將齊莊公之嫡女少姜送給晉平公作姬妾，少姜深受寵愛而早故，因此齊景公使晏嬰再與晉平公議婚，希望以其他宗女繼配。事見《左傳·昭公三年》。
　　[二]成昏：昏，婚。成昏，即今之訂婚。
　　[三]晏：通"宴"。
　　[四]齊其爲陳氏矣：陳氏，指因陳國內亂而奔至齊國定居的陳公子完的後裔，後歷代成爲齊國權臣。因古音陳、田同，故亦作田氏。此時

---

① 感傷——證性書屋本作"悲傷"。
② 事——證性書屋本作"勢"。
③ 不若——證性書屋本作"毋甯"。

田氏首領爲田乞。意謂我不能不説齊國可能屬於陳氏了。

　　[五]豆、區、釜、鍾：齊國的四種容量單位。

　　[六]登：成。

　　[七]登：加。

　　[八]以家量貸，而以公量受之：意謂大斗借出，小斗收回。

　　[九]山木如市……弗加於海：意謂山上的木料運到市場，價格不高於山上；魚鹽蜃蛤，價格不高於海邊。

　　[一〇]屨賤踊貴：屨，原文如此，誤。當爲屨。屨，麻或革制的鞋子。踊，脚被斷者所用之物。斷脚，春秋時一種刑罰。屨賤踊貴謂遭受刑罰的百姓之多，表明齊國國君的殘暴不仁。

　　[一一]燠休：厚賜。

　　[一二]箕伯……已在齊矣：箕伯、直柄、虞遂、伯戲四人都是舜的後裔，陳氏的祖先。胡公，箕伯等四人後裔，周王封爵的陳氏第一代。意謂箕伯等陳氏祖先的魂靈相隨在齊保護陳氏。

十一　士有三十未成室者

　　士有三十未成室者，作筏①者纍纍，皆薄之不顧。聞一貧家女賢，意屬之，而女父亦素雅敬士。亡何，士託人往議昏，不許。至於再三，拒愈力。蓋其俗，昏議必出女家，議定然後男家納聘，而以男先女爲恥。士則執男下女之義也。士既薄女先之義，而古義又人人以爲恥，遂終身無室。樸麗子曰："習俗移人[一]，賢者不免。不免俗而賢②，斯其所以賢也。士堅持古義，恭也，而人恥之，竟至無室，亦太甚矣。夫學古，所以善俗，非以戾俗也。執古義以行於俗，安往而不窮哉？《周禮》大司徒以俗教安[二]，帝王且不違俗，況士庶乎？固矣哉，士之爲士也。"

---

　　① 作筏——證性書屋本作"作伐"。
　　② 不免俗而賢——證性書屋本作"不免俗而不失爲賢"。

【注】

［一］移人：使人的精神情態等改變。

［二］《周禮》大司徒以俗教安：《周禮·地官·大司徒》認爲施政有十二教，第六教爲"以俗教安，則民不愉"，"愉"通"偷"，苟且義。

十二　婦得罪於姑

有婦得罪於姑，姑掩户不食，自擱其面，婦飲啖自若，故示安閒狀。鄰嫗勸其謝罪，不應，鄰嫗怒，婦亦掩户如其姑。鄰嫗無可如何，乃破户苦勸姑食，姑乃食。婦自窗隙窺視，鼻叱曰："不能忍數日飢耶？"鄰嫗讓之曰："汝爲人子婦，倔强如此耶？"曰："我雖女流，可柔服，斷難氣格。"鄰嫗曰："汝姑不汝堪而自責，何謂氣格？"曰："彼動於氣而假術以脅我，我若謝罪，入其彀中矣。汝無多言，無與汝事。"乃訇然開户，手提隻雞，斷其頭，烹而大嚼。樸麗子曰："悍哉，婦也。觀此，益嘆繆彤[一]諸弟及諸弟婦之賢。漢繆彤少孤，兄弟四人皆同財業。及各娶妻，諸婦求分異[二]，數有爭鬥言。彤乃閉户自擱，數其不能正家之罪。弟及諸婦聞之，悉叩頭謝罪，更相敦睦。姑不能得之於其媳，兄乃能得之於其諸弟弟婦，古今人不相及何如也。嗟嗟！深情至理有時而窮，悲夫！"

【注】

［一］繆彤：漢代人。古代維護大家庭制的一位代表人物。

［二］分異：分居。

十三　鄉塾師性方嚴

　　鄉塾師性方嚴,率諸弟子以禮。樸麗子往拜之,坐移時,愬愬然[一]趨而去,曰:"危哉。"人問其故,答曰:"先生老儒,誠爲古道,然不諳風色。諸弟子皆富家郎,驕慣已久,非實能降心求益者也。察其神貌,視先生不啻弁髦[二]①。先生每與言論,有漫若不聞者,有蹙眉者、側目而視者,有背面微哂者。疵釁已露,先生猶薑然以聖賢相責望,强聒不休②。吾是以驚怖而去。先生及今而止③猶可,不然必有奇辱。"無何④,諸弟子約共逃避僻處,博塞[三]飲酒以需。東家追呼如風火,蒼黄數日夜不能得,怒詰諸弟子所在。先生無以對,濡忍[四]⑤宵遁。諸弟子乃返。

【注】
　　[一] 愬愬然:恐懼貌。
　　[二] 弁髦:弁,黑色布帽。髦,童子眉際垂髮。古代男子行冠禮,先加緇布冠,次加皮弁,後加爵弁,三加後,即棄緇布冠不用,并剃去垂髦,理髮爲髻。因以"弁髦"喻棄置無用之物。
　　[三] 博塞:亦作"博簺"。即六博、格五等博戲。
　　[四] 濡忍:亦作"濡忍"。柔順忍讓。

①　弁髦——證性書屋本作"弁髦芻狗"。
②　不休——證性書屋本作"不置"。
③　止——證性書屋本作"去"。
④　無何——證性書屋本作"居無何"。
⑤　濡忍——證性書屋本作"湙忍"。

十四　鄭子皮授子産政

鄭子皮授子産政[一]，辭曰："國小而逼[二]，族大寵多，不可爲也。"子皮曰："虎帥以聽，誰敢犯子？"子産爲政，使都鄙有章[三]，田有封洫[四]，廬井有伍[五]。大人之忠儉者從而與之，泰侈者從而斃[六]之。豐卷[七]將祭而請田[八]焉。弗許，曰："唯君用鮮[九]，衆給[一〇]而已。"子張怒，退而徵役[一一]。子産奔晋，子皮止之，而逐豐卷。樸麗子曰："夫事不謀始而能善其後者，未之有也。子産受政，恃子皮也。子皮卒能逐豐卷而安其位，鄭國以治，可謂不寢爲然諾者矣。微子皮，雖以子産之才，奔避不暇，何政之能爲？失其所恃，信不可與。語云：'獨木不焚，孤炭無燄。'豈不誠然乎哉！"

【注】

[一]子皮授子産政：子皮，名虎，當時的鄭國執政。子産，繼子皮爲鄭國執政。事見《左傳·襄公三十年》。

[二]逼：迫近大國。

[三]都鄙有章：都，城市。鄙，鄉野。章，區別。城市鄉村有區別。

[四]封洫：封，邊界。洫，水溝。

[五]廬井有伍：杜預注："廬，舍也。九夫爲井，使五家相保。"有爭議。

[六]斃：倒下。使動用法，意謂推翻。

[七]豐卷：大概爲鄭穆公後人，字子張。依楊伯峻，具體不詳。

[八]田：田獵。

[九]唯君用鮮：鮮，新。意謂只有國君祭祀才用新獵取的野獸。

[一〇]衆給：衆，一般人。給，足夠。

[一一]徵役：召集兵卒。

十五　客亟稱姜肱兄弟

客亟稱姜肱[一]兄弟大被同寢事,曰:"兄弟之親,天性也,然往往愛弛於妻室。姜氏兄弟足爲楷模矣。"樸麗子曰:"亦須分曉此必各出真意不能已,則善矣。若少涉勉強,嫌怨滋起,乖隔必甚。"又言張公藝九世同居,書百忍字獻高宗事[二]。樸麗子曰:"張君遂立萬世家法。"客曰:"亦須有真意流貫。若徒以文貌相縻[三],則所謂雍睦者,亦僞耳。"樸麗子曰:"若無真意流貫,詎能忍乎?"

【注】

[一]姜肱:字伯淮。東漢彭城廣戚(今山東微山縣)人。世家子弟。與弟仲海、季江皆以孝行著聞,友愛非常,常共臥起,及各娶妻,仍兄弟同寢如故。

[二]書百忍字獻高宗事:見《舊唐書·孝友傳·張公藝》:"鄆州壽張人張公藝,九代同居。北齊時,東安王高永樂詣宅慰撫旌表焉。隋開皇中,大使、邵陽公梁子恭亦親慰撫,重表其門。貞觀中,特敕ъ加旌表。麟德中,高宗有事泰山,路過鄆州,親幸其宅,問其義由。其人請紙筆,但書百餘'忍'字。高宗爲之流涕,賜以縑帛。"

[三]以文貌相縻:用禮文儀節來羈縻、約束。

十六　與一士人遇於途

樸麗子與一士人遇於途,旋又同事而還。從者問曰:"適聞子言雖牧奴爨婢亦不肆然上之,今與士人何拒之深也? 相遇而若不相識,共席終日而不與通一語。"樸麗子曰:"吁! 如彼士人者,其於人之道遠矣。吾之於人也,不甚分流品,而必辨邪正。吾安能與彼瑣瑣[一]乎?且子謂吾若不識彼,彼識我耶?共席未嘗通語,彼與我通語耶?然吾亦唯退然自斂而已,敢有所陵蔑乎哉?"

【注】

[一]瑣瑣:絮聒。

十七　陰　符

或問《陰符》[一],樸麗子唯唯不能指一辭。固問,答曰:"是非余肄業[二]所及也。抑嘗聞之:陰者,符之本;符者,陰之著[三]。君子但當兢兢焉致力①於陰,盈虛得失無不肖其陰以出,所謂符也。或曰此即誠中形外之旨。"

【注】

[一]《陰符》:古兵書名。後泛指兵書。
[二]肄業:修習課業。古人書所學之文字于方版謂之業,師授生曰授業,生受之于師曰受業,習之曰肄業。
[三]著:附著。此指表徵。

十八　又損庵與徑臨

又損庵與徑臨,隔小溪。天未明,聞重車[一]自西來,垂渡。

---

①　致力——證性書屋本作"刻苦致力"。

樸麗子方寢,遥呼止之曰:"此處不可渡,當循流而東。"同車者亦以爲然。御者欲捷,曰:"適村中人言渡在此。"同車者曰:"彼所言或係輕車,或前可渡。今兹不可渡,莽中密邇[二],其言當不誣,宜聽。"曰:"當如何,自有定。"叱牛竟渡。輪一轉,陷泥中不可出。御者莫知所爲,同車皆怨之。浼[三]多人抗[四]而出車。甫出,謂村中人誤己,大罵而去。樸麗子曰:"忠言不用,自投泥淖,其失顯然明甚,顧不力自責懲,用爲後戒,乃歸咎於人,言何哉?過不搥心,雖創弗痛。其御也,將屢陷而不一陷矣。浪語危途,庸有既乎?"

【注】

[一]重車:裝載沉重的車子。與下文"輕車"相對。
[二]密邇:靠近。
[三]浼:懇托。
[四]抗:擧。

十九　御事之要

樸麗子遇老儒,問御事之要。老儒曰:"善御事者,在乎達人之情而情其情。情者,人人之所見真之地也。然有制情者,有飾情者,有矯情者,有縱情者。縱情者心粗而氣放,其情横;矯情者心褊而氣厲[一],其情深;飾情者心細而氣游[二],其情匿[三];制情者心苦而氣斂,其情伏[四]。知人情之異與人情之同,又知人之所以情其情者,其機緘[五]不在大也,脉脉[六]焉投其猝而握其尾,則人之情有所不自知,而操縱在我矣。此情情之説也。嗚呼!古來人事成敗得失之原,視此矣。"樸麗子亟拜之曰:"雖然,不涉於機變乎？"老儒曰："用之有道，存乎其人。"

【注】

[一] 厲：激烈。
[二] 游：虛浮不實。
[三] 匿：虛假。
[四] 伏：隱藏。
[五] 機緘：機關開閉。謂推動事物發生變化的力量。
[六] 脉脉：猶默默。

二十　某人無禮

或忿然謂樸麗子曰："某人無禮。"答曰："既無禮，尚何言①？欲彼知之耶？我不能爲人傳語。欲我知之耶？我亦不能爲人別白黑。且夫釁之所起也，每在飲食語言之微，相激相扇，至於爭鬥獄訟，莫可收拾。今彼小失聲色②，是釁也。子宣發不已，是滋釁也。"曰："吾不能耐，故欲略言之以洩悶耳。"曰："言焉以洩悶③，何如不言以息釁？人亦安能使人不無禮④？第知其爲無禮之人，非不得已，謹凛[一]⑤而罕與之接，可以少辱。"

【注】

[一] 謹凛：謹慎戒懼。

---

① 尚何言——證性書屋本作"復何言"。
② 小失聲色——證性書屋本作"小無禮"。
③ 言焉以洩悶——證性書屋本作"與其言焉以洩悶"。
④ 人亦安能使人不無禮——證性書屋本作"人亦安能使人不無禮於己"。
⑤ 凛——證性書屋本作"懍"。

二十一　與友人同飲茶園

樸麗子與友人同飲茶園中。時日已暮，飲者以百數。坐未定，友亟去①。樸麗子曰："何亟也？"曰："吾見衆目亂瞬[一]、口亂翕張，不能耐。"樸麗子曰："若使吾要致多人，資而與之飲，吾力有所不及，又不免酬應之煩。今在坐者各出數文，聚飲於此，渾貴賤，等貧富，老幼强弱、樵牧廝隸，以及遐方異域、黥劓徒奴，一杯清茗，無所參異，用解煩渴、息勞倦，軒軒笑語，殆移我情。吾方不勝其樂，而又以爲飲於此者少也，子何亟也？"友默然竟去②，然自是其風概爲之一變。

【注】

[一] 瞬：看。

二十二　行必張拱

有鄉先生者，行必張拱[一]，至轉路處必端立途中，轉面正向，然後行如矩。途中有礙，拱而俟，礙不去不行也。雖盛暑不去衣冠。一日往賀人家，乘瘦馬。事畢，乘他客馬先歸。客追之，挽馬絡呼曰："此非先生馬，先生下。"先生愕然，不欲下。客

---

① 友亟去——證性書屋本作"友亟出"。
② 友默然竟去——至文末，證性書屋本作"友默然如有所失。友素介特絶俗，自是一變"。

急曰:"先生馬瘦,此馬肥。"乃下。愠曰:"一馬之微,分彼我①、計肥瘦,君真瑣瑣,非知道者。"而先生實亦不計也。後舉孝廉,文名籍甚,謁其房師,房師喜。坐甫定,房師食菸,舉以讓客。先生曰:"門生不食菸。不唯門生不食,平生見食菸人,深惡而痛絕之②。"樸麗子曰:"聞先生目近視,好讀書,鼻端常墨。今觀其行事,必有所主,豈漫然者哉?古人云:修大德者不諧於俗。先生豈其人耶③?何其於情遠耶?先生捐館舍④數十年矣,里閈間猶藉藉傳頌,而士大夫輩共相沿稱爲道學云⑤。"

【注】

[一]張拱:張臂拱手以爲禮。

二十三　郊城中有一士

明末,郊城中有一士砥名行、負幹略⑥,人稱爲智囊。闖寇攻城,城破⑦,聞者共惋惜之曰:"智囊亡矣。"一人曰:"不能免

---

① "分彼我"至"君真瑣瑣"——證性書屋本作"遽分彼我,計及肥瘦,公真瑣瑣"。

② 深惡而痛絕之此句下證性書屋本有"師默然色變。留數日,值師公出,囑曰:'善照小兒輩。'遂臨之如嚴師"。

③ 耶——證性書屋本作"與"。

④ 捐館舍——證性書屋本作"歿"。

⑤ 而士大夫輩共相沿稱爲道學云——士大夫輩,證性書屋本作"學士輩"。相沿,證性書屋本無。

⑥ 負幹略——證性書屋本作"多智略"。

⑦ 闖寇攻城城破——證性書屋本作"及李自成攻破城"。

患,何謂智?"又一人①與士交厚,流涕曰:"吾友必先城亡。"居數日,始得真耗[一]。蓋城垂破,士知不支,入明倫堂自縊死。初士佐令②,城守甚固,久不下,賊去。復至,乃克之。今南關③有祠,與殉難李公諡忠愍並祀云。樸麗子曰:"與衆同一死④,其死重於泰山。非智者而能若是乎？千秋廟食不虛耳⑤。然豈預規此而爲之哉？臨難不苟免,智也⑥。"

【注】

[一] 耗：消息。

二十四　有塾師喜夸大

有塾師喜夸大,實無學識。一日見樸麗子,曰:"僕更定《資治綱目》[一]已成,嗣當呈校。"樸麗子唯唯。既去,笑謂人曰:"夫夫[二]也,何其妄也。《資治綱目》未必盡不須更定,然在夫夫,余直謂之妄而已矣。然則持高論於不知己者之前,其不以我爲妄也幾希。"

---

① 又一人——證性書屋本作"一人"。

② "初士佐令"至"乃克至"——證性書屋本作"自成怒城不早下,殺戮無遺"。

③ "今南關"至"并祀云"——證性書屋本作"今南關外有士祠,與殉難邑侯曾金事忠愍李公并祀云"。

④ 與衆同一死——證性書屋本作"與衆同死"。

⑤ 耳——證性書屋本作"也"。

⑥ 智也——以下證性書屋本有"其友亦賢矣"。

【注】

［一］《資治綱目》：即《資治通鑑綱目》。朱熹遺作，未定稿。
［二］夫夫：這個人。

二十五　生於其心

樸麗子曰："嗚呼，孟子云'生於其心，害於其政；發於其政，害於其事'[一]，豈必荒經蔑古者哉？蘇威[二]當平陳之初作五教，糾江南使誦之，士民嗟怨，陳故境皆反。威之義①謂非拳拳法虞廷[三]五教九歌[四]之旨哉？不知江南正朔相承，人材蔚起。南北相持久矣，文帝[五]乘叔寶[六]淫昏，唾手取之，人大不平，奈何驟而嚴督之乎？是激之反也。""然則當如之何？"曰："簡用其豪傑而順其俗，俟人情漸洽，然後教之。然亦不當合智愚秀頑，督以咿唔佔畢[七]如兒童也。文帝曰：'威性狠戾，不切世要，求名太甚。……此其大病！'豈非萬世之殷鑒哉？"

【注】

［一］"生於其心"至"害於其事"：見《孟子·公孫丑上》。意謂從心裏產生，必然會對政治造成危害；用於政治，必然會對國家大事造成危害。
［二］蘇威：北周至隋朝大臣。
［三］虞廷：指虞舜的朝廷。相傳虞舜爲古代的聖明之主，故以"虞廷"爲"聖朝"的代稱。
［四］五教九歌：五教，五常之教，指父義、母慈、兄友、弟恭、子孝五種倫理道德的教育。九歌，古代樂曲，相傳爲禹時樂歌。
［五］文帝：隋文帝楊堅。
［六］叔寶：南朝陳末代君主陳叔寶。

---

①　義——證性書屋本作"意"。

［七］呫嗶佔畢：呫嗶，讀書聲。佔畢，謂經師不解經義，但視簡上文字誦讀以教人。泛指誦讀。

二十六　富翁憂其子

有富翁憂其子之不克負荷也[一]，鑄金爲小山，謂漸消之亦足了其一生。及父卒，子指山與人賭，一人欲對以萬金，笑而答曰："五山略計之，不下四五萬，而欲以萬金與我對乎？汝休矣，勿溷余。"樸麗子曰："此兒勝秦王符堅遠矣。夫秦王以八十餘萬衆傾國伐弱晋，豈非以四五萬金對一萬乎？然則當如何？"曰："秦王端居關中，令慕容垂[二]以十萬衆由襄陽入，嗣令符融[三]以十萬衆直搗建康，再令一軍假道於魏，由海道而拊[四]其背。用不過三十萬，而晋不支矣。一軍勝，便可舉晋。就今盡敗，而於我固無大傷也。嗟乎！秦王一世英雄，及驕盈而昏，智不及以蕩子，哀哉！"

【注】

［一］不克負荷也：意謂不能生存。
［二］慕容垂：字道明，前秦名將。本前燕文明帝慕容皝第五子，因國内政争出奔前秦，深受符堅器重，淝水之戰失敗，護送符堅撤退，後自立燕王。
［三］符融：符堅之弟，前秦名將，淝水之戰中陣亡。
［四］拊：击。

卷　八

一　問　儒

　　客問曰："儒與人異乎？"曰："否。""儒與人同乎？"曰："否。有異而同者，有同而異者。襞積《詩》《書》，鑽研名義[一]，言必經訓，行中規矩，峨冠博帶，岸然絶俗，而中懷靡然[二]，見利則趨，見害則避，呰呰萊萊，無殊於凡庸，此所謂異而同。軒其外而輕其內[三]，小人儒也。溷迹農圃牧豎間，毁方而瓦合[四]，不肖者見之不知其爲賢，愚者見之不知其爲智，而神明炯然，義之所在，雄於萬夫，此所謂同而異。瀹其迹而鑄其心，君子儒也。"客喟然嘆曰①："吾聞之：君子多成，小人多敗；君子多福，小人多害。非獨世俗所謂君子、小人爲然②也，儒亦有之。今聞子言，昭然有如發矇[五]。"

【注】

　　[一] 名義：事物的名稱和含義。
　　[二] 中懷靡然：中懷，心中。靡然，隨風倒的樣子。
　　[三] 軒其外而輕其內：意謂外表高尚而內心卑瑣。

---

① 客喟然嘆曰——證性書屋本作"客乃喟然嘆曰"。
② 爲然——證性書屋本無。

［四］毁方而瓦合：毁去棱角，與瓦礫相合。喻屈己從衆，君子爲道不遠離於人。語出《禮記·儒行》："慕賢而容衆，毁方而瓦合，其寬裕有如此者。"

［五］發矇：使盲人眼睛复明。喻启发蒙昧。

二　則古稱先

或謂樸麗子曰："吾則古稱先[一]，日夕矻矻[二]，不敢廢棄。懼人慢我，卒不免於慢也；懼人卑我，卒不免於卑也。將奈之何？"應之曰："是子之自慢自卑也夫？夫懼人慢己，是欲其敬己①也；懼人卑己，是欲其尊己也。欲人敬己，謂之爭敬②；欲人尊己，謂之爭尊。子以爭往，彼以爭應，又何悶焉？夫敬與尊，非可爭者也。則何不剷鋒稜，削崖岸[三]，逡逡焉[四]與衆相就乎？則何不屏除毁譽，默默焉致力於内，而③一無所求多於人乎？"曰："如此，則益慢且卑矣。"樸麗子曰："否否④，不然。德至而人自敬，位至而人自尊。"

【注】

［一］稱先：以古爲榜樣，稱頌先賢。

［二］矻矻：勤奮不懈貌。

［三］崖岸：矜持，孤高。

［四］逡逡焉：退讓恭順貌。

---

① 欲其敬己——其，證性書屋本"人"。下"欲其尊己"，證性書屋本亦作"人"。

② 謂之爭敬——謂之，證性書屋本作"是謂"。下"謂之爭尊"，證性書屋本亦作"是謂"。

③ 而——證性書屋本無。

④ 否否——證性書屋本作"否"。

三　棄金玉而寶瓦石

樸麗子曰："棄金玉而寶瓦石，則爲喪心人矣。然有時瓦石勝金玉①。知金玉不必勝瓦石，瓦石不必勝金玉，然後可以因物而致用。甲與乙相仇釁，難將作，乙懼，託人居間，遍邑之士大夫不能得②。僕曰：'是易易[一]耳。是固有傭兒者，苟屬之，可立解也。'乙難焉，顧已無可如何，從之，事遂解。士大夫皆怒。甲或謂之曰：'公等奚怒？爲傭兒彼之所愛而暱焉者也？公等彼之所敬而疏焉者也？人情各狥其私，子欲以所疏者，比其所暱者乎？'又共咎乙曰：'奈何向傭兒求和？'或曰：'一言而息兩家之爭，雖小降意義[二]，無不可者。公等不能爲人解紛，而使其輾轉至此，又多言乎哉？'"

【注】

[一] 易易：容易。
[二] 意義：聲譽。

四　士信於知己

客問樸麗子曰："士信[一]於知己，而屈於不知己，信然乎？"曰："不知也。""人厚貌深情[二]，亦從而深且厚焉，可乎？"曰："不知也。""人傾心吐膽，亦從而傾吐焉，可乎？"曰："不知也。子且

---

① 然有時瓦石勝金玉——證性書屋本作"然有時瓦石也勝於金玉"。
② 不能得——證性書屋本作"不能解"。

以爲彼知己者，可常恃乎？彼不知己者，遂終乖乎？厚貌深情者，果深厚乎？子且以爲彼傾心吐膽者，果傾吐乎？夫人平日所自視以爲安身立命之處，及接物而失之，得謂之有心人耶？僕方切切自咎於此，子忽詢及使人惡然。"客曰："子所謂安身立命者，若何？"曰："僕既不能，可輕言以滋戾乎？"固請，乃言曰："僕不敏，嘗聞吾師省涍先生有言：'知己相交而益勵，不知己相交而漸融。'厚貌深情者，吾不因之而失於隱[三]；傾心吐膽者，吾不因之而流於躁。抑又聞之吾師省涍先生之言：'大以與人相含，而未嘗混也；巽以與人相入[四]，而未嘗逐也。剛介以自立於不遠不近之間，而未嘗強人就己也。'"客瞿然[五]稱善久之。

【注】

[一] 信：通"伸"。

[二] 厚貌深情：謂外貌忠厚而深藏其思想感情，不流露於外表或言語。語出《莊子·列禦寇》："凡人心險於山川，難於知天。天猶有春秋冬夏旦暮之期，人者厚貌深情。故有貌愿而益，有長若不肖。"

[三] 隱：深沉。

[四] 入：納。

[五] 瞿然：驚悟貌。

五　歸自郡城

樸麗子歸自郡城，俯首疾走。同行者曰："觀子貌頗不怡，何也？"答曰："城市囂塵。"曰："囂塵如子何？過而悒悒，不且爲城市撼乎？"語次間論火酒之猛烈，復諄復告，誡勿過飲。樸麗子竦然①致

---

① 竦然——證性書屋本作"悚然"。

敬曰："君偶爾同行,多承教益。君高誼當於古人中求之。"固邀至家,不可,傾囊以資其行。

六　賣酒媼

賣酒媼酒美,坐客常滿,因致小康。後惡其利之薄也,每罈入水許,客至如常,竊自喜。水轉加,始而十入一焉,繼而十入二三焉。水日加,客日減。媼狃[一]於利之厚而不悟。迨水氣踰酒,而客不來。過其門者,往往指而詬誶之。酒既不行,家遂落。樸麗子曰:"人之品類,至不齊矣。醇疵清濁,分道各揚。然雖市井小人,必有所以與立。所與立者何?本來各具之理也。苟大拂乎其所本來,則亦無在而可[二]。沽酒而水飲之,世無其人。媼貪而不知止,卒破其家,非自厲[三]者哉?"

【注】

[一] 狃:貪圖。

[二] 無在而可:意謂無處可行。

[三] 自厲:勉勵警誡自己。

七　鄉老年

鄉老年五十餘,喪其偶,遺一女,自撫養之。衣履盥梳皆親與,相依爲命。及笄當嫁,女請終養,不許,爲擇壻近處里許。將出閣,相對泣,目盡腫。合卺日,父三往。又往,外户閉,彷徨達旦。門啓遂入,屏息卧房外。待壻出,潛入撫慰良久。視其梳洗粧飾畢,乃去。數以爲常。每得一臠之味,必携與女共食。久,壻厭苦之,以語妻,妻爲哀陳其自幼相依狀。又久之,女亦不怡。父至,或避之,或相對不言。父怒,然不能已,仍頻往。一日又至,女變色曰:"何必爾?兒始請終養後嫁。嫁,父意也。既嫁矣,便爲異姓人。人生如鳥同宿,及曉各散,飲啄期自適耳。且人情各有嫌忌,七十老翁何事不嫺?顧乃瑣瑣來敗人意。只生一女,尚不體悉,若有數女,將撲殺之耶?"父瞪目視女如杲,悢悢然走。復回首含糊大呼曰:"女兒,我自此去不復來矣。"歸數日歿。樸麗子曰:"老人與女可謂情至矣。始而壻厭苦之,繼而女厭苦之,而老人不渝,無他,其情篤也。夫人情各有所鍾,情之所鍾,實亦不自知其所以然,而鍾情之所過,往往至於失情。觀老人所以待女,其情良苦,使人感傷。若能少爲控制,父爲慈父,女亦不失爲孝矣,何至煢煢孤息,相失如此?且父女恩愛無有已時,女既無狀,少淡斯可,又何至隱恨以歿哉?始爲毗陽,後爲毗陰。[一]'不節若,則嗟若',[二],老人之謂矣。"

【注】

[一] 始爲毗陽,後爲毗陰:意謂開始時極樂,後來極怒。語出《莊子·在宥》:"人大喜邪,毗於陽;大怒邪,毗於陰。"意謂人過於歡樂,就會傷害陽氣;過於憤怒,就會傷害陰氣。

[二] 不節若,則嗟若:意謂本該約束節制的,然而不能夠,事後嗟歎後悔不已。語出《周易·節卦》。

八 跛 丐

跛丐倚杖而行,背負瓦釜,蓄一小犬隨其後,口中常唧唧詬誶，若有所甚恨者。一日飢甚，乞得勺米，煮食之。米甫入釜，頻嘗之，不熟。少頃，急取食之，手觸釜，釜欹湯湔[一]其手，怒①，摔破其釜。米狼藉地上，犬就食之。大怒曰："畜生！爾主忍飢未曾入口，爾顧忍獨飽耶②！"舉杖連築[二]之，犬逸，復拾破釜擲之。犬自是不來。樸麗子曰："丐之所有，僅一釜；所與共者，僅一犬耳。乃並此而失之耶。觀丐之器量③，不至於釜破犬逃④不止，則雖家累巨萬，妻妾子女僕婢環列充斥⑤，亦釜焉犬焉而已矣。夫輕躁多亂，責望多叛，逞之須臾，業隳恩斷。嗚呼哀哉！至於釜破犬逃，彼丐者又將若之何⑥？"

【注】

[一] 湔：濺灑。
[二] 築：擊打。

九　牡丹隆冬盛開

牡丹隆冬盛開，主人招客賞之。樸麗子亦在坐，問其養之之法⑦，主人曰："藏煖室中，埋硫黃根下。"樸麗子曰："君可謂巧奪造化矣。雖然，其本必枯。"後果然。人問故，樸麗子曰："內竭

---

① 怒——證性書屋本作"大怒"。
② 耶——證性書屋本作"也"。
③ 器量——證性書屋本作"氣"。
④ 犬逃——證性書屋本作"犬逸"。下同。
⑤ 充斥——證性書屋本無。
⑥ 又將若之何——以下證性書屋本有"是故君子雍容而日裕渾厚以宜群"。
⑦ 問其養之之法——證性書屋本作"問其法"。

也。""常花亦繁盛①,何以不枯?"曰:"漸也。內實而外自腴也,虛其內以實其外,必無幸矣。"

十　游苑陵

樸麗子游苑陵[一],疾臥斗室中。居停主人有故,賓客駢集。聞其中有三人者,中表[二]兄弟行也。既去,謂主人曰:"某某係吾中表兄弟,不知吾病臥此耶?何不一視我耶?"及疾愈,逾數日,與三人偶遇於他處,相見翕然,盡歡而散。人問曰:"今日之會樂乎?人相契乎?言相諧乎?何語笑云云耶?"曰:"親戚相會,有何不樂?人非傾邪[三],有何不契?言無疵黃[四],有何不諧?"

【注】

[一]苑陵:一般認爲是春秋古城,在今新鄭市北十八公里處的龍王鄉古城師村東北。

[二]中表:指與祖父、父親的姐妹的子女的親戚關係,或與祖母、母親的兄弟姐妹的子女的親戚關係。

[三]傾邪:邪僻不正。

[四]疵黃:即雌黃,指謬論。

十一　遇故人之子

樸麗子遇故人之子於荒圃。其人性強記,六經四子書[一]無

---

① 繁盛——證性書屋本作"蕃盛"。

弗熟也，訓詁箋注及諸家之講義無弗誦繹[二]也。發爲文，汗漫無着，累試不利。遂廢學入市。粟米、豆麥、蔬果、柴炭之低昂弗能悉①也，斗斛、權衡弗能辨其多寡也。見人羞澀面發赤，與人言跼脊[三]俯首，聲悉悉喉間如不出口，終日茫蕩[四]，無所事事。憐之，呼曰："汝何不學？"對曰："往時嘗讀書十餘年，窮晝夜，極鑽研，竟無所得。今三十餘矣，尚何言？"曰："余所謂學，非此之謂。"曰："子所謂學者何也？"曰："孝爾父母，弟[五]爾兄，和睦爾親戚鄉黨，而不自棄②其心[六]。"曰："是《大學》'誠意'中事。某雖嘗讀書，實未嘗格物。物且不能格，何敢議此？"曰："然則汝不孝爾父母，不弟爾兄，不和睦爾親戚鄉黨，而自棄其心？"其人驚愕曰："亦不敢。"曰："就此不敢之心而實致其力，即學也。"其人灑然[七]意解，蹶然[八]有起色曰："信如是乎？"曰："誰誑汝？""信如是，誰不可者？吾將勉焉。"

【注】

[一] 四子書：即通常所講的四書，指《論語》《大學》《中庸》《孟子》。"四子"指四書作者孔子、曾子、子思、孟子四人。

[二] 誦繹：誦讀并尋究其含義。

[三] 跼脊：即"跼蹐"，謹慎小心貌。

[四] 茫蕩：游蕩。

[五] 弟：順從和敬愛兄長。

[六] 自棄其心：謂自甘落後，放棄上進的初心。

[七] 灑然：欣然。

[八] 蹶然：忽然。

---

① 弗能悉——證性書屋本作"弗悉"。
② 棄——證性書屋本作"欺"。下同。

十二　與友觀漁者

樸麗子與友觀漁者大網稱河,鱣鮪魴鯉悉入其中,不能轉動咫尺。舉網撒地上,摩相呴濡,塊然供俎釜,爲饕餮①者大嚼耳。忽遇巨魚,奮鬐揚鬣,絲綸蕩然,漁者不知所爲,懼而走。自是不復漁。友曰:"今之教學者亦如此矣。"問:"教學者當何如?"曰:"亦譬之魚焉:納諸深廣之域,使之小大、巨細各遂其生[一]也,使之食息、涵育、游泳各得其情也,使其聚散、往來、出入、潛躍、動靜各極其安樂之歸[二]也。"樸麗子嘆曰:"美哉學乎!吾今而知學非厲人矣。"

【注】

[一]各遂其生:各自養生。
[二]歸:歸宿。

十三　黃陶庵

黃陶庵[一]成進士後,寄弟書曰:"殿試日,鼎甲先上,衆皆嘖嘖稱羨。天地間自有數千年一人、數百年一人而,人不爲,必欲爲三年一人[二],可怪也。"樸麗子曰:"此名言也。人若知此,志趣②自別,其不肯屑屑以苟目前明矣。然在陶庵,特欲激發其弟,爲是言耳。慷慨以争長於外,雖有大小久暫③之殊,要其心

---

① 饕餮——底本作"饕餐",據文意改。
② 志趨——證性書屋本作"志趣"。
③ 久暫——證性書屋本作"高卑"。

已馳①矣。君子之學，日循循於日用事物之間，行其所已知，勉其所未能，遷善改過②，罪戾是懼，計不到數千年一人、數百年一人。"

【注】

[一]黄陶庵：黄淳耀，字藴生，號陶庵。明末蘇州府嘉定（今屬上海）人。清兵圍嘉定時被推爲守城首領，城破，與其弟等自縊殉節。

[二]三年一人：科舉時代，三年一次會試，通過後成爲貢士，有資格參加殿試，候選三鼎甲、進士等。

十四　崔　浩

崔浩[一]算無遺策，自謂才比子房，而稽古[二]過之。樸麗子曰："大臣不以博綜[三]爲長，稽古過否不具論，其才安敢望子房哉？子房用其才誅除暴亂，浩興事喜功，蓋始亂者耳。又不知斂抑，恣睢於暴人[四]前，卒致夷滅。子房哂之矣。"或曰："浩所言者，才也；子所論者，德也。"曰："才與德可相離乎？才者，德之用；德者，才之本。相兼以濟物者也。若有才無德，則爲私智，爲小慧，適足以禍世禍己，惡得謂之才乎哉？"

【注】

[一]崔浩：字伯淵，北魏太武帝時重臣。出身士族，有才略。初深受信任，功勳卓著，後因修國史觸怒太武帝，遭族誅。

[二]稽古：考察古事。

---

① 馳——證性書屋本作"侈"。
② 遷善改過——證性書屋本作"見善則遷，見過則改"。

[三] 博綜：猶博通。

[四] 暴人：指北魏太武帝拓跋燾。早年尚有氣度，晚趣殘暴，誅戮極甚。

十五　李光弼

李光弼[一]在徐州擁兵不朝，諸將田神功[二]等不復秉威。光弼悔恨成疾卒①。樸麗子曰："史稱光弼治軍嚴整，指顧號令，諸將莫敢仰視。非徒以威使然也，亦其奮發殉國②之誠有以懾服③，威立而德將之也。德之不矜④，而威亦替矣。蓋嘗論之：人無賢愚，皆有不言而同然之本心。是心也，得乎天性之自⑤然，率焉⑥爲五典[三]，修焉爲五禮[四]，喜焉爲五福[五]，怒焉爲五形[六]。順此而無爲，聖人之行也；勉此而無私，賢者之事也；假此以立名義、收人心，則霸者之所爲，抑末[七]矣，然又足以集事。未有失此而可行焉者也。光弼功在社稷，威振中外⑦，一朝不閑[八]，至不行於部將，惜哉。"或曰："將不秉威，殺之何如？"曰："正其罪[九]而殺之歟？不正其罪而殺之歟？殺之而受死歟？殺之而不受死歟？之數者無一而可。蓋人心不服，厲焉而益弊，光

---

① 成疾卒——證性書屋本作"成疾而卒"。
② 殉國——證性書屋本作"狥國"。
③ 懾服——證性書屋本作"懾服人心"。
④ 矜——證性書屋本作"競"。
⑤ 得乎天性之自然——證性書屋本作"得乎天命天性之自然"。
⑥ 率焉——與下"修焉"之"焉"，證性書屋本均作"之"。
⑦ 中外——證性書屋本作"華夷"。

弼計之矣①。謂宜請罪朝廷②,自責以謝三軍③,庶幾其可④。然在光弼亦不可不假借[一〇]人者,人亦不假借之也。"

【注】

[一]李光弼:唐玄宗時名將,契丹人。參與平定安史之亂等大小戰役頻多,功勳卓著。後遭朝廷猜忌,因而固守藩鎮,不敢進京朝見。

[二]田神功:唐玄宗時將軍,受李光弼節度。參與平定安史之亂。性貪殘,屢掠民財。

[三]五典:古代的五種伦理道德。有兩種説法,孔安國:"五典,五常之教。父義、母慈、兄友、弟恭,子孝。"蔡沈:"五典,五常也。父子有親,君臣有義,夫婦有別,長幼有序,朋友有信是也。"

[四]五禮:古代的五種禮制,即吉禮、凶禮、軍禮、賓禮、嘉禮。

[五]五福:古代所稱的五種幸福。有兩種説法,《尚書·洪範》:"五福:一曰壽,二曰富,三曰康寧,四曰攸好德,五曰考終命。"漢桓譚《新論》:"五福:壽、富、貴、安樂、子孫衆多。"

[六]五形:指頭和四肢,泛指身體。

[七]抑末:小事。

[八]不閑:不合法度。

[九]正其罪:定其罪。

[一〇]假借:藉助。

十六　神宗升遐

神宗升遐[一],明道至府舉哀。時司馬公[二]、吕晦叔[三]作相

---

① 計之矣——證性書屋本作"計之熟矣"。
② 請罪朝廷——證性書屋本作"請罪痛苦,命歸朝廷"。
③ 三軍——證性書屋本作"三軍之士"。
④ 庶幾其可——自此至文末,證性書屋本作"其庶幾乎? 然在他人則可,在光弼則不可。何也? 不假借人者,人亦不假借之也。是真無可如何矣。君子舉措可少乎哉? 雖然過焉,誠悔其志,亦足悲矣"。

人①。問[四]:"作相當何如?"曰:"當與元豐大臣[五]同。若先分黨與,他日可憂。"曰:"元豐大臣皆嗜利。使自變其已甚害民之法,則善矣。不然,衣冠之禍未艾也。君實忠直難與議,晦叔解事,恐力不足而。"已而皆驗。樸麗子曰:"忠直者難與議,解事者力不足,此人材之通患也。自古濟事之人器量自別,忠而不愚,直而能曲②,乃爲經綸好手③。伯子[六]天資高學力深④,宜其遠矣。"

【注】

[一]神宗升遐:神宗,指宋神宗趙頊,鋭意改革,支持王安石變法。升遐,帝王死去的婉辭。本段文字見馮夢龍《智囊全集·遠猶》。

[二]司馬公:司馬光,字君實。時任宰相。性篤實,意志强。反對王安石變法。

[三]呂晦叔:呂公著,字晦叔。時與司馬光同任宰相。先與王安石交好,後反對其變法。

[四]問:《智囊》中問者爲韓宗師。

[五]元豐大臣:元豐,宋神宗年號,1078年至1085年。王安石變法主要在熙寧(1068—1077)間,至元豐時仍有其同志繼續推行新法,"元豐大臣"即指這些人。與司馬光、呂公著等反對變法者政治觀點相對。

[六]伯子:即前"明道"。程顥,字伯淳,故有此敬稱。

十七　士與人相善復相失

士有與人相善而復相失者。樸麗子曰:"曾子以平生交之一

---

① 作相人——證性書屋本作"作相矣",是。
② 直而能曲——證性書屋本作"直而能温"。
③ 好手——證性書屋本作"大手"。
④ 天資高學力深——證性書屋本作"天資純粹,學力復深"。

旦棄之爲一可惜。子與某①交久，忍中捐乎？"曰："初相見時，余已知懼矣，顧不自勝其惓惓之意。欲引以自禁②，徐圖後效，實未傾心。今惟罪戾是懼，敢復請乎？"曰："若遇之，則何如？"曰："如初相見時。"曰："然則既見之後，向者不爲多事乎？"

十八　叔弓如晉

叔弓[一]如晉，賀虒祁[二]也。游吉相鄭伯[三]如晉，亦賀虒祁。史趙[四]見子太叔曰："甚哉，其相蒙[五]也。可弔也，而又賀之？"子太叔曰："若何弔也？其非唯我賀，將天下實賀。"樸麗子曰："以鴆鴆人，人不受鴆；而酒飲之，則喜矣。何也？附[六]其欲也。欲之所倚，而蒙生焉。其蒙也，其鴆之也。一喜鴆，一不敢不鴆，鴆也哀哉③。"

【注】

[一]叔弓：春秋時魯國大夫，宗室。事見《左傳·昭公八年》。
[二]虒祁：春秋時，晉平公建虒祁宮，以求揚威諸侯。虒祁，一説在今山西侯馬，一説在新絳。
[三]游吉相鄭伯：游吉，即下文子太叔，春秋時鄭國正卿。相，輔佐。鄭伯，指鄭簡公，名姬嘉。
[四]史趙：晉國史官，名趙。
[五]相蒙：相互欺騙。
[六]附：附和。

---

① 某——證性書屋本作"其"。
② 欲引以自禁——此處證性書屋本作"見其頗聰明，有氣概，好讀書，姑引以自近"。
③ 鴆哀哉——證性書屋本作"鴆也哀哉"。

十九　宋昭公

　　宋昭公[一]欲去群公子。樂豫[二]曰:"不可。公族,公室之枝葉也,若去之,則本根無所庇廕矣。葛藟猶能庇其本根,故君子以爲比[三],況國君乎?此諺所謂'庇焉而縱尋斧焉[四]',者也。必不可。君其圖之。親之以德,皆股肱也,誰敢攜貳?若之何去之?"弗聽。樸麗子曰:"人非必皆君子,其凶頑殄行[五]亦少。唯恩信相與,貞以久遠,實皆吾之助,況骨肉乎?昭公不用忠言,卒亡於甸師[六],失庇廕也夫!"

【注】

　　[一]宋昭公:子姓,名杵臼。春秋時宋國國君。事見《左傳·文公七年》。
　　[二]樂豫:子姓,樂氏,春秋時宋國司馬。
　　[三]君子以爲比:比,比喻。謂君子以葛藟比喻兄弟之德。指《詩經·王風·葛藟》,詩序云:"葛藟,王族刺平王也。周室道衰,棄其九族焉。"
　　[四]庇焉而縱尋斧焉:意謂樹蔭遮蔽,偏偏使用斧子。
　　[五]殄行:小人行徑。
　　[六]甸師:帥甸,公邑的大夫。宋昭公後爲帥甸所殺。《左傳·文公十六年》:"宋昭公將田孟諸,未至,夫人王姬使帥甸攻而殺之。"孔穎達疏:"近國爲郊,郊外爲甸。天子之甸爲公邑之田,則諸侯之甸,亦公邑也。帥甸者,甸地之帥,當是公邑之大夫也。"

二十　智伯欲伐衛

　　智伯[一]欲伐衛,遺衛君[二]野馬四百、璧一。南文子[三]曰:"無功之賞,無力之禮,不可不察也。野馬四百、璧一,此小國之禮,而大國致之,君其圖之。"衛君戒嚴。智伯襲衛,至境而反。樸麗子曰:"余嘗聞一老翁開錢典。歲底,有空手贖者大嘩於門。翁出徐謂之曰:'我知若意,特爲過年計耳。此小事,何須爾?'命撿原質與之。此人爲債逼,服毒來①,得物嘿然而去。是夜死於他所,涉訟經年。翁謂人曰:'凡非理相加,其中必有所恃。小不忍,禍立至矣。'此事與文子所值②相反,所以禦之,其道一也。大都事出乎常者,君子必致思③焉。人心叵測,可少忽乎哉?"

【注】

[一] 智伯:名瑤。春秋時晉國四卿之一。
[二] 衛君:指衛出公或衛悼公。
[三] 南文子:衛國大夫。

二十一　耿楚洞

耿楚洞官南郡[一],有士爲僧辱以告,僧遁。公令有司去其寺籍。士固請捕而枷之,公曰:"良知何廣大,可着一破賴和尚往來其中耶?"士曰:"懲治惡僧非良知耶?"公曰:"固然。然余心蓋三轉折矣。既爲士人,即當犯不校[二]、逆不難[三],不然,落鄉人巢曰矣,此名誼[四]心也。有司用法自有科條,法不應枷,此格式[五]心也。又聞此僧凶惡,恐有意外之慮[六],此利害心也。余之良知乃轉折如此。"未幾,有僧爲禮部枷斃,搆大訟。公謂人曰:"余前三轉折良知,不更妙耶?"樸麗子曰:"鳳凰不與鴟鴞鬥,

---

① 服毒來——證性書屋本作"實服毒來"。
② 值——證性書屋本作"遭"。
③ 致思——證性書屋本作"三致意"。

不足鬥也。沈猶龍[七]云：'君子小人如陰陽。'然有君子，必有小人。能容小人，方成君子。彼士也，何其悖悖也。士多尚氣，鷔然以逞①，奚所顧慮哉？微耿公，其孰②裁之？"

【注】

[一] 耿楚侗官南郡：侗，證性書屋本作"侗"，是。耿楚侗即耿定向，字在倫。明嘉靖至萬曆時大臣，爲官剛直不阿。南郡，證性書屋本作"南都"。耿曾任南京學政、南京右都御史等。本段文字見《智囊·見大》。

[二] 犯不校：遭人冒犯而不計較。見《論語·泰伯》："以能問於不能，以多問於寡；有若無，實若虛，犯而不校。"

[三] 逆不難：朱熹《論語集註》："及人而樂者順而易，不知而不愠者逆而難，故惟成德者能之。"逆而難，本指悖逆人心且困難。此處"逆不難"反其意而用，當指悖逆人心而不以之爲難。

[四] 名誼：聲名，名譽。

[五] 格式：官吏處事的規則法度。

[六] 意外之慮：擔心遭僧人報復。

[七] 沈猶龍：字雲升。明末大臣，後參與抗清，殉難。

二十二　士求交

士有求交於樸麗子者，不應。門人曰："此人清而材，求交不應，何也？"答曰："聞其幼失怙，今方壯，頗能文章，翩翩雲衢，其氣必橫。遠之猶恐開罪，敢即之耶？"曰："何以知之？"曰："凡有血氣，皆有競心，此氣質之性也。必多經摧挫盤折，漸歸平易③。

---

① 鷔然以逞——證性書屋本作"材雋者尤甚，鷔然以逞"。
② 孰——證性書屋本作"誰"。
③ 漸歸平易——證性書屋本作"始漸歸平易"。

然大君[一]之形威，嚴師之督責，有時不行。惟子之於父①，無敢自遂[二]之時。故變動之功，趨庭[三]爲切。又聞此人有骨鯁之譽，義之動也，失教而肆焉者也。"曰："士大夫讀書學道，可尋常度②乎？"曰："非實經摧挫盤折，而徒乞靈簡册，雖事涵養，終恐膚浮。一有觸發，決裂如前。聞之擇而後交，勿交而後擇。余敢不慎乎？"

【注】

[一] 大君：天子。
[二] 自遂：自適。謂任意而爲。
[三] 趨庭：子承父教。

二十三　勿徇人喪己

樸麗子曰："勿徇人喪己。余嘗登小孤山[一]，山在大江中，岪峭如浮屠[二]。上有神祠，工堊[三]屋簷，足懸水面上。旁突一小峰，不可登，登者必挽索，一失手粉碎矣。'勿徇人喪己'，是言也，登峰之索也。衣帶濡水，值天寒而冰，童子折之斷。帶非可折而斷也，冰爲之也。君子亦慎其所冰焉而已矣。"

【注】

[一] 小孤山：今安徽省宿松縣境内長江中的獨立山峰。
[二] 浮屠：佛塔。
[三] 堊：用白色塗料粉刷。

---

① 子之於父——證性書屋本作"子與父"。
② 度——證性書屋本作"計"。

二十四　畫　師

　　有畫師名重一時，尤善鬥牛。一日畫初成，牧童見之曰："此畫不似。"問："何以不似？"牧童曰："凡牛鬥，力在脊，夾其尾於腹，未有翹尾者。"畫師爽然自失，手碎其畫。樸麗子曰："畫師名重一時，乃爲一牧童所屈，是豈智不及童子哉？見與不見也。余聞之，善畫者，師造物[一]真故也，惟真故切。"

【注】
　　[一] 造物：特指創造萬物的神。

卷　九

一　夜鰥鰥不能寐

樸麗子夜鰥鰥[一]不能寐。甫闔目，矇矓間見數老儒衣冠偉然入吾齋中，則趨拜安坐而求教焉。問天德[二]，首座曰："近於人者是。"問王道，曰："便於民者是。"未達[三]。首座曰："人各篤於倫理，則天德備矣。民各安其日用，則王道全矣。"諸儒同聲曰："天德、王道自不外此。然謂備且全焉，可乎①？"首座作色曰②："誠不如公等談玄説妙：言愈精而愈晦也，論愈大而愈荒也[四]。"樸麗子方欲致問，豁然而醒。

【注】
　　[一]鰥鰥：憂愁難寐目不閉貌。
　　[二]天德：天的德性。
　　[三]達：明白，理解。
　　[四]言愈精而愈晦也，論愈大而愈荒也：意謂言論越精妙，真正藴含的道理反而越隱晦難懂；言論愈宏大，所含内容而愈空疏。

---

① 可乎——證性書屋本作"竊所未喻"。
② 首座作色曰——證性書屋本作"首座曰"。

二　甯　戚

甯戚,衛人,飯牛[一]車下,扣角而歌。齊桓公異之,將任以政。群臣曰:"衛去齊不遠,盍問之? 果賢,用未晚也。"公曰:"問之,患①其有小過。以小失大,此世所以失天下士也。"乃舉火而爵之上卿[二]。樸麗子曰:"人非聖人,孰能無過? 且磊落奇傑之士偏多疏矣,又不爲彌縫,其過易見。而後世用人不明乎此,所收錄類庸夫之檢押[三]、鄉里之常人。平時亦覺醇謹可喜,遇事則不免有乏才之嘆。齊桓公能用人矣,斯其所由創霸與?"

【注】

[一] 飯牛:喂牛。
[二] 舉火而爵之上卿:意謂連夜舉火照亮,封甯戚爲上卿。
[三] 檢押:規矩,法度。

三　晉文公

樸麗子曰:"晉文公垂老復國,摩練於艱難。諸臣又皆足上人。城濮之役[一],其君臣何其兢兢也。今觀之,如入武庫,矛戟森然。子玉[二],莽男兒耳,安得不七顛八倒耶? 抑夫子謂晉文公譎而不正[三],以其城府深峻,詭秘其本意之所在,而矯飾於其外也。此皆由於躬歷險阻,憂思深密,不能敦以道素[四],故稱其譎。至若伐衛致楚[五]陰謀取勝,乃因敵決策,不然敗矣。倘[六]

---

① 患——證性書屋本作"恐"。

即夫子所謂好謀而成[七]者與？"

【注】

[一]城濮之役：春秋時晉國內亂，晉文公出奔國外，曾避難楚國，允諾楚成王如若歸國爲君，兩國兵戎相見時會主動退避三舍。後兩軍果然在城濮交戰，晉文公兌現諾言，君臣一心，贏得勝利。

[二]子玉：名得臣，字子玉。城濮之戰楚國統帥，性驕矜，戰敗自殺。

[三]譎而不正：詭詐而不正派。語出《論語·憲問》："子曰：'晉文公譎而不正，齊桓公正而不譎。'"

[四]敦以道素：敦，使敦厚篤實。道素，指純樸的德行。

[五]伐衛致楚：公元前632年晉國的盟國宋國被楚國攻打，於是晉國攻打楚國的盟國衛國，以期能解宋國之圍，楚國不爲所動。後晉國用計激怒子玉，於是楚國軍隊解宋圍，轉而到衛國與晉國一戰，是爲城濮之戰。

[六]倘：或許，也許。

[七]好謀而成：意謂積極謀劃，取得勝利。語出《論語·述而》："必也臨事而懼，好謀而成者也。"

四　韓宣子憂貧

韓宣子[一]憂貧，叔向賀之。宣子曰："吾有卿名而無其實，無以從二三子，吾是以憂。子賀我何故？"對曰："昔欒武子[二]無一卒之田[三]，其德行外內懷之。其子[四]驕侈，賴其德以歿。郤昭子[五]富半公室，恃其富寵以驕於國，身尸宗滅。夫八郤五大夫三卿，其寵大矣。一朝而滅，莫之哀也，爲無德也。今吾子有欒武子之貧，吾以爲能其德矣，是以賀。若不憂德之不建，而患貨之不足，將弔不暇，何賀之有？"宣子稽首曰："起也將亡，賴子存之。其自桓叔[六]以下嘉吾子之賜。"樸麗子曰："《洪範》畏用六極而貧與焉[七]，又'終窶且貧'[八]，詩人因之感懷。然足以累庸流，不足以累志士。貧者，志士之礪石也。五大夫三卿之言，危竦悲涼，尤足發人深省。吾師省洊先生每吟誦不置。"

【注】

[一] 韓宣子：韓起，諡號宣。春秋時晉國卿大夫。本段原文見《國語·晉語八》。

[二] 欒武子：欒書，諡號武。曾任晉國正卿。

[三] 一卒之田：一百人爲一卒。一卒之田指一百頃土地，爲上大夫的俸祿。

[四] 其子：指欒黶。

[五] 郤昭子：郤至，諡號昭。晉國大臣，後被滅族。

[六] 桓叔：韓氏的先祖曲沃桓叔，生子萬，封於韓，遂以之爲氏。

[七]《洪範》畏用六極而貧與焉：畏，世傳本作"威"。極，極凶惡之事。語本《尚書·洪範》："威用六極：一曰凶短折，二曰疾，三曰憂，四曰貧，五曰惡，六曰弱。"

[八] 終窶且貧：窶，貧窮至不能講求禮節。見《詩經·邶風·北門》。

五　越石父

越石父在縲絏中[一]。晏子解左驂[二]贖之，載歸。弗謝[三]，入門。久之，越石父請絶。晏子懼然，攝衣冠謝曰："嬰雖不仁，免子於厄，何求絶之速？"石父曰："不然。吾聞君子詘於不知己，而信於知己。方吾在縲絏中，彼不知我也，夫子感悟而贖我，是知己者。知己而無禮，固不如在縲絏中。"晏子於是延入爲上客。樸麗子曰："石父陷身縲絏，可謂困矣。晏子贖之，其德顧不厚乎？乃一有不協，遽請絶哉？吾用是而知古之幽人志士雖溷迹什百中，其精神常卓然超萬物之表，任踽踽涼涼[四]没，以蒼蠅爲弔客，而必不肯委曲渂忍[五]以自汩[六]其平生意義之所存。若越石父豈非人傑也與哉？"

【注】

［一］越石父：春秋時齊國賢人。縲絏，捆綁犯人的繩索，引申爲牢獄。原文見《晏子春秋·內篇·雜上》。平泉引文見《史記·管晏列傳》。

［二］左驂：古代駕車三馬中左邊的馬。後用四馬，亦指四馬中左邊的馬。

［三］謝：辭別。

［四］踽踽涼涼：踽踽，獨行貌。涼涼，寂寞冷落貌。

［五］泄沓：卑污。

［六］汩：亂。

六 趙 孟

趙孟[一]、叔孫豹[二]、曹大夫[三]入於鄭，鄭伯[四]兼享[五]之。子皮戒[六]趙孟，禮終，趙孟賦《瓠葉》[七]。子皮遂戒穆叔，且告之。穆叔曰："趙孟欲一獻[八]。"及享，具五獻[九]籩豆[一〇]於幕下，趙孟辭，乃用一獻。趙孟爲客[一一]，禮終乃晏。穆叔賦《雀巢》[一二]，趙孟曰："武不堪也。"又賦《采蘩》[一三]，曰："小國爲蘩[一四]，大國省穡[一五]而用之，其何實非命[一六]？"子皮賦《野有死麕》[一七]之卒章。趙孟賦《常棣》[一八]，且曰："吾兄弟比以安，尨也可使無吠[一九]。"穆叔、子皮及曹大夫與拜，舉兕爵曰："小國賴子，知免於戾矣。"飲酒樂。趙孟出曰："吾不復此矣[二〇]。"樸麗子曰："人生如寄，相看同歸於盡耳。歡樂極兮哀情多，自然之勢也。鄭之晏風流文雅，千載後猶令人神往。趙孟曰：'吾不復此矣。'豈非興盡悲來乎？窮巷寂寂，却不解亦從何處來一付急淚。"

【注】

[一] 趙孟：指趙武。春秋時晉國大臣。此段文字見《左傳·昭公元年》。

[二] 叔孫豹：即下文的穆叔。春秋時魯國大夫。

[三] 曹大夫：曹國大夫，姓名不詳。

[四] 鄭伯：指鄭簡公。

[五] 兼享：同時設享禮招待。

[六] 戒：告請。

[七]《瓠葉》：《詩經·小雅》中的一篇，講述地位較低的貴族舉行飲酒禮的情況。趙孟賦此，意在表達饗宴當從菲薄的觀點。

[八] 一獻：士飲酒之禮。

[九] 五獻：杜預注以大國之卿五獻。《周禮·秋官·大行人》以子爵、男爵五獻。

[一〇] 籩豆：籩，盛食物的竹器。豆，盛食物的木器。均用於祭祀、宴饗。

[一一] 客：主賓。

[一二]《雀巢》：《詩經·召南》中的一篇，是嫁女的樂歌。穆叔意在表達由趙孟代表的晉國主盟，自己這樣的小國就可以安居之意。

[一三]《采蘩》：見於《詩經·召南》。

[一四] 小國爲蘩：蘩，白蒿。意謂小國進獻薄禮。

[一五] 省穡：愛惜。

[一六] 其何實非命：意謂小國怎敢不從命。

[一七]《野有死麕》：亦見於《詩經·召南》。表達希望趙孟以義安撫諸侯，而不要以非禮強壓之意。

[一八]《常棣》：《詩經·小雅》中的一篇，講兄弟之情。

[一九] 吾兄弟比以安，尨也可使無吠：尨，狗。意謂我們兄弟親密相安，不必讓狗叫了。

[二〇] 吾不復此矣：意謂我不會再見到這樣的景象了。

七　魯侯侵鄭

魯侯侵鄭[一]，往不假道於衛。及還，陽虎使季、孟自南門入[二]，出自東門，舍於豚澤[三]。衛侯[四]怒，使彌子瑕[五]追之。公叔子文老矣[六]，輦而如公曰："尤人而效之，非禮也。昭公之難[七]，君將以文之舒鼎[八]、成之昭兆[九]、定之鞶鑑[一〇]，苟可以納之，擇一用焉[一一]；公子與二三臣之子，諸侯苟憂之，將以爲之質[一二]。此群臣所聞也。今將以小忿蒙舊德，無乃不可乎？太姒[一三]之子，唯周公、康叔[一四]爲相睦也，而效小人[一五]以棄之，不亦誣乎？天將多陽虎之罪而斃之，君姑待之。"乃止。樸麗子曰："觀文子之言，衛大有德於魯矣。德而犯之，人情尤所難忍，而文子轉因之以爲解，老成之見，何其遠哉。且夫陽虎，亂人也，烏足校乎？子罕[一六]待子蕩如初，汲黯之戇屈於陽猶[一七]，大凡無賴之人，君子無所措其意焉。"

【注】

[一]魯侯侵鄭：魯侯，指魯定公，名姬宋。事見《左傳·定公六年》。

[二]陽虎使季、孟自南門入：陽虎，季孫氏家臣，僭越而以陪臣身份執掌魯國國政。季，季桓子，魯國卿大夫。孟，孟懿子，魯國卿大夫。

[三]豚澤：衛國都城東門外地名。

[四]衛侯：指衛靈公。

[五]彌子瑕：衛靈公寵臣。

[六]公叔子文老矣：公叔子文，即公叔發，衛國大夫。老，告老。

[七]昭公之難：昭公，定公之兄。在位時魯國內亂，昭公出奔，終於晉。

[八]文之舒鼎：衛文公的舒鼎。

[九]成之昭兆：衛成公的寶龜。

[一〇]定之鞶鑑：衛定公的鞶鑑。鞶鑑，古代用銅鏡作裝飾的革帶。

[一一]擇一用焉：意謂誰能送回魯昭公，可以在三寶中選一而用之。

[一二]諸侯苟憂之，將以爲之質：意謂哪國如果願意接納魯昭公，您就可以把兒子和幾位大臣的兒子送過去當人質。

[一三]太姒：周文王正妃，生周武王、周公旦、康叔封等十子。

[一四]周公、康叔：周公、康叔分別爲魯、衛的始祖。

[一五]小人：指陽虎。

[一六]子罕：春秋時宋國賢臣。

[一七]汲黯之戇屈於陽猶：汲黯，西漢初年名臣，性耿直，屢次面折漢武帝。戇，迂執剛直。陽猶，誤，當是周陽由。與汲黯爲同僚，性暴虐驕恣，汲黯亦避之。後因與人爭而相互告發，被處以棄市之刑。

八　小邾射

小邾射以句繹來奔[一]，曰："使季路要我，吾無盟矣[二]。"使子路，子路辭。季康子[三]使冉有[四]謂之曰："千乘之國不信其盟，而信子之言，子何辱焉？"對曰："魯有事於小邾，不敢問故，死其城下可也[五]。彼不臣而濟其言，是義之也，由弗能。"樸麗子曰："子路之言何斬斬[六]也，剛大之氣，充塞宇宙，卓然與日月爭光。聖門學者，日進高明，豈一朝一夕之功哉？千乘之國不信而信一言，此其本也。"

【注】

[一]小邾射以句繹來奔：小邾，地處齊魯宋楚間的小國。射，小邾國大夫。句繹，地名，具體位置不詳。此段文字見《左傳·哀公十四年》。

[二]使季路要我，吾無盟矣：季路，即孔子弟子子路，性格爽直，有勇力，信守諾言。曾任衛蒲邑大夫、季氏家宰。要，約定。意謂讓子路跟我約定，我就不必與魯國盟誓了。因子路以誠信著名，故而射寧可和他約定，而不是與魯國盟。

[三]季康子：季孫肥，春秋時魯國正卿。

[四]冉有：冉求，字子有，孔子門人。

[五]魯有事於小邾……死其城下可也：事，戎事。意謂魯國和小邾有戰事的話，我不敢問原因，戰死在城下就行了。

[六]斬斬：嚴肅貌。

九　陳恒弒其君

陳恒弒其君[一]，孔子三日齋而請伐齊。公曰："魯爲齊弱久矣。子之伐之，將若之何？"對曰："陳恒弒其君，民之不與者半。以魯之衆，加齊之半，可克也。"公曰："子告季孫[二]。"孔子辭，退而告人曰："吾以從大夫之後也，故不敢不言。"樸麗子曰："亂臣賊子，人得而誅之。孔子請討，扶人紀也；公問何以伐，詳陳其勢以對，禮也。又以見兵凶戰危，未有不計勝敗而輕以國擲者。暴虎馮河，死而無悔，孔子戒之矣。"

【注】

[一] 陳恒弒其君：陳恒，春秋時齊國大臣，後世多稱田常，殺齊簡公。此段文字見《左傳·哀公十四年》。

[二] 季孫：魯國三桓之一，握有實權。

十　越王勾踐

越王勾踐即位三年[一]，欲伐吳。范蠡諫，弗聽。敗焉而棲於會稽，召范蠡問計。曰："卑辭厚幣，尊之以名。不得，則身與之市[二]。"乃令大夫種竹成[三]，不許。請屬國家，以身隨之，許之。范蠡曰："封內事，蠡不如種。敵國之制，種亦不如蠡。"越王令種守，與蠡入於吳。久之，乃歸。撫民保教，以須四年，欲伐吳。范蠡曰："強索者不祥。吳，君王之吳也。若早圖之，又未可知。王姑待之。"又一年，吳王淫虐而忘其民，忠臣解骨[四]，上下相偷。越王欲伐之。范蠡曰："未可也。"越王又兩欲伐吳，范蠡皆以爲未可,越王怒以爲欺。范蠡曰:"王勿怪。夫人事必與天地相參乃可以成功。王姑待之。"至於元月,越王召范蠡曰:"觥飯不如壺飱[五],歲晚矣,子將奈何?"對曰:"微王言,臣固將謁之。從時者如救火;追亡蹶而趨之,惟恐不及。"越王伐吳,吳師潰,使王孫雄[六]求成。越王欲許之,范蠡不可。使者往復,辭甚哀。越王不忍,欲許之,范蠡不可。越王曰:"吾難對其使者,子其對之。"范蠡左提鼓,右援枹,曰:"昔天委越於吳而不受,今吾王敢違天乎?"王孫雄曰:"子范子,昔人有言'無助天爲虐,助虐不祥',今吾稻蟹[七]不遺種。"范蠡曰:"王孫子,昔吾先王固周室之不成子也[八],濱於東海,黿鼉與處。余雖靦然人面哉,猶禽獸也[九],又安知是諓諓[一〇]者乎?君王已委執事之人[一一],子往矣。"乃擊鼓興師,隨使者至於姑蘇之下,不傷越民,而吳滅。范蠡辭越王曰:"王勉之,臣不復入越矣。"遂乘輕舟泛於五湖,莫知所終。樸麗子曰:"越之謀吳,何其操之蹙也?豈非會稽之恥激而然乎?其運局寬,決機緊,斯乃所謂'静如處女,動如脱兔'者哉?深心①辣手,應時赴節,其爽颯處足以使鬼哭神號,不數握機[一二]②陰符,少伯鷹鷙脱灑,頗似張子房。唯是勢處急迫,不得如留侯於漢始終綽綽耳。要其爲人真可畏懼哉!"

【注】

[一] 越王勾踐即位三年:事見《史記·越世家》及《國語·越語》。

[二] 身與之市:市,貿易。意謂親身做抵押。

[三] 種竹成:種,文種。竹成,竹,訛字,當爲"行"。行成,議和。

[四] 忠臣解骨:謂骨體懈倦。《國語·越語下》:"聖人不出,忠臣解骨。"韋昭注:"解骨,謂忠良之臣見其如此,皆骨體解倦,不復念忠。"

---

① 深心——證性書屋本作"機心"。

② 不數握機——數握,證性書屋本作"取握",遺書本是。

［五］觳飯不如壺飱：觳飯，丰盛的肴饌。壺飱，《國語》原文作壺飧，是。指普通的飲食。意謂豐盛的肴饌還未備好，那麼就不如現成的普通飲食可以療飢。

［六］王孫雄：一作王孫雒，吴王夫差族人。

［七］稻蟹：稻穀和蟹。

［八］昔吾先王固周室之不成子也：意謂越國爲蠻夷小國，連周王室子爵所應有的地位都夠不上。

［九］余雖覦然而人面哉，吾猶禽獸也：覦然，面目具備之貌。意謂我雖然長著人的面貌，但是和禽獸無差。這是自貶以便於逃避禮義的約束。

［一〇］譤譤：巧言。

［一一］執事之人：范蠡自指。

［一二］不數握機：不數，不亞於。握機，掌握天下的權柄。

十一　趙烈侯好音

趙烈侯好音[一]，謂相國公仲連曰：“寡人有愛[二]，可以貴之乎？”曰：“富之可，貴之不可。”列侯曰：“然。鄭歌者槍、石二人，吾賜之田萬畝。”連諾而不語[三]。烈侯屢問，連稱疾不朝。番吾[四]謂連曰：“君實好善，而未知所持。公仲亦有進士乎？”曰：“未也。”曰：“牛畜、荀欣、徐越皆可。”連進之。畜侍以仁義，烈侯逌然[五]。欣侍以舉賢使能。明日，越侍以節財儉用、察功度德，所與無不充[六]。烈侯悦，謂連曰：“歌者之田且止。”樸麗子曰：“余聞之：好善優於天下[七]。然獨爲之，不若與衆共爲之也。强而制之，不若使之自化也。夫任人者逸、自然者順，君子持此以爲善，則無不成之善，是謂持善。”

【注】

［一］趙烈侯好音：趙烈侯，名趙籍，戰國時期趙國第一代國君。好

音,喜好音樂。此段文字見《史記·趙世家》。

[二] 愛:喜愛的人。

[三] 諾而不語:語,《史記》原文作"與"。諾而不與,意謂口頭答應但實際上不給。

[四] 番吾:《史記》原文作"番吾君"。番吾,地名,今河北平山縣附近。

[五] 逌然:自得貌。

[六] 所與無不充:謂三人所講的道理無不充分適當。

[七] 好善優於天下:意謂好善優於治天下。見《孟子·告子下》。

十二　魏與趙攻韓

魏與趙攻韓,齊使田忌[一]救之,直趨大梁。魏將龐涓[二]去韓而歸,齊軍已過而西矣。孫子[三]謂田忌曰:"三晋之兵素輕齊,善戰者因其勢而利導之。魏地爲十萬竈,遞減至三萬。"涓喜曰:"齊軍入吾地三日,亡者[四]過半矣。"乃棄其步軍,率輕鋭倍日[五]逐之。孫子度其行,暮當至馬陵[六],乃斫大樹白而書之曰:"龐涓死於此樹之下。"令萬弩夾道而伏,期曰"暮見火舉俱發"。涓至燭之,弩發,魏軍亂,龐涓自剄。初,孫臏與涓俱學兵法。涓既事魏,自以能不及臏,陰召臏至,刖其兩足,黥之,使終身廢棄。齊使者竊載歸,客田忌所。忌數與齊公子馳逐重射[七],孫子見其馬不甚相遠,馬有上中下輩,乃謂忌曰:"君第重射,臣能令君勝。"忌然之,與王及諸公子逐射千金。及臨質,孫子曰:"以君之下駟與彼上駟,取君上駟與彼中駟,中駟與下駟。"馳畢,忌一不勝而再勝,得王千金。田忌曰:"此已足以見先生之能矣。"薦之威王。孫臏自破龐涓後名滿天下。樸麗子曰:"余觀孫子用兵,其救韓也,披吭擣虛[八];馬陵之捷,因勢利導。大抵皆不離乃祖所爲

'勝於易勝'[九]云。夫馬陵白書,千古快心。怨毒之於人,誠大矣。不然,雖曰:'君事何其呕也?'嗟嗟!一夫含冤,不報不休,何況一世人豪哉?涓非人也,聲氣道絶,豈知毒人適以自毒乎?"

【注】

[一] 田忌:戰國時齊國名將。此段文字見《史記·孫子吴起列傳》。
[二] 龐涓:戰國時魏國名將。
[三] 孫子:孫臏,田忌謀士。
[四] 亡者:逃跑的人。
[五] 倍日:日夜。
[六] 馬陵:地名。一般認爲在今河北大名縣東南。
[七] 馳逐重射:馳逐,賽馬。重射,下重的賭注。
[八] 披吭擣虚:謂扼其要害而擊其空虚。
[九] 勝於易勝:意謂把戰争建立在易於勝利的基礎之上,即戰則打有準備的必勝之戰。

十三　張耳與陳餘

大梁張耳[一]與陳餘[二]友善,爲刎頸交。秦滅魏,聞兩人賢,購之千金。變姓名,至陳,爲里監門。里吏笞陳餘,餘欲起,張耳躡之使受笞。吏去,張耳乃引餘桑下數之曰:"始吾與公言何如?今見小辱而欲死一吏乎?"餘然之。樸麗子曰:"張耳使陳餘受笞,所謂千鈞之弩,不爲鼷鼠[三]發機者耶?二人始相與爲刎頸交,方其亡命於陳,依比提携,不宛然左右手哉?後以餘不救趙相怨怒[四],及餘以張耳頭爲市,耳卒殺餘。嗚呼!此真刎頸交矣。其端非由於張耳自恃其平生分誼之篤,望餘太深與?夫不察人爲意,就我之待人者强人待我,其究也人我兩失,惜哉。張耳豈曰能賢?"

【注】

　[一]張耳：楚漢相爭時名將，起事反秦，先輔佐趙國後裔趙王歇，后歸劉邦，封趙王。此段原文見《史記·張耳陳餘列傳》。

　[二]陳餘：張耳好友，同輔趙王，後與張耳反目。

　[三]鼱鼠：鼠類最小的一種。古人以爲有毒，齧人畜至死不覺痛，故又稱甘口鼠。

　[四]後以餘不救趙相怨怒：秦將章邯率軍進攻張耳駐地河北。張耳自知兵力不足，向駐紮在附近的陳餘求救。陳餘以兵少難敵秦，不予施救。兩人自此嫌隙日生，後互開兵釁。

十四　王茂直

　　王茂直戒邵康節①、吳處厚、王平甫食[一]。康節以疾辭②。明日，茂直問辭故③，曰："處厚好議論，每譏刺新法。平甫雖不主其兄，若面罵之，亦難堪矣。"茂直嘆曰："先生料事之審如此。昨處厚毀介甫，平甫怒，欲列其事於府，苦解之乃已。"樸麗子曰："骨肉，天親也④。好惡雖殊，榮辱同之。堯夫如此體悉人情，所以賢者樂其德，不肖者服其化。又嘗云：'面前路須放寬，窄則自無容身處，安能令他人行？'邵子邃於《易》，見諸言行可以法矣。"

【注】

　[一]王茂直戒邵康節、吳處厚、王平甫食：王茂直，即王正甫，北宋時

---

① 王茂直戒邵康節——證性書屋本"王茂直"前有"甯熙初"。
② 以疾辭——證性書屋本作"辭以疾"。
③ 辭故——證性書屋本作"辭疾之故"。
④ 骨肉天親也——證性書屋本作"骨肉之親，天性也"。

監西京糧料院。邵康節，北宋理學家邵雍，字堯夫，謚康節。吳處厚，宋仁宗時將作丞，後因構陷蔡確而爲士大夫所惡。王平甫，王安石之弟安國，字平甫，曾對宋神宗説其兄"知人不明，聚斂太急"。原文見馮夢龍《智囊·明智部·邵雍》。戒，《智囊》作"約"。

十五　欲學伊川

或曰："吾欲學伊川，其介[一]百世之師也。"或曰："吾欲學明道，其和[二]百世之師也。"樸麗子曰："明道不專於和，伊川不專於介①。抑吾以爲子不必學伊川，亦不必學明道。不若學子之心，於事事物物而實致其力。當介而介，則與伊川近矣；當和而和，則與明道近矣。不求其本而規附伊川，吾恐其僻[三]也；不求其本而規附明道，吾恐其流[四]也。"

【注】
[一] 介：耿介。
[二] 和：平和。
[三] 僻：不近人情。
[四] 流：流於庸俗。

十六　岳忠武

岳忠武[一]嘗謂其參謀杜幾密曰："廣德之捷[二]，人爲血人，馬爲血馬，而士卒死戰，無一反顧者，吾乃知吾士真可用矣。"嗚

① 明道不專於和，伊川不專於介——證性書屋本上下句互乙，是。

呼！此公極得意時，然禍機已伏於此。余游江南間，廣德一士云："是捷也，忠武謁廟，盔頂折，遂棄之。長老諫曰：'此非佳兆，大功不能成矣。盍退藏乎？'公色變，不應而出。"今盔頂尚存廟中，高二尺餘，上銜明珠一顆，大徑寸。

【注】

[一] 岳忠武：岳飛，字鵬舉，南宋抗金名將，被冤殺。宋孝宗時賜諡"武穆"，宋寧宗時又追諡"忠武"。

[二] 廣德之捷：廣德，今安徽廣德縣。岳飛曾帥軍駐紮此地，并以此爲根據地與金兵六戰皆捷。

十七　忠武功在垂成

忠武①功在垂成，奉詔班師。議者以爲將在外，君命有所不受。余向不直其説，今又深以爲知言。何耶？就令一日下十二金牌，臣子不敢終違。朱仙鎮去汴京四十五里耳，若乘破竹之勢，刻即進兵，七八日可克，收復舊都。分兵畫河以守，然後班師。爲痛哭之民留五日，不可少稽二三日乎？如此，既不抗拒詔敕，亦可少戢[一]權臣之横，不至如書生所料矣。

---

① 忠武——證性書屋本作"岳忠武"。此段文字兩本異文較多，具録證性書屋本如下：岳忠武功在垂成，奉詔班師。議者以爲將在外君，命有所不受。樸麗子曰："噫！受且不免，況不受乎？不受命則檜之爲有名矣。或曰：進不求名，退不避罪，苟利社稷，生死以之。不知當日雖破竹之勢已成，然黄龍府亦非可一蹴而至也。孤軍深入，而君相掣肘於内，將士灰心於外，輜重不給，亦安必其能成功也？況一日十二詔，臣子亦斷無終違之理。古人之言可盡執哉？嗚呼！以公之明籌之審矣，斯其所以爲豪傑而聖賢與？"

【注】

［一］戢：止息。

十八　張綱致仕

張綱[一]爲給事中，避秦檜致仕，書左右云云①。客嘆曰："其篤守過人遠矣。抑其書曰'以直行己，以正立朝'，當檜時，欲身不危，難矣。至云'以靜退高天下'，曷不曰'以靜退裕身世②'乎？且夫'高天下'，爭辭也，勝心也，是非之叢也。"樸麗子曰："善哉。我不觸人，人誰犯③我？我不上人，人誰陵我？信如是，何有紛紛乎④？"

【注】

［一］張綱：字彥正，號華陽老人。南宋潤州丹陽（今金壇薛埠）人。曾任監察御史，因得罪秦檜被罷官，隱居茅山，卒諡文簡。

十九　靖難師急

靖難[一]師急，御史尹昌隆[二]上言："今事勢日去，而北來章奏以周公輔成王爲言，不若許其入朝。彼欲申大義於天下，不應

---

① 書左右云云——證性書屋本作"卧家者三十餘年，嘗書座右云云"。
② 身世——證性書屋本作"身"。
③ 犯——證性書屋本作"厲"。
④ 信如是，何有紛紛乎——證性書屋本作"信是言葉，何有夫紛紛者乎"。

便相違戾。設或讓位，亦不失守藩。不然，雖欲求爲丹徒布衣[三]不可得矣。"文皇[四]撿得其疏，嘆曰："早從此言，亦免南北生靈受禍。"樸麗子曰："按時勢立言，精當允愜之至，而竟不從，何哉？國家將亡，固非人力所能與也。嗚呼！就彥謙之言而引而申之，觸類而長之，天下無必破之城、必亡之國。抑推是道①也，天下便都無事。然非當北師日急，此言豈容開口？夫權以應變時而出之者也。鄭伯牽羊[五]，孔明空城，郭紛陽隻身見回紇渭橋東[六]，與彥謙此議，皆無可奈何中救敗上策也，極奇極平。噫！難言之矣。"

【注】

[一] 靖難：明太祖朱元璋分封諸子爲藩王以拱佑中央，却形成尾大不掉之勢，至其孫朱允炆即位，欲行削藩，燕王朱棣起兵反，戰事延續四年，最終朱允炆不知所終，朱棣即位，是爲明成祖。這場戰事史稱"靖難之役"。

[二] 尹昌隆：字彥謙，號訥庵。明代江西泰和人。

[三] 丹徒布衣：借指平民。晋諸葛長民，有武功，歷官顯要。驕縱貪侈，不恤政事，所在殘虐，爲百姓所苦。常懼劉裕繩之以法，乃歎曰："貧賤常思富貴，富貴必履機危。今日欲爲丹徒布衣，豈可得也！"後爲劉裕所殺。

[四] 文皇：指朱棣，謚號"文"，廟號初爲太宗，明世宗時改成祖。

[五] 鄭伯牽羊：公元前597年，楚莊王爲與晋争霸，出兵攻打晋國的盟國鄭國，鄭國不敵，鄭襄公肉袒牽羊投降。

[六] 郭紛陽隻身見回紇渭橋東："紛"當作"汾"。郭子儀，唐代華州鄭縣（今陝西渭南市華州區）人，平定安史之亂的功臣，並多次擊退吐蕃與回紇，後封汾陽郡王，故亦稱郭汾陽，在當時邊疆享有威名。吐蕃、回紇聯軍攻唐，郭子儀於涇陽單人獨騎勸其退兵。

---

① 是道——證性書屋本作"斯道"。

二十　申文定公掌吏部

申文定公[一]掌吏部,選官者皆往領教。公曰:"做官亦無甚難,但勿作怪耳。"人非至愚,誰肯作怪? 然非至愚,罕有不作怪者,貴人尤甚。日以怪爲戒,動與怪俱患由於不自覺,浸假而淪胥[二]以溺矣,君子憫焉。文定此語,宦海寶筏也。或云是孫公丕揚語。

【注】

[一] 申文定公:申時行,字汝默,號瑶泉。明代中南直隸蘇州府長洲(今江蘇蘇州)人。嘉靖四十一年(1562)狀元,官至首輔。

[二] 淪胥:相率牽連。

二十一　孫徵君

孫徵君[一]徙居夏峰[二],其土豪大猾來者皆相酬接。一日,方對談,適湯孔伯[三]自江南①詔還謁之,揖諸人,暫如側室。孔伯至移時去。諸人竊竊之出,問曰:"適何人? 冠服騶從如此。"曰:"江南巡撫。""禮如此恭於先生,爲何如人?"曰:"門生。"皆驚曰:"不知先生尊重②若此。吾等小人,不可以辱先生之廬。"各

---

① 江南——證性書屋本作"江西"。又下"江南巡撫"證性書屋本作"江西副使"。湯斌於順治十七年(1660)任江西嶺北道兵備使,康熙二十三年(1684)任江蘇巡撫,拜孫奇逢爲師在康熙五年(1666),故當以平泉遺書本爲是。

② 尊重——證性書屋本作"尊嚴"。

謝去,挽之不住。樸麗子曰:"先生急左魏之難,搖旗釀金,視魏忠賢蔑如也。而乃於土豪大猾相周旋逡巡,不異常人。語云:'盛德不著於里閈。'觀於孫先生猶信。"

【注】

[一]孫徵君:孫奇逢,字啓泰,號鍾元。明末清初容城(今河北保定)人。理學家。因曾屢受清廷徵召而不仕,故稱徵君。於河南輝縣夏峰山課徒著書,形成弟子衆多、人才輩出的夏峰北學。平泉曾祖母趙氏系趙御衆女孫,趙即孫奇逢親傳弟子。平泉受孫氏思想影響極深。

[二]夏峰:今河南省新鄉市輝縣夏峰村。

[三]湯孔伯:湯斌,字孔伯,號荆峴。清代河南睢州(今河南睢縣)人。孫奇逢弟子。官至工部尚書,清正廉明,爲康熙時理學名臣。

二十二　士君子不廊廟則山林

或謂樸麗子曰:"士君子不廊廟則山林。擇丘壑勝地,結茅數椽,藏書萬卷,古琴一,名花旨酒列左右,俗事不一躬親也①,俗人不一接也,幅巾道袍[一],偃②息嘯歌其中,此固不得志於時者之所爲也,子豈有意乎?"樸麗子不答。復曰:"吾聞之顯晦必明,騎牆兩失。子毋有騎牆之意也夫③?"出,樸麗子曰:"此噉名客[二]。"

---

① 俗事不一躬親也——此句下證性書屋本有"俗言不一形諸齒頰也"。

② 偃——平泉遺書本此字漶漫,據證性書屋本補。

③ 子毋有騎牆之意也夫——證性書屋本作"子不爲此,其猶有騎牆之意乎"。

【注】

[一] 幅巾道袍：幅巾，古代男子以全幅細絹裹頭的頭巾。後指居家打扮。道袍，古代家居常服，斜領大袖，四周鑲邊的袍子。

[二] 嗷名客：好名的人。形容貪名之甚，猶如飲食。

二十三　木　偶

南山有木偶，拓落野蔓間不知幾何年也，缺目而懸疣，然體貌莊嚴可畏。鄉人或禱之，輒應。自是，傳播遠邇，殺雞犬羊豕而祭之者踵相接也。或少慢之，則疾。衆共信奉，以爲大神廟而祀之。惟缺目懸疣，瞻養者病焉。樸麗子曰："人之缺目者，不可益其明也；人之懸疣者，不可損其累也。木偶人，鑿成之，固可自人損益之也。雕木屑爲目，剔其眶而納之。或取階前土和水而丸之，塗以粉墨。懸疣則直舉斧劈之削之即可矣。蓋不過舉手之勞耳，然而良工巧匠皆相逡巡而不敢動者，何也？尊而神靈也。尊而神靈，乃其所以缺目懸疣與？"

二十四　士受辱不動

有士受辱不動，其友忿以爲言。士曰："且復隱忍。"樸麗子聞而嘆曰："'且復隱忍'四字做出許多事業也。"或曰："王夷甫[一]不與族子校，曰：'視吾眼光自出牛背上。'何如？"曰："衍頑然如偶人廢物也。且觀①其辭氣，不復以人待之②，蓋最無情性

---

① 觀——證性書屋本作"視"。
② 以人待之——證性書屋本作"以人待人"。

者,所以敗壞晋室。夫隱忍者,性情日在陶鍊中①,蓄其光以致用也。豈可並論乎?"

【注】

　　[一] 王夷甫:王衍,字夷甫,西晋名臣。尚空談,好虚名,素稱雅量。西晋爲石勒所滅時被俘,後勸石稱帝,被殺。

二十五　手擘指畫

　　一士見樸麗子,手擘指畫,稱述今古②,偉然動聽,然皆大頭巾[一]語,不切事要③。偶爲質言,略逼入肯綮,則廢然④曰:"是非吾所能。"曰:"然則子之所擘畫稱述者何也?"既去,謂門人曰:"論日高,事日陋,人心哄哄,而人失其所止弊也久矣⑤,吾輩可勿戒諸?"

【注】

　　[一] 大頭巾:指官僚。

二十六　老　僕

　　樸麗子有老僕恭謹,久之,知其巧匠也。問之曰:"若胡不

---

① 陶鍊中——證性書屋本作"陶鍊之中"。
② 今古——證性書屋本作"古今"。
③ 不切事要——證性書屋本無。
④ 廢然——證性書屋本作"逡巡"。
⑤ 而人失其所止弊也久矣——證性書屋本作"而昧其所歸弊也久矣"。

工[一]而屈於此?"老僕太息而對曰:"僕之藝其來也遠,得之實難,與衆異。斤削繩尺,人且不能悉其物,況巧乎? 雖巧,無所用之,故忍而集[二]於此以餬余口。"樸麗子曰:"嗚呼! 知其不可而善藏焉,技也,進乎道矣。"

【注】

[一] 工:謂做工匠。
[二] 集:棲身。

二十七　游淵泉之側

樸麗子游淵泉之側,而坐乎磐石之上,弟子侍,意甚適也。久之,弟子問曰:"先生嘗曰①爲人難,信乎? 其難也,弟子將爲矩之方乎?"曰:"不可。""將爲規之圓乎?"曰:"不可。""將不方而不圓乎?"曰:"不可。""然則將如之何②?"曰:"爲矩之方,可;爲規之圓,可;不方不圓,亦可。"弟子愕然,亟請其説。樸麗子不能答。

---

① 曰——證性書屋本作"言"。
② 將如之何——證性書屋本作"如之何而可"。

續樸麗子校注

整理説明

是書作於道光十四年(1834),《樸麗子》書成三十餘年後,馬平泉仿照舊有體例爲之續,是爲《續樸麗子》。書成之時距馬平泉謝世僅餘三年。如馬氏門生劉瑞律所言:平泉"青年嗜學,白首不怠,用力得力略見於此書。期間議論透出一層功夫,追進一步。大約博觀約取,默會自得,順情協理,期歸至當。其於斯世斯民之故、成敗得失之際,固已悃悃款款、不遺餘力矣。"①目前所見版本有:上下兩卷本,光緒乙未(1895)祥符王渭春刻本,今《四庫未收書輯刊》影印收入;十卷本,民國乙卯(1915)禹縣存古學社石印本,收入《平泉遺書》。王本雖年代較早,然爲選本。平泉遺書本雖較晚出,但係全本,且爲平泉晚年定稿。故《校注》以平泉遺書本爲底本,以王渭春本(簡稱"王本")對校之。原書無標題,現每段題目係校注者擬定。

---

① 《鞏縣志·文徵三·樸麗子跋語》,成文出版社,1968年,第2159頁。

目　録

卷十 ··· 219
 一　平泉 ·· 219
 二　作車以行陸 ·· 220
 三　英雄忌人 ·· 221
 四　坐列鬻餒 ·· 222
 五　優者名噪嵩穎間 ·· 223
 六　郭巨埋兒 ·· 224
 七　十丈光明錦 ·· 225
 八　拙者必滯 ·· 225
 九　越士王三存 ·· 226
 十　過岳忠武廟 ·· 227
 十一　游大梁 ·· 227
 十二　同學友某一失血卒 ··· 228
 十三　都中二月開溝 ·· 229
 十四　出都門 ·· 229
 十五　車過殷墟 ·· 230
 十六　莊與信行 ·· 231
 十七　張經之死 ·· 231
 十八　字董似藝祖 ··· 232
 十九　進言者 ·· 232

二十　友者⋯⋯⋯⋯⋯⋯⋯⋯⋯⋯⋯⋯⋯⋯⋯⋯⋯⋯⋯⋯⋯⋯⋯　233
二十一　持蓋長者⋯⋯⋯⋯⋯⋯⋯⋯⋯⋯⋯⋯⋯⋯⋯⋯⋯⋯　234
二十二　齊章子⋯⋯⋯⋯⋯⋯⋯⋯⋯⋯⋯⋯⋯⋯⋯⋯⋯⋯⋯　234
二十三　古人集中⋯⋯⋯⋯⋯⋯⋯⋯⋯⋯⋯⋯⋯⋯⋯⋯⋯⋯　235
二十四　《周禮》設司夢之官⋯⋯⋯⋯⋯⋯⋯⋯⋯⋯⋯⋯⋯⋯　235
二十五　古來功名之士⋯⋯⋯⋯⋯⋯⋯⋯⋯⋯⋯⋯⋯⋯⋯⋯　236
二十六　古人亦人⋯⋯⋯⋯⋯⋯⋯⋯⋯⋯⋯⋯⋯⋯⋯⋯⋯⋯　237
二十七　黄帝禦蚩尤⋯⋯⋯⋯⋯⋯⋯⋯⋯⋯⋯⋯⋯⋯⋯⋯⋯　237
二十八　元載爲相⋯⋯⋯⋯⋯⋯⋯⋯⋯⋯⋯⋯⋯⋯⋯⋯⋯⋯　238
二十九　劉豫州詣孫權⋯⋯⋯⋯⋯⋯⋯⋯⋯⋯⋯⋯⋯⋯⋯⋯　239
三十　虞廷五臣⋯⋯⋯⋯⋯⋯⋯⋯⋯⋯⋯⋯⋯⋯⋯⋯⋯⋯⋯　240
三十一　魏中尉甄琛⋯⋯⋯⋯⋯⋯⋯⋯⋯⋯⋯⋯⋯⋯⋯⋯⋯　240
三十二　齊高祖⋯⋯⋯⋯⋯⋯⋯⋯⋯⋯⋯⋯⋯⋯⋯⋯⋯⋯⋯　241
三十三　楚文王伐申⋯⋯⋯⋯⋯⋯⋯⋯⋯⋯⋯⋯⋯⋯⋯⋯⋯　242

卷十一⋯⋯⋯⋯⋯⋯⋯⋯⋯⋯⋯⋯⋯⋯⋯⋯⋯⋯⋯⋯⋯⋯　244
　一　隋文帝仁壽三年⋯⋯⋯⋯⋯⋯⋯⋯⋯⋯⋯⋯⋯⋯⋯　244
　二　隋文帝不喜辭華⋯⋯⋯⋯⋯⋯⋯⋯⋯⋯⋯⋯⋯⋯⋯　245
　三　人在堂上⋯⋯⋯⋯⋯⋯⋯⋯⋯⋯⋯⋯⋯⋯⋯⋯⋯⋯　245
　四　避嫌之事⋯⋯⋯⋯⋯⋯⋯⋯⋯⋯⋯⋯⋯⋯⋯⋯⋯⋯　246
　五　唐玄武門之事⋯⋯⋯⋯⋯⋯⋯⋯⋯⋯⋯⋯⋯⋯⋯⋯　246
　六　唐刑官徐有功⋯⋯⋯⋯⋯⋯⋯⋯⋯⋯⋯⋯⋯⋯⋯⋯　247
　七　宋昱⋯⋯⋯⋯⋯⋯⋯⋯⋯⋯⋯⋯⋯⋯⋯⋯⋯⋯⋯⋯　248
　八　唐饒陽裨將張興⋯⋯⋯⋯⋯⋯⋯⋯⋯⋯⋯⋯⋯⋯⋯　248
　九　醫者仁術⋯⋯⋯⋯⋯⋯⋯⋯⋯⋯⋯⋯⋯⋯⋯⋯⋯⋯　249
　十　男以氣爲本⋯⋯⋯⋯⋯⋯⋯⋯⋯⋯⋯⋯⋯⋯⋯⋯⋯　250
　十一　神者言乎靈妙之所存⋯⋯⋯⋯⋯⋯⋯⋯⋯⋯⋯⋯　251

十二	人情與勢	251
十三	唐肅宗靈武即位	252
十四	唐憲宗命諸將討吳元濟	253
十五	唐太和二年春	254
十六	失意之事	255
十七	李愬既克蔡州	255
十八	遠游而歸	256
十九	君輩意	257
二十	聖人節度謹嚴	257
二十一	菀陵劉母	258
二十二	好惡	258
二十三	晏子羊裘	259
二十四	游於石橋	259
二十五	勝其亂	260
二十六	唐太宗貞觀二年	261
二十七	井田	263

卷十二 …… 266

一	子夏問孔子	266
二	楊朱過宋	267
三	侍坐鄉之杖者	267
四	郭汾陽繫天下安危	268
五	父子之間	268
六	朱滔叛	270
七	春秋大改過	271
八	荀彧助曹	272
九	元末群雄蜂起	273

十　圍師必缺 274
十一　辭某事 275
十二　十丈光明錦隨手絲絲 275
十三　自受經之始 276
十四　葉兌 277
十五　明中山王徐武寧 278
十六　明太祖既定天下 278
十七　崇禎 279
十八　國君死社稷 280
十九　循道而行 281
二十　刻核之行 281
二十一　驅車古胙祝 282
二十二　邵堯夫在洛所居 283
二十三　曲逆侯傳國 283
二十四　韓文公從裴晉公 283
二十五　張夫人代夫疏 284
二十六　劉仁恭 285
二十七　梅之煥 286
二十八　孫文正 287
二十九　明莊烈帝 288
三十　黃忠端公 289
三十一　石齋先生 291
三十二　學非真知 292

卷十三 293
　一　道不遠人 293
　二　學道須得聰明子 294

三	不見可欲	294
四	金將某怒宋使臣洪皓	295
五	寢不成寐	295
六	晚得犨縣教諭	296
七	中秋既望	296
八	好樂者愛之至	297
九	偶得醇醪	297
十	携酒獨上犨縣南城樓	299
十一	世俗人人自聖	300
十二	岳忠武智勇絶倫	301
十三	多情是佛心	301
十四	王泰州	302
十五	《水滸傳》	302
十六	人之不可以不知道	303
十七	惟十有三祀	303
十八	明白人難得	304
十九	販米出都	304
二十	送考洛陽	305
二十一	過鄱陽湖	305
二十二	讀《宋史》	306
二十三	冉有聚斂	306
二十四	宋至南渡	308
二十五	劉玄明	309
二十六	錦綉乾坤	309
二十七	國家之立	310
二十八	願爲真士夫	310
二十九	唐太宗龍鳳之姿	311

三十　震主之威…………………………………312
  三十一　生民每日………………………………313
  三十二　王謝門高………………………………313
  三十三　庚寅四月之晦…………………………313
  三十四　王偉之才………………………………314
  三十五　江左陸氏………………………………314
  三十六　魏孝武帝奔長安………………………315
  三十七　新安呂某………………………………316
  三十八　陽明待江彬……………………………316
  三十九　孟子入室………………………………317
  四十　客有相訪者………………………………317
  四十一　喫力不討好……………………………318
  四十二　趙貧子…………………………………318
  四十三　高文襄…………………………………319
  四十四　吾待胥役如子弟………………………319

卷十四……………………………………………321
  一　太平庵………………………………………321
  二　鞏縣學署東臨巨津…………………………322
  三　弘治十八年間………………………………322
  四　張晴皋索書…………………………………323
  五　銖銖而計……………………………………323
  六　王文成公執父喪……………………………324
  七　王生遇杖者…………………………………325
  八　貧自好………………………………………325
  九　藍溪邢翁……………………………………326
  十　國家無大威權………………………………326

十一	適一親畹家	327
十二	身入仕途	328
十三	豫章省洊先生	328
十四	嗜慾深者天機淺	329
十五	信如賒物不取錢	329
十六	羊續	330
十七	劉瑾必欲殺劉忠宣	331
十八	漢宣帝尚文法	332
十九	叔射殺牛	332
二十	善氣迎人	333
二十一	佾生以事牽累在縣	333
二十二	天運五	334
二十三	醫藥以療疾	335
二十四	子與人接	336
二十五	故人突至	336
二十六	一生懇學使	337
二十七	葉水心云	338
二十八	虞公爲相	338
二十九	傅山	339
三十	十年之計	340
三十一	二憾不除	341
三十二	學以處事	342
三十三	未信而勞且諫	342
三十四	簞瓢陋巷	343
三十五	佛在靈山莫遠求	343
三十六	行而不著	344
三十七	昌黎《龍說》	344

三十八　明成祖欲立高煦……345
三十九　古之人反躬責己……345
四十　孫夏峰與茅止生會江邨鹿伯順處……346
四十一　馮猶龍所輯《智囊》……347

卷十五……348
一　素位中有理……348
二　鹿江村先生云……348
三　驅車適陝……349
四　安成有七世進士坊……349
五　介甫詩……350
六　楚坑……350
七　祝髮者……351
八　立崖岸則道不宏……351
九　湯潛庵……352
十　主人遣奴鬻麵於市……352
十一　謁本府太守……353
十二　名者造物之所忌……353
十三　晨起攜杖而游……354
十四　孫夏峰云……355
十五　尤西川謂講學……355
十六　龍溪王氏……356
十七　繁文縟節……357
十八　有所訪不遇……357
十九　趙中令補掇薦牘……358
二十　陽明謫龍場……358
二十一　良知良能……359

二十二　觀劇…………………………………………… 359
二十三　鄉先生與二三少年辨…………………………… 360
二十四　人足貴者爲此心………………………………… 361
二十五　南唐國勢日振…………………………………… 361
二十六　夏峰先生講學百泉……………………………… 362
二十七　方總角時………………………………………… 362
二十八　人受天地之氣以生……………………………… 363
二十九　子輿氏告齊梁之君……………………………… 363
三十　　夏而希革………………………………………… 364
三十一　成祖本不欲殺卓敬……………………………… 364
三十二　鄉有燕賓者……………………………………… 365
三十三　先生績學白首…………………………………… 366
三十四　岳忠武誓欲迎還二聖…………………………… 366
三十五　儉以養廉………………………………………… 367
三十六　昔居京師………………………………………… 367
三十七　倚柱而歌《雞鳴》……………………………… 367
三十八　高晉既得罪……………………………………… 368
三十九　蔡九霞《廣輿記序》…………………………… 369

卷十六…………………………………………………………… 370
　一　《大學》言至善…………………………………… 370
　二　耳可得而聞………………………………………… 370
　三　採玉於山…………………………………………… 371
　四　鄉人稱孝廉劉星槎………………………………… 371
　五　游龍山……………………………………………… 372
　六　龍山劉翁杰………………………………………… 373
　七　漢詁宋箋…………………………………………… 373

八　晦翁謂子静 …… 374

九　達官夢 …… 374

十　魏長史辛琛 …… 375

十一　帝王之治天下 …… 375

十二　魏司徒崔浩 …… 376

十三　惆惆忠益而獲罪 …… 377

十四　魏王慧能 …… 377

十五　魏高祖親任賢臣 …… 378

十六　骨肉天親 …… 379

十七　某人年壯而身逸 …… 381

十八　作事不求濟 …… 381

十九　貴不期驕 …… 382

二十　人非耗斁其 …… 382

二十一　讀書三峰山 …… 383

二十二　與客燕坐天籟亭 …… 383

二十三　鄉之長老颺言 …… 384

二十四　司馬公作御史 …… 384

二十五　東坡與賈芸老書 …… 386

二十六　孝鵝 …… 386

二十七　文中子與人款曲 …… 386

二十八　塾師入塾 …… 387

二十九　齊人饋女樂 …… 387

三十　輾轉返駕 …… 388

三十一　問謝顯道 …… 389

三十二　學道 …… 389

三十三　壞盡世人心術者 …… 390

卷十七 … 391

一 紫金山 … 391
二 足生癬疥 … 392
三 宋高宗梁湘東王繹之流亞 … 392
四 項羽因惡草具 … 393
五 甘食悦色 … 394
六 釐降二女 … 395
七 達官 … 396
八 天下之人疏爲十分 … 396
九 慈者所以使衆 … 396
十 與府學陳漢策會於公所 … 397
十一 飲酒大嚼 … 397
十二 略言精明 … 398
十三 季康子 … 398
十四 湛溪黎公 … 399
十五 四書五經 … 400
十六 理中之欲 … 400
十七 書家有清和朗潤之言 … 401
十八 安成王惺庵 … 402
十九 達官窖金宅中 … 402
二十 昔在廬陵 … 402
二十一 之封丘 … 404
二十二 戰國四君 … 404
二十三 一人只管一人 … 405
二十四 天下一情所融結 … 406
二十五 責以公誼 … 406
二十六 沛父老率衆欲立高帝爲沛令 … 407

二十七　比周驕泰 407
二十八　皇后崩逝 408
二十九　天下事千態萬狀 408
三十　老僕持筭子主人前 409
三十一　游安成 409
三十二　古文當誰法 410
三十三　梅禹金云 410
三十四　欽明濬哲 412
三十五　君子無入不自得 412

卷十八 414
　一　太史公見民生之多欲 414
　二　郭崇韜奉命伐蜀 414
　三　人當窮居里巷時 415
　四　宋義不聽項羽之言 415
　五　方孝孺 416
　六　鞏之節烈康氏 417
　七　朱泚之亂 417
　八　禹州牧劉公 418
　九　明道《睡起感興詩》 419
　十　高景逸過汀州 419
　十一　三代而後 420
　十二　帝廷明試以功 422
　十三　不計事之濟否 423
　十四　明之興 424
　十五　明世宗驕而戾 424
　十六　國家所乘者勢 425

十七　韓昌黎三上宰相書 …………………………………… 426
十八　明太祖以神武創業 …………………………………… 426
十九　文成王子之平宸濠 …………………………………… 427
二十　游衛源 ………………………………………………… 428
二十一　民生於三事之如一 ………………………………… 429
二十二　孟縣有湯姓者 ……………………………………… 430
二十三　明尚書白公 ………………………………………… 430
二十四　楊子殷官禮曹 ……………………………………… 431
二十五　人之升沉得喪皆命 ………………………………… 431
二十六　錢塘于忠肅祠 ……………………………………… 432
二十七　耿公掌吏部 ………………………………………… 433
二十八　弘光草創未定 ……………………………………… 433
二十九　郝奇遇 ……………………………………………… 434
三十　曹月川 ………………………………………………… 435
三十一　古里國 ……………………………………………… 435

卷十九 ………………………………………………………… 437
一　聞《韶》不知肉味 ……………………………………… 437
二　汲長孺面折天子 ………………………………………… 437
三　昭烈既得荊州 …………………………………………… 438
四　曹操帥衆伐吴 …………………………………………… 439
五　論安言計 ………………………………………………… 439
六　宋之元祐實關隆替 ……………………………………… 440
七　元祐時君子滿朝 ………………………………………… 440
八　伊川涪之行 ……………………………………………… 441
九　贛州聲妓 ………………………………………………… 441
十　歸震川見李崆峒所爲于忠肅廟碑 …………………… 442

十一	孔子微服過宋	443
十二	齊宗伯召南少游于忠肅廟	444
十三	明世宗謂王守仁"有用道學"	445
十四	雍正十三年癸丑殿試	445
十五	海內三遺民	446
十六	朱文端公	447
十七	杭州龍泉連學	448
十八	嘉定秦簪園續娶	448
十九	僧照微	449
二十	醉人橫路卧	449
二十一	鄉之杖者年七十餘	450
二十二	自古宦官之禍烈	450
二十三	崇明吳老人	451
二十四	人生有涯	452
二十五	聾學署	452
二十六	張文端公言	453
二十七	王太倉相公假歸	454
二十八	飽食終日	454
二十九	初讀書定軒	455
三十	游吳楚於越而歸	455
三十一	《孟子》末章本《論語》末章以立言	456
三十二	程伯子云	457
三十三	陽明子之謫龍場	457
三十四	理樂欲不樂	458

附錄 ····· 459

續樸麗子序 / 孫道恕 ····· 459

平泉自記……………………………………………… 460

澹翁跋……………………………………………… 461

劉瑞律跋…………………………………………… 462

孫道恕跋…………………………………………… 462

王樹森跋…………………………………………… 463

卷　十①

一　平　泉

　　樸麗子村西里許有泉焉，圓其形，大可丈餘，洩出爲小溪，注村內，弦而東。流甚緩，常若不動。園圃資灌漑者數十家。其來無所考，不知幾千萬年也。是泉出平疇，湫砌深固，風至而波不興。挹而飲之，清且甘。視之，淵然靜深，殆不可尺寸②計。中頗藏鱗甲，然不輕出入，人罕得而窺見也。雖當大旱，水不消減。丙午夏自去歲至是③，凡十閱月不雨，伊洛之水皆斷流，是泉充然如故④。或霪雨連綿，溝澮皆盈，而此亦不見有所增益。夫進鋭者退必速，極盛者必極衰，高山之下必有深池。過與不及，其弊略同。故天地之道，消長乘除，聖人之教，進退損益，務使得其平而已矣⑤。平者，中也。無大過⑥，亦無不及。中和之理得，位育[一]之功存。是泉不爲旱減，不爲潦益，淳泓[二]充實，歷千萬年

---

① 平泉遺書本《續樸麗子》卷數承續《樸麗子》，故自第十卷始。
② 尺寸——王本作"丈尺"，是。
③ 至是——王本作"至此"。
④ 是泉充然如故——王本作"而是泉充然如故"。
⑤ 矣——王本無。
⑥ 大過——王本作"太過"。

如一日,其殆有得於平之道也與？是泉索名掬刀泉。考掬刀泉[三]在武昌府地志載之,然亦荒渺難信。此更無稽,不足據。昔陸子讀書金溪山中,愛其山。因形像象,易其俗名,以象山名之。今從其例,名曰平泉。

【注】

[一] 位育：《禮記·中庸》："致中和,天地位焉,萬物育焉。"意謂達到中正平和,則天地各得其位,萬物化育。

[二] 渟泓：積水。

[三] 掬刀泉：武昌地名,今作卓刀泉。相傳三國蜀將關羽駐兵於武昌伏虎山,缺水,以刀卓地,水湧成泉,故名卓刀泉。

二　作車以行陸

作車以行陸①,作舟以行水,皆聖人之事。舟既成,為之槳以蕩之,為之櫓以搖之,為之纜以牽之,為之舵以左右之,而舟可行矣。有尤妙者焉,則帆之謂也。無事於槳櫓纜舵,得一帆風,瞬息以致千里。斯誠極制器前民[一]之能事與！夫槳之、櫓之、纜之、舵之而可行者,舟之舠耳舠耳。萬石之舟必藉風以行。不得風,雖有②帆亦塊然無用之物,其何能有得於江湖③？帆之不可無風也,章章如是哉④。聖人能為帆,不能必風於天。斯亦聖

---

① "作車以行陸"至"舟之舠耳舠耳"——王本無。
② 雖有——王本作"則"。
③ 其何能有得於江湖——王本無。
④ 帆之不可無風也章章如是哉——王本作"帆之不可無風,章章哉"。

人之憾與①？然聖人不能必風於天，而能必天之必風。能必天之必風，則第善視吾帆而待之，豈遂卒困於行乎哉？

【注】

　　[一] 前民：爲民先導。

三　英雄忌人

　　樸麗子曰："余聞之英雄忌人。人也者，敵乎己者也。忌非妬忌之謂，畏忌也。英雄能知英雄。惟深知其才之足以敵己，故畏忌之。畏忌而無所假，則有相持之勢。至如彼碌碌者，縱復躑躅②跳蕩，焜燿一時，曾不足③有目者之一盼。顛之倒之，左之右之，或④飲糟啜醨，亦無不可，何有於斤斤也？是故英雄相值，其道危。汾陽、臨淮[一]素不相能，史言其同一麾下對案而食不交一語。各持其能而不相下，斯不相能矣。智垺[二]勇齊，屹然若雙峰對峙天表。汾陽知臨淮盡，臨淮知汾陽未盡。[三]此在器識大小間，臨淮所未諳也。如臨淮者，豈能爲汾陽下哉？汾陽能下臨淮，然不當下，亦不可下，故不下也。及天下大變，執其手而涕泣，以國事⑤下之，臨淮遂動。或曰：'當斯時⑥也，下之所以上之。'此語不爲無見。然斯時汾陽若略有是意，臨淮未易可動。

---

① 斯亦聖人之憾與——王本無。
② 躑躅——王本作"擲躅"。
③ 曾不足——王本作"曾不足當"。
④ 或——王本作"即"。
⑤ 國事——王本作"國家"。
⑥ 斯時——王本作"是時"。下"斯時汾陽"中，王本亦作"是時"。

感應之間，幾不容髮①。故《大學》以誠意爲本。嗚呼！此自古成敗得失之樞，而人品學術、高下醇疵所由分也。汾陽而在也，其然予言乎哉？"

【注】

［一］臨淮：指李光弼。唐肅宗時名將，契丹族。受郭子儀薦舉，參與平定安史之亂，以功封臨淮郡王。

［二］埒：大，盛。此處當爲"垺"訛字。垺，等同。

［三］汾陽知臨淮盡，臨淮知汾陽未盡：郭子儀與李光弼同在安思順麾下時，彼此不睦，嫌隙頗深。後郭代安爲將，李懼被誅，下跪請罪，謂己死不足惜，但求保妻子性命。郭執李手，流涕以忠勇激勵之，二人遂無猜忌。平泉意指李性較郭爲狹隘，以己度人，自忖必死，殊不知郭胸懷寬廣，不計前嫌。郭可容李，然易地而處，李未必容郭。

四　坐列鬻餜

有坐列鬻餜［一］於市者，對門鬵者好議論，其言頗足爲一市重輕，日食餜必有貶辭。餜日益佳也，他餜皆廢，利增數倍。鬵者夸誕，不理其業，業日落。鄰家皆惡之，謀所以屛之者，顧未有策，問計於鬻餜者。鬻餜者密授以方略。鬵者移家去，囊橐蕭然，室家惘惘。鬻餜者攜榼［二］餞諸市門外，勞之曰："始吾果出衆，頗以爲佳，獨君不然，曰：'味未足也。'吾退而修味。既而，食之曰：'味足矣，色未飾也。'吾退而修色。君見其色，曰：'色飾矣，樣未新也。'吾退而修樣。君無所不貶，吾亦無所不修。修既久，由是得之心應之手，隨其所造，而吾之餜無所弗宜於市，因得

---

① 感應之間，幾不容髮——王本作"感應之幾，間不容髮"。

小康。君奈何舍余而去乎?"歸遇諸鄰,方置酒相慶幸,邀之曰:"吾等欲去髯而不得,得君之一言遂去,何也?"鬻餪者笑曰:"吾得之髯者也。"

【注】
　　[一]餪:油炸麵點。亦泛指點心。
　　[二]榼:盛酒器。

五　優者名噪嵩潁間

一優者名噪嵩潁間。或問之曰:"爾來前。爾亦有秘傳乎?"答曰:"我等小人,苟謀衣糧,塗抹青紅,粧扮男女,隨金鼓爲旋轉而已,有何秘傳? 然我每當場留心觀者欣不欣、戚不戚,輒以爲大蹙,退而思至忘寢食。思之久,以人之欣戚爲我之欣戚,而我不自有其欣戚。抑以我之欣戚鼓人之欣戚,而人亦不自有其欣戚。是以我欣而觀者笑,我戚而觀者啼,至於欣戚啼笑環相應,和若操桴鼓,而我之心乃愈[一]①矣。唱者觀者咸喻於情。情之既真,戲亦非假。坐是謬蒙一時之賞,蓋苦思曲赴而得之,何有秘傳乎②?"

【注】
　　[一]愈:通"愉"。愉快。

---

① 愈——王本作"熨"。
② 乎——王本作"哉"。

六　郭巨埋兒

嗚呼怪哉,郭巨埋兒[一]、鄧攸繫子[二]之事。斯可謂滅絕性根者矣。推其故,在好名。推其①好名之故,彼時鄉舉里選之制未盡廢,在因名以媒利祿。此何異易牙、豎刁之爲②?而世顧稱道勿衰,何也?許武讓產[三]之事,趙惕翁[四]詆其欺罔。世道不明,勉焉益厲。郭巨、鄧攸、許武,異行而同情,皆明③教之罪人,必不容於帝王④之世。然安得如龍坡居士者,與之讀書論古哉?

【注】

[一]郭巨埋兒:郭巨,晋代人。家貧,有子三歲,郭母儉省自己的飲食給孩子。郭巨謂其妻:"貧乏不能供母,子又分母之食,盍埋此子?兒可再有,母不可復得。"妻不敢違背。郭巨遂掘坑三尺餘,忽見黃金一釜,上云:"天賜孝子郭巨,官不得取,民不得奪。"故事最早見於晋干寶《搜神記》,成型於元郭守敬《二十四孝》。

[二]鄧攸繫子:鄧攸,兩晋時良吏。遇戰亂避走,担其子及其弟子綏。度不能兩全,乃謂其妻曰:"吾弟早亡,唯有一息,理不可絕,止應自棄我兒耳。幸而得存,我後當有子。"妻泣而從之,乃棄之。其子朝棄而暮及。明日,攸繫之於樹而去。事見《晋書·良吏列傳》。

[三]許武讓產:許武,漢代孝廉。父母早亡,撫養兩弟。弟長,分家產爲三,與弟瘠田,自取肥田。及弟取得做官資格,召集鄉人,將家產盡與,并表明當初激勵之意。

[四]趙惕翁:趙御衆,字寬夫,號惕翁,亦號龍坡居士。明末清初河北灤州人,後遷河南密縣超化寨。從孫奇逢受業於輝縣蘇門百泉書院,與

---

① 其——王本無。
② 之爲——王本作"之所爲"。
③ 明——王本作"名"。
④ 帝王——王本作"堯舜"。

魏一鳌、湯斌等同門。晚年自號"超化老人"。著有《弗措録》《困亨録》《山曉堂詩集》，手輯《夏峰傳信録》《夏峰答問》。趙氏爲平泉曾祖母之祖父，其藏書後盡歸馬氏，平泉尚得見。

七　十丈光明錦

十丈光明錦①，天下之美製也。貯之未得其道，爲雨所飄[一]而色減，蟲復蠹焉。破壞幾遍，此之謂敝錦。錦雖敝，不與綾羅絹布等。然持以與人，人寧取綾羅絹布，不取錦，爲無用也。夫物而無用，真不可與。錦敝則無用，無用則人棄之也。然誠錦也，見之者不能不鄭重而愛惜之也，曰："是猶是錦也。"夫是猶是錦也夫？

【注】

[一] 飄：通"漂"。沖刷。

八　拙者必滯

樸麗子曰："拙者必滯，滯則塞，塞則困。居常懍懍，唯懼有失，然少縱即逝，離合輾轉時有懊喪意，而卒莫能自列其非，實亦

---

① 十丈光明錦——此段異文較多，具引王本如下："十丈光明錦，儲之無道，至使破壞。是謂敝錦持以與人，猶不如綾羅絹布爲無用也。夫物而無用，真不可與。然彼誠錦也，見之者不能不鄭重而愛惜之。曰：'是猶是錦也。'夫是猶是錦也夫？"按：王本"猶不如綾羅絹布爲無用也"之"無用"似爲"有用"之誤。

無可推按。大抵此等處必非性理十成所喝明矣。比復詳勘,祇是把捉太過,徒形跼脊。夫君子無行所悔,而非悔而悔,亦前賢所呵[一]。余聞之:欲無行所悔[二],必也其居敬乎? 欲無悔而悔,必也其窮理乎? 居敬可以去偷,窮理可以破拘。"

【注】

[一] 呵:批評。

[二] 無行所悔:最早見漢劉向《説苑·敬慎篇》所收《金文銘》,有"安樂必戒,無行所悔",爲早期格言。無,同"勿"。意謂不要做會讓自己後悔的事。

九　越士王三存

越士王三存問曰:"史稱伯夷考[一]、散宜生[二]等獻美女名馬,脱西伯羑里之囚,可信乎?"樸麗子曰:"非此無以救文王。此正古人之忠孝達節。若之何其不可信乎?"曰:"紂虐方張,復以美女名馬逢迎其意而求容焉,非聖賢所爲。"曰:"臣子知愛敬①其君父,不知其他。且紂惡已貫盈,無加於紂之惡,而可以脱②君父之難,若之何其弗爲也? 夫硜硜[三]之節、孑孑[四]之義,豈足觀大人作用乎?""亦使文王知之乎?"曰:"不必使文王知,伯夷考等自爲之耳③,然亦不必不使文王知。"

【注】

[一] 伯夷考:周文王長子。

---

① 愛敬——王本作"愛"。
② 脱——王本作"救"。
③ 伯夷考等自爲之耳——王本無此句。

〔二〕散宜生：周文王重臣。文王觸怒殷紂王，被囚羑里（今屬湯陰縣）。散宜生等大臣廣徵美女、名馬、珍寶，厚賂紂王，文王才得免。

〔三〕硜硜：淺陋固執貌。

〔四〕孑孑：細行，小惠。

十　過岳忠武廟

樸麗子過岳忠武廟，反覆太息，低徊不能去。從者問，故爲粗述忠武平生大略。從者曰："昔日憂勤，今日快活矣。"曰："何以見其快活？"曰："春秋廟祀，賢愚欽仰，無與爲梗者。"樸麗子俯首默然者久之。顧而嘅然曰："不然。道無間於幽明生死。使忠武之靈尚存，其憂勤當無異於生前時。若不憂勤，必至逸豫，即是半途而廢。則如子所謂'春秋廟祀，賢愚欽仰'者，適足以觸其懊惱而增其愧赧耳，何快活之有？"

十一　游大梁

樸麗子游大梁，謁洛陽郭堯民[一]先生。先生道吕明德[二]事甚悉：毅然自接於凡庸，八字着脚，所謂豪傑之士。又言："明德少時，呼一小奚[三]携棋枰茶具游歷諸宗人間。或曰：'子嗜棋與茶乎？'曰：'吾不嗜此。吾宗人無不嗜此者，姑假此以相聯也。'久之，察宗人有厭薄意，遂止。或曰：'子今不嗜棋與茶乎？'曰：'吾非不嗜此。顧吾宗人之意頗不喜，吾不敢數以此相擾也。'觀此，又何其情致斐亹[四]、藹然以深乎？嗚呼懿矣！"

【注】

　　[一]郭堯民：郭典，字堯臣，後改堯民。清代洛陽平樂人。太學生，世家子。秉承家學，傾心程朱。兼通醫術，後裔即爲今洛陽正骨郭氏。乾隆丙午年(1786)秋與平泉初識於開封，一見如故，遂爲忘年知交終身。

　　[二]吕明德：吕維祺，字介孺，號豫石。晚年居洛陽建明德堂，故亦稱明德先生。明代河南新安人。理學家。家學淵源，其父爲名儒吕孔學。自幼即習理學。萬曆四十一年(1613)進士。官至南京兵部尚書。先後設立"芝泉講會""伊洛會"等，聚徒講學，著書立説。崇禎十四年(1641)李自成軍攻洛陽，城陷被殺。有《明德堂文集》《孝經本義》等傳世。

　　[三]小昊：亦稱小昊奴。小男僕。

　　[四]斐亹：文采絢麗貌。

十二　同學友某一失血卒

　　某年月日，余同學友某以失血卒。未幾，同硯[一]友某又以失血卒。吁！可悲也。巳初，與二子遇，見其喘咳，目無光。謂人曰："二子其不年乎？"而不意其如是之速。二子年皆未滿三十，何其先後以歿若相期耶？語云："死生有命。"此豈正命哉？酒色之過也。雨澤時禾黍秀，旱則枯槁。水深魚樂，淺則困，涸則死。氣血之於人也，亦如是矣。昔信陵君[二]得罪於魏，懼誅，日近女子、飲醇酒，求速死。由此觀之，酒色與斧鉞雖至不同，其爲死器一也。無罪而日以斧鉞斫其頸，有是人哉？若二子者，可以鑒矣。

【注】

　　[一]同硯：同學。

　　[二]信陵君：戰國時魏國公子無忌，趙國平原君趙勝夫人爲信陵君姐。秦侵趙，信陵君矯詔率魏軍往救。歸國後爲魏安釐王猜忌，遂沉湎醇酒婦人以示不干政務，早卒。

十三　都中二月開溝

都中二月開溝[一]。洗溝夫遍體污垢，過者掩鼻，彼方適適然自若也。嗟乎！溝中人，溝中人！豈無所知者耶？何自褻之甚也？庸詎知士大夫旦夕不閑[二]，昏氣乘之，其自褻有甚於此焉者乎？夫游戲之極，何所不可潔清？所鬱激爲昏狂，或亦人情之所致，足憫者乎？然而事有必不可數數[三]然者。吞繭不死，勢無再吞。鸞膠續弦[四]，廢於屢絶。可不懼哉？陰陽有沴戾[五]，日月有薄食，人心有昏氣。昏氣之動，至於晝不見泰山，百昌[六]枵然，乾坤無色。晉人作危語曰："盲人騎瞎馬，夜半臨深池。"豈若是乎哉？

【注】

[一] 開溝：清理溝中淤泥穢物等。
[二] 閑：剋制。
[三] 數數：屢次。
[四] 鸞膠續弦：據《海内十洲記·鳳麟洲》載，西海中有鳳麟洲，多仙家，煮鳳喙麟角合煎作膏，能續弓弩已斷之弦，名續弦膠。
[五] 沴戾：因氣不和而生之災害。
[六] 百昌：指各種生物。

十四　出都門

樸麗子出都門，散步郊園外。一士人昂然來前，風度端整，揖而問涉世之方。應之曰："余何知？抑嘗聞於人矣。有一字訣曰'同'。即如二人相處，子與之異，是樹一敵也。十人相處，子與之異,是樹九敵也。推之千人萬人,皆然。"士蹙眉曰:"亦辨是非乎?"曰:"勿然,勿然。人縱不爲君子,未有甘居小人者。無是非之同異,其敵小;有是非之同異,其敵大。子不同之,已拂其意矣,而又形其短,人將不汝堪。危乎危乎!衆必於爾乎取之矣。且夫皎皎者易汙,磽磽者易缺。掘泥執雌,渾渾爾乃免於難。"士不答,竟去。揚聲而歌曰:"若冠之岌岌兮,若貌之巍巍[一]兮,若言之偲偲[二]兮。將從之而與世推移兮?將違之而從吾之所爲兮?危兮危兮,隨人者無志,脂韋[三]而不失其身者誰兮?噫!"

【注】

[一] 巍巍:莊嚴貌。
[二] 偲偲:勉勵貌。
[三] 脂韋:阿諛,圓滑。

十五　車過殷墟

樸麗子車過殷墟,欲觀。至聖[一]所書殷比干墓碑,去官道三里許,墓前亦可行車,校[二]官道迂僅里許。語車夫意,不應。曰:"待我於五里鋪,何如?"亦不應。曰:"此去宿處幾里?"應曰:"十七八里。相公度之,能行則游,不然則否。"曰:"是故在我。"遂舍車而徒。嗟乎!如此易事,且不能强人隨己,況其難焉者乎?車夫,下人,且不能强其隨己,況其上焉者乎?

【注】

[一] 至聖:本指道德高尚的人。舊時曾專指孔子,此處即是。
[二] 校:通"較"。

十六　莊與信行

　　莊與信行，歸於泛如。是言也，從千古得失林中細意稱量而出。不如此，仁者見累於其仁，智者見累於其智，爲善者病矣。少陵詩："水流心不競，雲在意俱遲。"説者謂其善於形容有道氣象。夫有道之士，湛然虛中，情順天下而無情，故其氣象如此。文仲子[一]是也。

【注】

　　[一]文仲子：文徵明，明代畫家，自號仲子。疑當是"文中子"，即王通，字仲淹，隋末唐初絳州龍門（今山西萬榮縣）人，當時大儒，以著書講學爲業，有《中説》等傳世，門弟子私謚爲"文中子"。

十七　張經之死

　　明張經[一]之死，不厭人心。及觀毛伯溫[二]傳，載其請兵三十萬、糧百六十萬石取安南，曰："天之於物，虎豹蛟黿，皆欲爲之所而安全之，況於人乎？中原蠻荒，地有内外，天無内外也。經與曾銑[三]皆以功名死，故足爲勤兵者戒與？"

【注】

　　[一]張經：字廷彝，號半洲。明代福建侯官縣（今福建福州）洪塘鄉人。嘉靖時抗倭名將，後爲嚴嵩親信趙文華構陷，被殺於市。
　　[二]毛伯溫：字汝厲，號東塘。明代江西吉水（今江西吉水縣）人。嘉靖時兵部尚書，曾平定安南。
　　[三]曾銑：字子重。明代浙江台州黃岩縣（今台州市黃岩區）人。嘉

靖時兵部侍郎,總督陝西榆林邊務,屢勝。後遭嚴嵩構陷冤殺。

十八　孛堇似藝祖

或曰:"孛堇[一]似藝祖[二],伯顏[三]似周世宗[四],即二帝後身。信乎?"曰:"野史有之。"曰:"太宗不具論。太祖黄袍加身,非天意乎?"曰:"天意也。"曰:"天使之,天仇之,可乎?"曰:"五行互相勝負,勝甚者復甚,勝微者復微[五]。此氣運之自然,而人事因之。天豈設爲恩仇,作此擾擾哉?夫千變萬化、莫可紀極[六]者,氣運也。千變萬化而終必歸於正者,天也。"

【注】

[一]孛堇:疑指元成宗孛兒只斤·鐵穆耳。元世祖忽必烈之孫、皇太子真金第三子。由其母闊闊真與大臣伯顏等人擁戴即皇帝位。

[二]藝祖:太祖或高祖的通稱。此指宋太祖趙匡胤。

[三]伯顏:蒙古八鄰部人。元朝大將。元世祖忽必烈時寵臣。忽必烈死,受顧命擁戴元成宗鐵穆耳即位,執掌權柄。

[四]周世宗:後周世宗柴榮。邢州(今河北邢臺)人。自幼長於姑丈郭威家,後即被收爲養子。謹慎篤厚,善騎射,多謀善戰,先後擊敗後蜀、南唐、契丹,開疆拓土。議取幽州時病亡,廟號世宗。

[五]勝甚者復甚,勝微者復微:意謂事物盛極而衰,相剋相生,循環往復。原用表示病理,語出《黄帝内經》。

[六]紀極:窮盡。

十九　進言者

凡進言者,不切不足以成功,亦不足以獲罪,所由來尚矣。

一友人問曰:"吾與人交,無不獲吾益,而往往至於相怨者,何耶?"答曰:"余知之,余自知之。"曰:"既知之,何以不告我?"曰:"余恐告子,復移人之待子者待我也。"

二十　友　者

夫友者,所以訂然否、共欣戚,環相磨礱[一],以底[二]於道者也。君臣、父子、夫婦、兄弟之倫,得友而明;艱難之遭,得友而勵;幽憂鬱滯之情,得友而宣。是以聖人述達道,交友成其終,子夏論好學賢賢[三]肇其始,顧非其所關者大且切,而所以相與之,無容苟哉。今人逐堆尋响,以文貌相襲,以虛聲相推,隱意含情,不相通曉,少有得失,動致紛紜。斯可謂生氣道消[四]、伐木無響[五]者矣。前人有言:"醉以溷俗,醒以獨行。"揆其辭旨,嘅嘘良深。

【注】

[一] 磨礱:切磋。

[二] 底:通"抵"。

[三] 子夏論好學賢賢:卜商,字子夏,春秋末年晋國温地(今河南温縣)人,一説衛國人。"孔門十哲"之一。"好學""賢賢"均出自《論語·學而》"子曰:'君子食無求飽,居無求安,敏於事而慎於言,就有道而正焉,可謂好學也已。'""子夏曰:'賢賢易色,事父母能竭其力,事君能致其身,與朋友交,言而有信。雖曰未學,吾必謂之學矣。'"

[四] 道消:覆滅。

[五] 伐木無響:《詩·小雅·伐木》云:"伐木丁丁,鳥鳴嚶嚶……嚶其鳴矣,求其友聲。"後以"伐木"爲表達朋友間深情厚誼的典故。此處意謂朋友之間不能共鳴、契合。

二十一　持蓋長者

持蓋長者謂樸麗子曰："向者子頗露頭角,今何不競也?"應之曰："愚夫愚婦,一性同行,何競之有?"長者曰："適聞子云:'與人接移下一層。'常移下,何有於上?"曰："上不上,在内,豈在外乎?"長者作色曰："老夫豈不知此?顧以爲自置不高,則人必卑我。卑生慢,慢生侮。夫高冠長佩,芳澤雜揉,瓦釜雷鳴,轟我鐘簴[一]。當此之時,果能處之怡然,不以毫毛屑意,斯誠淳古君子矣,非老夫所敢知。若始也不能無悶,積悶成怒,怒成譽,此謂引盜入室,與相撕鬥,難勝之,所損已多。其視峻垣墉而設重門者,相去何如也?"

【注】

[一] 簴:以猛獸形象裝飾的懸挂樂鐘的格架。

二十二　齊章子

齊章子[一]之母死,其父埋之馬槽之下,父卒,不敢易也。齊侯因是使爲將軍,曰:"彼不負死父,豈負生君?"樸麗子曰:"改葬爲是。妥母而蓋父愆。爲子坐視①其母終古委糞土中,天理滅矣。然此難爲瞽者道,彼齊侯又何足云②?"或曰:"傳者之訛也,章子不如是。""何以知之?"曰:"孟子與之游。"

① 爲子坐視——王本作"爲子而坐視"。
② 然此難爲瞽者道彼齊侯又何足云——王本無。

【注】

［一］齊章子：匡章，又稱章子、匡子、田章，戰國時齊國人，齊威王末年將領，孟子弟子。其父田殺其母啓，埋馬槽下。後威王許章子改葬其母，章子稱不敢違父命，未從。

二十三　古人集中

古人集中所列時人姓名各有義例。上焉者爲師，次朋友，次門徒。師稱號，朋友字，弟子名。弟子年德高者，亦字之。始自趙宋，有同道之友，有辨論之友。外此，爲三達尊[一]，至於一才一技超絶等倫者，亦得附及。若《觀公孫大娘舞劍器行》[二]之類，不在此數者，從略。有不得不及者，曰"客"，或曰"某氏"。大都明淵源，崇道德，重才藝。讀者即其言，油然善入，而條理精密，珉玉[三]昭然，又有以動其奮發向善之機，斯文章所以可貴也。古來作者無不如是。學者取法宜高，若只尋聲逐堆，向芸芸儕輩者討生活，雖已時覺楚楚可喜，終無大雅[四]之望。

【注】

［一］三達尊：爵位、年齒、德行三個方面突出。語出《孟子·公孫丑下》。

［二］《觀公孫大娘舞劍器行》：唐代詩人杜甫所作詩。記敘當時著名舞劍者公孫大娘的高超技藝。

［三］珉玉：石似玉。

［四］大雅：德高才博的人。

二十四　《周禮》設司夢之官

或問曰："《周禮》設司夢之官，豈漫然與？僕每夢升，必有得意之舉;每夢墜,必有失意之行。適夢墜,懼甚。子將何以教我?"曰:"子所謂得失者,何也?"曰:"心與理合之謂得,心與理失之謂失。"余起拍其肩曰:"不亦善乎? 吾又①何以教子? 信如子言,將子之所謂失意者,庶幾其日②寡矣。吾聞之:其要無咎,懼以終始。"

二十五　古來功名之士

或曰:"古來功名之士,亦未有不洗心慎防檢者。若塵垢渣滓,便如子產所謂滋心不爽[一]、迷亂百度[二],豈能復有所濟耶? 齊桓公賜管仲酒,不飲。公問故,對曰:'臣聞酒入舌出,舌出語失,語失身棄。臣以爲與其棄身,不如棄酒。'元太子真金[三]置酒餞大將軍伯顏,因請教。伯顏指手中酒曰:'可戒者,惟此與女色耳。'此皆能向肯綮處著力也。"樸麗子曰:"子之言誠善矣。抑以管仲、伯顏爲功名之士,豈以別於道德乎?"曰:"然。"曰:"功名非道德不立,道德非功名不著。二之則非是,何事區分?"曰:"其性情隱微處畢竟不同。"曰:"但有精粗耳。煮石焉能成飯? 且無微非顯、顯爲微徵。觀人於顯,而微在其中矣。子張皇幽渺,乃益膚浮。吾不能從子,格格作三代後③語。"

【注】

[一] 子產所謂滋心不爽:見《左傳·昭公元年》。滋心,原文作"兹心"。謂人需持身有度,方可免於災病。

---

① 又——王本無。
② 日——王本無。
③ 三代後——王本作"三代後人"。

［二］百度：百事。

［三］真金：孛兒只斤·真金，元世祖忽必烈嫡長子，元成宗鐵穆耳之父。自幼深受漢文化影響，當政後亦作爲漢法派之領袖與阿合馬等理財派對立，未即位而卒。

二十六　古人亦人

古人亦人耳，耳目口鼻之所同嗜未必大遠於人人。但其詳不傳，所傳者僅落落數大端。論者於古人見其精，未見其粗，而求之也疏；於今人見其精，並見其粗，而求之也密。是以古人今人本不甚相遠，而自論者觀之，則如河漢之不可以相及。即如孔明、郭汾陽在三代時，蓋亦伊尹、周、召品流也，而其所處爲尤難。孔明澹薄寧静，幸免訾謷[一]。汾陽即不免以奢侈見敗。此亦求之太密之過也。渭橋之盟，回紇謂汾陽曰："卜者言此行當見一大人而還。今見令公，足以當指。"誠哉，其爲大人矣。

【注】

［一］訾謷：攻訐詆毁。

二十七　黄帝禦蚩尤

黄帝禦蚩尤，作弓矢，天爲雨泣。孔明燒藤甲，自謂因國事減壽。劉青田製火器[一]，前無强敵，秘其法不以示人，懼遺毒也。夫兵者，民之殘也，雖正亦凶。故君子謹之又謹，不得已而後用之。語云[二]:"大兵之後,必有凶年。"又曰:"三世爲將,無後。[三]"曹彬[四]、王全斌[五]皆興朝佐命,功著旗常[六]。然寬仁者奕葉重,況酷烈者?子孫流離。天地好生而惡殺,觀此益昭然若發矇矣。

【注】

[一]劉青田製火器:劉基,字伯溫。元末明初青田縣(今浙江文成縣)人。明太祖朱元璋奪取天下的重要謀士,封誠意伯,在民間傳説中神機妙算。據傳,製造軍械火器的《火龍神器陣法》係其著作。

[二]語云:引文出自《老子》第三十章,原作"大軍之後,必有凶年"。

[三]三世爲將,無後:出《史記·白起王翦列傳》。原作"爲將三世者必敗"。

[四]曹彬:字國華。北宋真定靈壽(今屬河北靈壽縣)人。北宋開國名將,驍勇善戰,重軍紀,不濫殺。

[五]王全斌:王全斌,五代宋初并州太原(今山西太原)人。名將,曾殘殺降兵及平民。

[六]旗常:王侯的旗幟。此指王侯。

二十八　元載爲相

元載[一]爲相時,令囚車四面置釘,三品以上被刑於外者,剔取其喉骨爲驗。後皆一一身受之。北魏韓麒麟[二]爲齊州刺史,政尚寬。從事普慶説曰:"公仗節方夏[三],而無所誅斬,何以示威?"麒麟曰:"刑罰所以止惡,仁者不得已而用之。今民不犯法,又何誅乎?若必斷斬然後可以立威,當以卿應之。"普慶慚懼而退。觀此使人大快。夫道二,仁與不仁而已矣。酷,不仁之極者也。倡酷者即以其人應之,作酷刑者即以其身受之,庶幾暴之途塞,而嘉祥見矣。

【注】

［一］元載：字公輔。唐代鳳翔岐山（今陝西岐山）人。出身貧寒，出仕之初歷任小官。因與權宦李輔國交好，屢受拔擢直至任同中書門下平章事（即宰相）。後助代宗殺死李輔國、魚朝恩兩個宦官首腦。擅權驕縱，終被代宗賜死。

［二］韓麒麟：南北朝時昌黎棘城（今遼寧義縣）人。北魏名將。自幼好學，美風儀，善騎射。爲齊州刺史時，處政尚寬和，從事（漢以後三公或州郡長官所辟僚屬之稱）劉普慶勸其誅斬以立威。

［三］方夏：指中國、華夏，與"四夷"相對。

二十九　劉豫州詣孫權

劉豫州詣孫權，求都督荆州。周瑜上疏曰："劉備以梟雄之姿，而有關、張熊虎之將，必非久屈爲人用者。"謂宜徙置吳，爲宮室，多其美女玩好，以娛其耳目；猥[一]割土地資業之，非計。權不聽。宋藝祖聞南唐主[二]好佛，密遣名僧數人往，政事益廢。樸麗子曰："美女玩好以娛耳目，名僧以廢政事，是皆於淡中著手，如日銷膏而人不知，計之至毒者也。機變陰森，不寒而慄。抑陳同甫[三]有言：'君父之讐恥有所不顧，士大夫相與低眉拱首①，以不談性命爲恥。'斯南宋所以不競也。夫性命不徵諸事功，則亦名僧而已矣，美女玩好而已矣。"

【注】

［一］猥：多。
［二］南唐主：指南唐後主李煜。
［三］陳同甫：陳亮，字同甫，原名汝能，亦稱龍川先生。南宋婺州永

---

① 首——王本作"手"。

康(今屬浙江)人。因詣闕上書論國事,後曾兩次被誣入獄。著有《龍川文集》《龍川詞》。

三十　虞廷五臣

虞廷五臣[一],禹及身而王,稷、契子孫皆數百年天子,皋陶不王,益之王也,秦也暴而促。或曰:"皋陶刑官,益焚燒太酷,雖皆聖人之大用,亦少少感傷沖和。豈信然與?"漢高入關,天地再闢,日月重光,蕭曹之功居多,子孫亦爲天子。然何能望殷周十一哉?由此觀之,其功大者,其食報厚;其功小者,其食報薄。準如權衡,誰主持是?

【注】

[一]虞廷五臣:虞廷,聖王虞舜的朝廷。五臣,指禹、稷、契、皋陶、伯益。禹,治黄河水患有功,受舜禪讓繼帝位,其子啓爲夏第一代君主。稷,堯舜時期掌管農業之官,周朝始祖。契,堯稱帝時做爲司徒,商朝開國君主商湯的先祖。皋陶,舜任命其爲掌管刑法的"理官"。益,即伯益,助禹治水有功,禹時總理朝政,禹臨終將天下授於益,禹死後,益讓位於啓,爲秦國王族先祖。

三十一　魏中尉甄琛

魏中尉甄琛[一]乞弛鹽禁。尚書鴆、尚書巒[二]奏曰:"琛之所陳,坐談則理高,行之則事闕。善治民者,必污隆[三]隨時,豐儉稱事,役養消息,以成其性命。今鹽池之禁已久,積而散之以濟軍國,非專爲大官饌羞、後宮服玩也。然自鹽禁以來,有司多慢出納或不如法,此乃用之無方①,非作者有失。法久而弊去,其弊可矣。請如舊式。"樸麗子曰:"尚書所奏,練達之言也。浮薄新進及書生貴游,競言建豎,喜紛更,皆國之蠹。甄琛異是。唐以後,多以鹽禁致亂,琛豈有鑒於此與?然爾時南北構兵,軍興實繁。宣武揮費不資,不禁其源而欲塞其流,二尚書所謂'行之則事闕'者也。夫爲政不尚美言高論。望屠門而大嚼,何如粗糲之充虛[四]也?揆時濟物,在彼不在此。"

【注】

[一] 甄琛:北魏宣武帝時御史中尉。
[二] 尚書綰、尚書巒:指彭城王元綰與殿中尚書邢巒。
[三] 污隆:降升。
[四] 充虛:猶充飢。

三十二　齊高祖

齊高祖歡[一]繼爾朱榮[二]而起,北魏遂以不競矣。然其生平頗有可觀者,每語鮮卑曰:"漢民是汝奴,爲汝耕織、輸粟帛温飽,何爲陵之?"語華人曰:"鮮卑是汝作客,得汝一斛米、一疋絹,爲汝擊賊,令汝安寧,何爲疾之?"其言何其藹然動聽耶?高敖曹[三]射其門者,不問。非所謂用人之勇,去其暴哉?夫自古創業垂統,未有不收合人心、任情使氣而能有成者也。歡亦人傑也哉?

【注】

[一] 齊高祖歡:高歡,初南北朝時北魏權臣,分裂爲東西魏後爲東魏

---

①　無方——王本作"無法"。

實際執政者,多謀善戰。其子高洋稱帝建立北齊,追奉其爲高祖獻武皇帝。

　　[二]爾朱榮:字天寶。南北朝時北秀容(今山西朔州)人,契胡族,北魏名將。擅權獨攬,驕橫跋扈,爲北魏孝莊帝所殺。

　　[三]高敖曹:即高昂,字敖曹,以字行。北朝時渤海蓨縣(今河北景縣)人,東魏大將。驍勇善戰,俠氣淩物。曾拜訪高歡而爲歡門人所阻,遂怒引弓射門。高歡並未怪罪。

三十三　楚文王伐申

　　楚文王[一]伐申,過鄧。鄧侯曰:"吾甥也。"止而享之。騅甥、聃甥、養甥[二]請殺之。弗許。三甥曰:"亡鄧國者,必是人也。不早圖,後將噬臍[三]。"魏立蕭詧[四]爲皇帝,取其雍州而資以荆州,延袤①三百里。又置防主將兵居西域,名曰助防,實以制詧也。初,魏師未還,詧將尹德毅[五]説之②曰:"江南之人,塗炭至此,咸謂殿下爲之,人盡仇也,誰與爲國?今魏之精鋭盡萃於此,若殿下爲設享會,預伏武士,因而斃之,分命諸將掩[六]其營壘,收江南百姓撫而安之,文武羣僚隨材銓授,魏人慴息,未敢送死。王僧辯[七]之徒,折簡可致。然後朝服濟江,入踐皇極,晷刻之間,大功可立。古人云'天與不取,反受其咎'。願殿下恢宏遠略,勿懷匹夫之行。"詧曰:"卿策非不善。然魏人待我厚,若爲此,人將不食吾餘。"至是闉城繫虜,又失襄陽,乃恨不用德毅之言。樸麗子曰:"三甥、德毅所陳,皆非人情。若用三甥言,其亡更速,不足論。德毅實握勝算,當必有濟。然此乃聰明神武之事,詧豈能之乎?"或

―――――

①　延袤——王本作"延袤"。
②　説之——王本作"諫之"。

曰:"誓終不失爲長者。"曰:"忘君父之仇恥,棄祖宗之基業,而博一長者之名乎? 抑先儒《放蝎文》云:'殺之則害仁,放之則害義。'此語亦當善會。夫仁主於愛,義主於斷。當愛而愛,仁之至即義之盡;當斷而斷,義之盡即仁之至。但須權其輕重,不相妨也。"

【注】

[一] 楚文王:春秋時楚國國君。芈姓,熊氏,名貲。
[二] 騅甥、聃甥、養甥:俱爲鄧國大夫。
[三] 噬臍:自齧腹臍。喻後悔不及。
[四] 蕭詧:一作蕭察。字理孫。梁武帝蕭衍之孫,昭明太子蕭統第三子,南北朝時期西梁皇帝。曾爲雍州刺史。即帝位後,由於軍事失利,稱藩於西魏。
[五] 尹德毅:南北朝時梁老將。
[六] 掩:突襲。
[七] 王僧辯:南北朝時梁名將。

卷十一

一　隋文帝仁壽三年

隋文帝仁壽三年,龍門王通[一]詣闕獻《太平十二策》,帝不能用,作東征之歌而歸。遂教授於河汾之間。弟子自遠至者甚衆。楊素[二]極重之,勸之仕。曰:"通有先人之敝廬,足以庇風雨,薄田足以供飱[三]粥,讀書談道足以自樂。願明公正身以正天下,使時和年豐,通也受賜多矣。不願仕也。"大業末,卒於家。門人謐曰"文中子"。樸麗子曰:"文中子詣闕獻策,斯仁者之大略。惜求之三年,未見其書。既不用,退而教授,其出處合於孔孟。厥后,唐初將相之選盡出其門[四],斯亦鶴鳴子和[五]之必然者也。余嘗取《中説》反覆尋繹而論其世,自慚寡昧,不足以識之。然竊以爲孟子後、周子[六]前一人而已。"

【注】

[一]王通:字仲淹。隋末唐初絳州龍門(今山西萬榮縣)人。以著書講學爲業,有《中説》等傳世。門弟子私謐爲"文中子"。

[二]楊素:字處道。隋弘農華陰(今屬陝西)人。名將、權臣,深受隋文帝楊堅信任。

[三]飱:同"飧"。粥。

[四]唐初將相之選盡出其門:相傳唐初房玄齡、魏徵、温彥博,均爲

王通弟子。經後人考證,不盡真實。

[五]鶴鳴子和:原意爲鶴鳴,小鶴也和之而鳴。後指志趣相投者相互唱和。語出《易·中孚》:"鶴鳴在陰,其子和之。我有好爵,吾與爾靡之。"

[六]周子:周敦頤,字茂叔,世稱濂溪先生。北宋道州營道樓田堡(今湖南道縣)人。宋代理學之開山鼻祖。著有《周元公集》《太極圖説》《通書》等。

二　隋文帝不喜辭華

隋文帝不喜辭華,詔公私文翰並宜實錄。治書侍御史李諤[一]上書曰:"魏之三祖[二]崇尚文詞,遂成風俗。江右齊梁,其弊尤甚,競一韻之奇,爭一字之巧。連篇累牘,不出月露之形;積案盈箱,唯是風雲之狀。世俗以之相高,朝廷以之擢士。以儒素爲古拙,以詞賦爲君子。故其文日繁,其政日亂。良由棄大聖之規模,構無用以爲用也。今朝廷雖有明詔,而州縣仍踵弊風。請加采察,送臺推勘。"詔以其奏頒示四方。夫言者,心之聲。文章有醇醨[三],而世道之升降分焉。侍御之言,所見者大,足以扶衰振靡。昌黎、河東由此奔逸絶塵也。

【注】

[一]李諤:字士恢。北朝到隋朝大臣。

[二]魏之三祖:指三國魏太祖曹操、高祖曹丕、烈祖曹叡。均以詩賦知名。

[三]醇醨:厚酒與薄酒,後用來表示厚與薄。

三　人在堂上

伊川云:"人在堂上,方能辨堂下曲直。"此言誠是也。然必其人本堂上人,則可耳。若堂下人忽據堂上,群思擊之矣。伊川之言,以己昭昭使人昭昭之意。學者不察,泥焉爲咎。嗟乎!不揆事體之難易,不悉人情之委折,不諳風土之殊尚,不酌古今之異宜,拘儒小生,昂首鼓舌,詡詡焉競爲高論矣。

四 避嫌之事

或問曰:"避嫌之事,賢者不爲。信乎?"答曰:"避之而有害於正誼,不必避。避之而無害於正誼,不必不避。道在各隨其事①之時地,審處以求其人②之合。先儒論説,無有定格。"

五 唐玄武門之事

或問:"有唐玄武門之事於?"樸麗子不答。固問之,乃言曰:"此千古大變。倡其謀者房玄齡[一],杜如晦[二]斷之,太宗半明半昧,矢在弦上,不得不發耳。太宗以問李靖[三]、李世勣[四],皆辭。太宗重之。靖、世勣,非正於房、杜也,蓋器識不同,不免有所顧慮,爲身名計耳。抑靖、世勣皆在外,明知其事不能已,辭如是,不辭亦如是,自以辭爲高。房、杜,天上人物,近世宰輔冠冕,其生平極爲謹慎小心,乃出首力贊此事。余聞之師曰:'足高一層,眼高一層。'夫識不及房、杜,而違心曲附者,賊也。識不及房、杜,而拘墟[五]橫議者,妄也。此事成於房玄齡、杜如晦,則亦還

---

① 事——王本作"人"。
② 人——王本作"事"。

問諸房玄齡、杜如晦而已矣。"

【注】

　　[一]房玄齡：名喬，字玄齡，以字行。唐初齊州(今山東臨淄)人。李世民爲秦王時即爲其重要謀士。後爲李世民出謀劃策，發動玄武門之變，擁李世民即皇帝位。此後，房玄齡任中書令、尚書左僕射等重要職位。

　　[二]杜如晦：字克明。唐初京兆杜陵(今陝西西安長安)人。隋末爲秦王李世民重要謀士，與房玄齡參與策劃玄武門之變，事成後，二人功居首位。李世民即位後，累遷尚書僕射。房玄齡善謀，而杜如晦處事果斷，二人因此被稱爲"房謀杜斷"。

　　[三]李靖：字藥師。隋唐間雍州三原(今陝西三原縣東北)人。當時名將，戰功卓著。南平蕭銑、輔公祐，北滅東突厥，西破吐谷渾。封衛國公。

　　[四]李世勣：即李勣。原名徐世勣，字懋功。唐高祖李淵賜其姓李，後避唐太宗李世民諱改名爲李勣。唐代曹州離狐(今山東菏澤東明縣東南)人。早年從李世民平定四方，後成爲唐王朝開疆拓土的主要戰將之一，曾破東突厥、高句麗。封英國公。

　　[五]拘墟：亦作"拘虛"。喻孤處一隅，見聞狹隘。

六　唐刑官徐有功

　　唐刑官徐有功[一]用法平恕，當時稱爲和風甘雨、瑞日祥雲。諒哉！士大夫寧優容而失之寬，勿操切而臨於忍。一念之刻核[二]，群偷[三]環之，大則爲酷烈，小則爲洸潰[四]，洌寒重陰，鳥噤花謝，氣象愁慘。夫人世婆娑，異體同情。即奈何不與黃童白叟、林林總總者熙然共游光天化日中，顧乃齜齒皺眉，日近湯火，屬[五]人以自屬乎？

【注】

［一］徐有功：名宏敏，字有功。唐代洛州偃師（今偃師市緱氏鎮）人。舉明經及第。歷任各級司法官員。重德輕刑，以死守法，堅決反對武則天時酷吏羅織罪名、陷人羅網之風。

［二］刻核：苛刻。

［三］群偷：指性情澆薄之人。

［四］洸潰：水激怒潰決之貌，用來形容暴戾剛狠的樣子。

［五］厲：虐害。

七　宋　昱

宋昱[一]知選事。進士劉迺遺之書曰："禹、稷、皋陶同居舜朝，猶曰'載采有九德，考績亦九載'。今主事察言於一幅之判，觀行於一揖之間。何古今遲速不侔之甚哉？藉使周公、孔子處此，辭華不及徐、庾[二]，利口不若嗇夫，何暇論聖賢之事業乎？"此有益世道之言，當與李諤①上隋文帝書同觀。

【注】

［一］宋昱：唐玄宗時中書舍人，曾掌銓選。

［二］徐、庾：指南北朝時期徐摛、徐陵父子和庾肩吾、庾信父子，善詞賦。

八　唐饒陽裨將張興

唐饒陽裨將張興[一]力舉千鈞，性復明辨。賊攻饒陽，彌年

---

① 李諤——王本作"李鍔"。

不能下。及諸郡皆陷,思明[二]並力攻之,城破擒興。謂曰:"將軍真壯士。能與我共富貴乎?"答曰:"興,唐之忠臣,固無降理。今數刻[三]人耳,原一言而死。"思明曰:"試言之。"興曰:"主上待禄山恩如父子,群臣莫及。不知報德,乃興兵指闕,塗炭生人。大丈夫不能剪除凶逆,乃北面爲之臣乎? 且足下所以從賊,求富貴耳。譬燕巢於幕[四],豈能久安? 何如乘間去賊,轉禍爲福,長享富貴,不亦美乎?"思明怒,鉅[五]殺之。樸麗子曰:"張興當死生呼吸之際,論議侃侃,一毫不亂,可謂大丈夫。士大夫讀聖賢書,平居談精説妙,一但①臨小利害,蹙蹙柴壘②,胸中恍惚,莫知所措,見張將軍能不羞死?"

【注】

[一] 張興:唐代河北束鹿縣(今河北辛集)人。天寶年間饒陽(今河北饒陽)郡副將軍,安史之亂中不屈被殺。

[二] 思明:史思明,初名崒干。唐代玄宗時將領。突厥人,與安禄山同鄉。安禄山反,從之。禄山爲子慶緒所殺,叛軍内訌。史思明亦被唐師所敗,遂降唐。後再叛,其子朝義勒殺之。

[三] 數刻:言能夠活著的時間之短。刻,計時單位,古代以漏壺計時,一晝夜分爲百刻。

[四] 燕巢於幕:燕子在帳幕上築巢。比喻處境非常危險,因帳幕隨時可撤。

[五] 鉅:堅硬的鐵。一説,兵器名。

九　醫者仁術

醫者,仁術也。肇自黄帝,盛於仲景[一]。東垣[二]丹溪[三],

---

① 一但——王本作"一旦"。
② 柴壘——王本作"柴捆"。

分道揚鑣,各有其妙。其後源遠,而末益分。尋聲逐响,按圖索驥,方藥日煩,能者蓋寡。語云:"人不死於病,而死於醫。"是以古之儒者多通其術,而《周官》列爲上士,屬諸冢宰,誠重之也。

【注】

[一] 仲景:張仲景,名機,字仲景。東漢南陽涅陽縣(今河南鄧州)人。著名醫學家,有《傷寒雜病論》傳世。被後人尊稱爲"醫聖"。

[二] 東垣:李杲,字明之,晚年自號東垣老人。金元時真定(今河北正定)人。中國醫學史上與朱丹溪、劉完素、張從正並列爲"金元四大家","脾胃學説"創始人。著作有《内外傷辨惑論》《脾胃論》等。

[三] 丹溪:朱丹溪,名震亨,字彦修,號丹溪。元代婺州義烏(今浙江義烏)赤岸人。醫學家,爲"滋陰派"(又稱"丹溪學派")的創始人,在中醫學史上占有重要地位。著作有《格致餘論》《局方發揮》等。

十　男以氣爲本

夫①男以氣爲本,血常不足。然氣之所附者,血也,血耗而②氣必妄作。故男之病不一治,法亦殊,大要以滋陰爲先,吾宗丹溪焉。女以血爲本,氣常不足。然血之所根者,氣也,氣逆而血必亂行。故女病不一治,法亦殊,大要以扶陽爲先,吾宗東垣焉。周子云③:"太極動而生陽,動極而静,静而生陰,静極復動,陰陽互根。知此意也,可以言醫。"

---

① 夫——王本無。
② 而——王本無。
③ 周子云——自此以下王本無。

十一　神者言乎靈妙之所存

　　神者，言乎靈妙之所存也，不滯於有，不淪於無，非擬議安排之所能與人。唯能葆養濬毀[一]，自存其靈妙，則動與相會耳。至於存之既久，則神。人人即神合同而化矣，所謂聰明正直之謂神。

【注】

　　[一] 毀——同"叡"。治理。

十二　人情與勢

　　夫人情與勢有所必不能已、不必已者，顧且介介[一]焉。屈心抑志，後顧前瞻，遷就因循，强思已已[二]，未始非誼士之美行、達人之曠懷。然而斷水仍流，吹網不滿，必至滅東生西，能暫而不能久。愛惡內攻，得失外判，必多悔誤，煩惱大起。其極也，至於輾轉激搏，百凡頹廢，其失轉多矣①。君子知其然，不若決機於早，隨其分而利導之，揆厥由來，猶爲彼善於此。

【注】

　　[一] 介介：介意，不能忘懷。
　　[二] 已已：停止。

---

　　① 矣——王本無。

十三　唐肅宗靈武即位

　　或問：“唐肅宗靈武即位[一]，議者紛紛。子以爲何如？”樸麗子曰：“是非僕之所能知。”曰：“子喜論古，何獨靳[二]於我？敢固請。”於是嘅然太息，作而言曰：“吁！子來前，吾今告子。夫唐之天下，汾陽再造。假使玄宗遠適，肅宗不立，聲問①隔絕，人心潰亂，無所繫屬，雖百汾陽，亦何能爲？肅宗因父老之請，承玄宗之命，即位靈武，收拾人心，號召諸路將士，掃除凶逆，恢復兩京，遂遣使迎上皇。上皇至咸陽，備法駕[三]迎於望賢宮。當是時也，上皇在宮南樓，肅宗著紫袍望樓下馬，趨進拜舞於樓下。上皇降樓，拊之而泣，索黃袍自爲著之。肅宗伏地，頓首固辭。上皇曰：‘天數人心，皆歸於汝。使朕得保養餘齒，汝之孝也。’肅宗乃受。上皇不肯居正殿，肅宗自扶登殿。尚食[四]進食，嘗而薦之。將發行宮，肅宗親爲上皇習馬[五]而進之，執鞚[六]行數步，上皇止之。肅宗乘馬前引，不敢當馳道上。上皇謂左右曰：‘吾爲天子五十年未爲貴，爲天子父乃貴耳。’入御含元殿，慰撫百官。乃詣長樂殿，謝九廟主，慟哭久之。即日出居興慶宮。肅宗累表請避位還東宮，上皇不許，以傳國寶授之，肅宗始涕泣受命。嗚呼！此誠千古盛事。其視社稷丘墟、君父流離於荒陬何如哉？而議者訾謷其事不已。是議也，大足助賊，禄山喜聞之，而唐之列祖列宗及海内臣庶之所蹙額而疾怒者也。”

【注】

　　[一] 唐肅宗靈武即位：唐肅宗李亨，唐玄宗李隆基第三子。初封忠

---

① 聲問——王本作“聲聞”。

王,後立爲太子。安史之亂起,玄宗任之爲天下兵馬大元帥,負責平叛。玄宗西逃,李亨在馬嵬坡爲百姓遮留,與玄宗分道,北上至靈武,遂即位。

［二］靳:拒絕。

［三］法駕:天子車駕的一種。天子的鹵簿分大駕、法駕、小駕三種,其儀衛之繁簡各有不同。

［四］尚食:官名,掌帝王膳食。

［五］習馬:調整馬匹。

［六］鞚:馬口勒。

十四　唐憲宗命諸將討吳元濟

唐憲宗[一]命諸將討吳元濟[二],李光顏[三]戰最力。韓宏欲結之,索得一美婦人,容色絕世,遺光顏。光顏乃①大享將士,謂使者曰:"戰士數萬,皆棄家遠來,冒犯白刃。光顏何忍獨以聲色自娛悦乎?"因流涕。坐者皆泣。乃即席厚贈使者,并女返之。曰:"爲光顏多謝相公。光顏以身許國,誓不與逆賊同戴日月,死無貳矣。"樸麗子曰:"成敗之機,間不容髮。此女若留,氣餒而人心不服,軍威替矣。"光顏流涕,坐者皆泣,不審後之觀者亦何以唏噓哽咽也。夫天機勃發,嗜慾自捐。不如此,烏能戰勝於理欲之關、氣吞鯨鯢哉! 文文山[四]聲妓滿前,一得勤王詔,立揮使去。古來賢豪,都非無情,輕重之間,取捨斬斬。唯有情而不溺於情,斯所以皎皎與日月争光耳。

【注】

［一］唐憲宗:李純,初名李淳。即位後勵精圖治,重用賢良,改革弊

———

① 乃——王本無。

政，勤勉政事，力圖中興，從而取得元和削藩的巨大成果，使藩鎮勢力暫時有所削弱，重樹中央政府的威嚴，史稱"元和中興"。

[二] 吳元濟：唐代滄州清池(今河北滄州東南)人。其父吳少陽爲淮西節度使，治蔡州(今河南汝南)，地處要衝。代宗、德宗以來，勾結河北諸鎮，成爲朝廷大患。少陽死，元濟上表請繼之，憲宗不許，遂叛。兵敗被斬於長安。

[三] 李光顏：字光遠。唐代河曲(今山西河曲)人。突厥阿跌族，因功賜姓李。唐中期名將。出身將門，勇健善射。參與討伐淮西叛鎮吳元濟，與淮西軍多次交戰，並親自率軍於鄆城大破淮西軍，牽制其主力，爲李愬夜襲蔡州提供條件。

[四] 文文山：文天祥，號文山。南宋江西吉州廬陵(今江西吉安)人。官至右丞相。蒙人攻宋，文天祥於五坡嶺兵敗被俘，寧死不降。著有《文山詩集》《指南錄》《正氣歌》等。

十五　唐太和二年春

唐太和二年春①，文宗[一]親策制舉人。時宦官益橫，建置[二]天子，威權出人主上，人莫敢言。劉蕡[三]對策，極言其禍。考官歎服而不敢取。裴休[四]等二十二人中第，物論囂然稱屈。御史欲論奏，執政抑之。時裴度[五]、韋處厚[六]二公爲政。論者曰："優容切直，賢者亦難之。"余謂勢不足以制閹寺，而徒以虛言挑釁，固不如其已也。老成深慮，未易窺測。

【注】

[一] 文宗：唐文宗李昂。在位期間政治黑暗，宦官專權，爭鬥不斷，唐朝日益沒落，文宗本人形同傀儡，後抑鬱而死。

[二] 建置：扶植。

[三] 劉蕡：字去華。唐寶曆二年(826)進士。善作文，耿介嫉惡，主

---

① 太和二年春——王本無。

張去除宦官之禍。後令狐楚、牛僧孺等鎮守地方時，徵召爲幕僚從事。終因宦官誣害，貶爲柳州司户參軍，客死異鄉。

〔四〕裴休：字公美。唐代河内濟源（今河南濟源）人。博學多能，工於詩畫，擅長書法。太和二年（828）進士，憲宗時任宰相。改革漕運積弊，制止藩鎮專横，頗有政績。晚年遭貶任荆南節度使，潛心研究佛學。

〔五〕裴度：字中立。唐代河東聞喜（今山西聞喜東北）人。出身大族。德宗時進士。憲宗時支持憲宗削藩，與宰相武元衡均遇刺，元衡遇害，裴度亦傷首，遂代其爲相。後親自出鎮，督統諸將平定淮西，封晋國公，世稱"裴晋公"。歷仕穆宗、敬宗、文宗三朝，數度出鎮拜相。晚年隨世俗沉浮以避禍。官終中書令，故稱"裴令"。

〔六〕韋處厚：字德載，原名韋淳，爲避唐憲宗李純名諱，改爲"處厚"。唐代京兆萬年（今陝西西安）人。文宗朝宰相。在政治危局中勉力支撐，勸諫皇帝，薦舉賢能。歷仕憲、穆、敬、文四個皇帝，忠厚寬和，耿直無私。

十六　失意之事

夫遇失意之事，至於末可如何，斯亦人生之大不幸矣。然知其末可如何而安之，與知其末可如何而别求一途焉以安之，乃人事之自得，亦天道之可通。困而亨，險而出，未爲不幸也。若斤斤焉力與之争，必至轉相擊搏、治絲益棼，則真不幸矣。余聞之莊生云"知其不可如何而安之若命"，此達人之言也。叔孫指楹曰："雖惡是，其可去乎？"出見季孫。此達人之事也。尺蠖之屈，所以求信。屈於彼，或信於此；輕於前，或軒於後。得失在己，成敗由人。是爲立命之學。

十七　李愬既克蔡州

李愬[一]既克蔡州，裴度建彰義節[二]，將降卒萬餘人入城。

愬具櫜鞬[三]出迎，拜於路左。度將避之，愬曰："蔡人頑悖，不識上下之分數十年矣。願公因而示之，使知朝廷之尊。"度乃受之。此聖賢心腸，宰相作用。雪夜擒吳元濟，良將所能也，此非良將所能也。觀《平朱泚露布》[四]及愬此舉，西平父子光昭萬古矣。

【注】

[一] 李愬：字元直。唐代洮州臨潭（今屬甘肅）人。西平郡王李晟第八子。唐代名將，多謀善射，曾奉命討伐割據淮西的吳元濟，生擒之。後任武寧節度使，大破叛亂的李師道，十一戰皆勝。

[二] 彰義節：吳元濟所領原爲淮西軍，遭平後改爲彰義軍。節，節度。

[三] 櫜鞬：櫜，弓箭鞬盒的外皮囊。鞬，馬上裝弓箭的器具。

[四]《平朱泚露布》：建中四年（783），淮西節度使李希烈叛唐，圍攻河南襄城。德宗爲解襄城之圍，詔令涇原節度使等各道兵馬援救。京兆尹王翔犒賞軍隊不豐，導致嘩變。涇原兵擁立太尉朱泚爲大秦皇帝，占據長安。德宗出逃奉天（今陝西乾縣）。興元元年（784），李愬父李晟收復長安，平定朱泚之亂，以功封西平郡王。《平朱泚露布》原名作《破賊朱泚露布》，爲平叛後李晟上德宗表。露布，不緘封的文書，此指告捷文書。

十八　遠游而歸

樸麗子遠游而歸，遇故老於途。故老曰："與子別久，近作何功？"答曰："體悉人情。"故老喜曰："今者子殆進矣。雖然，子所謂體悉者，何耶？夫人生遭際各殊，而情生焉。人各有所不言而縕結之情。非不言也，不能質言也。或喻言之，或反言之，或以吟詩歌風言之，其言愈曲，其情愈深。吾恐子體人所共見之情，而不能體人所不見之情也。吾恐子體人至公之情，而不能體人至私之情也。吾恐子體人能言之情，而不能體人不能言之情。"

十九　君輩意

君輩意亦復可敗耶？史稱王戎[一]簡要，此其微言。夫意有所向，則授人以持之之柄。而因以顛倒我，則敗矣。不求我之無可敗於人，而求人之不敗我，難矣。然則，如之何而可？曰："正當如水鏡先生[二]所謂'如卿言亦復佳耳'。"

【注】

[一] 王戎：字濬沖。西晉琅玡臨沂（今山東臨沂）人。長於清談，以品評與識鑒而著稱。"竹林七賢"之一。晉武帝遴選吏部尚書，徵詢鍾會。鍾會評"王戎簡要"，即處事簡明切要，可當此任。

[二] 水鏡先生：司馬徽，字德操。東漢末年潁川陽翟（今河南禹州）人。為人清雅，有知人之明，曾向劉備推薦諸葛亮、龐統。司馬徽口不言人過，"有以人物問徽者，初不辨其高下，每輒言佳。其婦諫曰：'人質所疑，君宜辨論，而一皆言佳，此人所以咨君之意乎？'徽曰：'如君所言亦復佳。'"參《世說新語·言語》劉孝標注引《司馬徽別傳》。

二十　聖人節度謹嚴

聖人節度謹嚴，而宅心仁厚。其愛人也，無有已時。於原讓[一]厲責，而以一叩誶[二]之；於孺悲[三]峻拒，而以一歌聯之。殷意長情，千載如揭[四]。一友人曰："吾子此言，宜聖人[五]見之當首肯。惜不得面質之。然不嘗云乎：'親者無失其為親也，故者無失其為故也。'則亦不待質而明矣。"

【注】

[一] 原讓：多作"原壤"。春秋時魯國人，孔子舊友。《禮記·檀弓》

記原壤之母去世,孔子幫助處理葬禮事宜。原壤唱歌抒懷,孔子裝作沒聽見而走開。隨從的人問:"先生不可以使他停止(唱)嗎?"孔子道:"親人總歸是親人,故舊總歸是故舊。"《論語·憲問》記原壤曾無禮踞坐,孔子斥之曰:"幼而不孫弟,長而無述焉,老而不死是爲賊。"並以手杖敲擊原壤小腿。

[二] 諢:開玩笑。

[三] 孺悲:春秋時魯國人。魯哀公曾派他向孔子學禮。《論語·陽貨》:"孺悲欲見孔子,孔子辭以疾。將命者出戶,取瑟而歌,使之聞之。"

[四] 揭:顯露。

[五] 宣聖人:指孔子。唐玄宗封"文宣王",宋真宗封"至聖文宣王",故有此稱。

二十一　苑陵劉母

苑陵劉母與①余爲中表尊屬,夫卒,食貧,教子閨中。則之元旦戒宗婦食,一富者託故辭。及富者答請,輒行。或止之,母凄然曰:"勿止我。我復不去,自此往來遂斷②矣。我不忍也。"相見怡然如常時。母,熊文端公[一]曾孫女。

【注】

[一] 熊文端公:熊賜履,字敬修,又字青嶽,號素九,別號愚齋。清代湖廣漢陽府孝感人,世籍南昌。順治十五年(1658)進士,康熙朝重臣,理學大家。謚文端。

二十二　好　惡

好惡者,情也。所以好惡者,性也。率乎性者,道也。道不

---

① 與——王本作"於"。
② 斷——王本作"絶"。

外性,豈遠乎情哉？王莽矯情餌譽,爲噉名客。立幟於是,埋兒、繫子、絕室、懸絲[一]之流,紛紛焉接踵而起矣。

【注】

[一]懸絲：唐代鄭綱好佛,堅不殺生,屋內滿布蜘蛛,離地一二尺俱懸蛛絲。

二十三　晏子羊裘

晏子[一]一羊裘三十年,人以爲儉。公孫丞相[二]布被,人以爲詐。羊裘布被易使,人謂儉不謂詐,難在内課於己耳。究之,金屋安身與茅屋同,玉盃飲酒與瓦釜同。然其所費懸殊,不可以數計,尚實則務自簡。夫羊裘布被,惟取其溫,何容心[三]之有？

【注】

[一]晏子：晏嬰,字仲,謚平,亦稱平仲。春秋時夷維(今山東高密)人。齊國重臣,精於外交内務。歷仕靈公、莊公、景公三朝,輔政長達五十餘年。作風樸素,聰穎機智。《禮記·檀弓》孔子弟子有若稱揚晏嬰節儉"一狐裘三十年"。

[二]公孫丞相：公孫弘,字季。西漢齊地菑川人(今山東壽光)。出身獄吏,亦習儒家經典,擅長以儒術緣飾文法。漢武帝時丞相,封平津侯。從不面諫,深受愛重。性節儉,用布被。當時以犯顔直諫著稱的汲黯斥責他沽名釣譽。

[三]容心：留心,在意。

二十四　游於石橋

樸麗子游於石橋。石橋者,洛陽之東偏也。時牡丹盛開,偶入一園，無障我者。入既深，見花叢中有聚飲者，急退。主人見而挽留之。視之，舊相識。曰："今方招客，願留共飲。"余辭以量狹。主人固邀之，既就酌酒，薄甚。座間皆豪於飲者，日已夕，皆將就醉，而余尚不得微醺。繼此環相獻酬諸客，酒顧皆濃釀，意頗不怡。然視主人周旋懇款，不忍拂之，偶一啜，陪場而已。夜分始罷。客各大醉，遂寢。余亦就宿焉。明日早起，主人邀游名園，多平生所未見者，當不數姚黃、魏紫[一]矣。及返，諸客皆病酒。有起而嘔於庭者，有呻吟昏卧者，顧視憊甚。主人曰："子始云量狹，今觀諸君，乃不及遠甚。"余大笑，微露酒薄意。主人默然，亦顧余而笑。遂別。歸而語諸婦，婦曰："豈不善乎？向者之薄，乃所以為厚也。且君何緣得此佳主人。"余豁然頓悟，喟然而嘆曰："賢哉我婦也！"

【注】

[一] 姚黃、魏紫：皆牡丹名種。姚黃，色黃。魏紫，色紫紅。相傳分別出於北宋洛陽姚魏兩家，故名。

二十五　勝其亂

勝其亂①，因致無為。九黎[一]害德，顓頊征之，已克而治。

---

① 勝其亂——此段文字似有錯亂。具引王本如下：樸麗子曰："唐太宗時，封德彝謂：'三代之後，日漸澆漓。故秦任法術，漢雜霸道。魏徵書生，好虛論，徒亂國家，不可聽。'徵曰：'五帝三王，不易民以教，行帝道而帝，行王道而王，顧所行何如耳？桀紂無道，湯武征之，皆身及太平。若人漸澆漓，不復追樸，今當為鬼為魅，尚安得而化哉？'斯言也，真有禆治道之言也。夫萬物之性，人為貴。人知其貴於物，則有以自重，而不肯為非。為政者欲風化之行，在先去其薄人之心。以君子待人，人以君子應之；以小人待人，人以小人應之。烏有日漸澆漓如封德彝所言哉？魏公面折廷諍，此尤理亂大關。貞觀之治所由，為千載一時也。"

桀紂無道，湯武征之，皆身及太平。若人漸澆漓，不復返樸，今當爲鬼爲魅，尚安得而化哉？彝不能對。及數年後，斗米三錢，幾致刑措。蠻夷君長，襲衣冠，帶刀宿衛。帝語群臣："此魏徵勸我行仁義之效，惜不令封德彝見之。"樸麗子曰："詩云'民之秉彝[二]好是懿德'，民未有不好德者也，是以萬物之性人爲貴，人知貴於物則有以自重，而不肯爲非。爲政者欲風化之行，在先去其薄人之心。以君子待人，人以君子應之；以小人待人，人以小人應之。且夫人所以爲不善者，非其性使然也，必外有所迫，内有所蔽，以害之善。治民者第力去其所害，民日油然向善，而不自知矣。烏有日漸澆漓如封德彝所言哉？鄭公面折廷諍，此尤理亂大關，有裨萬古治道。嗚呼！貞觀之治所由，爲千載一時也。"

【注】

[一] 九黎：上古部落名。

[二] 民之秉彝：彝，倫。謂百姓秉持常倫。出自《詩經·大雅·烝民》。

二十六　唐太宗貞觀二年

唐太宗貞觀二年，以蕭瑀[一]言，欲復封建。衛公李靖[二]著論駁之。其略曰："臣聞自古皇王君臨寓内，莫不受命上穹，飛名帝籙[三]，祚之長短，必在天時。政或盛衰，有關人事。宗周卜世三十，卜年七百。雖淪胥之道斯强，而文武之器猶在。至使南征不返[四]，東遷避逼[五]，陵夷之甚，封建爲之。而著述之家多守常轍，欲以百王之季行三代之法，五服之内盡封諸侯。鍥船求劍，未見其可。且數代①之後，王室浸微，始自藩屏化爲仇敵，疆場彼此，干戈侵伐。狐駘之役[六]，女子盡髽[七]；崤陵之師[八]，隻輪不返。斯蓋略舉一隅，其餘不可勝數。至如滅國弑君，亂常干紀，春秋二百年間略無寧歲。縱是西漢哀平之際，東漢桓靈之時，下吏淫暴，必不至此。陛下獨照宸衷，永懷前古，將復五等，以親諸侯。請待琢彫成樸、刑措之教一行，登封之禮云畢，然後行之，未爲晚焉②。"瑀議遂格[九]。樸麗子曰："聚數十百人，授以利刃而禁其勿割，難矣。孟子曰：'定於一[一〇]。'一乃定，而況由漢魏而來，封建之得失較然可覩。夫千古大利大害之所存，天下治亂安危之要樞也。不有巨人，誰開太平？五百年王者之興，名世出焉。衛公非其人與？"

【注】

[一]蕭瑀：字時文，南朝梁明帝蕭巋第七子。入唐受封宋國公，任光祿大夫。秉性剛直，常犯顏敢諫。太宗李世民即位後六任宰相，六次罷免，甚至被削爵貶出京城。

[二]李靖：平泉誤。據《舊唐書·李百藥傳》，此語當爲李百藥所言。李百藥，字重規，唐代定州安平（今河北深縣）人。曾任中書舍人、禮部侍郎、散騎常侍等職。受命修訂五禮、律令。貞觀元年（627）奉詔撰《齊書》，據父李德林舊稿，兼採他書，經十年成五十卷。宋人爲區別蕭子顯《南齊書》，將《齊書》稱爲《北齊書》。

[三]帝籙：天帝的符命。

[四]南征不返：周昭王姬瑕（西周第四位君主）欲繼承成康事業，繼續擴大疆域，征伐不絕。最終伐楚時全軍覆沒，死于漢水之濱，未能返回都城。

[五]東遷避逼：周平王姬宜臼（東周第一位君主）爲避犬戎之難，於前770年遷都洛邑，史稱東周。

---

① 數代——王本作"數傳"。
② 焉——王本作"也"。

［六］狐駘之役：周靈王三年（前569）十月，邾國與莒國軍隊攻魯屬國鄫，魯國臧紇率軍攻邾以救鄫。魯軍深入邾國腹地狐駘（今山東滕州市東南二十里），被邾軍打敗。魯國人深以爲恥，誦歌謡對譏諷臧紇，並以麻繫髮，表示哀喪。見《左傳・襄公四年》："冬，十月，邾人，莒人，伐鄫，臧紇救鄫，侵邾，敗於狐駘，國人逆喪者皆髽，魯於是乎始髽，國人誦之曰：'臧之狐裘，敗我於狐駘，我君小子，朱儒是使，朱儒朱儒，使我敗於邾。'"

［七］髽：古代婦女喪髻，以麻綫束髮。

［八］崤陵之師：周襄王二十五年（前627），秦晋争霸。晋襄公率軍在晋國崤山（今河南洛寧縣東宋鄉王嶺村交戰溝）隘道迎戰偷襲鄭國的秦軍，秦軍三名主帥被擒，全軍覆没。

［九］格：擱置。

［一〇］定於一：謂天下安定於統一。見《孟子・梁惠王上》。

二十七　井　田

樸麗子曰："嗚呼！帝王之道，有行於古而必不可行於今者，亦多矣，而封建井田其尤大焉者也。封建之不可復，李衛公已昌言之，余録於右①。未聞力明夫井田之不可復者。非懼井田之或復②，懼人不知不復井田之爲長算遠，猶而嘖嘖是古非今，則亂端不絶。余欲略舒管見，而筆不足以達之。又事體綦重［一］，難於措議，且復已已。比見馬貴於《田賦》［二］，考辭甚明悉。雖聖人復起，莫能易也。其言曰：'古帝王未嘗以天下自私，天子之地方千里，公侯之地方百里，七十里③，子、男五十里。其間又各有公卿大夫采邑禄地，各私其土，子其人④，子孫世守之。其土

---

① 余録於右——王本無。
② "非懼井田之或復"至"則亂端不絶"——王本無。
③ 七十里——叅世傳本，前脱"伯"字。
④ 子其人——王本作"子其民"。

地之肥磽，生齒之登耗，視之如其家，不煩考核，自無奸僞。故其時天子之田悉屬於官。民受田於官，食力而輸其賦。仰事俯畜，一視同仁，無甚貧甚富。此三代之制也。秦以海內自私，一人獨運於上，吏役驟如傳舍①，情僞難以周知也。守宰之遷除，其歲月有限。土地之還受，其奸弊無窮。故秦漢以來，官不復授田，遂爲庶民之私有，亦其勢然也。雖其間如元魏之太和[三]，李唐之貞觀，稍欲復三代之制，然不久其制遂隳者，以不封建則井田不可復行故也。三代以上，天下非天子所得私也。秦廢封建，而始以天下奉一人矣。三代以上，田產非庶人所得私也。秦廢井田，而始指田產以與百姓矣。所襲既久，反古實難。欲復封建，是自割裂其土宇，以啓紛爭。欲復井田，是強奪民之田產，以招怨讟。書生之論，所以不可復行②也。隨田之在民者稅之，不復問其多寡，始於商鞅。隨民之有田者稅之，不復問其丁、中[四]，始於楊炎[五]。三代井田之良法，壞於鞅。唐租庸調之良法，壞於炎。二人之事，君子所羞稱，而後之爲國者，莫不一遵其法。一或改之，則反至於煩擾無稽，而國與民俱受其病者，則以古今異宜故也。'抑又聞之，國以民爲本，國依於民，猶山依於地。地震則山不能自安。《易》於山出地上之卦曰：'謙君子以裒多益寡，稱物平施。'言當損有餘補不足③，調劑之，使貧富不相耀，以和其心。民以食爲天，此事不可不加之意。田賦古惟什一，後世額較輕矣。但察有司之巧取橫徵，則有田者沾實惠。常平社倉義倉，皆善政，所以通井田之窮也。平市糴之價核出納之平，則

---

① 吏役驟如傳舍——文字略異。馬端臨原文作"而守宰之任驟更數易，視其地如傳舍"，意謂地方官更迭頻繁，視治下不復如己有而如旅社，故而無愛惜之意。

② 不可復行——王本作"不可行"。

③ 言當損有餘補不足——至"此事不可不加之意"，王本無。

無田者得飽食。其權只在長民者一操縱間，故亦我無爲而民自治，亦不必發思古之幽情，而可以收實效歟！此閩儒張甄陶[六]之言，可謂練達治體，一往有深情。"

【注】

[一]綦重：很重。綦，極。

[二]馬貴於《田賦》：馬貴於，王本作"馬貴與"。馬端臨，字貴與，號竹洲。宋元之交饒州樂平(今江西樂平)人。幼承家學。著有《文獻通考》《大學集注》《多識錄》等。其中《文獻通考》以唐杜佑《通典》爲藍本，尋繹古代典章制度的興替因仍之道，爲治理國家提供借鑒之資。《田賦》即出於其中。按：下引文出自《文獻通考·自序》。

[三]元魏之太和：北魏孝文帝元宏太和年間，曾就土地政策是否施行井田制進行討論，後採用均田制。

[四]丁、中：古代課稅，徵徭役，以年齡分爲黄、小、中、丁、老五類。丁中爲其中主要兩類。此制始於北齊，歷代迭有變更。

[五]楊炎：字公南。唐代鳳翔府天興縣(今陝西鳳翔縣)人。德宗時任宰相，財政改革家、政治家。創制並推行兩稅法，主張"人無丁(丁男)、中(中男)，以貧富爲差"，廢除唐代原來以人丁爲徵課標準的租庸調制，改以土地、業産等財富的多寡，按每户的貧富差別進行課徵。一定程度上簡化了稅制，便利了租稅的徵收，增加了國家的財政收入。後因爲人尚氣褊急，獲罪於衆，終被構陷而死。

[六]張甄陶：字希周。清代福建福清(今福建福清)人。乾隆十年(1745)進士，選庶吉士，授編修，後任職廣東等地方，有政聲。以與上峰不協，坐事免官。主講五華書院，尹壯圖、錢灃皆其弟子。復移掌貴州貴山書院，課士有法。總督劉藻疏薦，詔加國子監司業銜。晚年以病歸鄉，主鼇峰書院。以經義教閩士，通漢、唐注疏之學。在滇時著經解百餘卷。大學士陳世倌贈以明吕坤《呻吟語》，甄陶讀其《實政錄》而慕之，在粵作《學實政錄》，見其書者皆稱爲循吏之言。

卷十二

一　子夏問孔子

子夏問孔子曰："顔回之爲人奚若？"子曰："回之仁賢於某也。""子貢之爲人奚若？"子曰："賜之辨賢於某也。"曰："子路之爲人奚若？"子曰："由之勇賢於某也。"曰："子張[一]之爲人奚若？"子曰："師之莊賢於某也。"子夏避席而問曰："然則四子者，何以事夫子？"曰："居，吾語汝。夫回能仁而不能反[二]，賜能辨而不能訥，由能勇而不能怯，師能莊而不能同。"樸麗子曰："至矣哉！仁而能反則不弱矣，辨而能訥則不支[三]矣，勇而能怯則不敗矣，莊而能同則不乖矣。此四子所欲學於夫子者也。抑凡有所立於世者，其誰能外此乎？"

【注】

[一]子張：顓孫師，字子張，孔門弟子之一。春秋末陳國陽城（今河南登封）人。出身微賤，且犯過罪行，經孔子教育成爲"顯士"。雖學干禄，未嘗從政，以教授終。孔子歿後，課徒宣講儒家學説。"子張之儒"的創始人。此系列儒家八派之首。

[二]反：變。謂顔回謹守原則，不能權變以應物。

[三]支：支離，繁瑣。

二　楊朱過宋

楊朱過宋，逆旅人有妾二人，一美一惡。惡者貴，美者賤。楊子問故，逆旅小子對曰："其美者自美，吾不知其美。惡者自惡，吾不知其惡也。"楊子曰："弟子記之。行賢，而去自賢之行，安往而不愛哉？余請進一轉語：行未必盡賢，而爲自賢之行，安往而不惡哉？"

三　侍坐鄉之杖者

樸麗子侍坐鄉之杖者。杖者曰："老夫有兩諺語，頗愜於懷①，子欲聞之乎？"作而言②曰："敬授教。"杖者曰："蛇穿孔，虵[一]知道。"曰："善哉。物各有知，越其知以爲知，知各有涯，出乎涯以爲知，皆取困之道也。敢請二。"杖者曰："一人只管一人。"曰："善哉。理有所不得而喻，情有所不得而通，勢有所不得而禁。雖父之於子且然，況其他乎？抑又聞之'懲忿[二]如推山，窒慾如填壑'，古之學者終身戰戰兢兢，如臨深履薄，正恐一人管一人不下耳。一人且恐不能管一人，長者又以爲何如？"

【注】

[一] 虵：同"蛇"。
[二] 懲忿：剋制忿怒。

① 頗愜於懷——王本無。
② 言——王本無。

四　郭汾陽繫天下安危

郭汾陽一身繫天下安危三十年，寇來則倚之，寇退則疏之，有詔即罷，聞命即往，卒無幾微怨望意①。大人所由，與觖觖者[一]異與？或曰："大臣與國同休戚。君臣大倫，本乎天性，無所逃於天地之間。汾陽固應如此，何觖望之有？"余謂："應如此即如此②，非汾陽其誰能之？不如此，不足以見汾陽之極忠。"

【注】

[一]觖觖者：挑剔苛責的人。

五　父子之間

樸麗子曰："嗚呼③！父子之間，人所難言。王者大統，傳授非易。烏桓軌[一]，周之勳臣，然其掇武帝[二]鬢之語，不太造次乎？後卒以此見殺。所謂臣不密則失身歟？獨是武帝賢君也，明知太子[三]之不克負荷與齊王[四]之賢，乃舍憲而立賫，何耶？余聞之師曰：'立嗣以賢，不以嫡。古之聖人尚有擇賢於異姓而讓之，況子弟乎？'武帝一念偏私，神鑒爲昏，祚以不延，哀哉！突厥沙鉢略[五]以其子雍虞間[六]懦弱，遺令立其弟處羅侯[七]。沙鉢略死，雍虞間遣使迎之。處羅侯力辭。雍虞間問曰：'叔與我

---

① 怨望意——王本作"怨意"。
② 應如此即如此——王本作"應如是即如是"。
③ 嗚呼——王本無。

父共根連體,豈可反屈於卑幼乎?且父命何可廢也?願叔勿疑.'遣使相讓者五六,處羅侯竟立。以雍虞閭爲葉護。葉護者,突厥大臣之官也。當周隨之時,突厥最爲強盛,中國畏之。彼固大有人歟?嗚呼!自魏晉以來,骨肉相殘,迭①爲戎首。觀突厥父子叔姪間,能不作天際真人想?"

【注】

[一]烏桓軌:王軌,賜姓烏丸氏(亦作烏桓氏)。北朝太原祁(今山西祁縣)人。北周武帝心腹大臣,有謀略,善用兵。見太子昏暴,多次建議廢黜,甚至於筵席捋武帝鬚言:"可愛好老公,但恨後嗣弱耳。"觸怒太子。太子即位後即殺之。

[二]武帝:宇文邕,字禰羅突,鮮卑族。北朝時代郡武川(今内蒙古武川西)人,北周文帝宇文泰第四子。在位期間,誅殺權臣宇文護,擺脱鮮卑舊俗。整頓吏治,使北周政治清明,百姓生活安定,國勢強盛。生活儉樸,比較關心民間疾苦。滅北齊。伐突厥,未出發即病死。謚武皇帝,廟號高祖。

[三]太子:即下文的"贇"。按:贇字誤,當爲"贇"。宇文贇,字乾伯,北周武帝宇文邕長子。沉湎酒色,暴虐荒淫,大肆裝飾宫殿,且濫施刑罰,經常派親信監視大臣言行,五位元皇后並立,北周國勢日漸衰落。大象元年(579)禪位於長子宇文衍,自稱天元皇帝,但仍掌握權柄。次年病死,謚號宣皇帝,葬於定陵。

[四]齊王:宇文憲,字毗賀突。北周文帝宇文泰第五子。自幼聰敏,性格豁達,富於將才,屬下歸心,戰功卓著,功高位顯。北周武帝死後,北周宣帝宇文贇繼位,忌憚宇文憲功勞和才略,於是誣陷宇文憲謀反,將他殺害。

[五]沙鉢略:阿史那氏,名攝圖。突厥汗國第六任可汗。在其妻千金公主(北周公主)影響下,屢次興兵侵犯代周而建的隋朝。隋朝派將領長孫晟游說西突厥阿波可汗和達頭可汗,分化突厥勢力,雙方互有勝負。最終於開皇三年(583)沙鉢略可汗被隋朝打敗後,向隋朝稱臣講和。開皇

---

① 迭——王本作"遞"。

七年(587),沙鉢略可汗去世,遺命其弟處羅侯繼任汗位,號葉護可汗(一號莫何可汗)。

[六]雍虞間:沙鉢略之子,遵父遺命讓位於其叔處羅侯。處羅侯死後,突厥人擁立雍虞間爲可汗。

[七]處羅侯:沙鉢略可汗之弟,東突厥可汗。繼兄位後,任侄子雍虞間爲葉護,並遣使向隋朝稟報繼位始末。隋文帝楊堅遣使前往突厥冊封。處羅侯打著隋朝所賞賜的幡旗和鼓吹,率軍攻打西突厥阿波可汗。阿波可汗的兵衆以爲處羅侯得到隋軍助戰,紛紛望風降附,處羅侯於是生擒阿波可汗。開皇八年(588),處羅侯西征鄰國,遭敵軍流箭射中而死。

六　朱滔叛

朱滔[一]叛,三號其軍無應者。潛殺數十人,軍中堅執以爲不可。滔乃大誅麾下二百人,衆懼,率而南。由此觀之,人之爲不善也不綦難哉?徐廷光[二]爲李懷光[三]固守長春宮城。北平王馬燧[四]挺身至城下,喻以大義。光感泣請降,一軍皆流涕。燧以數騎入城,其衆大呼:"吾等更爲王人矣!"嗚呼!誰非王人者?逼於凶威,至欲爲王人不可得。"吾等更爲王人矣",此語喜極痛極,悃悃惻惻,至今如聞其聲。余讀史至此,三復扼腕,不禁涕泗之橫流也。即此見天理之常存、人心之不死。

【注】

[一]朱滔:唐代幽州昌平(今北京昌平南)人。原爲幽州將領,先後效力於李懷仙、朱希彩,後擁立兄長朱泚爲節度使,又勸其入朝,奪取兵權,被任命爲幽州節度留後兼御史大夫。先後討伐叛亂的魏博田承嗣、成德李惟岳,升任節度使,封通義郡王。建中三年(782),自稱冀王,與田悦、王武俊、李納聯合叛亂。四鎮聯盟破裂後,朱滔被王武俊擊敗,退回幽州,並遣使向朝廷請罪,抑鬱得病而死。

［二］徐廷光：李懷光部將。

［三］李懷光：唐代渤海靺鞨人，本姓茹，其先徙幽州，以戰功賜姓李氏。少年從軍，以軍功累進節度使。建中四年(783)，涇原兵變，德宗逃奔奉天。朱泚攻奉天，他前往救援，擊退朱泚，因功進副元帥、中書令。德宗因聽信盧杞等人挑唆，不讓其入朝，他乃聯合朱泚反叛，迫使德宗逃往漢中。貞元元年(785)，兵敗被殺。

［四］馬燧：字洵美。唐代汝州郟城(今河南郟縣)人。名將，少與諸兄學習經籍與兵書，有謀略。累遷河東節度使，威震北方。先後平定叛將田悅、李懷光之亂，擊退吐蕃，戰功彪炳，受封北平郡王。後因輕信吐蕃，力贊會盟於平涼，致使會盟副使及將士多人被俘獲。此後被奪去兵權。貞元五年(789)，馬燧與太尉李晟獲繪像凌煙閣。追贈太尉，諡號莊武。

七　春秋大改過

　　春秋大改過，人至於涕泣謝罪，宜無不可釋者矣。然而亦有必不可釋者，若夏太師［一］之於嚴嵩是也。方言之再相也，斥逐嵩黨，嵩不能救。子世蕃橫行公卿間，言欲發其罪。嵩父子長跪榻下泣謝。嗚呼！其謝也，非真有所悔也，迫於勢之無可如何，姑用此以綴［二］我，而欲他日之寢處［三］我也。使言能察其奸，毅然不顧，發其罪狀於朝，是時嵩失帝意，而言倚任方專，事必可濟，何至八十老人授首西市哉？吾故曰：“言之死，不死於河套交構［四］之時，而死於榻下泣謝①之日。卒致②屠忠良，禍生民，且二十年國脈用以凋喪，誰貽之厲與？大臣貴能生人，又貴能殺人。小人之罪不可以泣謝免，而後國法伸、亂源絶③。”

---

①　榻下泣謝——王本作“牐下長泣”。據上文當以平泉遺書本爲是。
②　致——王本作“至”。
③　絶——王本作“塞”。

【注】

　　[一] 夏太師：夏言，字公謹。明代貴溪（今江西貴溪）人。正德十二年（1517）進士及第。正直敢言，後被擢爲首輔，爲嚴嵩等所構陷，被棄市處死。其詩文宏整，又以詞曲擅名，有《桂洲集》十八卷及《南宫奏稿》傳世。

　　[二] 綴：止。

　　[三] 寢處：猶言食肉寢皮。

　　[四] 河套交搆：嘉靖二十五年（1547）蒙古韃靼部首領俺答汗三萬騎兵進犯三原、涇陽等地，陝西總督曾銑上疏請收復河套。夏言大力支持。嚴嵩讒於世宗，謂其不可輕開邊事，又賄賂邊將仇鸞，讓他上書誣告夏言與曾銑勾結。嘉靖遣錦衣衛將曾銑逮捕入獄。嘉靖二十七年（1548）正月，以夏言"事爲任意，迹涉强君"的罪名迫其致仕。

八　荀彧助曹

　　荀彧[一]助曹，與程、郭[二]異，蓋欲藉之以就功名，觀其諫稱魏王可知也。人皆知其爲諫稱魏王死，而不知其死在聞伏后衣帶詔[三]之時。文若諸多爲曹畫策，詎無腼腆違於素心，姑以爲輾轉彌縫且兩持之，可幸無罪以自行其志耳。至聞伏后之謀發耶，則爲無君秘耶？則爲無曹①。夫恃力者，即奪之以其力之所莫能勝；恃智者，即奪之以其智之所不能謀。而智力於是立屈矣。曰：語亦有見，但詔書何以不自帝出？

【注】

　　[一] 荀彧：字文若，東漢末年潁川潁陰（今河南許昌）人。曹操的重要謀士。早年舉孝廉，任守宫令，後棄官歸鄉。率宗族避難冀州，受袁紹

---

① 則爲無曹——此處疑有脱文。

禮遇。後投奔曹操，官至侍中，守尚書令，封萬歲亭侯。居中持重達十數年。後因反對曹操稱魏公而受曹操所忌，調離中樞，在壽春憂懼而亡（一說受到曹操暗示而服毒自盡）。

［二］程、郭：程昱，字仲德，東漢末年兗州東郡東阿（今山東東阿）人，曹操謀士，深受愛重。郭嘉，字奉孝，東漢末年潁川陽翟（今河南禹州）人，曹操謀士。

［三］伏后衣帶詔：伏后，漢獻帝皇后，被曹操幽閉而死。衣帶詔，一般認爲漢獻帝遭曹操架空，日受威逼，不堪忍受，於是皇后伏氏將獻帝血書藏於衣帶賜予父伏完，希望與宫外勢力聯合，解决曹氏。但這一事件歷來語焉不詳，尚無定論。

九　元末群雄蜂起

元末群雄蜂起，海内鼎沸。非以朝廷素無紀綱，上下之分不嚴，而人各挾陵競難馴之氣哉？明太祖①仗劍芟除天下，數年底定。大哉！聖人之德，舉一世而震疊整肅之。不如是，烏足以撥亂反正、開太平之治哉？大理卿李仕魯［一］因言不用，遽於帝前曰："還陛下笏，乞賜歸田里。"遂置笏於地。帝大怒，命武士捽搏之，立死。仕魯，鄱陽人。帝聞其賢，徵至闕授以官。何始者慕用②之誠，而卒相暴棄也？憑氣而不衷諸理，天威咫尺，任己以逞，豈帝之過哉？然而廷杖詔獄之制，由是赫然而起矣。

【注】

［一］李仕魯：字宗孔，明代濮州（今山東鄄城）人，理學家。直言敢

① 明太祖——王本作"太祖"。
② 慕用——王本作"用意"。

諫，觸怒朱元璋，被摔死於堂階之下。

十　圍師必缺

圍師必缺，窮寇勿追。將道亦相道。劉、謝[一]二公於八黨也，何其操之甌也。武宗[二]年少氣盛，方倚諸奄作活，以顧命元老併力剪除一二，訓飭其餘，庶幾其濟。即不然，當時帝嘗命司禮王岳等詣閣議一日三至，欲安置瑾[三]等南京，是不且宜奉君之命而徐圖之乎？必欲遂誅之，至於推案大哭，不太甚乎？迨至八人還①帝而泣，帝大怒，收②岳下詔獄，而以瑾等掌司禮監。二公踉蹌去國，天下事遂大變。自古人臣盡忠國家，激烈太過，無益又甚焉者比比然矣。若非西涯[四]委蛇其間，少事補救，其害尚堪問耶？二公直道而行，不可則止，於進退之道③則得矣。而反諸先帝臨崩執手之情，毋亦有所未盡而惘然於懷矣④乎？包無魚，起凶至[五]哉。《易》也，垂訓無窮矣。

【注】

[一] 劉、謝：劉健，字希賢，明代河南洛陽人。英宗、憲宗、孝宗、武宗四朝元老，任內閣大學士、內閣首輔。端正持重，仗義執言，因與閹黨鬥爭而被免職。謝遷，字于喬，號木齋。明代浙江餘姚人。內閣大學士。曾向皇帝直諫請殺劉瑾，爲閹黨嫉恨，終被免職。

[二] 武宗：明武宗朱厚照。性荒誕，好嬉游，寵信宦官。

[三] 瑾：劉瑾。明代陝西興平人。本姓談，幼爲太監劉順收養，遂改

---

① 還——王本作"環"。
② 收——王本作"命"。
③ 道——王本作"義"。
④ 矣——王本作"也"。

姓劉。後亦净身入官成爲太監。深得明武宗寵愛，任司禮監掌印太監。以他爲首的八名太監張永、谷大用、馬永成、丘聚、羅祥、魏彬、高鳳專擅朝政，作威作福。時人稱其爲"立皇帝"，武宗爲"坐皇帝"。激起正統官員極大反感，兩派鬥争十分激烈。正德五年(1510)八月，被淩遲處死。

［四］西涯：李東陽，字賓之，號西涯。祖籍湖廣長沙府茶陵，因家族世代爲行伍出身，入京師戍守，屬金吾左衛籍。明武宗朝内閣大學士。因循隱忍，委曲求全，與外戚宦官集團尚能共處，有所彌縫。

［五］包無魚，起凶至：謂敵勢已掙脱己方控制，凶險就來了。出自《周易・姤卦》。

十一　辭某事

或曰："屬者[一]，子辭某事。窺子之意，蓋意謂於義有所未安，而以慮患爲言，何耶？"應之曰："謂慮患，則人人之所同然，其氣平。謂害義，則自處高，而人不吾堪。所以云云者，爲人留餘地也，而亦以自留餘地云爾。"

【注】

［一］屬者：近來。

十二　十丈光明錦隨手絲絲

余持十丈光明錦，隨手絲絲而破裂之以爲戲。雖至愚不至此，奈何以洪鈞[一]賦與之身，耳聰目明而隳於酒耶？夫人之所以常炯炯者，性定故也。物之亂性者，酒爲甚。性亂則昏，昏則無所警覺，潰然失其常度矣。故伐德傷生，亦莫甚於酒。酒之醉也，往往在於性情偶有所觸及。賓朋突至，興高情濃時，若能於此慎之又慎，庶幾其免於戾乎？慎之之道，奈何曰興雖高、情雖濃，至量已足，吾胸中必有隱隱欲相格拒之意，而吾悍然置不顧，遂至挫跌耳。要之，斯時也，雖飲亦不甘，不甘則不順，不順爲强酒。慎之之道在勿强之而已。夫酒爲太和羹，若能適可而止，則興至朋來，益足以怡性。而合歡酒亦何負於人？奈何强之，而至於沉湎昏憒、伐德傷生也？强之而至於沉湎昏憒、伐德傷生，是亦何異於持十丈光明錦，隨手絲絲而破裂之以爲戲也哉？

【注】

[一] 洪鈞：指天。

十三　自受經之始

樸麗子曰："余自受經①之始，翹然時有遠思。徑途殊別，迄於今三十有餘年矣。家愈貧，途愈塞。五陵裘馬，四面爭來薄人，至使章句腐儒亦揶揄相笑。臘底積雪，度歲缺如，幾同袁安[一]之餓，何來陶潛之酒？噫！民生各有所樂，余常此其安窮乎？顧影自憐，頗悔學術之太拙矣。偶散步鄰家，見歸熙甫[二]稿。首列論文三篇，閱之，神爲一動。大概先本根後枝葉，拳拳以通經學古、陶成人才爲事，而不急急於當世之榮名。其言皆爲我意中之所欲出，反覆誦惟②，輒復栩栩有自多意。乃知拙者非獨於余，古亦有然。然則余又何悔？"

① 受經——王本作"授經"。
② 惟——王本作"維"。

【注】

　　［一］袁安：字邵公（《袁安碑》作召公）。東漢汝南汝陽（今河南商水西南）人。少承家學，被舉孝廉，曾任河南尹、司徒等職，爲人嚴正，政令清明。《后漢書·袁安傳》記袁安未顯達時，某年洛陽大雪，引起饑荒，人多出門乞食，袁安却僵卧家中。

　　［二］歸熙甫：歸有光，字熙甫，又字開甫，别號震川，又號項脊生，世稱"震川先生"。明代蘇州府太倉州崑山縣（今江蘇蘇崑山）宣化里人。三十三歲中舉，之後會試八次不第，遂徙居嘉定安亭江上，讀書課徒。六十歲爲進士，歷長興知縣、順德通判、南京太僕寺丞，參與編修《世宗實録》。崇尚唐宋古文，其散文風格質樸，感情真摯，爲明代"唐宋派"代表作家。著有《震川先生集》等。

十四　葉　兑

　　葉兑[一]者，寧海人也。以經濟自負。知天運有歸，獻書明太祖，言取天下大計。帝奇之，欲留用，力辭去。後，削平海内，悉如兑言。太祖起濠、泗[二]，從者多奇士。兑尤矯矯，神龍出没空際，蓋子房之流亞與？或曰："留侯成功而退，兑一言輒去，何也？"樸麗子曰："勢不同也。太祖神武，其敵亦無秦皇、項羽之强，但用吾言，大勳自集。且太祖持法嚴急，大丈夫捲舒宇宙，拯溺解懸，然亦何能居常栗栗，宛轉束溼[三]中耶？世界本寬，時露危機，寧爲冥冥之鴻，勿效翩翩之鵲，所從來尚矣。"

【注】

　　［一］叶兑：字良仲，號四梅先生，别號歸根子。元末浙江寧海縣紆岸（今三門縣上葉村）人。名儒。他以平民身份向朱元璋獻平定天下的大計，建議"北絶察罕，南並張士誠，撫温台，取閩越，都金陵"之方略，稱"一綱三目"。

［二］濠、泗：濠州，古地名，治所在今安徽省鳳陽縣，朱元璋故鄉。泗州，古地名，轄地大概在今天泗縣、泗洪、天長、盱眙、明光一帶，最後的州城在現在的泗縣。濠、泗兩地爲朱元璋起家之處。

［三］束濕：捆扎濕物。形容馭下苛酷急切。

十五　明中山王徐武寧

明中山王徐武寧[一]，史稱其言簡慮精，在軍令出不二，諸將奉持凜凜，而帝前恭謹如不能言。善撫循，與下同甘共苦，士無不感恩效死，以故所向克捷。又嚴戢步伍，所平大都、二省會、三郡、邑百數，閭里宴然，民不苦兵。歸朝之日，單車就舍。延里①儒生，談議終日，雍雍如也。帝嘗稱之曰："受命而出，成功而還。不矜不伐，婦女無所愛，財寶無所取，中正無疵，昭明乎日月，大將軍一人而已。"嗚呼！此正所謂彼蒼之所不容輕假，人力之所莫能强齊者與？天下有大變則大才生，豈偶然哉？

【注】

［一］徐武寧：徐達，字天德。元末濠州（今安徽鳳陽東北）人。農家出身。朱元璋大將，明開國元勳。官至右丞相，封魏國公。爲人謹慎持重，善於治軍。追封爲中山王，諡武寧。

十六　明太祖既定天下

明太祖既定天下，晚年多猜忌，功臣罕有全者。徐中山尚不

---

① 延里——王本作"延禮"。

能無疑，況他人乎？開平[一]報薨於柳河川，蓋其幸與？有事時爲軍之冠，無事時即忌之首①。千萬衆②橫行天下，帝豈少假之哉？帝好讀黃石公[二]《三略》，嘗爲儒臣口講其義，其經制天下大概祖此，而誅鋤勳舊③亦本此。《下略》云："豪傑低首，國乃可久。"

【注】

[一] 開平：常遇春，字伯仁，號燕衡。元末鳳陽府懷遠縣（今安徽蚌埠懷遠縣）人。朱元璋大將，初封鄂國公。洪武元年率軍至開平（在今內蒙古正藍旗東）掃蕩殘元勢力。二年撤軍，行至柳河川暴卒。追封開平王。

[二] 黃石公：秦漢間隱士，別稱圯上老人。《史記·留侯世家》稱其避秦季之亂，隱居東海下邳。張良因謀刺秦始皇不果，亡匿此地，於下邳橋上遇到黃石公。黃石公三試張良後，授與《太公兵法》，臨別時有言："十三年後，在濟北穀城山下，黃石公即我矣。"張良後來以黃石公所授兵書助漢高祖劉邦奪得天下，並於十三年後，在濟北穀城下找到了黃石，取而葆祠之。後世流傳有黃石公《素書》和《三略》。

十七　崇　禎

崇禎間，大學士錢士升[一]負扆四箴，帝心銜之而勉爲優詔以答。未幾，有請括江南富民者，士升力諫其不可，語甚聳切。帝答曰："前者負扆箴已足得名，何必汲汲如此？"嗚呼！是何言也？以諧笑尖薄濟其剛愎，人臣復何所措其忠愛之心乎？一言

---

① 忌之首——王本作"罪之魁"。
② 千萬衆——王本作"十萬衆"。
③ 勳舊——王本作"功臣"。

喪邦，此足當之。

【注】

［一］錢士升：字抑之，號御冷，晚號塞庵。明代嘉善魏塘鎮（今浙江嘉興嘉善縣）人。理學家，曾任禮部尚書等職。崇禎急躁偏狹，錢氏獻四扇屏風，建議寬以容衆。

十八　國君死社稷

所謂國君死社稷者，計無復之，以身相殉；非據有可爲之勢，舉祖宗之業而以一死坐棄之也。夫宋澶淵之警，當時有請南遷者，是爲亂道。何也？國家當全盛之時，而金陵無守備之固也。明之南京爲根本①地，士馬儲糧略與京師等。而自成以百戰梟雄長驅搗燕，勢之不支亦已明矣。假使當是時②，帝[一]率衆疾趨南京，扼河以守，練兵積穀，俟人心士氣振，然後力圖恢復，即不能③亦不失爲晉東遷、宋南渡。然此亦勢窮事迫④，不得已之謀。當賊初陷山西，都御史李邦華請帝詔太子監國南郡，而己固守，如永樂時故事，是策之最得者，顧狃於國君死社稷一言，置不用。卒使宗社爲墟，九廟之鬼呼號而出。悲夫！

【注】

［一］帝：指崇禎皇帝朱由檢。光宗常洛第五子，熹宗之弟。繼位後

---

① 根本——王本作"本根"。
② 當是時——王本作"是時"。
③ 不能——王本作"不然"。
④ 勢窮事迫——王本作"時勢窮迫"。

大力剷除閹黨勢力，力圖廓清政事。但生性多疑急躁，明朝已江河日下，勢不可爲。後李自成軍攻破北京，崇禎帝於煤山自縊身亡。

十九　循道而行

夫人循道而行則順而達，背道而行則逆而塞。知道者，可多得乎？或明乎此，而昧乎彼；或明乎前，而昧乎後。有所昧則内窒，則事乖。大凡不明者，未有不怙非而足己，動相枝柱，何處不病乎？是故君子之涉世也，渾渾乎曲相包容。人有餘地，而我之自處亦寬。此人我雙吉之道也。

二十　刻核之行

嗚呼！刻核之行，劫持之事，必非仁人君子所當出也。夫沴氣一開，炎祲乘之，弊至於不可悔。太學生某，悁急多心計，怒其子之不順也，而訴於樸麗子曰："我將如何如何以制之，可乎？"答曰："可哉！子前所云'漢高帝所以游雲夢[一]'者也，子後所云'周興所以請君入甕'者也，將何求不獲？況父之於子乎？"微顧生有自多色，又曰："脱萬一有不然，亦唯閉户摧藏懊憹，待斃而已，若之何不可制？"無何，其子以病死。生思子，不能食，亦死。

【注】

　　[一]漢高帝所以游雲夢：指漢高祖僞游雲夢，會見諸侯，藉機詐捕韓信。

二十一　驅車古胙祝

樸麗子驅車古胙祝[一]間小憩鄉塾。塾師儀狀修偉,目炯口敦,鬚髮皜白,容色①紅如渥丹。異之。架上經史諸子百家皆備。偶抽問其義,辨且晰。几上一冊,其所爲詩文也,書亦工。文蓋學昌黎,詩學太白,書則右軍[二]參以顔魯公[三]。不勝驚喜,作而問曰:"僕閱人多矣,無如先生者。相去僅四百里,何以都不聞知?"微笑曰:"僻處荒村,與人言不及詩書。詩文脱稿即藏破簏中。有索書者,隨手畀之,不自珍惜,知書者何人。平生與人同趣,略無矜飾,脱有小善,而人亦莫之見也。即有不善,而人亦莫之不見也。區區名且不出委巷,況四百里外哉?"樸麗子肅揖而出。行既遠,回視,林木翳然。不禁感慨太息曰:"彼何人與?彼何人與?"

【注】

[一] 胙祝:祭祀之處。

[二] 右軍:王羲之,字逸少。東晉書法家。祖籍琅琊臨沂(今屬山東),後遷會稽(今浙江紹興)。曾爲會稽内史,領右將軍,故亦稱"王右軍"。被後世稱爲"書聖"。

[三] 顔魯公:顔真卿,字清臣。唐代琅邪臨沂(今山東臨沂)人。顔師古五世從孫、顔杲卿從弟,唐代著名書法家。爲人剛直。封魯郡公,人稱"顔魯公"。

---

① 容色——王本作"面色"。

二十二　邵堯夫在洛所居

邵堯夫在洛所居曰安樂窩，號安樂先生。其西爲甕牖，讀書燕居其下。旦在焚香獨坐，居常怡怡，無皺眉時。飲酒微醺便止，不使至醉也。好吟詠，作大字書，遇興則爲之。大寒暑不出，每出，乘小車，隨意所之，或經月忘返。雖性高潔，而對賓客接人，無賢不肖貴賤，皆歡然相親。嘗言若遇重疾，自不能支；其小恙，有客來相對，不自覺疾之去體也。

二十三　曲逆侯傳國

或曰："曲逆侯[一]傳國至曾孫而絕，論者謂其多陰謀。留侯非平比，嗣亦不延，何也？沛公攻嶢關，秦將欲連和。留侯請因其懈而擊之。鴻溝既畫，項羽東歸，留侯請追而滅之。其以此歟？"樸麗子曰："不然。二事，漢業所由成。四百年治平之基，不足以償數萬凶殘之命乎？"

【注】

[一]曲逆侯：陳平，西漢陽武（今河南原陽東南）人。先爲項羽謀士，後投奔劉邦。屢出奇計，離間項羽君臣、嫁禍范增、誘捕韓信等，爲劉邦立下奇功。但因過於詭詐，歷來爲正統儒家知識分子所詬病。

二十四　韓文公從裴晉公

韓文公從裴晉公討吳元濟，請精兵千人間道擒賊。是時，賊負固而頑,王師已老,蓋一奇也。未發,李愬自文城入,得元濟。復謂晉公曰:"今藉聲勢,王承宗[一]可以辭取,不煩兵矣。"公從之。承宗割德、棣二州以獻,此又一奇也。此二事用奇握機,各極勝算,足以見公將略①。嗚呼!真儒必有實用,諒哉!

【注】

[一]王承宗:唐代成德(河北中部)節度使王士真之子,契丹人。繼父掌管德(今山東陵縣)、棣(今山東惠民)二州。欲吳元濟聯合反叛,後獻地投降。

二十五　張夫人代夫疏

張夫人代夫疏[一],向竊以爲忠愍[二]自作,亦東坡所謂歸命投誠、控告君父之意。蓋夫人素不聞能文,即能文亦安得②如此?非公自爲而何?顧此文較公平生作爲勝。竊又以爲椒山先生獄中三年,造詣精進,文亦如之。今乃知非出公手,王鳳洲[三]作。言者,心之聲③。著於簡畢之謂文,在天曰天文,在人曰人文。其道甚衆④,非漫然也。文到成家數後,如精金美玉,極易辨取。

【注】

[一]張夫人代夫疏:楊繼盛被囚期間,夫人張氏所上營救乃夫之疏,

---

① 將略——王本作"特略",誤。
② 安得——王本作"安能"。
③ 作言者心聲——王本作"作也。言爲心聲"。
④ 衆——王本作"重",是。

在當時引起巨大反響。楊繼盛遇害，張氏自縊而死。

［二］忠愍：楊繼盛，字仲芳，號椒山。明代直隸容城（今河北容城縣）人。曾任嘉靖時兵部員外郎、南京户部主事、刑部員外郎等職。直言敢諫，上疏力劾嚴嵩"五奸十大罪"，遭誣陷下獄飽受拷打，兩年後被殺。明穆宗即位後，以楊繼盛爲直諫諸臣之首，追贈太常少卿，謚忠愍。

［三］王鳳洲：王世貞，字元美，號鳳洲，又號弇州山人。明代南直隸蘇州府太倉州人。少年天才，十七歲中秀才，十八歲中舉人，二十二歲中進士，累官至南京刑部尚書。王世貞與李攀龍、徐中行、梁有譽、宗臣、謝榛、吳國倫合稱"後七子"。李攀龍死後，王世貞獨領文壇二十年，著有《弇州山人四部稿》《弇山堂別集》《觚不觚録》等。

二十六　劉仁恭

劉仁恭[一]爲盧龍節度使，使其子守文守滄州。朱全忠[二]引兵攻之，城中食盡，使人説以早降。守文應之曰："僕於幽州[三]，父子也。梁王方以大義服天下，若子叛父而來，將安用之？"全忠愧其辭，爲之緩攻。及還師，悉焚諸營資糧，在舟中者鑿而沉之。守文遺全忠書曰："城中數萬口不食數月矣，與其焚之爲煙，沉之爲泥，願乞其所餘以救之。"全忠爲之留數囷，滄人賴之。樸麗子曰："劉守文宏溥德意[四]，朱全忠不怙惡，並爲能賢。余尤多守文之善言也。其理明，其情篤，其辭氣温醇，易直而無薄人之心。以是進言，無弗從者。暴人猶然，況他人乎？夫古有所謂豢龍馴虎者，此類是也。"

【注】

［一］劉仁恭：唐末深州（今河北深州）人。盧龍節度使，先後依違於李唐、李克用、朱全忠之間。後爲其子守光所廢。守光敗於後唐李存勖，仁恭亦被擒處死。

[二]朱全忠：原名朱温。唐末安徽碭山人。家世爲儒，不事生産，先投奔黄巢，後降唐，擊敗黄巢，唐昭宗於賜名"全忠"，又封之爲梁王。殺唐哀帝，滅亡唐朝稱帝，改名爲晃，建都汴，國號爲"梁"。後被次子朱友珪刺殺身亡。

　　[三]幽州：盧龍首府，今北京。此處指代劉仁恭。

　　[四]宏溥德意：推展遍施恩德的心意。

二十七　梅之焕

　　梅之焕[一]字彬夫，麻城人。萬曆間進士。負經濟，有文武材。前扼於忠賢[二]，後扼於温體仁[三]，未竟其用以歿。其巡撫甘肅也，大破套寇[四]。未幾，復大入，患豌豆創[五]環大黄山[六]而病。諸將請掩之，公不可，曰："幸災不仁，乘危不武。不如舍之。"因以爲德。踰月，群寇望邊城搏顙[七]涕泣而去。樸麗子曰："嗚呼！南海北海，心理皆同。梅公一施其德，使群寇搏顙涕泣而去。觀此爲之慨嘆不已。孰爲善不可爲哉？然須與'不鼓不成列'及'不擒二毛'[八]者不可同日語。所難爲瞥①者道也。"

【注】

　　[一]梅之焕：字彬父，别號信天。明末湖廣麻城（今湖北麻城）人。官至甘肅巡撫。爲人剛正，不懼豪强，有仁心，文武全才，撫邊平叛，屢立戰功。

　　[二]忠賢：魏忠賢，字完吾。明末北直隸肅寧（今河北滄州肅寧縣）人。明熹宗權監，極受寵信，殘害異己，專斷國政。崇禎繼位後，打擊懲治閹党，治魏忠賢十大罪，命逮捕法辦，遂自縊身亡。

　　[三]温體仁：字長卿，號園嶠，明末浙江烏程（今浙江湖州）南潯輯里

---

①　瞥——誤。當爲"鄙"。

村人。崇禎年間朝廷首輔。爲閹黨翻案，排斥異己。崇禎十年（1637），被罷官歸家，旋卒。

［四］套寇：河套地區的土匪。

［五］豌豆創：天花。

［六］大黃山：位於甘肅省張掖市山丹縣與金昌市永昌縣交界處，屬祁連山中段。

［七］搏顙：叩頭。

［八］不鼓不成列、不擒二毛者：春秋時宋楚交戰，宋襄公給予敵方排列隊形的時間、不擒殺頭髮頒白者，以此爲仁。後大敗。

二十八　孫文正

樸麗子曰："善哉，孫文正[一]之論廷擊[二]也。"曰："事關東宮，不可不問。事涉貴妃，不可深問。龐寵、劉成而下，不可不問。龐寵、劉成而上，不可深問。曉人不當如是耶？而當時方以深言爲忠，能言人所難言。倘亦所謂果敢而窒者與？夫明知瑞[三]禍極於忠賢，然使士大夫能如葉福清[四]、孫高陽，適不至是①。學之蔽，可勝道哉？王文成[五]觀政工部時，上邊務八事，言極剴切，晚年以爲浮意氣。嗚呼！如此矯矯風列②，如何謂之浮意氣哉③？浮意氣烏足與於功名之會乎？以此爲浮意氣，其所謂不浮意氣者又何如也④？則亦烏可不深長而審思之也乎哉？"

---

① 至是——王本作"至此"。此下王本有"學之不可不講也，不學則六言之蔽"。
② 風列——王本作"風節"。
③ 哉——王本無。
④ 也——王本作"耶"。

【注】

[一]孫文正：孫承宗，字稚繩，號愷陽。明末北直隸保定高陽（今河北高陽）人，故亦稱"孫高陽"。文武全才，累官至兵部尚書。曾爲薊遼督師，功勳卓著，遭魏忠賢忌，辭官回鄉。皇太極包圍京城，受明思宗朱由檢急召主持議和，皇太極退兵。旋即再次罷官回鄉，鄉居七年。崇禎十一年（1638），清軍進攻時路過高陽，孫承宗城破被擒，自縊而死，闔家四十餘口全部遇難。弘光元年（1644），獲南明追贈太師，諡文忠。清高宗時追諡忠定。著有《高陽集》《車營扣答合編》等。

[二]廷擊：王本作"挺擊"。事起明萬曆四十三年（1615）。神宗皇后無子，王恭妃生子常洛，鄭貴妃生子常洵。神宗想違背"立嗣以長"的祖訓，册立朱常洵爲太子，遭到東林黨的反對，不得已只好册立朱常洛爲太子。有張差，手持木棒闖入太子的居所慈慶宮，並擊傷守門太監。張差被審時，供出是鄭貴妃手下太監龐保、劉成引進。時人疑鄭貴妃想謀殺太子，神宗未追究，以瘋癲之罪公開處死張差，又在官中密殺了龐、劉二太監，了結此案。

[三]璫：漢代宦官充武職者，冠用璫和貂尾爲飾，故後世以稱宦官。

[四]葉福清：葉向高，字進卿，號臺山，晚年自號福廬山人。明代福建福清人，故人亦稱"葉福清"。萬曆、天啓間，兩任内閣首輔大臣。善決斷，大敗倭寇、驅趕荷蘭入侵臺灣者，努力平衡各方關係，遏制魏忠賢勢力。崇禎初年，追贈爲太師，諡文忠。

[五]王文成：王守仁，字伯安。明代浙江紹興府餘姚縣（今屬寧波餘姚）人。因曾築室於會稽山陽明洞，自號陽明子，世稱陽明先生。弘治十二年（1499）進士。年官至南京兵部尚書、都察院左都御史。因平定朱宸濠叛亂有功，受封新建伯，隆慶年間追贈新建侯，諡文成。陸王心學之集大成者，弟子極衆，世稱姚江學派。有《王文成公全書》。

二十九　明莊烈帝

明莊烈帝[一]承敗壞之後，力矯其失，手鋤逆璫，勵精圖治，亦明主哉！然沖齡踐祚，血氣方剛，悁急而自賢。夫人各有短長。事君之道,在宣揚扶掖其所長,而彌縫以徐化其短。帝之短長,夫人而見之矣。當其時,國事孔棘[二],帝不能無失。宵小詭避其短,而虛附其所長。諸君子置其長,而觸其短。以故君子日疏,齟齬乖隔。宵小乘機,則又假手其所長,而撥弄其短。迨至酷刑峻法,猜暴狠騺,而明亡矣。帝之殉國也,曰:"皆諸臣誤朕。"其言未爲盡非,蓋亦可悲也已夫。莊烈具有爲之資,使宰相有如葉文忠[三]者以佐之,庶其少濟。考文忠之歿,去帝踐祚,前後數日耳。其時,公尚未衰,天胡不愁遺耶?君臣相遇,自古爲難。論古之士所爲拊卷帙,而嘅然長嘆息也。

【注】

[一] 明莊烈帝:指崇禎皇帝朱由檢。清朝上謚號莊烈湣皇帝,故亦稱莊烈帝。

[二] 孔棘:很緊急。

[三] 葉文忠:即葉福清。

三十　黄忠端公

黄忠端公[一]初成進士,授館職。是時①,魏璫肆虐。文湛持[二]、鄭崟陽[三],約同盡言報國。公疏②稿已具,因迎母,且至三疏三焚之。崟陽③以爲怯。樸麗子曰:"石齋④因母且至,焚其疏,是也。崟陽以爲怯,豈不知其迎母將至耶?若知之,安得以

---

① "是時"至"約"——王本無。
② 公疏——王本作"報國"。
③ 崟陽——王本作"時"。
④ "石齋"至"安得以爲怯耶且夫"——王本無。

爲怯耶？且夫人子以禄迎養其母，萬里外垂至矣，而以國事之得失批龍鱗、捋虎鬚，致其身而不顧①，是尚得謂有人心乎哉？公之所以焚疏爾②，顧此③不待再計而決。石齋之賢，猶三疏而三焚之，吾由是而嘆是非疑似之交盡危極微，而能立判於匆卒紛應之會者之難也。厥後④，因疏論推督臣，不拘守制，與楊嗣昌[四]御前辨駁，謂：'爲陛下存人心。'則今之焚疏也，亦爲萬古存人心。"

【注】

[一] 黄忠端公：黄道周，字幼玄，又字螭若等，號石齋。明末福建漳浦銅山（今東山縣銅陵鎮）人。天啓二年（1622）進士，歷官翰林院修撰、詹事府少詹事。南明隆武時任首輔。抗清失敗被俘殉國。隆武帝賜諡"忠烈"，追贈文明伯。清乾隆年間改諡"忠端"。

[二] 文湛持：文震孟，初名從鼎，字文起，號湘南，别號湛持，一作湛村。明末南直隸長洲（今江蘇蘇州）人。文徵明曾孫。善書法。爲人剛直，與閹黨勢不兩立。朱由崧在南京稱帝，追諡"文肅"。

[三] 鄭崟陽：鄭鄤，字謙止，號崟陽。明末常州横林人。少有才名，隨父鄭振先講學東林。熹宗天啓二年（1622）進士，因上疏彈劾閹黨，被降職外調，回籍候補。天啓六年，楊漣、左光斗等六君子遭魏忠賢閹黨誣陷入獄，鄭作《黄芝歌》寄予同情，遭削職爲民。崇禎八年（1635）復起用，入京後，因批評内閣首輔温體仁，遭温體仁誣陷，凌遲處死。有《崟陽草堂文集》《崟陽草堂詩集》存世。

[四] 楊嗣昌：字文弱，一字子微，自號肥翁、肥居士，晚年號苦庵。明末湖廣武陵（今湖南常德）人。崇禎十年（1637）出任兵部尚書，翌年入閣，深受崇禎皇帝信任。崇禎十二年（1639）以"督師輔臣"的身份前往湖廣圍剿農民軍，十四年張獻忠破襄陽，殺襄王朱翊銘，楊嗣昌已患重病，聞此消

---

① 致其身而不顧——王本作"致身不顧"。
② 公之所以焚疏爾——王本無。
③ 此——王本作"此事"。
④ "厥後"至段末——王本無。

息後驚懼交加而死(一説自殺)。

三十一　石齋先生

樸麗子曰[①]："石齋先生學貫天人，文武兼資。余少時得其古文鈔本一册，頗殘缺，可讀者纔數首耳，實宏深奥衍。及讀《東林列傳》，益睠睠[②]傾企其爲人。然風格太峻，才高而負氣，即如十朋軒、九串閣[一]，奚爲乎？夫才高多忌，負氣而人角之，相持益厲。迹其生平顛頓齟齬，亦多歷閔凶[二]矣。至其拮据海隅，翊戴唐王[三]，欲撥死灰而復然之，斯誠振古人豪，所謂'王臣蹇蹇，匪躬之故'[四]者與？"

【注】

[一]十朋軒、九串閣：崇禎九年(1636)十二月，黄道周免官後升少詹事協理府事兼翰林院侍讀學士。十一年七月初，他同時上三疏，震驚朝野。一劾兵部尚書楊嗣昌奪情入閣；一劾陳新甲奪情起宣大總督；一論遼東巡撫方一藻和議失算。楊嗣昌等人以"朋串擾亂"的罪名，貶謫黄氏江西布政司都事。黄遂養病告歸。並築"十朋軒""九串閣"。"十朋軒"壁間立管夷吾、諸葛亮等二十六位歷代名賢，"九串閣"立屈原、賈誼等三十位名賢，各繫之以贊。

[二]閔凶：憂患凶喪之事。

[三]唐王：朱聿鍵，字長壽，南明第二位君主。崇禎帝北京自縊，江南建立南明福王朱由崧的弘光政權。隨即弘光帝被清軍俘獲處死。鄭芝龍、黄道周等人扶朱聿鍵於福州登基稱帝，改元爲隆武，後世稱之爲隆武帝，也稱唐王。後清軍入福建，隆武帝在汀州被擄而死。

---

① 樸麗子曰——王本無。
② 睠睠——王本作"惓惓"。

[四]王臣蹇蹇，匪躬之故：臣子處境艱險，是爲了拯救君主和國家於危難之間，不是因爲自己的緣故。蹇蹇，艱難貌。匪，通"非"。躬，親身。出自《周易·蹇》。

三十二　學非真知

　　樸麗子曰①："學非真知，致焉而日梦。真知，則至善之所在。道合内外，時措之而咸宜矣。故《大學》以知止爲先，斯孔子所以師表萬世也。余窺見古來賢豪之士，奮志前修，矻矻不遑，期爲世用。一旦致身通顯，攬轡擊楫，慷慨激昂，有不可一世之概。幸而功建名立，焜燿人間。揆之於道，或未能悉合。其左支右屈②，遂拮据艱難，卒無所裨於天下國家，而踉蹌末路至於進退無據者比比也。此其失不在致，而在於知之未真也。是知也，有得諸天者矣③，謂之生知。生知不待學問講論，自餘④莫不由學問講論而入。是以古之學者必有⑤……"

---

①　樸麗子曰——王本無。
②　屈——王本作"絀"。
③　矣——王本作"焉"。
④　自餘——王本作"其餘"，是。
⑤　必有——以下平泉遺書本括注"原缺"。王本作"師。師，所以傳道解惑也。夫自古無授受淵源而能真知者幾人哉？師爲天下善。周子於《通書》三致意焉。而陸象山教人先定宗仰。宗仰或在古或在今，統名曰'師'。得師，然後真知可幾也。何其重歟！何其重歟！"

卷十三

一　道不遠人

樸麗子①曰："夫子云'道不遠人'，又云'誰能出不由戶？何莫由斯道也？'人不可須臾離乎道，道何嘗須臾離乎人哉？夫子言此，所以明示夫道之於人至親且切，而深望夫人之共由之也。道與天地爲昭。秦先暴厲，石氏俗美，大業之間河汾成小洙泗[一]，亦庶幾夫子之意②。而或者謂：道喪千載，如江河日下。是言呶呶久矣，不但誣道，並且誣天。天不變，道不變，人亦安能③盡變？然或謂：道歸一人以傳，如近世諸所論列，豈不謂然？要亦不必如此説。道不孤寄於一人，亦非一人之所能盡。夫道散於天地萬物，渾淪布濩[二]，隨處皆是。但有隆汚，無有增減。《詩》云④：'青青子衿，悠悠我心。縱我不往，子寧不嗣音？'天行健，道無或息時也。子貢曰：'文武之道，未墜於地，在人。賢者識其大者，不賢者識其小者。'子貢親炙聖人，故其言明通切當如此。夫亦猶是夫子之意云。"

---

① "樸麗子"至"而深望夫人之共由之也"——王本無。
② 亦庶幾夫子之意——王本無。
③ 亦安能——王本作"安得"。
④ "詩云"至文末——王本無。

【注】

　　[一]洙泗：洙水和泗水。古時二水自今山東省泗水縣北合流而下，至曲阜北分爲二水，洙水在北，泗水在南。春秋時屬魯國地。孔子在洙泗之間聚徒講學。後因以"洙泗"代稱孔子及儒家。

　　[二]渾淪布濩：整個布散。

二　學道須得聰明子

　　學道須得聰明子，聰明子益不可不學道。聰明而不學道盡其材質而爲之，羅殺①鬼國未足喻其失之遠，瞎馬深池未足喻其危之甚也。聰明反被聰明誤，豈不可惜？

三　不見可欲

　　不見可欲[一]，則心不亂。諒[二]哉！見可欲亂心，聞可欲亦亂心。夫五官之用，先耳而後目。眼暗不見，猶不若耳聾不聞也。嘗游空同山，得一石目曰"聾石"，而銘其背曰"我聞啞泉，不聞聾石。汝冥冥終日，其是也耶？而惜余之不早相識。我携聾石，至於啞泉。結爲三友，以日以年。"

【注】

　　[一]可欲：易引起欲念的事物。
　　[二]諒：確實。

---

　　①　羅殺——王本作"羅刹"。梵語音譯，指惡鬼。

四　金將某怒宋使臣洪皓

金將某怒宋使臣洪皓[一]而脅之曰："吾力，海水可使之乾，但不能使天地相拍耳。"樸麗子與一老友聞此，笑謂之曰："兄能之。"友以爲戲侮，怒。徐謝之曰："兄勿怪。每見吾兄於愚者而強欲使之智，於不肖者而強欲使之賢，非使天地相拍而何？"

【注】

[一] 洪皓：宋饒州樂平（今江西樂平）人。任職禮部尚書時出使金國，被扣留十五年，艱苦備嘗，全節而歸。

五　寢不成寐

道光己丑秋八月朔壬戌之夜，樸麗子寢不成寐，輾轉床席，憊甚，無所聊賴，披衣起，回旋房中。久，忽覺胸中汩汩有所省發，乃掉臂揉目，燼火而錄①之曰："語貴真切透快，然亦不可不審。天下有拗人焉，真切透快轉足觸其剛愎之氣。又愧可生而不可使也，勵可生而不可強也。又諺云'貓狗識溫存'，是言醰醰有餘味。又施惠勿念，於人猶然，況至親骨肉乎？又程子云'於事上接下，多有未盡處'，明道猶如此，況其他乎？思之思之，自責不暇，何暇責人？"執筆到此，意益開，洒然樂也，飄飄然有凌雲御風之致。因喟然而嘆曰："一我也，一時也，心有開

---

① 錄——王本作"書"。

塞，則境分仙凡。大抵非思不爲功，愼思哉！"時雞尚未鳴也，荆妻亦起。屬令煮酒，連飲數盃，振袂起，揚聲高歌，其辭①曰："蕭蕭風雨夜深時，自惜自憐還自怡。又到困心衡慮處，得來兩字是思思。"

六　晚得鞏縣教諭

樸麗子晚得鞏縣教諭。學署僻而隘，在沮洳[一]中，人士罕至者。即門人執經問業，亦如晨星落落。廣文官[二]冷，此其尤甚者耳。區區不盡懷抱，孑然無所與語。晝䏂河洛之茫茫，夜瞻星斗。乃者，一生至。喜其頗聰明，款留之，欲與之言。力辭曰："過數日，當約某同來，與老師敘話。"於時徐指案上書，莞爾答曰："此中皆吾談客，不須賢輩。"

【注】
　　[一] 沮洳：低濕之地。
　　[二] 廣文官：泛指清苦閑散的儒學教官。

七　中秋既望

中秋既望，月光入我幃闥，明白如晝。小步中庭，偶憶李鳶[一]輓蘇文忠公[二]聯云："皇天后土鑒一生忠愛之心，名山大川還萬古英靈之氣。"諷誦數過，忽慷慨俯仰，掉臂長吟，聲殷梁壁，

---

①　其辭——王本無。

不禁涕泗之横流。

【注】

　[一]李廌：字方叔，號德隅齋，又號齊南先生、太華逸民。北宋華州（今陝西渭南市華州區）人。少以文爲蘇軾所知，譽之爲有"萬人敵"之才，爲"蘇門六君子"之一。中年應舉落第，絶意仕進，定居長社（今河南長葛市），直至去世。以喜談古今治亂知名。

　[二]蘇文忠公：即蘇軾。宋高宗時追贈太師，謚"文忠"。

八　好樂者愛之至

好樂[一]者愛之至也，至則不能無恐懼，恐懼則不能無憂患。恐懼憂患中，安得無忿懥？四者環至循生，而心之神明喪矣。故曰："心不在焉。"心不在焉者，心死也，心死而身亦隨之。耳目口俱失其用，非死而何？則欲正其心者，尤以屏除好樂爲第一義。

【注】

　[一]好樂：嗜好，愛好。

九　偶得醇醪

樸麗子偶得醇醪，獨酌花下。念無以佐酒者，抽取架上書。見《史通》[一]云："《左傳》敘事，談恩惠，煦如春日；記嚴切，凜若秋霜；敘興邦，滋味無窮；陳亡國，淒然可憫。"連飲三杯。見殷瑶[二]云："文有神來、情來、氣來。"曰："知言哉。以神通神，以情聯情，以氣鼓氣，千秋可結契焉。"連飲三杯。見李穆堂[三]與方靈皋[四]論所評韓文書，歷斥之不少狗，飲一杯。又見其與所評柳文書，歷斥之不少狗。嘆曰①："余嘗讀穆堂書，數游豫章，悉其爲人，蓋既博反約，躬行而有得者。名下士浮氣滿胸，那得不一磕粉碎？"連飲三杯。又見其與所評歐文書，據云"三宰二字不典"。按《齊語》"工立三族，臣立三宰"，斥爲不典，誤矣。飲一杯。至《瀧岡阡表》[五]云"矧求而有得"六句，據云："此良士恒情耳。沾沾自喜則淺之乎爲大丈夫矣。"按崇公[六]此言矜炫於人謂之沾沾自喜，可也。本私語於家，而妻述其夫，子稱其父，謂之淺丈夫，可乎？"求其生而不得"以下一句一意，曲盡聖人用刑哀矜之至意，所謂驚心動魄、一字一金。奮筆刪之，可謂不慎，非所望於賢者者也②。連飲三杯。至末曰："總之③，此等文章非後人所能增損一字。霹靂一聲，足使心膽墜④地。"余不覺大笑絶倒，連飲之不復計數，遂大醉。仰見明月，誧誧含糊而歌曰："醉了，醉了。手握殘書玉柱倒，瞪目直視青天表。怎不見丹桂把香飄？怎不見白兔把藥搗？見只見玉鏡銅鉦[七]，金波口邊邊。吞入胸中，却在那雲夢裏邊照。照得俺腹似雪、肺⑤似霜，心腸兒猶如百日暾。五蘊四大[八]並空妙，睁眼細瞧，開口大笑。手中書也不知早向何處抛。若問及個中情由，都不曉。"

【注】

[一]《史通》：唐劉知幾所著史學理論專著。主要評論史書體例與編

---

① 嘆曰——王本無。
② 非所望於賢者者也——王本作"非所望於賢者也"。
③ 總之——王本作"要之"。
④ 墜——王本作"隳"。
⑤ 肺——王本作"肝"。

撰方法，以及論述史籍源流與前人修史之得失。

［二］殷瑶：當作"殷璠"。唐代文學家、詩選家。丹陽人。進士出身，曾出仕，後辭官歸隱，詳情無可考。編《河岳英靈集》二卷，後通行本爲三卷，選錄唐開元二年至天寶十二年（714—753）期間常建、李白、王維、高適等二十四人詩二百三十四首（今本實存二百二十八首），每人各有評語。

［三］李穆堂：李紱，字巨來，號穆堂。清代江西臨川（今江西臨川）人。康熙四十八年（1709）進士，由編修累官内閣學士，歷任廣西巡撫、直隸總督，因參劾下獄。乾隆初起授户部侍郎。治理學宗陸王（陸九淵、王守仁）。馬平泉對之極爲傾心。著有《穆堂類稿》《陸子學譜》《朱子晚年全論》《陽明學錄》《八旗志書》等。

［四］方靈皋：方苞，字靈皋，亦字鳳九，晚年號望溪，亦號南山牧叟。清代桐城（今安徽桐城）人。桐城派散文創始人，與姚鼐、劉大櫆合稱"桐城三祖"。

［五］《瀧岡阡表》：歐陽修在他父親死後六十年所作的墓表。情真意切，爲同類文章典範。

［六］崇公：歐陽修之父歐陽崇。

［七］銅鉦：古樂器。形圓如銅鑼，懸而擊之。

［八］五蘊四大：五蘊，梵語音譯，指色、受、想、行、識假合而成的身心。色爲物質現象，其餘爲心理現象。四大，佛教以地、水、火、風爲四大，認爲四者分别包含堅、濕、暖、動四種性能，人身即由此構成，因亦用作人身的代稱。

十 携酒獨上鞏縣南城樓

樸麗子携酒獨上鞏縣南城樓，誦太史劉青藜［一］"螭碑萬笏插龍尾，雉堞千尋跨龍頭"之句，嘆曰："前輩於此，興復不淺。"於是翹首北顧，熊西山［二］方落魄潦倒，縱飲燕市上。東南望檜陽陳寬夫［三］破屋頹垣，晨夕怡怡。東望管城董生仲甫［四］病臥床笫，焖焖然於古人有神明之契。然或遠在千里外，或隔百里而遥，而嵩山白雲片片鬱起，繚繞目前，若依依於我者，輒不禁浮大白，叩欄搖膝而歌曰："半倚山嵐半水墳，嵩高洛汭兩平分。憑欄獨坐城樓上，來往源源是白雲。"

【注】

[一]劉青藜：字太乙，號嘯月。清代河南襄城人。康熙四十五年(1706)進士，改庶吉士，受命纂修《朱子文集》，因母病歸鄉，卒於家。曾受業於詩壇領袖王士禎。爲當時河南重要詩人。

[二]熊酉山：熊之書。清代湖南酉山(今湖南懷化沅陵縣)人。禹縣知縣，有惠政，與馬平泉交好。庚申(1800)寶豐教匪不靖，奉檄防禦，邀馬氏參其軍。後以積勞上聞，陞知府。爲人倜儻不拘小節，不久以言事發吉林。越八年，放還。善詩文，與平泉唱和頗多。

[三]陳寬夫：陳心田，字廣基，一字寬夫。清代檜陽(今河南新密)人。馬平泉好友。平泉以陳氏爲生平所見心學成就最高者。

[四]董生仲甫：董仲甫，平泉好友。

十一　世俗人人自聖

世俗人人自聖，牧奴爨婢並傲然有不可搖之識力。及與之言聖人之道，則瞠目咋舌，踧踖[一]若不敢與聞。何其勇於自聖，而怯於學聖矣乎？抑知其所以自聖者，即其可以學聖者也，只爭一撥轉耳。道惟一，道力無二力。

【注】

[一]踧踖：恭敬不安貌。

十二　岳忠武智勇絶倫

岳忠武智勇絶倫,而生平議論與其他一才一技①,莫不逈[一]出流輩。自古凡若此類,未有不大顯鑠於世者。然三代後全者幾人? 若抑塞不爲世用,尚可粗安。然亦坎坷,必無諸福之集矣。世嘗謂"一分才,一分福",此言非也,乃是"一分才折一分福"耳。

【注】

[一] 逈:同"迥"。遠。

十三　多情是佛心

樸麗子曰:"予聞之'多情是佛心'。彼佛氏亦多情耶? 多情何能觀自在? 菩薩達摩不三宿樹下,恐生愛戀心。愛戀非情耶? 吾不得而知之矣。余世居禹之觀稼園,與藍溪邢氏二十里而近,婚姻世好,相見親如一家。而孝廉儒則表伯,往來尤款密。乃者,夢中見一堂弟,待之無狀,當座詬誶,喝禁之不可,因大哭失聲而醒,淚流枕席。噫! 唯坐多情,憔悴到老。今猶促迫如此,知復奈何?"

---

① 技——王本作"藝"。

十四　王泰州

王泰州[一]見滿街皆是聖人,從吾道人[二]亦云:"究之,只是大半悢悢然[三]愚夫耳,使人憫惜。夫滿街皆聖人者,謂其皆具可爲聖人之才質。陽明所謂個個心頭有仲尼也。只是悢悢然愚夫者,濂溪所謂人生有才,不學則愚也。故人必不可不學。""學當如何?"曰:"志於善,而力去其惡。《詩》《書》以啓迪之,師友以輔助之。"

【注】

[一] 王泰州:王艮,初名銀,王守仁爲之改名爲艮,字汝止,號心齋。明泰州安豐場(今江蘇東台安豐)人,亦稱王泰州。先世原居蘇州,後落户於泰州安豐場,以燒鹽爲生。王艮七歲受學,十一歲因家貧輟學,隨父兄淋鹽。十九歲隨父至山東經商,拜謁孔廟時忽受啓發,認爲"夫子亦人也,我亦人也,聖人者可學而至也"。於是日誦《孝經》《論語》《大學》,勤苦自學。三十八歲赴江西往游王陽明門下。主張"百姓日用即道",注重口傳心授。門徒衆多,不少出身下層。弟子以徐樾、顏鈞、王棟、王襞、羅汝芳、何心隱等最爲知名。王艮與諸弟子形成的學派即爲"泰州學派"。

[二] 從吾道人:馬平泉號。

[三] 悢悢然:無所適從貌。

十五　《水滸傳》

《水滸傳》於諸人莫不窮極情態,字字寫生,可云戛戛[一]獨造。然作者子孫三世喑啞,何與? 由此而推之①,左丘盲,太史

---

① 由此而推之——王本作"由此推之"。

腐,是皆天道。夫得於此必失於彼,乘於上則除於下。大美之中有大惡焉。語云:"達人知命。"知命者,知命之本乎天而安之也。

【注】

[一]戛戛:獨特貌。

十六　人之不可以不知道

人之不可以不知道也,猶巢居者不可以不知風也,猶穴居者不可以不知雨也。人不知道,步步皆危,不則步步欹窄,不則亦步步周張[一]於迂曲。

【注】

[一]周張:焦躁急迫。

十七　惟十有三祀

惟十有三祀[一],王訪於箕子,何其鄭重?而丹書之陳[二]亦在武王齋戒之後。蓋凡自古知言之士,未有輕出其言者也。美言蹲沓[三],等於糞土。執迷人而聒之以乾坤之奧,欲其不玩易而弁髦視之也,得乎?張乖崖[四]謂寇萊公[五]曰:"《霍光傳》當讀,渾厚有餘味。"寇公請教,猶不直言道破。如此,人稱張公是絕世聰明漢,聰明漢那弗爾爾。

【注】

[一]惟十有三祀云云：周文王立國第十三年，也是武王即位第四年、滅商第二年，武王向箕子咨詢治國之道。箕子，名胥余，殷紂王的叔父，曾任太師之職，封於箕（今山西太谷縣東北）。因勸諫紂王被囚。周滅殷之後，武王將之釋放。語出《尚書·洪範》。

[二]丹書之陳：周武王向呂尚求治道，呂尚謂《丹書》載之，但須齋戒才可知曉。見《大戴禮記·武王踐阼》。

[三]蹲沓：紛雜。

[四]張乖崖：張詠，字復之，號乖崖。北宋濮州鄄城（今山東鄄城）人。太平興國年間進士。累擢樞密直學士，真宗時官至禮部尚書，詩文俱佳，太宗、真宗兩朝名臣，尤以治蜀著稱。爲人剛正，寬厚愛民。有《張乖崖集》。

[五]寇萊公：寇準，字平仲。北宋華州下邽（今陝西渭南）人。太平興國五年（980）進士，累遷殿中丞、通判鄆州，歷同知樞密院事、參知政事，兩度入相。嫺熟於內務外交。乾興元年（1022）被貶謫，終雷州司戶參軍。天聖元年（1023），病逝於雷州。

十八　明白人難得

或曰："明白人難得，或歷數州郡縣而不一見焉，或歷數十年而不一見焉。難得，故難識。難識，故難行。難行，故困。吾未見斯人也。脫有之，天祇欲困之已乎？抑亦有所爲乎？"樸麗子曰："明白人乃天之篤生，所謂天開竅於人者，斯人是也。天不變，道亦不變。其生之也，即其所爲也，而又何困不困之有？"

十九　販米出都

販米出都，朝廷有厲禁。會京東大饑，米商行二百金御史蕭某。蕭某素廉正,不受。值歲暮,窘甚,妻孥流涕以請。越日,乃受之。事覺,依律斬西市。臨刑大哭自傷,對衆陳訴以死。樸麗子曰:"蕭君礪清操,以墨[一]見誅。世嘗謂'千日昭昭,隳於一日之昏昏',其信然歟? 雖然,人容有一時之昏,何至食砒霜以療饑,飲鴆酒以解渴乎? 大哭自陳,只益口實。嗚呼哀哉!"

【注】

[一]墨:貪污。

二十　送考洛陽

樸麗子送考洛陽。三更入察院[一],至二更出,憊甚。嘆曰:"所作者朝廷不甚愛惜之官,所辦者國家無關輕重之事,亦復勞勞如此。"歸而登床危坐,閉目久無一語。弟子范吉慶問曰:"觀先生似有悶意,豈以作教官耶?"不答。復進曰:"非教官先生作耶?"遂蹶然笑而起,呼酒而與之歌。

【注】

[一]察院:院試的考場。察院是各道御史的衙門,各省學政最初多由御史出任,因此院試考場叫察院。

二十一　過鄱陽湖

樸麗子嘗過鄱陽湖,舟幾覆。在舟者皆蒼黃失次,舵師號哭,莫知所爲。樸麗子安坐不異常時。舟既定,衆謂之曰:"若不怕死耶？"答曰："君輩怕死，不死耶？一般是死，樂得自討取暫時一點受用。"

二十二　讀《宋史》

樸麗子曰："余讀《宋史》[一]，觀謝弘微之[二]爲人，不復有今古之感。夫'異不傷物，同不害正'[三]，非即文中子所謂'内不失己，外不失人'者耶？雖古盛德之士，何加焉？如是，又何傷乎世路之難行哉？嗚呼！若謝子者，其庶幾協於道與？"

【注】

[一]《宋史》：當爲《宋書》，梁沈約撰，記述南朝宋的紀傳體斷代史書。

[二]謝弘微：謝密字弘微。南朝宋文帝時武昌太守，謝萬曾孫。性恬淡，不貪財，不慕權，與朋友忠，與族人善，口不言人過，擅製餚饌。

[三]異不傷物，同不害正：謝弘微族叔謝混對他的贊語。見《宋書·謝弘微傳》。

二十三　冉有聚斂

冉有[一]聚斂阿附權門，凡今所傳漢唐以來名臣不爲也。聞一得三①，夫子②豈賢，於子何其闇塞？而宰我[二]短喪食稻衣

---

① 聞一得三——聞，王本作"問"，是。見《論語·季氏》。
② 夫子——王本作"仲尼"。

錦，更爲有傷名教，夫子之所痛斥。莫道①一係籍聖人之門便高出群輩也。夫陳蔡諸賢[三]考以四科[四]，今稱十哲[五]矣。即以漢一代言之，若江都[六]、康城[七]之德行，鄧侯[八]、長沙[九]之政事，在聖門亦居高第。至於言語、文學，益哀然不乏人矣。學者眼界須放開，撤去胸中一應藩籬。

【注】

[一]冉有：冉求，字子有，亦稱冉有。春秋末魯國人。孔門七十二賢之一，多才多藝，尤擅長理財，擔任季氏宰臣。曾説服季康子迎回了在外流亡的孔子。幫助季氏進行田賦改革，聚斂財富，受到孔子的嚴厲批評。

[二]宰我：宰予，字子我，亦稱宰我。春秋末魯國人。"孔門十哲"之一。能言善辯，曾從孔子周游列國，常受孔子派遣使於齊、楚等國。曾問孔子三年之喪，認爲守喪時間過長，孔子問在此期間"食夫稻，衣夫錦，於女安乎?"宰我答："安。"

[三]陳蔡諸賢：追隨孔子周游列國，在陳國蔡國遭遇圍困、斷糧諸厄的弟子，有子路、顏回等人。

[四]四科：孔門四科。一般以爲指德行、政事、文學、言語。

[五]十哲：孔門十位優秀弟子。見《論語·先進》："德行：顏淵、閔子騫、冉伯牛、仲弓；言語：宰我、子貢；政事：冉有、季路；文學：子游、子夏。"

[六]江都：董仲舒，西漢廣川郡（今河北棗强縣）人。景帝時任博士，講授《公羊春秋》。漢武帝元光元年（前134），武帝下詔徵求治國方略，董仲舒上《舉賢良對策》，提出"天人感應""大一統"學説和"諸不在六藝之科、孔子之術者，皆絶其道，勿使並進"。"罷黜百家，獨尊儒術"的主張爲武帝所採納，使儒學自此定於一尊。董仲舒曾任江都易王劉非相，故有此稱。

[七]康城：王本作"康成"，是。鄭玄，字康成。東漢末年北海高密（今山東濰坊）人。家貧好學。先入太學攻《京氏易》《公羊春秋》及《三統

---

① "莫道"至"高出群輩也"——王本無。

曆》《九章算術》，又從張恭祖學《古文尚書》《周禮》和《左傳》等，最後從馬融學古文經。學成歸鄉，聚徒講學，弟子達數千人。黨錮之禍起，遭禁錮，杜門注疏，潛心著述。遍注群經，開創"鄭學"。晚年守節不仕，却遭袁紹逼迫隨軍，病逝於元城（今河北大名縣境）。

〔八〕鄭侯：蕭何，秦漢沛縣豐邑（今江蘇豐縣）人。早年任秦沛縣縣吏，後以謀士的身份輔佐劉邦奪取天下，功勳卓著，封鄭侯。

〔九〕長沙：賈誼，西漢洛陽（今河南洛陽東）人。少有才名，文帝時任博士，遷太中大夫，受大臣周勃、灌嬰排擠，謫爲長沙王太傅，故後世亦稱賈長沙、賈太傅。三年後被召回長安，爲梁懷王太傅。梁懷王墜馬而死，賈誼深自歉疚，抑鬱而亡。賈善辭賦、政論，代表作有《吊屈原賦》《鵩鳥賦》《過秦論》《論積貯疏》《陳政事疏》等。

二十四　宋至南渡

樸麗子曰："嗚呼！宋至南渡，箕尾歸天〔一〕、朱仙班師而後，可謂日月無光，乾坤痿痹〔二〕者矣。强敵方狼吞虎噬，而卿相以武人爲誚，渡嶺竄海，朝不計夕，而君臣朝野間爭以浮文①相詆。自古粃政〔三〕弱國未有如季宋之甚者也。斯真小朝廷哉！然而末路得一文文山收場，何其壯也。凌空起步，拔地倚天。"

【注】

〔一〕箕尾歸天：箕、尾均爲二十八宿之一。典出《莊子·大宗師》："傅説得之以相武丁，奄有天下，乘東維，騎箕尾，而比於列星。"宋高宗時宰相趙鼎主戰，與秦檜不協，自忖必遭陷害，作銘旌（豎在靈柩前標志死者官職和姓名的旗幡）："身騎箕尾歸天上，氣作山河壯本朝。"後用以比喻朝廷重臣的去世。

〔二〕痿痹：麻木不仁。

---

①　浮文——王本作"虛文"。

［三］粃政：弊政。

二十五　劉玄明

劉玄明[一]爲山陰令，政爲天下第一。傅翽[二]請教，答曰："吾有奇術，卿家譜所不載。"問何術，曰："日食一升飯而莫飲酒。"翽家世傳有《理縣譜》，故云。樸麗子曰："日食一升飯則氣充，不飲酒則性定，而理自明。理明氣充，雖以治天下可也。劉君知道之士，其言近而遠，簡切而精該。用之一身，亦足以却疾而延年。抑劉念臺[三]有《人譜》，吾願收劉君之言增入其中。"

【注】

［一］劉玄明：南朝宋時曾任山陰令，政績卓著。

［二］傅翽：多作"傅翾"。南朝北地靈州（今寧夏靈武）人，世代僑居南方。數代都曾擔任縣令，有政聲。

［三］劉念臺：劉宗周，字起東，別號念臺。明代紹興府山陰（今浙江紹興）人，因講學於山陰蕺山，亦稱蕺山先生。宋明理學（心學）的殿軍。著作宏富，開創蕺山學派，黃宗羲、陳確、張履祥等均係其傳人。

二十六　錦綉乾坤

錦綉乾坤，百昌繁會[一]，至夜則息矣。然而人生美趣，夜爲多。當夫熟眠初醒，擁衾獨坐，耳無所聞也，目無所見也，悾恫澄澈，洒然自在，時而偶有所觸發，一縷心思盡意周流，上蟠下際。

【注】

[一]百昌繁會：各種生物交響。

二十七　國家之立

樸麗子曰："國家之立，必有重臣。重臣者，天下所視以安危者也。若郭崇韜[一]之在後唐，非所謂重臣歟？崇韜勇而有謀，功高一時，朝野倚毗，可不謂重臣乎？卒然以無罪戮，人心瓦解，國亦隨之。豈非莊宗[二]昏荒，天奪其鑒哉？然而韜亦有以自取之者。悲夫！夫自古人臣居隆盛之地，性偏心粗，而復挾以矜高之氣，未有能善其後者也。"

【注】

[一]郭崇韜：字安時。五代時代州雁門（今山西忻州代縣北）人。後唐名將，率軍六萬滅蜀。隨即遭構陷，杖斃。

[二]莊宗：後唐莊宗李存勖，後唐太祖李克用長子，沙陀人。勇於善戰，不善理政，寵倖伶人、宦官，不撫恤士兵，稱帝三年即遭兵變被殺。

二十八　願爲真士夫

"願爲真士夫，不願爲假道學。"是言也，始聞之不勝驚愕根觸[一]不得於心。道學安得有假①？假道學尚待邵文莊[二]不願學耶？要之，此言故復難解。今雖解得，正亦未易向人舉似。或

---

① "道學安得有假"以下至文末——王本作"假須不是僞，只不免粧點做作，王泰州所謂飾情抗節矯諸外者是"。

曰："畢竟作何解？"曰："無可説得。"曰："既解決得，當自有説。"曰："王泰州知之。"曰："泰州知，泰州能告我耶？願卒教我，勿使小子惘惘悶損。"樸麗子乃肅衣正色而爲之説曰："假須不是僞，只不免粧點做作，所謂飾情抗節矯諸外者是。"

【注】

[一] 根觸：觸動。

[二] 邵文莊：邵寶，字國賢，號泉齋，別號二泉。明代江蘇無錫人。曾任江西提學副使，修白鹿書院學舍。

二十九 唐太宗龍鳳之姿

唐太宗龍鳳之姿，天日之表，緯武經文，並臻絶特。而貞觀之治實爲千載一時。才德、勳業、名位，皆造物者之所甚靳，太宗何其美備也？斯蓋極人世遭際之隆者矣。然而，建成[一]之爲兄也，元吉[二]之爲弟也，承乾[三]之爲子也，亦自古罕有一人也，何其所遇①之大相逕庭歟？然不如此，何以見天道？若能看徹時，只是平常以義處之，那弗豁然？或曰："若非大美，亦不畀以大惡。何則？非太宗有不死於建成者乎？天之生之也。何居？夫天下之亂久矣，天生太宗所以成貞觀之治也。房、杜、尉遲[四]，並爲帝簡。"

【注】

[一] 建成：李建成，唐高祖李淵長子。李淵起兵之前，奉父命在河東招募人才，而後率軍征戰，功勳卓著。唐朝建立後被立爲皇太子，協助李

① 遇——王本作"遭"。

淵處理政事。又多次率軍打退突厥入侵。李世民發動玄武門事變，親手射死李建成。

［二］元吉：李元吉，唐高祖李淵第四子。驍勇善戰，唐朝建立後，封爲齊王。在政爭中，支持太子建成，玄武門事變與太子建成同時被殺。

［三］承乾：李承乾，唐太宗李世民長子。有腿疾，不良於行，頑劣不仁。受有謀嫡之心的胞弟李泰威脅，試圖發動政變逼宫，事敗被判充軍黔州，鬱鬱而終。

［四］尉遲：尉遲恭，字敬德。唐代朔州（今山西朔州）人。質樸忠厚，勇武善戰，屢立戰功。玄武門之變時助李世民奪取帝位。晚年謝賓客不與通。謚忠武，陪葬昭陵。

三十　震主之威

曹操、司馬懿、高歡、宇文泰［一］，並挾震主之威，懷自危之心，握固權勢，不敢少釋，雖終北面，迹同跋扈。嗚呼！非甚盛德，烏能當此而無慚也乎？古人云："願相公無權。"有以哉。至於劉裕［二］則游行綽綽，朝廷方感德慕義之不暇矣。乃及身篡弑焉而後快，視曹馬輩，猶在天上。子孫自相屠戮殆盡，元凶邵尤，爲開闢未有。天之報施彰彰哉！

【注】

［一］宇文泰：字黑獺（一作黑泰）。南北朝時代郡武川（今内蒙古武川西）人，鮮卑族。西魏權臣，北周政權奠基者。其子宇文毓稱帝，追謚曰文皇帝，廟號太祖。

［二］劉裕：宋高祖劉裕，字德輿，小名寄奴。祖籍彭城縣綏輿里（今江蘇徐州），生於晋陵郡丹徒縣京口里（今江蘇鎮江）。自幼家貧，初爲北府軍將領。多謀善戰，在混亂的政局中漸有優勢，最終代晋自立，定都建康，國號"宋"，史稱劉宋。

三十一　生民每日

凡生民每日所接應之人、酬酢之事，縱極瑣瑣，慎勿視爲俗冗而厭惡之，乃即吾安身立命之所在，先儒所謂灑埽應對上達天德者也。百姓日用而不知，並在此處見。

三十二　王謝門高

"王謝門高非偶，當於朱張以下訪之"，此最晋宋間積習陋語。梁武非甚夢夢，何至以此等囈語搪塞河南王景[一]？反益決矣。景本凶人，武帝之所以御之者，亦殊乖方哉。

【注】

[一] 河南王景：侯景，字萬景。南北朝時朔方人（一説雁門人），鮮卑化羯人。擅長騎射，以軍功起家，先投東魏丞相高歡。梁武帝太清元年（547）率部降梁，受封河南王。後向武帝請求與王謝聯姻，武帝婉拒。次年起兵叛亂。江州刺史王僧辯、揚州刺史陳霸先先後率兵進攻侯景，侯景潰敗被殺。

三十三　庚寅四月之晦

庚寅四月之晦，夢一山人氣貌儼然，能以符咒療疾，然必令病者先向神前伏拜。問："如何行禮？作何祝告？"山人高聲呵曰："不須！但用手細摸腔子裏，有良心便得。"又問却疾方。山人曰："但摒擋心中空空落落,時常喜滋滋地,安有病來?"

三十四　王偉之才

王偉[一]之才高出一時①,觀其作略,其亦張賓[二]之流亞歟?然侯景猶非石勒[三]之比,而欲因之以立功名,愚矣。且夫朝廷已與之盟,拜大丞相,諭止援軍矣。哀我殫人,汔可小息[四],背盟而成,一語禍極滔天,只爲凶人②之尤,厥後釘柱鉤舌而死,不亦宜乎?

【注】

[一] 王偉:侯景重要謀士,掌管文書,建言叛篡,爲時人痛恨。侯景敗亡,王偉亦遭烹殺。

[二] 張賓:字孟孫,十六國時後趙趙郡南和(今邢臺南和)張相人,一說邢臺内丘人。石勒重要謀士,輔佐建立後趙,位冠僚首。清廉謹慎,任人唯賢,深受石勒愛重。

[三] 石勒:字世龍,小字匐勒,羯族,十六國時上党武鄉(今山西榆社)人。有謀略,善征戰,建立後趙。治國頗有方略。謚明皇帝,廟號高祖。

[四] 哀我殫人,汔可小息:殫,通"憚"。王本作"憚人"。哀憐勞苦的人,差不多可以暫時休息。出自《詩經·大雅·民勞》。

三十五　江左陸氏

江左陸氏奕葉重光,及遷洛陽,乃是亡國之餘,而才名又掩

---

① 一時——王本作"一世"。
② 凶人——王本作"小人"。

士大夫之上，此即含輝斂耀，猶懼不免，乃復出身與人家國於骨肉相殘之世乎？其及也，非不幸也。要之，遜、抗[一]陰慘，天道不遠。遜嘗侵魏，無功，屠其市而還。抗討步闡，嬰孩無遺。足使千載後聞者酸鼻。君子以是知陸氏之不競[二]也。

【注】

[一] 遜、抗：陸遜，本名議，字伯言，三國吳郡吳縣（今江蘇蘇州）人，東吳名將。參與襲取荆州，任大都督後，於夷陵火燒連營擊敗劉備。陸抗，字幼節，陸遜次子，東吳名將，曾擊退晋將羊祜進攻，並攻殺叛將西陵督步闡。

[二] 不競：不振。

三十六　魏孝武帝奔長安

魏孝武帝[一]奔長安，高歡入洛陽，聚百官責以處不諫諍、出不陪從，殺僕射以下數人，亦暴矣哉。僕射以下諸死者何辜乎？雖然，夫子云"邦無道，富且貴焉，恥也"，魏之無道，識者久已寒心，於時竊據高位，恥何如之？一恥釀爲横禍，哀哉。且君既出奔，時惟有從亡一著耳。乃不思此，復欲腼顔求容於忿毒者之前乎？是又呆甚矣。此等齦齦，其死故不足惜。

【注】

[一] 魏孝武帝：元修，字孝則，北魏末代皇帝。權臣高歡立其爲皇帝。後與高歡決裂，率衆入關中投奔宇文泰，遭宇文泰毒殺。高歡另立元善見爲帝，遷都鄴，北魏從此正式分裂成東魏、西魏。

三十七　新安吕某

新安吕某[一]與郟縣劉太史[二]有親誼,求爲其父作傳,辭,強之,曰:"衰老須藥力助之乃可。"吕饋遼參一兩。友人尤之曰:"是以貨利市也。"太史曰:"彼擁厚貲屬[三]我以乃父重事,而略無所致意於我,我何爲也哉?"曰:"不太多乎?"曰:"彼擁厚貲屬我以乃父重事,而至有所儉嗇於我,象①又何爲也哉?且吾與若素交好,所以斤斤者,爲義非爲利也。"樸麗子曰:"劉先生名德碩望,其所持當不錯。然薄俗重利遺義,少有需索,動致紛紜,盡己而略無所責望於人,不亦可乎?諺云:'世上若得人情好,賒得物去不取錢。'推此以往,何所不宜哉?何所不宜哉?"

【注】

[一]新安吕氏:指洛陽新安吕氏。自明萬曆時理學家吕維祺以科舉起家,歷經明清兩代,始終爲地方大族。

[二]郟縣劉太史:當指劉斯和,字育方,生卒年不詳,乾隆己未(1739)科進士。初授翰林院庶吉士,歷任渾源州、遼州、忻州、甘肅秦州知州、甘州府、西安府知府,參與平定准噶爾叛亂。

[三]屬:辛苦。

三十八　陽明待江彬

陽明待江彬[一],略無所阿,見其正;包容之未嘗顯與之角,見其大;與彬大閱[二]徑就正座,見其精。或曰:"徑就正位非顯

---

① 象——王本無。疑衍。

與之角乎？"樸麗子曰："將士耳目，屬於一人。彬方包藏禍心，若一據正位，則威權盡歸之矣。其不讓也，蓋勢之所不得不然，非動於意氣而悻悻爲無益之參池①也。其所爲者，大也。"

【注】

[一] 江彬：字文宜。明北直隸宣府（今河北宣化）人。著名邊將，勇悍善戰。正德時佞臣，恃寵擅權，構陷廷臣。正德帝死，皇太后將之抄家棄市。

[二] 大閱：大規模檢閱軍隊。

三十九　孟子入室

傳有之：孟子入室，因袒胸而欲出其妻，聽母言而止。此蓋周之末季，或秦漢間曲儒附會之言也。曲儒以矯情苟難[一]爲道，往往將聖賢粧點成怪物。嗚呼！若此類者，豈可勝道哉？

【注】

[一] 苟難：隨意提高難度。

四十　客有相訪者

客有相訪者，直隸高陽人也。因問孫文正事，備言之，稔知閣部之爲人。爲置酒，共飲數巡後舉盃屬之曰："君知此酒乎？"曰："不知也。"樸麗子曰："余聞之，醇醪味澹而力濃，辣次之，甜

---

① 參池——王本作"差池"。

又次之。是酒非甜非辣,願君更進一盃。"

四十一　喫力不討好

聞之"喫力不討好"。陸放翁云:"文章本天成,妙手偶得之。"並非人作,何有喫力? 但此都無從説起。老杜謂:"下筆如有神。"神故妙,當時江南團扇,家家畫放翁,故復妙妙。余嘗送人入蜀,云:"西去巴山萬里中,一擔行李一帆風。好憑劍閣迤南望,可有詩人似放翁。"

四十二　趙貧子

趙貧子謂人曰:"子神不全。"其人不服。貧子又謂曰:"子父母在乎?"曰:"亡久矣。""嘗夢見乎?"曰:"多矣。""夢中知其亡乎? 抑以爲存耶?"曰:"皆有之。"曰:"父母之存亡,不待計議而知,夢則以亡爲存。死生之於夢覺,有間矣。物之眩子而難知者,甚於父母之存亡。子自以爲神全,而不知學,可憂也哉。"樸麗子曰:"彼人所答貧子之言是也。此天下古今之所同然者也。貧子設爲謬悠大言,未見着落,徒足惶惑後人耳。即精進有得之士,亦茫然無所依據,甚無謂。而《東坡志林》取之,以爲可資省發,何也? 余聞之,人睡如小死,以魂遇魄,未知生焉知死乎? 且夢由於思,思而不見,夢見之。夢必知其死,奚以慰其思? 子曰:'甚矣,吾衰矣,久矣吾不復夢見周公。'未審聖人夢見之周公以爲死周公耶? 否耶? 書無明文,吾欲一問,惜莫得而質之矣。"

四十三　高文襄

鄉先生云：高文襄[一]作相時，奏請三品以上用以天下，五品以下不越臨省，教職不出省。又云：崇禎末，一科道[二]擬時務十二條，未上而都城破。其制科條云以頭場《四書》文爲主，二場經文次之，三場律令史學、時政表判，皆關時用，尤爲切要。然非大疵謬不使累頭場而。如有過人之識、之學、之才，即與高選，勿計頭場也。樸麗子曰："余讀《明史》，未見文襄奏教職不出省，則自萬曆時至於今矣。至制科，我朝取士，大概如此。余聞此言時，不過十餘歲。鄉先生八九十，猶恢霍自喜，留心經世之務。今吾鄉已久無此人矣。"

【注】

[一]高文襄：高拱，字肅卿，號中玄。明代新鄭（今河南新鄭）人。嘉靖二十年（1541）進士。先後任侍講學士、文淵閣大學士，後陞任内閣首輔。性果決驕橫，有政治才能，主持消弭俺答汗邊患。與張居正爭權失敗，免職歸鄉，卒於家。謚文襄。

[二]科道：明、清六科給事中與都察院十三道監察御史的總稱，俗稱爲兩衙門。此處指科道官員。

四十四　吾待胥役如子弟

或謂樸麗子曰："吾待胥役如子弟，待子弟如賓客。何如？"應之曰："待子弟如賓客有說乎？"曰："在《禮》。子，親之枝也，敢弗敬乎？賓客亦云敬也。"樸麗子怫然曰："子之意良厚，以待賢子弟，不亦害乎？否則，是誣之而已矣。夫家有嚴君而嗃嗃，終吉[一]。此萬古不易之道也。子奈何易之？待以賓客，應以賓客文貌相縻，曲事瞻狗[二]。吾恐喬梓之分[三]自此替，箕裘之業[四]自此荒矣。子且謂之何？"其人慚阻蹙額而謝曰："先生教我，使我大夢忽醒。"

【注】

[一]家有嚴君而嗃嗃，終吉：意謂家有嚴厲的父母，則吉。參《周易·家人》。

[二]曲事瞻狗：曲意奉事，足夠順從。

[三]喬梓之分：喻父子情分。

[四]箕裘之業：喻祖上事業。

卷十四

一　太平庵

　　道光七年丁亥七月既望,樸麗子仗策循隅泉至太平庵。太平庵,舊所讀書處也。前後九年,於茲觀太昊、黄帝、禹王廟及大父謙庵[一]、府君[二]所樹河圖洛書碑,依依不能去。旋晋謁豫賢祠,群公先正並昭布森列一室中,低回久之。晚下榻雲影山房,獨坐月砌上。因憶少時與同人步月於此,同人指林木即景高吟云:"參差暮樹鴉争噪。"即應聲曰:"寥廓凉天月獨明。"同人默然。顧視之,色甚不怡,而余不知何以亦自覺得風懷蕭索。屈指四十有六年矣。感慨傷懷,莫能已已。彼時有詩未成篇而止,今補掇之。其後四句云:"龍馬文呈天地秘,羲黄道見古今情。五旬光景如流電,迴首當年百感生。"

【注】

　　[一]大父謙庵:大父,祖父。平泉祖父季吴,字德讓,號謙庵。歲貢生。出嗣早逝之叔父馬燿。爲人誠摯,性寬和,侍嗣母孝。性喜讀書,爲學沉潛篤實,重躬行。年八十卒。
　　[二]府君:父親。平泉父名興淇,字菉洲,號筠友。乾隆三十年拔貢(1765)。初任贛縣縣丞。爲官慈良,秉性淡泊,居功不處。後歷署樂安、安福、鉛山縣事。因病請改教職,又授孟縣教諭。善長書法,時人目爲"草

聖"。年七十五卒於官。

二　鞏縣學署東臨巨津

鞏縣學署東臨巨津,種蓮其中。特築小亭,開窗對之。及花將開,輒爲人折去。余既揭帖窗外,聽人採取,復書截句於亭,有云"可見人家也①愛蓮"。亡何,小廝以童子折花偶呵止之,其家大哄。余微聞之,閉其窗曰:"吾不以目害心。"

三　弘治十八年間

有明弘治十八年間,論者稱其百度俱舉。觀先端肅公[一]奏議,略知其所由來。公遭逢明主,言聽計從②,其經理庶政③真如周公之治成周,直欲盛水不漏也。及武宗嗣位,歸休樂農堂中,年已八十矣。日與朋舊飲酒賦詩,精爽不衰,似五六十歲人。一日,閲朝報,見逆瑾亂政,氣結胸臆而卒。嗚呼!還念平生成之何其難,今敗之何其易,安得不氣結胸臆耶?

【注】

[一]端肅公:馬文升,字負圖,別號約齋,又號三峰居士、友松道人。明鈞州(今河南禹州)人。景泰二年(1451)進士。歷仕代宗、英宗、憲宗、

---

① 也——王本作"亦"。
② 計從——王本作"諫行"。
③ "其經理庶政"至"盛水不漏也"——王本作"其經理庶務,真欲盛水不漏"。

孝宗、武宗五朝，兼備文武才，功勳卓著。謚端肅。禹州馬氏自文升成爲大族。平泉係其十世孫。

四　張晴皋索書

昔在封丘，同學張晴皋[一]索書，兩爲書皆不喜，又言之。余曰："拙書都不中兄意，未審兄之所以見屬者何耶？"晴皋曰："如《垂香樓自定詩稿》中某書即佳耳。"愕然答曰："是余沉醉後書也。若是字若不是字，若是我書若不是我書，是書殆不可得。"

【注】

[一]張晴皋：張用達，字子兼，號晴皋。清代河內縣（今河南沁陽）人。性穎敏，善詩文，有謀略。乾隆戊申（1788）科舉人。初以設館課徒爲業，後以大挑一等，授封丘縣訓導。平泉於嘉慶十九年（1814）爲封丘教諭，兩人遂成同僚。一見如故，遂爲知交，詩酒唱和不輟。

五　銖銖而計

銖[一]銖而計，至石必差；寸寸而量，至丈必失。天下事不可太細密太清白①。太細密太清白，未有不立致紛紜者也。《書》言"敷教在寬"，又言②"有容德乃大"，而《周易》保泰始於包荒，

---

① 天下事不可太細密太清白——王本作"天下事固不可太細密太清白"。
② 又言——王本作"又云"。

此天道也。不如此,何以爲京師[二]? 謝東山[三]故不淺淺[四]。

【注】

[一]銖:古代重量單位。爲一兩的二十四分之一。

[二]京師:指朝廷。

[三]謝東山:謝安,字安石。東晋陳郡陽夏(今河南太康)人。少以清談知名,屢辭辟命,隱居會稽郡山陰縣之東山。出仕後,歷任吴興太守、侍中、吏部尚書、中護軍等職。有氣度,善包容,平衡政局,居功至偉。挫敗桓温簒位意圖,淝水之戰以少勝多擊敗前秦,爲東晋贏得數十年和平。因功名太盛爲孝武帝所猜忌,被迫避禍廣陵。太元十年(385),因病重返建康,旋卽病逝。追贈太傅、廬陵郡公,謚號文靖。

[四]淺淺:淺薄。王本作"俴俴",義同。

六　王文成公執父喪

王文成公執父喪,賓席不廢酒肉。湛甘泉[一]面非之,公唯唯謝過而已。甘泉出,門人問之。公曰:"爲吾親而來者,豈可使與孝子同食。"樸麗子曰:"始余讀書至此,瞿然不能無疑。旣而忽豁然有省曰:'此真是矣。'道固如是之簡易乎? 信如是也,吾道自此太平矣。"

【注】

[一]湛甘泉:湛若水,字元明,號甘泉。明代增城(今廣州增城區)人。弘治間進士。先後官南京祭酒,南京禮、吏、兵三部尚書等。少師事陳獻章,後與王守仁同時講學,各立門户。王主講"致良知",湛主講"隨處體認天理",認爲"吾之所謂心者、體萬物而不遺者也,故無内外;陽明之所謂心者,指腔子裏而爲言者也,故以吾之説爲外",强調以主敬爲格物功夫。著有《湛甘泉集》。

七　王生遇杖者

王生遇杖者，告語移時。生述其言於樸麗子，大抵道不遠人之意。樸麗子喜其言之不謬於聖人。謂生曰："生遇杖者於道，爲有緣矣。生如能繹杖者之言，循吾性之自然，而實用其力於人倫庶物之際，則杖者之言何一非升高行遠之資，又何有於至道之難聞乎哉？"

八　貧自好

"貧自好，惟貧擡舉人"，斯言①是也，然終不若"富之教之"，及"有恒産恒心"爲萬古不易之論。先儒所言，蓋爲學者立一矯强[一]法，使志節之士步步做逆挽[二]工夫耳，豈可以是概之人人？若盡如此，便是富不如貧之説。揆諸《洪範》嚮威之用[三]，亦殊不合先儒誘掖婆心。欲堅人骨力，往往立論矯枉過正，聞者驚怖河漢。或繼之以揶揄，與所謂下士聞道大笑者又自不同。故略爲分晰之。

嘗於廣座中發此義。一人請申之，余不答，遂去。

【注】

[一] 矯强：勉强。
[二] 逆挽：反轉。
[三] 《洪範》嚮威之用：洪範有"五福""六極"之説。"五福"指壽、富、

---

① 斯言——王本作"是言"。

康寧、攸好德、考終命。"六極"指凶短折、疾、憂、貧、惡、弱。謂國君治理天下"嚮用五福""威用六極",恩威並施,從百姓生活可知政令之得失。

九　藍溪邢翁

藍溪邢翁過樸麗子,氣貌清肅,聲高而視遠,時年八十餘矣。心儀之。其去,送數里外。行甚疾,莫能及,頻呼止之。及別,揖而叩之曰:"翁高年健舉甚,敢請何以能如此?"翁大笑曰:"無他,但溯惟平生,自踰壯後,迄今四五十年矣,未嘗動氣也。不論何人氣,我都能受。"

十　國家無大威權

國家無大威權,則政事不立,必啓外内之侮。漢業衰於元帝[一],宣帝[二]已預知之。唐有天下,屢興屢替,至文帝[三]遂不復振。無他,仁弱也。鹿江村[四]云:"辟人[五]可也,莫道貴賤不分是盛德事。"其義所包甚廣。江村每發此棒喝,正是俗士頂門一針。是故下車泣囚[六],其事近嫗,而三面祝魚[七],其言近巫,古聖定不如此。

【注】

[一] 元帝:劉奭,西漢宣帝劉詢之子。多材藝,善史書,通音律,少好儒術,爲人柔懦。寵信宦官,皇權式微,朝政混亂,西漢自此走向衰落。

[二] 宣帝:劉詢,原名病已,漢武帝劉徹曾孫,戾太子劉據之孫,史皇孫劉進之子。巫蠱之禍時尚爲嬰兒,亦被收繫郡邸獄。遇赦後被祖母史家撫養。元平元年(前74)劉賀被廢,即帝位。恢復發展農業生產,並重視

吏治，"霸道""王道"雜用，反對專任儒術。聯合烏孫破匈奴，呼韓邪率衆來朝。平定西羌，設西域都護府。在位期間，政治較清明，社會相對安定，經濟繁榮，四夷賓服，史稱"孝宣之治"。

〔三〕文帝：唐文宗李昂。在位時政治黑暗，官員和宦官勢力爭鬥不斷，唐朝走向没落。

〔四〕鹿江村：鹿善繼，字伯順，號乾嶽，晚年自號江村漁隱。晚明北直隸定興(今河北定興)人。出身清正之家，祖鹿久徵，父鹿正。萬曆四十一年(1613)進士，歷任户部、兵部主事等。性剛直，閹黨氣焰方熾，毫不畏懼，與父親及摯友孫奇逢一同大力援救東林黨人。崇禎時起復，旋即辭歸鄉里，講學課徒。崇禎九年(1636)七月，清兵攻定興，城破不屈而死。

〔五〕辟人：躲避無道之君。

〔六〕下車泣囚：傳説禹乘車巡行，途中見幾個罪人帶著刑具，下車泣之，認爲是自己執政不善，上下異心而導致的。

〔七〕三面祝禽：出處不詳。《史記・殷本紀》有商湯行於野，見獵人張網四面，禱告："自天下四方皆入吾網。"商湯認爲太過分，去三面網，禱告："欲左，左。欲右，右。不用命，乃入吾網。"諸侯聽説，認爲湯盛德及於禽獸。後以"網開三面"爲寬刑和施行仁政之典實。

十一　適一親畹家

樸麗子適一親畹〔一〕家，小醉而返，憩盤石上。風裊裊〔二〕而來，忽動於中，斥口高歌。歌畢，復行，且行且歌。其辭曰："説甚麽將才才，説甚麽庸夫愚夫，要其分量不甚相遠，而確乎有徑庭之異、河漢之殊。夫何如哉？惟是時乎不時乎？"

【注】

〔一〕親畹：親戚。畹，原指帝王戚屬，此處泛指親屬。

〔二〕裊裊：鋒利貌。

十二　身入仕途

或曰："人既以身入仕途,如紙鳶斷綫,隨風蕩耳。"樸麗子詰之曰："何以言之?"曰："雖大力者,無著手之處矣。"曰："是固然矣。但此綫如何斷得?"

十三　豫章省洊先生

豫章省洊先生每自誦云："除死無大害,到乞再無貧。"一人作而問①："口語②爲吉祥滋厚福,先生奚爲時作爾許語?"先生曰："福不福在天,吾欲服此二語作一碗定心湯耳。"夫從來難堪之摧挫,莫如岳忠武、于忠肅[一],而二公皆以一笑付之。如此而不動心,此真千古定心湯也。每見人臨小拂逆,輒蹙蹙柴捆,胸中忘魂喪魄,何其薂薂[二]。古詩云"隨時愛景光"[三],其孤負[四]好景光也不既多乎?

【注】

[一] 忠肅:于謙,字廷益,號節庵。明杭州府錢塘縣(今浙江杭州上城區)人。永樂十九年(1421)辛丑科進士。宣德初授御史,曾隨宣宗平漢王朱高煦之叛。正統十一年(1446),因進京覲見未向權宦王振送禮,遭誣陷下獄論死,後因治下百姓及同僚營救方免。正統十四年(1449)土木堡之變,英宗被瓦剌也先俘獲,他力排南遷之議,堅請固守,進兵部尚書。代宗立,整飭兵備,部署要害,親自督戰,率師二十二萬破瓦剌之軍。也先挾

---

① 問——王本作"言曰"。
② 口語——王本無"口"。

英宗逼和，不許。也先以無隙可乘，釋放英宗以求生亂。于謙口不言功，自奉菲薄，性剛直，頗遭衆忌。天順元年（1457）英宗復辟，石亨等誣于謙謀立襄王之子，被殺。成化初，復官賜祭，弘治二年（1489）諡肅愍。萬曆中，改諡忠肅。

〔二〕薂薂：小家子氣。

〔三〕隨時愛景光：景光，光陰。出自相傳的蘇武答李陵詩。

〔四〕孤負：對不住。

十四　嗜慾深者天機淺

樸麗子曰："'嗜慾深者天機淺'[一]，嗜慾淺，天機亦未必即深。二者本一串事，但須識得主從輕重，參會檢點，於中見學修工夫耳。余聞之，人受天地之大德以生，莫不各有其生趣，無生趣者死。生趣者，天機嗜慾各居其半。嗜慾足以滅天機，若嗜慾不汩[二]天機，則嗜慾皆天機之發舒矣。要唯真有天機，人乃得嗜慾。村酒園蔬，都關至味。若天機鑿削，昏昏暮氣，五官皆失其靈，一切世味盡同芻狗[三]。"

【注】

〔一〕嗜慾深者天機淺：天機，靈性。見《莊子・大宗師》。

〔二〕汩：淹滅。

〔三〕芻狗：古代祭祀時所用草扎的狗，用完即棄。後指無用的東西。

十五　信如賒物不取錢

"信如賒物不取錢"語，則人情當無不美，雖奸狡之夫無自起波，可並游於淳古之世，若無懷葛天[一]者也。然財物謂之泉貨，取其流通相準，爲人世之用。如此好人情，今豈可一日行乎哉？是故士君子於辭受取與間，操縱高下，自有權衡，非貪人①之所可預，亦非俗儒之所能知。

【注】

[一]葛天：葛天氏，傳説中的遠古帝名，一説爲遠古時期的部落名。

十六 羊 續

漢羊續[一]爲南陽太守，府丞獻魚，受而懸於庭。又進，出所懸以杜之。魏時苗[二]爲壽春令，之官乘牛車。及去，留其犢謂主簿曰："犢是淮南所生也。"群吏曰："六畜不識父，當隨母。"不聽。由此名滿天下。或曰："懸魚或性所不嗜，抑與意違，儲之用拒來者，猶②未爲大失。留犢則眞怪矣。彼其意不過以此力取異於人人耳。此輩③豈復可論當與不當耶？吏言蓋亦奚落之辭，不則亦懵懂漢耳。史稱由此名滿天下，將毋世間噉名客，固不可不如是乎？"樸麗子曰："世俗尚新奇而棄平易。不如是，烏足名滿天下？"

【注】

[一]羊續：字興祖。東漢兖州泰山郡平陽（今山東新泰市）人。歷任

---

① "非貪人"至"所能知"——王本作"非貪人所可預，亦非俗儒所能知"。
② 猶——王本無。
③ "此輩"至"亦懵懂漢耳"——王本無。

揚州廬江郡太守、荊州南陽郡太守。

[二]時苗：字德冑。東漢末年河北鉅鹿（今河北邢臺平鄉）人。曾被曹操任爲壽春令。嫉惡如仇，耿介廉潔。

十七　劉瑾必欲殺劉忠宣

劉瑾必欲殺劉忠宣[一]。刑尚屠公潚[二]執律面謂瑾曰："查律，劉尚書無死法。"瑾怒曰："即不死，得無戍耶？"譴戍甘肅。未幾，赦還。赤水[三]之言正而裁[四]，嚴而不激，又妙在聞瑾語隨之而不與之爭，斯忠宣所以生也。任事易，濟事難。濟事必賴曉人。此事張、胡[五]不能及，李、范[六]亦不及知也。屠公可謂曉人矣。

【注】

[一]劉忠宣：劉大夏，字時雍，號東山。明代湖廣華容（今屬湖南）人。與王恕、馬文升合稱"弘治三君子"。天順八年（1464）進士，授翰林院庶吉士，後歷任兵部職職方司主事、兵部尚書等，謚忠宣。

[二]屠公潚：屠潚，字朝宗，號丹山。明代鄞縣城江北岸（今屬寧波江北區）人。明成化二年（1466）進士，常年任御史。明武宗時權監劉瑾欲羅織冤獄，打擊異己，屠潚設法保護遭誣陷的兵部尚書劉大夏。後致仕歸里卒，謚襄惠。

[三]赤水：屠隆號，平泉似誤爲屠潚號。屠隆，字長卿，一字緯真，號赤水、鴻苞居士。明浙江鄞縣人。文學家、戲曲家。萬曆五年（1577）進士，曾任禮部主事、郎中等官職，後罷官回鄉。屠隆祖上屠濬與屠潚爲兄弟。

[四]裁：節制。

[五]張、胡：指明武宗時張升與給事中胡煜，驟諫皇帝，請求誅殺權監劉瑾。事敗，皆辭以病歸。

[六]李、范：指司禮監太監李榮與范亨，不滿劉瑾專權妄爲，向明武

宗諫言誅瑾，事敗被殺。

十八　漢宣帝尚文法

漢宣帝尚文法[一]而疏儒臣。時元帝爲太子，嘗從容以爲言。帝曰："儒生俗士，不諳時務，往往是古非今，使人眩於名實。我漢家自有家法，本是王霸兼用，奈何純效周治乎？壞吾家者，必太子也。"樸麗子曰："宣帝之言固遜純王之政，然在此時亦安得不如此乎？道無常格，期於濟務。握珍羞而饑，不如食粗糲而飽也。"

【注】

[一]文法：法規。

十九　叔射殺牛

叔射殺牛[一]，答曰："作脯。"卒不問。或曰："此事大難，牛公何以能此？"樸麗子曰："沉思其極，自然不問矣。何以言之？弟射殺兄駕車牛，其橫已極，問之何益？徒滋紛紜。問不如不問也，故卒不問。牛公其能沉思者歟？"

【注】

[一]叔射殺牛：隋名臣牛弘篤學仁厚，公務繁冗亦手不釋卷。有弟牛弼酒醉射殺其駕車之牛，妻以告，不問究竟，徑答將牛作肉脯。

二十　善氣迎人

"善氣迎人，親如兄弟①；惡氣②迎人，毒如鋒鍔。"仲父[一]可謂知言。招懷匡合[二]皆善氣之布護云。夫一氣動乎性情辭色③之間，而天人之應立至。蓋氣與氣相交而順逆見，順逆見而吉凶生，自然之理也。羅念庵[三]云："屠狗人空手入市，則衆犬吠而隨之，必其形已變也。"善惡之相感，微矣哉。

【注】

[一]仲父：指管仲，齊桓公尊稱爲"仲父"。
[二]招懷匡合：指管仲輔佐齊桓公招遠懷柔、聯合諸侯匡定天下。
[三]羅念庵：羅洪先，字達夫，號念庵。明代江西吉安府吉水黄橙溪（今江西吉水縣）人。出身仕宦，少年即屬心陽明之學，師事王門黄宏綱、何廷仁等人。嘉靖八年（1529）己丑科狀元，任翰林院修撰等職。有感於朝政昏亂，不樂仕進，旋歸山林。潛心王學，並精於地圖之學。有《念庵集》《廣輿圖》等傳世。

二十一　佾生以事牽累在縣

有佾生[一]以事牽累在縣。余憫之，便中④言於縣尹，釋之。復有二佾生亦罣[二]事中，求爲一言。余曰："此案前已爲縣言，開脱佾生三人矣，豈可再有所請？"其人復浼[三]相好者固求，言

---

① 親如兄弟——王本作"親於骨肉"。
② 惡氣——王本作"戾氣"。
③ 性情辭色——王本作"詞色性情"。
④ 便中——王本作"以便"。

厚有所酬。余笑應之曰："事只論可與不可,何得以財貨①相買乎？客去矣,幸異日以他事教我。"

【注】

[一]佾生：佾舞生,清代朝廷及文廟於慶祝及祭祀時充任樂舞的童生。分文武兩種,文執羽籥,武執干戚,和樂作舞。亦稱"樂舞生",簡稱"佾生"。

[二]罣：牽連。

[三]浼：請托。

二十二　天運五

天運五,地氣六[一],五六相錯而有餘不足見。有餘不足而乘侮[二]出,乘侮出而勝負相爭,民病生焉。治之者在逆其勢,而燮理[三]之。夫體靜身涼無病,病則熱發。治病者以辨熱爲先。凡熱症實者三：曰飲食,曰鬱積,曰瘟厲。此皆邪熱。輕則和之清之,重則攻之。虛者二：曰陰虛,曰陽虛。陰虛晝重,陽虛夜重。陰虛多動,陽虛多靜。陰虛發熱,陽②實則止。陽虛發熱,陽實則止。至於風寒而熱,熱非邪也,乃吾之真陽爲風寒所遏鬱而與之搏使然。然陽勝則風寒出,陽敗則風寒入,以扶陽驅邪爲主。能食,邪在外,宜扶陽；不能食,邪在内,宜驅邪。

【注】

[一]天運五,地氣六：指天命生金、木、水、火、土五行,地候有陰、陽、

---

① 財貨——王本作"貨財"。
② 陽——王本作"陰",是。

風、雨、晦、明六中變化。

［二］乘侮：乘，即乘虛抑制，亦可説相克太過。侮，即恃强凌侮，也即反克。

［三］燮理：調理。

二十三　醫藥以療疾

醫藥以療疾，而宅居①亦安身之要務。古人相宅而知衰旺，有由然也。安成[一]王氏世傳風鑑[二]，陽宅[三]尤精。余與秀才王之庵同學鷺渚，略聞其要領。復叩之，笑而不答，徐曰："趣吉避凶，兄亦庶幾其可矣。顧欲盡吾術耶？其法以八卦輪流左旋，分東四宅西四宅，坎坤震巽爲東，乾兑艮離爲西，而運轉三元，坎坤震爲上元，每卦二十年，巽乾爲中元，每卦二十年②，兑艮離爲下元，每卦二十年，歷六十年爲一元，一百八十年爲小三元，三週爲大三元③。天地轉關也。當元者吉，勸元者次吉。如今歲道光十一年辛卯，係下元艮卦當值。自甲申年起自甲辰年止，勸元者，兑離也。餘可類推。背元者凶，凶者無弗凶也，吉者無弗吉也。東爲風則西爲水，風施而水受。施者，來也，引之，宜空闊④，宜開路，宜立門。受者，止也，塞之，宜杜截，宜築房屋⑤、鑿池沼。"

【注】

［一］安成：今江西安福。

---

① 宅居——王本作"居宅"。
② 二十年——王本作"三十年"，誤。
③ 三週爲大三元——王本作"三週五百四十年爲大三元"。
④ 空闊——王本作"空廓"。
⑤ 房屋——王本作"强屋"。

[二]風鑑：相面風水之學。
[三]陽宅：舊時堪輿家稱活人的住宅，與墓地陰宅相對。

二十四　子與人接

或謂樸麗子曰："每見子與人接，人或呐呐[一]，而子刺刺[二]，究其所言，亦祇平平，何也？"樸麗子憮然爲間而答曰："僕無似，爲世所擯，凡所相接，皆於僕有緣者也。士，吾與之言功名；農，吾與之言耕穫；工，吾與之言斤削；商，吾與之言買賣。且復款語二氏[三]，旁及雜流，時參游戲諧笑云云，都漫然無所關檢，豈直平平而已哉？子之言意在相規，雖僕亦自知其非是，顧惟老子婆婆[四]，遇物爲盡[五]，苟非頑讒不類，不欲以冷面冰人。"

【注】
[一]呐呐：説話遲鈍含混貌。
[二]刺刺：絮絮多言貌。
[三]二氏：指佛道兩家。
[四]婆婆：佛教語，梵語音譯，"忍"義。
[五]遇物爲盡：待人接物竭誠盡意。

二十五　故人突至

嘗與友宴廣座中。一故人突至，眇其一目。不覺涕淚闌干，推盆伏案。久之，拭淚起曰："《禮》曰'故人①失明則哭之'，良有

---

① 故人——王本作"朋友"。

以也。抑豈非子静[一]所謂'六經注我'也耶？"旋又手巨觥。惟①時酒已酣,嘻笑而謂同坐者曰："適者鄙人婆娑[二],爲諸君觀笑。然若因《禮》經有言强勉②而哭,却辦不出一付急淚來,如安樂公[三],卿輩又當何如？"舉座皆笑而起,執杯相屬曰："馬八[四]定要學王平子[五],出語令人絶倒。"

【注】

[一] 子静：陸九淵,字子静。嘗言"學苟知道,六經皆我注脚"。

[二] 婆娑：舞蹈。此處義爲表演。

[三] 安樂公：指三國時蜀漢後主劉禪。魏滅蜀,被俘,封安樂公。魏國權臣司馬昭宴飲間問劉禪是否思鄉,劉先答"此間樂,不思蜀",後聽老臣建言,假稱思鄉,作苦痛狀却無法淚下,引得魏國諸臣大笑。

[四] 馬八：指馬平泉,平泉在五服兄弟内行八。

[五] 王平子：王澄,字平子。西晋琅琊臨沂（今山東臨沂）人,名士,太尉王衍之弟。有勇力,以清談知名,舉止放誕,不拘禮俗。

二十六　一生懇學使

一生懇學使補考遺才,學使侮其老,厲聲呵斥之,繼以嘲笑,聞者攢鼻。居亡何,學使奏事失旨③,罷去,其子亦獲罪當死,營救得末減[一],遂癲瘋不知人事。倘即陳希夷[二]所謂"與物難堪,不但傷身,定害子者"耶？

---

① 惟——王本無。
② 强勉——王本作"勉强"。
③ 旨——王本作"指"。

【注】

　[一]末減：減刑。

　[二]陳希夷：陳摶，字圖南，號扶搖子，亦稱"白雲先生""希夷先生"，北宋道家學者。

二十七　葉水心云

　　葉水心[一]云："王禹偁[二]文爾雅古淡，由上三朝未有及者。而不甚爲學者所稱，蓋無師友議論故也。"樸麗子曰："王氏名不稱實，水心爲之惋惜，以爲無師友議論。亮哉！抑後世有楊子雲，必有識子雲者。士君子以千古爲期，豈在一時？"又曰："皮之不存，毛將安附？生世之不諧，而索之冥冥乎？雖然，是皆不必云云。良玉不剖，棲真山阿，其輝彌足。"

【注】

　[一]葉水心：葉適，字正則，號水心居士。南宋溫州永嘉（今浙江溫州）人。歷官平江府觀察推官、太學博士、兵部侍郎等職。對外力主抗金，反對和議。主張功利之學，反對空談性命，爲永嘉學派集大成者。他所代表的永嘉事功學派，與當時朱熹的理學、陸九淵的心學鼎足而三。著有《水心先生文集》《水心別集》《習學記言》等。

　[二]王禹偁：字元之，北宋濟州鉅野（今山東菏澤巨野縣）人。歷任右拾遺、翰林學士等職。直言敢諫，屢受貶謫。文宗韓愈、柳宗元，詩崇杜甫、白居易。

二十八　虞公爲相

　　虞公允文[一]爲相，數以書招張敬夫[二]，欲與共濟艱難。不答，而上疏論列時政之失，使帝察之。虞公豈略不可與言之人，作此情態？作史者頗爲虞公剺嶪[三]，亦奚啻鼻飲醇醋耶？敬夫，當時所稱大儒。大儒舉止故①應有異歟？世之盛也，士大夫和衷熙績[四]。國家將亡，人情乖離，上下暌孤[五]，雖在賢者，亦所不免，悲夫！

【注】

[一] 虞公允文：虞允文，字彬父，一作彬甫。南宋隆州仁壽（今屬四川眉山仁壽縣）人。以文而兼武之名臣。宋金交戰時以參謀軍事犒師採石，適主將罷職，三軍無主，而金完顏亮正擬渡江，遂毅然督戰，大破金軍。後以屢立戰功拜相。

[二] 張敬夫：張栻，字敬夫，後避諱改字欽夫，又字樂齋，號南軒。諡曰宣，後世又稱張宣公。南宋漢州綿竹（今四川綿竹）人，右相張浚之子。掌嶽麓書院多年，從學者數千人，初立湖湘學派，爲一代學宗。其學自成一派，與朱熹、呂祖謙齊名，時稱"東南三賢"。後從祀孔廟，並與李寬、韓愈、李士真、周敦頤、朱熹、黃榦同祀石鼓書院七賢祠，世稱石鼓七賢。

[三] 剺嶪：山高峻貌。此處義爲不平。

[四] 和衷熙績：謂齊心協力，建樹功勳。

[五] 暌孤：乖隔。

二十九　傅　山

順治間，道人傅山[一]以飛語下獄，僉議[二]申救之。母貞髦范氏[三]語衆曰："道人兒自然當有今日，死亦分，不必救也。但吾兒只一子眉，若相念者，眉得不死，存傅氏祀足矣。"及事白，山見母，母不甚悲，亦不甚喜，頷之而已。夏峰先生稱爲達識。嗚

---

① 故——王本作"固"。

呼！其視寵辱不驚者，抑又進矣。

【注】

［一］傅山：初名鼎臣，字青竹，改字青主，又號濁翁、觀化等。明清之際山西太原人。道家學者，長於書畫醫學。與顧炎武、黃宗羲、王夫之、李顒、顔元一起被梁啓超稱爲"清初六大師"。有《霜紅龕集》等傳世。

［二］僉議：衆人商議。

［三］貞髦范氏：范氏，誤，當爲"陳氏"。陳貞髦，明忻州陳村（今山西忻州頓村）人。祖陳大發鄉里名士，父陳勛爲儒生。年十七許傅之謨爲妻，有子傅山。母子情深，一生隨子顛沛各處，安之若素。年八十四卒於太原松莊僑舍之地。傅山同仁敬諡爲"貞髦君"。歸葬後，傅山專程前往河南百泉恭請大儒孫奇逢撰《貞髦君傳》墓表，以志其母恩德。平泉所引文字即出此傳，字句略有出入。

三十　十年之計

嗚呼！十年之計，敗①於一旦。朱仙班師，可以已矣。忠武武功太盛，名太重，勢太震。忌者有人②，惡者有人，恨者有人。檜之所必欲殺者也。計忠武此事雖如少伯之五湖、子房之赤松，猶恐不免。和議成，賀表末後云云［一］，誠爲壯烈，抑豈不可少自抑悶乎？樸麗子曰："余聞省洓先生言：野史載檜獨造滕啓③高宗云：'岳飛今日説迎還二聖［二］，明日説迎還二聖。不知二聖還朝，置陛下何地？'帝意遂變④。表末四句⑤，高宗無顔復與公相

---

① 敗——王本作"廢"。
② "忌者有人"至"恨者有人"——王本作"忌之者甚衆"。
③ 滕啓——王本作"滕"，誤。
④ 變——王本作"大變"。
⑤ 四句——王本作"二句"。

見,而檜置身無地。不殺公,兀朮[三]寢不帖席,故有必殺①飛然後和議可久之言。此表上,忠武死矣。雖欲不死,其將能乎? 斯君子所爲拊②卷帙而流涕者也。然而稱情[四]而談,死且甘心。陰霾晝冥,天崩地塌,何用生爲? 公故③籌之爛熟。"

【注】

[一]賀表末後云云:宋金和議後,岳飛上賀表,語帶諷刺且激憤滿紙。末尾文字有:"臣幸遇明時,獲觀盛事。身居將閫,功無補於涓埃;口誦詔書,面有慚於軍旅。尚作聰明而過慮,徒懷猶豫以致疑:謂無事而請和者謀,恐卑詞而益幣者進。臣願定謀於全勝,期收地於兩河。唾手燕雲,終欲復仇而報國;誓心天地,當令稽顙以稱藩。"觸怒主和派。

[二]二聖:指被金俘虜的宋徽宗和宋欽宗。

[三]兀朮:完顏宗弼,本名斡啜,又作兀術、斡出、晃斡出,金太祖完顏阿骨打第四子。有膽略,善射,多次擊敗宋軍。後利用宋宰相秦檜除掉大將岳飛,迫宋稱臣。

[四]稱情:稱心。

三十一　二憾不除

二憾[一]不除,蓋勢有所不行。孟起[二]奚爲者? 孫司馬[三]之言是也,奈何弗聽? 機之不明,已據虎眷④矣,尚泄泄[四]欲善下耶? 卒以敗軍死,悲夫! 機,將門子,何其懦也。夫愛克厥威,允罔功[五]。而岳忠武論將曰:"仁、信、智、勇、嚴。"將不嚴則令

---

① "故有必殺"至"忠武死矣"——王本無。
② 拊——王本作"撫"。
③ 故——王本作"固"。
④ 虎眷——疑當爲"虎圈"。

不尊；令不尊，雖萬衆如無一人，未有不敗者。

【注】
［一］二憾：當指西晉成都王司馬穎寵信的宦官孟玖與其弟孟超，二人禍亂朝政。
［二］孟起：疑當爲"孟超"。成都王司馬穎寵信宦官孟玖與其弟孟超。孟超以小都督身份隨同陸機征討長沙王司馬乂，未開戰即縱兵擄掠。陸機逮捕主犯，孟超帶兵至陸機麾下搶人。司馬孫拯勸陸機殺之，陸機不允。孟超遂誣稱陸機造反，孟玖亦向司馬穎進讒，陸機終被殺。
［三］孫司馬：孫拯，字顯世。西晉吳郡富春（今浙江富陽）人。先仕吳時爲黃門郎，西晉時曾任洙令，爲人正直，有政績。後任陸機軍中司馬。
［四］泄泄：鬆弛。
［五］愛克厥威，允罔功：意謂要仁愛才能立威建功。語見《尚書·胤征》。

三十二　學以處事

學以處事也。一鄉先生汲汲編摩[一]，雖博極群書，遇事茫然。是人也，幸而牖下終老，不過一窮措大，出則人己俱病矣。是謂以勤學廢學。吾夫子憂學之不講，非不講學之憂，而憂學之不講也。學之不講，不如不學。

【注】
［一］編摩：編集。

三十三　未信而勞且諫

未信而勞且諫[一]，民以爲厲，君以爲謗，甚無謂。然此等豈是恒流？聖賢垂訓於世間，英傑特地關心，大抵自古格言，至教決不苦物。即所謂殺身成仁，舍生取義，到此時定以不得死爲苦耳。古之人或視如歸，或甘若飴，良有以耳。

【注】

〔一〕未信而勞且諫：謂立信的重要。原文見《論語·子張》："子夏曰：'君子信而後勞其民，未信則以爲厲己也；信而後諫，未信則以爲謗己也。'"

三十四　箪瓢陋巷

箪瓢陋巷，人之所憂。顏子豈異於人？但見其大而有以破之耳。一切拂逆作如是觀。不堪其憂，即樂以忘憂之憂破憂。非憤不能不惰，即憤也。孔顏同憂同樂，樂之所在，即其事之所在。

三十五　佛在靈山莫遠求

樸麗子曰①："釋氏有言：'佛在靈山莫遠求，靈山只在汝心頭。人人有座靈山塔，好在靈山塔下修。'余少時以爲然，迄於今五十有餘年矣，亦不得以爲非。然蓋即道不遠人，學求放心之意。而陽明子所謂"個個心頭有仲尼也"。但釋氏之修，離物以

---

①　樸麗子曰——王本無。

爲修；吾儒即物爲修。一踏實，一踏虚①，遂相②天淵耳。是以③《大學》着落在格物。"

三十六　行而不著

行而不著，習而不察。[一]《孟子》七篇正爲著察耳。著察則知道，知道而由與不知道而由，豈可同日語？知道未有不由道者也。夫道安在哉？曰：道在人倫庶物、飲食日用，道在榮華，道在枯槁、憂患、放廢、醉夢，道在生老病死。

【注】

[一]行而不著，習焉不察：意謂行動了而不知其所以然，習慣了某事而覺察不出它的問題所在。著，明顯，此指原因。察，覺察。語出《孟子·盡心上》："行之而不著焉，習矣而不察焉，終身由之而不知其道者，衆也。"

三十七　昌黎《龍説》

昌黎《龍説》意在雲，不曰雲曰龍，何也？責在龍也。龍不得雲，失所憑依矣。《獲麟解》[一]凡二段，前言不祥，由於不知後言。即知麒麟，亦不祥。觸物傷心，千載下猶當出涕。《龍説》《獲麟解》皆以《馬説》作胎息[二]。太史公作《屈原傳》即是自作《離騷》，昌黎作《馬説》乃一篇感士不遇賦也。

---

① 踏虚——王本作"蹈空"。
② 相——王本作"判"。
③ 是以——王本作"是故"。

【注】

[一]《獲麟解》：韓愈所作，謂麒麟這樣的瑞獸也要當聖人在位時才會被認爲祥，否則則是不祥。文中以麒麟自比，感嘆懷才不遇，生不逢時。

[二]胎息：效法。

三十八　明成祖欲立高煦

明成祖欲立高煦[一]而廢太子，因解縉[二]言而止。厥後，縉之死，人謂中煦讒，非也。帝始終欲立煦，寢久成難反之勢，故恨而殺之耳。然則縉之死也，爲社稷死矣。乃仁宣兩代不聞優恤之殊典，何哉？或曰：煦英果有幹略，實帝之愛子，卒以慘死，乃帝殘殺之報云。

【注】

[一]高煦：朱高煦，明成祖朱棣次子，明仁宗朱高熾同母弟。初封高陽郡王，後隨父起兵靖難，屢立戰功。成祖即位後，封漢王，藩國雲南。却一直留居南京，不肯就藩，多次謀取太子之位，縱使私兵劫掠，僭用乘輿器物。永樂十五年(1417)，被强令就藩樂安州，仍不悔改。宣宗繼位，朱高煦起兵造反，却在宣宗親征後投降，被廢爲庶人，囚禁在西安門内。後與諸子相繼被殺。

[二]解縉：字大紳，一字縉紳，號春雨、喜易。明代吉水(今江西吉水)人。幼穎悟絕人。官至內閣首輔。詩文俱佳，雅善行草，主持編纂《永樂大典》等。才高而好直言，屢遭貶黜，最終以議太子位而論罪下獄，永樂十三年(1415)冬被埋入雪堆凍死。

三十九　古之人反躬責己

古之人反躬責己，糾過不遑，豈過慎哉？夫過，非必其事之非也,而銖兩分寸、疾徐廣狹間少不中節即是過,雖賢哲不能保,況其下焉者乎? 是以承學之士必不敢遽望無過,亦惟是勤勤恤恤,思過聞過,知過改過,皆爲善緣。釋一分回增一分美,緝熙[一]漸即於光明。若夫自視意謂無過者,只坐粗浮耳,醉生夢死,走入惡道,孔子所謂下愚也。

【注】

[一] 緝熙:光明。

四十　孫夏峰與茅止生會江邨鹿伯順處

孫夏峰與茅止生元儀[一]會江邨鹿伯順處。止生曰:"劉玄德四海無家,以一言結無地樓臺①,千載下遂以百尺樓屬之玄德。我三人各有百尺樓,不知誰當據其上者?"伯順問止生,答曰:"吾欲郭汾陽、李臨淮耳。"伯順曰:"吾已延陸子靜、王伯安矣。"夏峰曰:"陳太丘[二]、郭林宗[三]是吾客也。"余方書此,友人在側問曰:"於君何如?"余笑而應之曰:"吾自有鄉先生焉,其張子房、司馬德操乎?"

【注】

[一] 茅止生元儀:茅元儀,字止生,號石民,又署東海波臣、夢閣主人等。明末歸安(今浙江吳興)人。出身書香世家,爲文學家茅坤之孫。自幼亦喜兵農之道,曾任經略遼東的兵部右侍郎楊鎬幕僚,後從兵部尚書孫承宗。以戰功升任副總兵,治舟師戍守覺華島。後獲罪遣戍漳浦,鬱鬱而死。輯有《武備志》。

---

① 無地樓臺——此下王本有"願臥元龍百尺樓上"。

［二］陳太丘：陳寔，字仲弓。東漢潁川許（今河南許昌）人。出身寒微，初爲縣吏。好讀書，終身不倦。以德行高標聞於當世，屢受徵辟。曾除太丘長，故亦稱"陳太丘"。後爲大將軍竇武征辟爲掾屬。以黨錮案繫獄一年，遇赦始免。遂歸隱鄉里。一門清正，與子陳紀、陳諶並著高名，時號"三君"。

［三］郭林宗：郭泰，字林宗。東漢太原郡介休縣（今屬山西）人。出身寒微，博通群書，擅長説詞。與李膺等交游，名重洛陽，被太學生推爲領袖。官府屢次徵辟，不至。因好友多繫黨錮獄，遂避禍閉門教授，弟子千人。建寧元年（168），聞知陳蕃謀誅宦官事敗而遇害，哀慟不止，鬱鬱而終。

四十一　馮猶龍所輯《智囊》

馮猶龍［一］所輯《智囊》，有用之書也。《周易》開物成務，極深研幾，然其義多隱，是書乃宣言之。余少而樂觀焉，今老矣，時還取讀。每至肯綮處，眄睞［二］浮白，摇膝吟哦①，不知手之舞之、足之蹈之也。因口占云："汝潁間人野老裝，亂頭粗服甚頹唐。一般醖藉無人見，斗酒微吟看《智囊》。"

【注】

［一］馮猶龍：馮夢龍，字猶龍，又字子猶，號龍子猶、墨憨齋主人等。明代長洲（今江蘇蘇州）人。出身仕宦家庭。著有多部小説，以《喻世明言》（又名《古今小説》）、《警世通言》《醒世恒言》合稱"三言"者最爲知名。又重事功與機變權謀，故採史書中相涉事輯録爲《智囊》，平泉雅好是書。

［二］眄睞：顧盼。

---

① 吟哦——王本作"長吟"。

卷十五

一　素位中有理

樸麗子曰："素位[一]中有理焉，循其自然而無所違。素位中有欲焉，順其自然而無所矯。故所居易也。難莫甚於徼幸，徼幸即不能不行險。即行險保能徼幸乎？不能徼幸枉爲小人，能徼幸亦是安危利災。大抵君子步步便宜，小人步步喫虧。彼昏不知詡詡施施[二]，然亦未有至竟不知者。"

【注】
[一] 素位：謂當下所處之位。
[二] 詡詡施施：喜悦自得貌。

二　鹿江村先生云

鹿江村先生云："人生陷在苦海，怨天尤人，履危蹈險。夫子特示一方，惟求本分無虧，自具海闊天空境界。"愚謂人生莫苦於求人，雖智勇皆絀，惟在我爲可恃耳，只須方寸間一掂量運轉即得。

三　驅車適陝

　　樸麗子驅車適陝,雪阻函谷。寒甚,呼車夫向火。語瑣瑣,姑漫應之。及言"一女未出閣,夫歿,欲往哭之",則起立曰:"此事吾亦聞之,試言吾聽。""父母不許,涕泣固請,乃往。至夫柩前,手結其褵[一],拜而慟哭。拜謂舅姑曰:'兒死,婦不死也。'自是孝事舅姑。人無間言。有二弟,仲弟生女,甫離乳,自拊養之。季弟生男,曰:'吾子也。'爲夫立嗣。及授室,而舅姑相繼卒,議速葬。二弟窺知其意,尼[二]之不可。既安厝,歸而自縊。"樸麗子濡睫,久之,亟嘆曰:"是即溫縣地名大司馬之節婦也。是即朝廷特賜專祠、予祭田,春秋禋祀者也。人倫有五,綱維萬世。斯人也,夫婦一倫做到至處。"

【注】

　　[一]褵:古時女子出嫁時繫佩巾。
　　[二]尼:制止。

四　安成有七世進士坊

　　安成有七世進士坊,立坊後,無復登甲榜者。新安呂氏科第坊亦然。或曰:"造物忌盈。"或曰:"彼其建坊時,氣已盡也。"土人曰:"吾縣令徐公嘗笑之曰:'吾家自明迄今三十餘進士、幾鼎甲、幾尚書、幾閣老,不曾立坊。'此奚①爲者?"旁一人曰:"徐君

---

①　奚——王本作"何"。

亦在科第勢位上掯撥，正恐笑人者復爲人所笑也。"然科第坊砸聯云："文穆之傳多相業，東萊而外有儒宗。"特提文穆、東萊，故亦輕重較然。

五　介甫詩

介甫詩："天下蒼生望霖雨，不知龍在此中蟠。"所謂言之不怍者耶？其讀《孟嘗君傳》謂當時得一士可以王天下，孟嘗君所得特雞鳴狗盜之雄，自是偉論。然斯時也，舍雞鳴狗盜他無用處。藥無定品，愈病爲良。牛溲馬渤[一]有時勝於參蓍，拗相公那得知之。

【注】

[一]牛溲馬渤：牛溲，即牛遺，車前草的別名。馬渤，即馬勃，一名屎菰，生於濕地及腐木的菌類。兩者皆至賤，均可入藥。

六　楚坑

新安縣南山環處，所云楚坑[一]者也。然問之父老，竟無知之者。漁洋詩："至今此地無青草。"今當隆冬，有青草無青草吾烏從而知之？況雪深尺餘乎？噫！太史公譏羽奮其私智而不師古，而不明斥其不仁，亦疏矣。

【注】

[一]楚坑：秦漢間，項羽曾在新安城南（今三門峽義馬西南）坑殺秦

降卒二十萬人，故有此稱。

七　祝髮者

祝髮者[一]曰："吾鄉有呂太守者，於里黨貧困者之求無弗應也，必盡其力。自江寧歸，七子皆豪蕩，田園日落。慨然曰：'自吾兒失之，不若自我失之也。'時①大饑，盡鬻其產，赴江南船粟以②歸，賑其宗族鄉黨，全活甚衆。"樸麗子聞之，起嘆曰："是人所稱呂觭子中篤燕昭[二]③者也。是大智慧，能因敗以爲功。"

【注】

[一]祝髮者：斷髮者。指削髮出家爲僧尼的人。

[二]呂觭子中篤燕昭：呂燕昭，字仲篤。清代河南新安人。出身明清時期新安大族呂氏，理學家呂維祺後人。曾任通州知州、江寧知州。爲人思聰才敏，性情豪爽，決獄如神，興教勸俗，政聲頗著。尤工詩，與袁枚交誼甚厚，袁氏《隨園詩話》多録其詩。著有《福堂詩文集》，主持編纂嘉慶十六年版《江寧府志》。

八　立崖岸則道不宏

立崖岸則道不宏，太平易則道不尊。雖然，有輕重焉。不宏猶可，與其貶也。抑又聞之：道，因時變易者也。大抵士信於知

---

① 時——王本作"歲"。
② 以——王本作"而"。
③ 中篤——王本無。

己，而屈於不知己。一信一屈，而道行乎其中矣。

九　湯潛庵

湯潛庵[一]作司空時，敕家人每得張仲誠[二]片紙隻字，即專差投遞。哲人嗜道如此耶？而夏峰云："吾交江村二十年，今見仲誠，又一江村。"仲誠晚年道日章，雖伏處下僚，罕所設施，固已巍然隆重未可云。世界茫茫，知己何人者矣？

【注】

[一]湯潛庵：湯斌，字孔伯，號荆峴，晚號潛庵。清代河南睢州(今河南睢縣)人。世家子，自幼好學。曾任國史院檢討、翰林院侍講、江寧巡撫、工部尚書等。清廉愛民，政績卓著。又是當時著名理學家。年四十拜中州大儒孫奇逢爲師。打破門户之見，"篤守程朱，亦不薄陸王"。反對空談，崇尚躬行實踐，重事功。有《洛學編》記述中州學派自漢迄明的源流演變。

[二]張仲誠：張沐，字仲誠。清代河南上蔡人。順治十五年(1658)進士。曾任直隸内黄知縣、四川資陽知縣等職。爲政務德化，清廉愛民。自幼勵志爲聖賢，講學内黄明倫堂，弟子數百。湯斌過縣，相語大悦，遺書孫奇逢，稱其任道甚勇、求道甚切。沐因以禮幣迎奇逢至内黄講學，俾多士有所宗仰。及在資陽，政務之餘猶教導諸生不倦。致仕後主講汴中，士子翕然歸之，多所成就。

十　主人遣奴鬻麵於市

主人遣奴鬻麵於市，先與錢若干備他用。屬曰："每麵一斤，錢十文。"少選，主人方欲赴市，奴已返，麵尚未盡。詰之，曰："錢已用盡矣。"主怒,責讓之。不服。叱令跪,擲斗覆其首,而負手徘徊其旁。奴啓斗,麪被體,側目怒視主人。主顧之而笑奴,鼻叱曰:"今纔省悟耶?夫人之所力而行之者,皆自以爲是者也。放火殺人若自以爲不應如此,皋陶祠前香火斷絶矣。"

十一　謁本府太守

嘗謁本府太守李公,令與二府倅[一]同見。府倅當行參禮,余旅見[二]三恭[三]而已。既至庭,余立門限外,二人禮畢,乃入。出,客問何以行禮,告以故。客曰:"同參不可。李公謙,於凡拜者必答拜。此方跪而叩首,先生獨立亦不可,先生故①爲得之。李公嫺於禮,豈藉是以觀先生乎?"

【注】

[一] 府倅:知府的佐貳官,如同知、通判。
[二] 旅見:衆人一同進見。
[三] 恭:拱手致禮。

十二　名者造物之所忌

樸麗子曰:"名者,造物之所忌。余不敏,少有志於學,雖黽勉不遑,苒苒至老,未敢計及於修名。比者,謬承嗜痂之癖,聲譽粗起。薄命人蠅頭微名,亦復何堪?又素門下位,性復迂謹,罪

---

① 故——王本作"固"。

戾不及①，而所在猶如里黨，人情翕洽。七十餘歲老人耳聰目明，手足輕健，日委身太和中，惟是讀書談道，寄情詩酒，俯仰寬然。傳曰'外寧必有內憂'，是以常懷惕惕耳。"客曰："人間一分名，簿上三分命。蓋義存折罰云。先生頗有所折罰否？"徐答曰："其有之，然亦僅矣。此實彼蒼格外之仁，力從末減。感激高厚，益用黽皇[一]。"

【注】

[一]黽皇：誠惶誠恐。

十三　晨起携杖而游

樸麗子晨起，携杖而游於野。逍遥乎萬頃之陂，遇老人白髮皤皤，龍鍾偃蹇[一]，攬袪把臂而相於語。顧其言刺促，大不協於予心。欲有以規制，開廣其意，懼弗能聽也。老人既去，乃攀條擊木，放聲而爲之歌曰："羨大鵬之鼓翼兮，悠悠山河。笑鷃鳩之搶攘兮，屑屑則那[二]。吁嗟乎，大丈夫方欲康濟天下，而乃不能自奠[三]其身乎？倒乎顛乎，彼嘗謂伥伥者之可憐，而乃不自憐乎？"

【注】

[一]偃蹇：驕傲貌。
[二]那："奈何"的合音。
[三]奠：同"尊"。

---

① 罪戾不及——王本無。

十四　孫夏峰云

孫夏峰云："奪小人應得之物，予小人難堪之名。無怪乎彼之無復顧忌，而恣其反噬之毒也。"余觀自古小人之毒君子，至不可言。彼亦人也，何至於此？蓋亦君子之毒，有以挑動之。君子亦有毒乎？曰："君子性偏氣盛，加以急名譽而求大快於其心，遂不覺忍而毒發，小人從而益甚耳。'生平不作皺眉事'，斯言① 也，由不爲已甚來。"

十五　尤西川謂講學

尤西川[一]謂講學是解縛法。有世俗縛、經傳縛、師説意見縛。縛解，方可言學。陸子"減擔"[二]亦此意。擔非所擔，視泄泄者何加焉？夫仁爲己任，重擔也。擔重實輕，"易簡"[三]而天下之理得也。晦翁詩②："昨夜江頭春水生，朦朧大艦一毛輕。向來枉費推移力，今日中流自在行。"倘即所謂非全放下終難湊泊者耶？

【注】

[一]尤西川：尤時熙，字季美，號西川。明代河南洛陽人。歷任元氏、章丘學諭，國子學正，户部主事。後乞終母養歸，遂不復出。篤信陽明之學，畢生以修己淑人爲事。著有《擬學小記》等。

[二]"減擔"：陸九淵在學習方面提出的方法之一。針對"傳注益繁，

---

① 斯言——王本作"是言"。
② 詩——王本作"作"。

論語益多"而造成的"意見"心害,陸九淵認爲:"某讀書只看古注,聖人之言自明白。且如'弟子入則孝,出則弟',是分明說與你入便孝,出便弟,何須得傳注?學者疲精神於此,是以擔子越重。到某這里,只是與他減擔。""減擔"即是使蒙受"意見"戕害的"賢者智者"去掉前人觀點積纍形成的精神負擔,從書本中解放出來,將讀書的目的直面"明理、立心、做人"。

[三]"易簡":亦是陸九淵所提學習方法之一。陸氏認爲人之本心四端雖爲萌芽,但同完善之道德品質,本質爲一。若能時時操持,事事發用,辨明每時每處湧現之德性本心,把握機宜,當下頓悟,存養擴充本心,終可成就可久可大之聖賢人格。這便是易簡工夫。與強調"積累有漸"、把教育和學習看作是一個由逐漸積累而至融會貫通的過程的方法正相反。

十六　龍溪王氏

龍溪王氏[一]曰:"千古聖學,從一念靈明做起。保此靈明①之謂學,以此觸發感通之爲教。隨事不昧,此爲格物。不欺,此爲誠意。"樸麗子曰:"一念靈明,知也,保也,觸發也,不昧也,不欺也,致知也。知非他,良知也。致者,致良知也。一部《大學》,致知焉盡之矣。陽明一生宗旨,致良知焉盡之矣。龍溪此言,透快精確,萬古不易,使讀者手舞足蹈,心花俱開。"

【注】

[一]龍溪王氏:王畿,字汝中,號龍溪。明代浙江山陰(今紹興)人。師事王守仁,爲王門七派中"浙中派"創始人。著有《龍溪全集》二十卷。

---

① 靈明——王本作"一念靈明"。

十七　繁文縟節

繁文縟節、曲謹小諒與夫一切特節奇行，自周末教弛，世所崇重大率不外①乎此。至程伯子盡數廓清，故稱明道焉，斯其直接魯鄒處也。即其所謂饑食渴飲、夏葛冬裘，莫道語近禪關，非深造自得，元氣會合，道不到。倘亦庶幾無意必固我[一]，而必有事焉，勿忘勿助[二]。長者哉！

【注】

[一] 意必固我：意，主觀臆測。必，絕對。固，拘泥固執。我，自以爲是。出自《論語·子罕》："子絕四：毋意，毋必，毋固，毋我。"

[二] 勿忘勿助：致良知的督促工夫。源出《孟子·公孫丑》："必有事焉而勿正，心勿忘，勿助長也。"意謂在道德涵養中，心不要忘記，也不要助長。王陽明認爲"必有事焉"才是修行的根本，而事上磨煉的根本是"致良知"。"勿忘勿助"只是督促工夫，不能作爲修行的目的。參《傳習錄·答聶文蔚》。

十八　有所訪不遇

嘗有所訪，不遇。其同寓有司鐸者[一]在焉，顧其氣貌不可近，略叩里居姓字，乃年家後輩也。始粗修賓主儀。余遽出②，嘆曰："人不知學《詩》《書》，適以長傲士子。少識文字弄筆墨，輒自矜大，詑詑[二]拒人。廣文爲無氣官[三]，乃亦復如是也耶？"

---

① 外——王本作"出"。
② 出——王本作"託故去"。

【注】

［一］司鐸：掌管一方文教者。相傳古代負責宣傳教化的人必搖木鐸以聚衆。

［二］訑訑：自得貌。

［三］無氣官：八字望氣有"偏枯無氣官孤貧"之語。此處意指"孤貧"。

十九　趙中令補掇薦牘

趙中令[一]補掇薦牘，必得請然後已①。其人卒稱職。世皆稱之，以爲深識，定力久矣。我高皇帝[二]不以爲然，著論嚴斥之。大哉王言！蓋凡事到必難行時略放鬆一步，徐徐圖之，亦無不可，他再無當行之事也耶②。執之太堅，有似角氣。以氣角氣，變而愈厲。夫苟角氣，雖所持甚正，而自古能有所濟者幾何矣。

【注】

［一］趙中令：趙普，字則平。北宋幽州薊（今天津薊州區）人。宋太祖趙匡胤重要謀士，開國功臣，後拜相。宋太宗時兼中書令，故有"趙中令"之稱。向皇帝建議某事或推薦人才時，務求批准，否則反復上奏。

［二］高皇帝：清乾隆皇帝弘曆，廟號高宗。

二十　陽明謫龍場

方陽明謫龍場時，毒霧瘴氛累然，若不能自存。嗣後，量加

---

① 然後已——王本作"乃已"。
② 他再無當行之事也耶——王本無。

陞擢，徙倚郎署卿寺間，亦粥粥無甚表見。及假旗牌[一]後，則如巨魚縱壑，鴻毛遇風矣。古稱濟事在權，不誠然哉？本兵王晉溪[二]有陽明小像，懸之樓上。每見陽明奏章，則抱孫攜酒於像前，讀之至肯綮處，浮白，拍其孫之項，指像曰："生子當如此等奇男兒。"次日入朝，力請行之。陽明江西前後諸偉績，晉溪與有力焉。夫道以相得而益彰，功難違時而獨立。觀晉溪之於陽明，斯真如靳之合，而英雄自古識英雄與！

【注】

[一] 假旗牌：旗牌，寫有"令"的旗和牌，古代頒給封疆大吏或欽差大臣作爲准其便宜行事的憑據。此處指王陽明受命持令平定江西民變及寧王朱宸濠叛亂等一系列軍事行動。

[二] 本兵王晉溪：本兵，明代兵部尚書的別稱。王瓊，字德華，號晉溪，別署雙溪老人。明代山西太原人。出身仕宦。歷事成化、弘治、正德和嘉靖四朝。以工部主事起，歷官户部、兵部和吏部尚書。時人謂功績有三：一、治理漕河(運河)；二、任用王陽明平定宸濠叛亂；三、總制西北邊防，功在邊陲。

二十一　良知良能

良知良能，孩提皆具。然而疑似毫釐之際，夷險常變之遭，畢生莫能造其深而詣其極，故須學焉。惟有志於其深也與？其極也，凡夫讀書考古、尋師訪友、汲汲討論折衷者，皆學中之事。無志則一任悠悠忽忽，汩落於俗情浮氣中，鶻突到老，斷送一生。

二十二　觀　劇

一日與諸同人列坐觀劇。演一婦人苦訓其子，子俯伏面前，老奴侍立於旁。所以訓之者，無弗至，繼以泣，久之涕零聲嘶，且哭且言。子兩手捧草雞作鬥狀，挑老奴足曰："照鬥照鬥。"母見之，長號大痛，以頭亂觸之。觀者皆恨怒。樸麗子大噱，指其子語同人曰："如此物者，尚足諸長者爲之嚼齦乎？只好如張平子[一]，相爲絕倒耳。"於是諸同人皆一笑而散。

【注】

　　[一] 張平子：當"王平子"。西晉王澄字平子，以清談聞名，孤高傲世。但每聽到衛玠論莊老，"至於理會之間，要妙之際，輒絕倒於坐"。絕倒，佩服之極。此處意爲大笑不能自持。

二十三　鄉先生與二三少年辨

　　有鄉先生者，樸麗子之故人也，與其地二三少年辨[一]論事理，鄉先生拍案大噪。適過而聞之①，隔窗揚聲謂之曰："白頭老儒，稽古窮經，方落落執數寸管，欲以進退百家，乃爲鄉里乳臭兒爭是非、作聲色乎？甚非高明之所宜出也。"鄉先生即趨出，握手曰："吾過矣。一時急不能耐，遂被黑風吹入羅殺[二]。"鄉先生出時猶帶怒色，及②謝過後，岢然[三]間氣貌雍容如常。余戲拍其肩曰："此老故不失爲傭中佼佼。"

【注】

　　[一] 辨：通"辯"。
　　[二] 黑風吹入羅殺：佛教用語。此處指一念怒發，氣急失態。

---

　① 適過而聞之——王本作"余適過而聞之。少年去"。
　② 及——王本無。

［三］屼然：屼，本爲山名。此處義同"陡然"。

二十四　人足貴者爲此心

　　夫人之所以爲萬物之靈而足貴者，唯此心耳。忿懥好樂、憂患恐懼入據其中，而心亡也。於其初動之時，力矯而克制之，此有志之士強勉而日進於高明者也。至於隨其因仍增長，甘於自棄，則心不在而身亦徒存，虛質竄身下流，何賤如之。然此實亦有命存若曹焉，必欲振拔之爲志士之所爲，斯亦心不在焉者耳。忿懥耶？好樂耶？憂患恐懼耶？是以先王之御世也，因人以制政，緣督以爲經[一]，去其太甚，得以同生並育，斯可矣。

【注】

　　［一］緣督以爲經：謂守中合道，順其自然。語出《莊子·養生主》。

二十五　南唐國勢日振

　　五代時，南唐國勢日振，諸將請藉兵力乘亂取中原。南唐主[一]悽然曰："朕生長干戈中，血戰二十餘年，目睹殺戮之慘。今諸侯方有分地，疆場粗定，願卿等勿復①出此言，我不忍聞。"嗚呼！大哉王言！此實天地父母之心也，衣被無窮，可不謂之仁乎？

---

① 勿復——王本作"無復"。

【注】

　　〔一〕南唐主：指南唐烈祖李昪。

二十六　夏峰先生講學百泉

　　夏峰先生講學百泉上，晚得潛庵諸君子①，其道大光，海内莫不知有夏峰先生也，至於今益顯。同時有樊隱君〔一〕者，左浮邱〔二〕稱其爲孔孟的派，乃屏迹桐柏山中，抱經而歿，與荒煙野蔓俱泯滅矣。

【注】

　　〔一〕樊隱君：樊夢斗，字北一，號文成。生卒年不詳。明末文安（今河北廊坊）人。出身世家，好學深思，於書無所不讀，學宗程朱。明崇禎壬午鄉貢廷試第二。明亡後攜家入桐柏山中，卒葬山中。著有《中庸講義》《駐槎亭詩集》。

　　〔二〕左浮邱：左光斗，字遺直，一字共之，號蒼嶼。先世爲桐城東鄉人（今樅陽縣橫埠鎮），其父在出潁移居桐城縣城。明末東林黨重要成員，累官至左僉都御史。與權宦魏忠賢抗争，含冤下獄死。

二十七　方總角時

　　樸麗子方總角時，遇一人貿貿然來，笑而問曰："人言水爲净。水爲净乎？眼不見爲净乎？"未及應，遽曰："眼不見爲净。"遂去。至於今不忘。昨夢初醒，復尋繹其義，不覺失聲嘆曰："旨

────────

　　①　潛庵諸君子——王本作"潛莽、逸莽諸君子"。

哉！言乎水之净，在物者也；眼不見之净，在我者也。人安能保物之必净？惟是致力乎其在我焉者而已矣。"

二十八　人受天地之氣以生

人受①天地之氣以生，期以百年。然而七十稱古稀者，何耶②？傷之者多也：曰勞，曰耗，曰逆，曰滯。凍餓不與焉。勞則竭，耗則散，逆則亂，滯則結，皆死道也。人既有生，則有生之趣。趣者，中心融融，造物之生機也。趣非君子不能得，得趣得壽③。

二十九　子輿氏告齊梁之君

子輿氏[一]告齊梁之君，蓋推原夫子車中之旨；漢治孝弟力田[二]，所以取法乎鄒魯也。始皇兼并設郡縣，非所謂定於一哉？秦能一之，不能治之。漢承其後，而四海寧謐。夫兼併郡縣，事成於李斯。斯之生，豈偶然哉？然斯慘死而天下莫之哀者，何也？爲其持法太嚴，焚《詩》《書》，阿意取容，而回惑於末路也。

【注】

[一] 子輿氏：指孟子，字子輿。曾向當時齊宣王、梁惠王勸行王道。
[二] 力田：努力種田。泛指勤於農事。

---

① 受——王本作"得"。
② 耶——王本作"也"。
③ 得趣得壽——王本作"得趣者壽"。

三十　夏而希革

夏而希革，冬而氄毛[一]①，禽獸皆有自然之享受，而人多不免於饑寒者，豈造物者獨於人而②有所靳哉？夫人有心思、耳目、手足之用，即其希革氄毛也。棄其用而嬉造物，其奈之何？是以古人有言曰：民生在勤[二]。

【注】

[一]夏而希革，冬而氄毛：希革，謂鳥獸羽毛稀少。氄毛，鳥獸貼近皮膚的柔軟細毛。

[二]民生在勤：指百姓的生計在於勤勞。出《左傳·宣公十二年》："民生在勤，勤而不匱。"

三十一　成祖本不欲殺卓敬

成祖本不欲殺卓敬[一]。嘗曰："先帝三十年培養一卓敬。"死於姚廣孝[二]之一言。敬本不求生，但非廣孝，或可少從末減耳。或謂廣孝與敬有隙，故殺之。廣孝鷹鷲怪特，敬能識成祖，請徙封以絕禍本，豈不識廣孝乎？其生平嫌釁必深，不然廣孝亦非小丈夫敤軟報及睚眦者也。然武王伐紂，伯夷抗諫，左右欲兵之，太公曰："此義人也。"扶而去之。由此推之，尚有何嫌不釋乎？噫！病虎禿[三]不及太公遠矣。

---

① 夏而希革，冬而氄毛——王本作"夏希革，冬氄毛"。
② 而——王本無。

【注】

[一]卓敬：字惟恭。明代里安卓嶴（今屬溫州瑞安）人。少聰穎，博學多才，性耿直。明洪武二十一年（1388）進士。歷任户科給事中、户部侍郎等職。曾向朱元璋建議區分太子與諸王的服色儀仗等以顯示尊卑有序，朱從之。又諫言將燕王朱棣改封南昌，以免日後坐大危及政局，未被採納。靖難之役後被逮，不屈被殺。著有《性理發明》。

[二]姚廣孝：字斯道，又字獨闇，號獨庵老人、逃虚子等，法名道衍。明代長洲（今江蘇蘇州）人。早年出家於蘇州妙智庵，亦習道，精於陰陽術數。明太祖選僧人隨侍諸王以念經祈福，姚得追隨燕王朱棣，成爲朱棣的主要謀士，靖難之役的擘畫多出其手。朱棣繼位後，姚任僧録司左善世，又加太子少師，世稱"黑衣宰相"。

[三]病虎禿：指姚廣孝。《明史・姚廣孝傳》記："（姚廣孝）嘗游嵩山寺，相者袁珙見之曰：'是何異僧！目三角，形如病虎，性必嗜殺，劉秉忠流也。'道衍大喜。"

三十二　鄉有燕賓者

鄉有燕賓者，置席先祠側。饌具，祀，而後及賓。或叩其事於樸麗子，答曰："别具饌，祀先可也。以客饌祀先，不可也。"曰："茅容[一]割雞饗母遺客，何如①？"曰："茅容孝養②其母，客爲輕。今特延賓於家，而使食吾先人之餘，可乎？然而賓卒食焉，不大介懷者，彼其所持者正也。嘻！世事含糊八九件，烏可切切焉就繩墨以深求之也？"

【注】

[一]茅容：字季偉。東漢陳留郡（今河南開封）人。名士。初以躬耕

---

① 何如——王本作"何爲"。
② 孝養——王本作"孝敬"。

爲業,郭林宗見而異之,至其家。茅容殺雞饗母,與郭同食疏飯。

三十三　先生績學白首

或謂樸麗子曰:"先生績學[一]白首,位居師席,敢問何以爲教?"答曰:"余何教?但日受人人之教耳。"曰:"先生性平易,終日悠悠,亦有怒乎?"曰:"怒安能無?但怒必審其是非,而不敢輕。又頗能受人之氣,則雖有怒,而其所爲怒者亦寡矣。"

【注】

　　[一]績學:治學。

三十四　岳忠武誓欲迎還二聖

岳忠武誓欲迎還二聖,又請建皇儲[一]。忠在此,得罪亦在此。于忠肅對北使曰:"賴天之靈,社稷已有主矣。"忠在此,得罪亦在此。或曰:"忠肅勢不容不死。忠武請建皇儲,帝曰:'卿專閫[二]於外,此非所得言。'忠武下殿,面色如土,已知帝心銜之矣。當斯時也,可以止矣。"嗚呼!是言是耶非耶?要亦悲忿無聊者之所爲,欷歔而出之者也。

【注】

　　[一]建皇儲:高宗趙構有獨子早夭,又於逃亡中受驚失去生育能力。有史家認爲岳飛此舉與屢言迎還二聖,是觸怒高宗的主要原因。
　　[二]專閫:專主京城以外的權事。

三十五　儉以養廉

儉以養廉，故①爲美德。抑量入以爲出，所以足用也。然苟節嗇籌度至於斤斤，侵薄胸次②，轉不如揮霍自喜者，猶爲彼善於此。夫制節謹度，慎始慮終，不亦善乎？但因其所至輕，累及其所至重，自古賢達之士有一如此者乎？

三十六　昔居京師

昔居京師，一同年顧余旅次。天涯萍水中，不覺油油然有親密意。自是數相見，余周旋俱在行迹外，而同年雖復款接，不免有落寞意，竊有所未愜意於懷。中夜思此，忽汗流濕被，嘆曰："吾過矣。同年了了[一]，我乃被渠檢點在下邊，同年乍遇，何親密之有？"

【注】

[一] 了了：清楚。

三十七　倚柱而歌《雞鳴》

樸麗子曉起，倚柱而歌《雞鳴》[一]之詩及《西銘》各一関。人

---

① 故——王本作"固"。
② 侵薄胸次——王本作"浸薄胸次"。

报二客至，入，一面西坐，一东面。朴丽子向东北，终朝未尝左顾。客去，或问其故。答曰："吾不忍视之也，彼其面貌间带浇漓之气。"

【注】

[一]《鸡鸣》：指《诗经·齐风·鸡鸣》。描写晨起光景。

三十八　高晋既得罪

高晋[一]既得罪，抄没其族。叔拥厚赀，逮审严刑以需至。徐陈其与晋年相当，自幼同学相善，入学何如，中举何如①。敘②至作宰山右，曾赴其任，赠路费六两而还，问官怒③曰："谁与汝道家常？速将平日与高晋交通情节说来。"对曰："犯人若道并无交通情节，大刑立加。今举生平与晋实迹一一挨敘，其间有无交通情节，执事自能参详④而得之。"问官默然。挨敘如前。日移晷⑤，直至晋作总督挐问，不复语。问官沉吟少时，旋谓之曰："第如此乎？吾即依此陈奏。"挥使去。大难猝临，邻里狂奔，而神闲气定，辞色稳舒，始终无少变动，盖有养之士也。同狱司睢阳张端云。

【注】

[一]高晋：字昭德。乾隆帝慧贤皇贵妃堂兄弟，大学士高斌之侄。

---

① 入学何如，中举何如——王本作"入学如何，中举如何"。
② 敘——王本无。
③ 怒——王本无。
④ 参详——王本作"详参"。
⑤ 日移晷——王本无。

本爲八旗漢軍旗包衣，後詔令出包衣、抬旗，入滿洲鑲黄旗，改姓高佳氏。自知縣累官至文華殿大學士，兼吏部尚書和漕運總督。治河名臣，曾因治河失誤得罪。

三十九　蔡九霞《廣輿記序》

蔡九霞[一]《廣輿記序》，軒軒霞舉，能自攄其意以出。彼其囊括古今，抱舉宇宙，豈直便便誇腹笥之富，爲文人騷士掞摛[二]之資乎哉？第儒生蕭然一室，偶有所撰述而自序之，不過明示其梗概，使讀者知其意之所存而已。斤斤與國家典製互相比較奚爲？其辭爲剩，其義爲多，揆諸孟氏之言①，毋亦心之少放矣乎？至其末言心同理同，放之乎千古而上、千古而下、九州之内、九州之外，莫不廓然符合，是爲言之有物，可稱知要。忠襄公之淵源，不其遠與？

【注】

　　[一] 蔡九霞：清康熙時湖南平江人，精通地理、地圖學。
　　[二] 掞摛：發舒。

---

　　① 言——王本作"書"。

卷十六

一 《大學》言至善

樸麗子曰:"《大學》言至善。善著於物,而後見物。何以見至善?見乎其事而已。故曰:'事有終始。'孟子發養氣之旨,重在集義[一]。行不合義,而氣餒矣。故曰:'必有事焉。'有事者,集義也。'勿忘勿助',所以示其集之之功。要以知言爲本,知言乃能善養浩然之氣而無害,猶之知止而後定靜安慮[二]而能得。善養故至善也。孔子、孟子言亦各殊,究而論之,前後一致。"

【注】

[一]集義:行事合乎道義。
[二]定靜安慮:見《大學》:"知止而后有定,定而后能静,静而后能安,安而后能慮,慮而后能得。"

二 耳可得而聞

耳可得而聞,目可得而見,以是爲有乎?曰:"然。""然有不基於有耳不可得而聞、目不可得而見，以是爲無乎？"曰："然。""然無不淪於無，是故自無而至於有，則三千三百之禮顯，而子臣弟友之周旋於日用之際者，至篤也。是故自有而斂於無，而視聽言動之退藏於意念之間者，至密也。"

三　採玉於山

有採玉於山而喪其資斧[一]者，儴焉[二]廢於中途，恍惚狼狽。其友唁[三]之，復握手語之曰："兄方欲得拱璧連城，而乃不能自保其行李耶？"一笑而去。樸麗子曰："語有之：'仰面貪看鳥，回頭錯認人。'張皇千里之外，而患在几席之下。世事大概如此耳，採玉者且將奈何？而其友之言婉而多風，使人挹挈[四]不盡。有味哉，有味哉！足爲趾高氣揚、窮大而失其居[五]者頂門一針。"

【注】

[一] 資斧：利斧。
[二] 儴焉：不安貌。
[三] 唁：慰問遭遇非常變故者。
[四] 挹挈：稱揚。
[五] 窮大而失其居：亦簡作"窮大失居"。謂在極高位者驕奢，一定會覆敗而至於失其所。語出《易·序卦》："窮大者必失其居。"

四　鄉人稱孝廉劉星槎

鄉人稱孝廉劉星槎凌漢。父早卒，事其母左右，承順能得其歡心①。及母卒，寢室中所有一切幛幙、几杖、茶鼎、酒盞等物，略不移動。晨昏省視，每飯必祭，三年如一日。樸麗子曰："余初至鞏，星槎見過。見其人沉静淵雅，重之。訪其鄉人，得前所云云。以手加頰，喟然歎息：'爲人子不當如是耶？'是可以教孝矣。"

五　游龍山

樸麗子游龍山[一]，拜王蒼谷[二]祠，徘徊久之。觀四壁圖書之錯落，與其外山水之雄秀，慨然嘆曰："人傑地靈，可以登高而賦矣。"蒼谷與先端肅同朝，爲後輩。端肅形狀②，蒼谷筆也。蒼谷官至大方伯，依然儒素。端肅身歷四部，食不兼味，門無姬侍③。斯所謂素履[三]與！迄今流風餘韻並披拂汝穎間。亡何，一鄉貢後生至，問作舉人當何如。曰："如作秀才時。"既去，謂同游者曰："只一'作'字，已爲舉人所動。再進再動，不數進，還有我否？敝化奢靡④，萬世同流，正⑤坐此耳。哀哉！"

【注】

[一] 龍山：即堯山，位於河南魯山縣西，爲伏牛山東段餘脉。

[二] 王蒼谷：王尚絅（1478—1531），字錦夫，號蒼谷。明河南郟縣人。理學家。自幼嗜學，及長，遍讀五經諸子。弘治壬戌（1502）進士，官至浙江右布政使。性端方恬淡，不慕榮進，不媚上峰。曾棄官居家十九

---

① 承順能得其歡心——王本作"承歡能得其心"。
② 形狀——王本作"行狀"，是。
③ 食不兼味，門無姬侍——王本作"門無侍姬，食不兼味"。
④ 奢靡——王本作"奢麗"。
⑤ 正——王本無。

年，築室堯山，專事讀書。理學方面，黜華崇實，一宗二程。入孫奇逢《中州人物考》。有《蒼谷全集》行世。

［三］素履：比喻質樸無華、清白自守的處世態度。源出《周易·履卦》："初九：素履往，无咎。象曰：素履之往，獨行願也。"

六　龍山劉翁杰

龍山劉翁杰年四十得一弟。父卒，弟方嬰孩。拊養捧復，不離左右。少長，應出繼旁門。翁忼慨對諸親族曰："吾父踰花甲後生此子，今以子他人耶？"伏地慟哭。諸親族皆嘆息去。及授室，擇上產分與之。余爲作《荆花吟》，有句云："若向紫金山下過，荆花村里再聞香。"今八十餘，猶矍鑠能健飯也。

七　漢詁宋箋

漢詁宋箋尚矣，然其間齗齗［一］，每好爲矯飾苛細之言，附會經典，曲伸其説。識者病焉。譬之羅鉗吉網［二］，舉足無有是處。學士盷盷然［三］，視聖賢爲畏途，尼山路上草深三尺。王泰州言："聖學不費氣力，其樂無邊。"夫天不苦物，聖學同天，何弗樂與？

【注】

［一］齗齗：爭辯貌。

［二］羅鉗吉網：指酷吏誣陷。羅希奭、吉温爲唐玄宗時酷吏，慣於深文周納，鍛煉成獄，時人故有此謂。

［三］盷盷然：勤苦貌。

八　晦翁謂子静

晦翁謂子静實見得道理，所以不怕天不怕地、胡叫亂喊①。黃石齋以爲傳神寫照之筆。而本朝河南大中丞姚公祖同[一]，至今民猶歌思不忘也，然當時屬僚多不悦。嘗聞一縣令蹙頞②曰："幾個蠢百姓，被渠護惜得像親兒子一般。"斯言也，即以爲善頌也可。

【注】

[一]姚公祖同：姚祖同，字亮甫。清浙江錢塘人。乾隆四十九年南巡召試賜舉人，歷任內閣中書、內閣侍讀學士、左副都御史等。曾任河南布政使，整頓當地吏治，擅於河務，造福百姓。

九　達官夢

客言一達官夢中大叫："某咬我脇！"醒，創隆起③，疼④不可忍。謂家人曰："我令某縣時，嘗怒拔一人鬚至盡，咬我者是也。"數日死⑤。樸麗子聞之怵然若傷，拍肩謂客曰："出乎爾反乎爾，虎豹噬人，亦爲人噬，是固然矣。夫仁者以天地萬物爲一體。聖門學主求仁，若平時日用誦習間略一存省，詎至是耶？士大夫閉

---

① 胡叫亂喊——王本作"胡喊亂叫"。
② 頞——王本作"額"。
③ 創隆起——創，王本作"瘡"。
④ 疼——王本作"痛"。
⑤ 數日死——王本無。

目冥心於詩書絃歌之際，一旦藉勢恣睢以逞，毒人而適以自毒也，豈不哀哉？"

十　魏長史辛琛

魏長史辛琛[一]數諫刺史李崇[二]，不聽，遂糾[三]之。詔並不問。崇謂琛曰："長史他日必爲刺史，但不知所得上佐何人耳。"答曰："萬一叨忝[四]，得一方正長史，時聞其過是所願也。"崇慚。觀此使人傾企。人惟不聞過，故終身爲過之府。辛君何其遠歟！且其辭氣不激不隨，抑何其毅然以和也。夫君子之御事也，本之以正理，而酌量其高下疾徐以赴之，有軌程焉，有節奏焉。苟無學問涵養之功，則雖所爲未始不出於善，而動止乖方，往往傷於陵侵。今觀辛君之行與言，庶幾其君子乎？

【注】

[一] 辛琛：字僧貴，生卒年不詳，北魏時人。曾任滎陽郡守、揚州征南府長史等。奉公守法，剛直不阿。

[二] 李崇：字繼長，小字繼伯。北魏黎陽郡頓丘（今河南濬縣）人。外戚。曾任征南將軍、揚州刺史。善征戰。性奢侈。

[三] 糾：舉發。

[四] 叨忝：叨光。

十一　帝王之治天下

帝王之治天下也，準十二土之風氣以施政教[一]。夫酒冬不冰，瓜曝愈寒，物性之異如此。揆[二]其性以相與，難矣哉。嘗聞一長老言某人喫柔不喫剛,是不且欲隨之耶?晉劉道規[三]云:"非常之才必有調度。"調如調絃,適其高下。度如度木,中其長短。人生尋常酬酢,何非淵冰?太上以德相親,其次委曲包含,期於相胥以生。失調度,紛紜立起。長老之意,蓋亦調度之意云。不其然乎?不其然乎?

【注】

[一]準十二土之風氣以施政教:本段可參《周禮·地官司徒·大司徒》。

[二]捩:違逆。

[三]劉道規:字道則,東晉彭城人,南朝宋高祖劉裕異母弟。少倜儻有大志,助兄征戰,屢立奇功。早逝。劉裕代晉建宋後,贈大司馬,追封臨川王。

十二　魏司徒崔浩

魏司徒崔浩[一],國之世臣,算無遺策,積勞王家。以一時觸犯,至於夷滅,何哉?斯真仕途險於蜀道者矣。然高允[二]嘗曰:"湛、標[三]所營,分寸之間。恐爲崔門萬世之禍。吾徒亦無噍類。"由此觀之,浩之死,允固先知之矣。而竊怪高公與浩同撰國史,既見及此,當浩刊石時,何不力諫止之?止之而不得,當思早有以自異,而坐聽與之俱滅乎?斯不可解者也。

【注】

[一]崔浩:字伯淵,小名桃簡。南北朝時清河郡東武城(今山東武城縣),一説清河郡武城(今河北清河縣)人。出身盧陵崔氏,聯姻皆士族。性驕矜自喜。歷北魏道武、明元、太武三帝,官至司徒。幫助太武帝擊滅胡夏、滅北涼並出擊柔然,爲統一北方做出貢獻。後修國史,筆涉拓跋氏早期歷史,爲帝不喜,加之積怨,大獄遂興,遭滅族。

[二]高允：字伯恭。南北朝時渤海蓨縣（今河北景縣）人。早慧，氣度非凡。曾任中書令，參修國記，教導太子。從崔浩修史，以暴露國惡罪將受極刑，景穆太子營救獲免。曾多次語言崔浩將被禍。

[三]湛、標：指著作令史閔湛、郄標。二人性奸佞，爲取媚崔浩，上書請以崔氏傳注取代漢注，遂深得信任。閔湛建議崔浩將國史刻於石上，供人觀覽。

十三　悃悃忠益而獲罪

樸麗子曰："昔人云：'安有悃悃忠益[一]而獲罪者乎？'觀於魏高令公[二]，益信。公居武健狹烈之朝，遇事惓惓，必盡其意，而道尊身安，生著偉績，没有令名，可不謂賢乎？宋張岱[三]爲巴陵王參軍，歷臨海、豫章，與典籤主帥共事，事舉而情不相失。或問其故，曰：'古人言一心可以事百君。我爲政端平，待物以禮，悔吝之事無由而及。明暗短長，更是才用之優略耳。'余讀書至此，整冠而拜，欲鑄金事之。程普稱見周公瑾如飲醇醪，於張君亦云。輒呼酒浮一大白。"

【注】

[一]忠益：盡忠報效。

[二]高令公：指高允。對中書令的尊稱。

[三]張岱：字景山，生卒年不詳，南北朝時吴郡吴縣人。宋巴陵王劉休若任北徐州刺史，任張岱爲冠軍諮議參軍。

十四　魏王慧能

魏王慧能[一]爲滎陽太守十年，農戰兼修，歸附者萬餘家。

宋人縱反間，不行，復遣刺史①呂元伯刺之。慧能疑，收得尺刃，元伯叩頭請死。慧能曰："各爲其主耳。"釋之。左右諫曰："不殺元伯，無以制後。"慧能曰："死生有命，彼亦安能害我？我以仁義爲捍蔽，又何憂乎？"遂捨之。後慧能卒，元伯守其墓終身不去。樸麗子曰："世常謂古今人不相及，豈篤論哉？王慧能足稱卓犖，呂元伯亦人所難能。觀此二人之事，覺皇初正復不遠，雖古之仁人義士又何以加焉？"

【注】

[一] 王慧能："能"當爲"龍"。王慧龍（390—440），南北朝太原晉陽人。北魏名將，自稱係東晉尚書僕射王愉之孫，散騎常侍王緝之子。年十四歲爲劉裕滅門，王慧龍賴家人僧彬藏匿得免一死，之後輾轉各處，最終歸降北魏，娶崔浩弟崔恬之女爲妻。曾任寧南將軍、滎陽太守等。

十五　魏高祖親任賢臣

史稱魏高祖[一]親任賢臣，從善如流。嘗曰："人主患不能處心公平、推誠於物。能是二者，則胡越之人②皆可使親如兄弟矣。"及伐齊，殂於穀塾。彭城王勰[二]徙御[三]卧輿，出入神色無異。太子至，乃發喪即位。東宮官屬③疑勰有異志，密訪之。而勰推誠盡禮，卒無間隙。咸陽王禧[四]謂之曰："汝此行不唯勤苦，亦實危險。"勰曰："兄年長識高，故知有夷險④。彥和握蛇騎

---

① 刺史——當爲"刺客"。
② 則胡越之人——王本作"則雖胡越之人"。
③ "東宮官屬"至"卒無間隙"——王本無。
④ 夷險——王本作"危險"。

虎,不覺艱難。"初,魏王伐齊,假勰中軍大將軍。辭曰:"陳思求而不允,愚臣不請而得,何否泰相遠耶?"魏主笑曰:"二曹以才名相忌,吾與汝以道德相親。"樸麗子曰:"嗚呼!若魏高祖之爲君,彭城王之爲臣,三代後未有或之先也。豈不盛哉!然高祖志欲渾一寰宇,移風移俗①,而草創未就,中道崩殂。魏之不能比隆於殷周也,天也。"

【注】

[一] 魏高祖:拓跋宏,後改名元宏。南北朝時北魏第六位皇帝。獻文帝拓跋弘長子,即位時僅五歲,太和十四年(490)親政。厲行改革,從平城遷都洛陽,改鮮卑姓氏爲漢姓,改變鮮卑風俗、語言、服飾,鼓勵鮮卑和漢族通婚,參照南朝典章制度制定官制朝儀。太和二十三年(499),伐齊中病重,被迫北還,死於穀塘原。謚孝文皇帝,廟號高祖。

[二] 彭城王勰:元勰,字彥和。孝文帝元宏之弟。爲中書令,封彭城王。有謀略,深得孝文帝信任。官至尚書、侍中。孝文帝駕崩,元勰輔佐孝文帝長子宣武帝元恪,封驃騎大將軍。後遭宣武帝猜忌,被毒殺。

[三] 徙御:謂帝王出行。

[四] 咸陽王禧:元禧,字永壽。北魏孝文帝之弟。累任太尉,封咸陽王。孝文帝死後,受遺詔輔政。驕奢成性,賄賂公行,爲宣武帝所惡。後陰謀舉兵反叛,事泄被殺。

十六　骨肉天親

樸麗子曰:"骨肉天親,總無絕理。苟有一綫之路可通,亦當委曲優容,以需其機之轉。迨其機之既轉,則如嚴冬大寒中一點

---

① 移風移俗——王本作"移風易俗"。

春光復馴,致花開滿院矣。齊荆州①刺史巴陵王子響有勇力,好武事,左右數十人皆有膽幹。作錦袍絳襖,欲餉蠻交易器械。長史劉寅等密以聞,子響殺之。齊主[一]②遣衛尉胡諧之、將軍尹略、中書舍人茹法亮帥③數百人檢捕,敕之曰:'子響若束手自歸,可全其命。'所謂天下無不慈之父者耶? 諧之至,築城燕尾洲。子響白服登城,遣使相聞曰:'天下豈有兒反? 今便單舸還闕受殺人之罪。'此轉機也,且有敕旨。尹略獨答曰:'誰將汝反父人共語?'子響灑泣,具酒饌餉軍④。略棄之江流。子響呼茹法亮,法亮執其使。噫! 亦太甚矣。處人父子之間,自非有胸無心,誰能狠戾斬絕如此? 子響怒遣兵與臺軍戰,而自操萬鈞弩射之,臺軍大敗,略死。然仍乘舴艋至建康,欲自明,竟不得一見其父之面而死。久之,齊主游華林園,見一猿透擲⑤悲鳴,問左右,曰:'猿子前日墜崖死。'齊主思子響,因嗚咽流涕。嗟乎! 齊主自哭其子,何與他人事? 而余讀史至此,亦不覺嗚咽流涕者,何也? 豈非以其事大不愜於倫理,而有傷於萬古之人心者重歟? 不見子響之可怒,但見子響之可慟,不仁哉尹略! 君子以爲尹略非人也。地獄之説若真,正當爲此輩設。"

【注】

[一] 齊主:指南朝齊武帝蕭賾。巴陵王蕭子響爲其第四子。

① 齊荆州——王本作"荆州"。
② 齊主——本段王本均作"齊王"。
③ 帥——王本作"率"。
④ 餉軍——王本作"勞軍"。
⑤ 透擲——王本作"跳躍"。

十七　某人年壯而身逸

客問曰："吾鄉有某人者，年壯而身逸，居尊而養厚。衆皆羨之，而彼嘗蹙蹙攢眉嚼齦，若重有所恨而無所聊賴者然，何也①？"樸麗子捧腹大笑，呐呐無言。固問，乃言曰："吾聞之：福者，德之致。自古未有無德而福者也。是天道也，而人事因之。子試度之，若彼人者使不自尋苦惱如此，則其福量爲何如？而天道不幾或爽乎哉？"

十八　作事不求濟

作事不求濟、不慮敗，信己以往，而曰："行之自我者，當如是也。"汔濟濡尾[一]，何利之有？夫臨事而懼，好謀而成，凡事皆然，不第行軍而已也②。明之一代，其間士大夫偉然負盛名於世者，其於遺大投艱[二]之時，往往以決裂而失之。事債[三]身辱，害及於天下國家。而自古聖人所以惓惓垂教之旨微矣。嗟乎！任事而不審時，尚勇而不好學，執理而不通情，弊之所由來③也久矣。

【注】

[一] 汔濟濡尾：比喻力不勝任，處境尷尬。語出《易·未濟》："小狐汔濟，濡其尾，无攸利。"

① 何也——王本無。
② 而已也——王本作"已也"，脫"而"。
③ 所由來——王本作"所從來"。

[二]遺大投艱：遺大，承擔重大責任。投艱，切中時機。
[三]僨：失敗。

十九　貴不期驕

貴不期驕[一]，是貴而驕也。與人者[二]常驕人，是富而驕也。又貧賤驕人。驕者，凡有生[三]之通患也。昔有終身不驕者，人問其何以能不驕，答曰："衰至便驕，何常之有？"是謂德音。夫不學則老而衰。衰，不學也。則驕亦不學也。即何不曰："學失便驕。"

【注】

[一]貴不期驕：謂顯貴的人儘管不希望自己染上驕恣專橫的習氣，但它仍然在不知不覺中滋長起來了。語本《尚書·周官》："位不期驕，祿不期侈。"
[二]與人者：指常給予別人經濟支持者。
[三]有生：指所有活著的人。

二十　人非耗斁甚

人非耗斁[一]甚，日服天地之氣，實以五穀，皆可綿延歲月。惟失於調攝，則疾作矣。疾作而不善養，形神俱憊，輕疾漸重。然若不亂投藥餌，亦必非倉卒便死。庸醫至門，死期迫矣。死生雖有命，獨奈何蘊疾而亂醫之也。

【注】

[一]耗斁：損壞消耗。

二十一　讀書三峰山

樸麗子讀書三峰山[一]，與友人觀學宮諸儒先傳。見過目成誦，或日誦數十言之類，友輒嘖嘖嘆曰："聖賢真有分，豈容强乎？"至司馬文正[二]每日讀書不過數行，特指而謂之曰："溫公何以如許鈍？"友復云："《四書》如天書，未易曉。曉且難，何從學之乎？"選[三]，友以踐諾故，持蓋衝泥[四]下山。樸麗子送諸大門之外，執手而款語之曰："吾兄是行也勤勤懇懇①，非所謂'久要不忘平生之言'[五]乎？"友瞠然②若有所省。

【注】

[一] 三峰山：在今禹州市區南偏西，因三座山峰連綿而得名。山有唐代畫聖吳道子墓、鈞臺等歷史遺存，蒙金亦曾在此發生鈞州大戰。

[二] 司馬文正：司馬光，字君實，號迂叟。北宋陝州夏縣（今山西夏縣）涑水人。仁宗寶元元年（1038）進士，累進龍圖閣直學士。歷仕仁宗、英宗、神宗、哲宗四朝。主持編纂《資治通鑑》。性謙恭剛正，任事勤勉。卒諡文正。有《涑水記聞》等行世。

[三] 選：片刻。

[四] 持蓋衝泥：打傘踏泥。

[五] 久要不忘平生之言：長久處於艱難境地而不忘舊約。語出《論語·憲問》。

二十二　與客燕坐天籟亭

樸麗子與客燕坐天籟亭。吊窗高啓，見池蓮萬柄，鷗鷺和

---

① 勤勤懇懇——王本無。
② 瞠然——王本作"舉目瞠然"。

鳴，漁舟往來，甚可樂也。聞窗外云："你的手向何處放？放非其所，只恐人不依。"笑謂客曰："子聽渠所説，豈非'道也者不可須臾離也'乎？"客躍然曰："聞子之言，區區並忽理會得'百姓日用而不知'。"

二十三　鄉之長老颺言

鄉之長老颺言於廣座中曰："人須先實致其力於群籍五六年，樹立根基，然後幹取一二善事打出名頭，憑高履盛[一]、顯爍於世不難矣。"樸麗子聞其而儀之，蓋亦有年。既而忽惶然，殊覺拂逆於懷，不禁失聲竊嘆曰："噫！是言也，是放心[二]也。此等議論宣傳邑里耆舊間久矣，承訛襲謬，不知斷送幾許英材。"

【注】

[一] 憑高履盛：憑高，登臨高處。履盛，達到極盛。
[二] 放心：放縱心意。

二十四　司馬公作御史

司馬公作御史，請焚天下《葬書》[一]。而呂新吾[二]力詆斥之①。風鑑家言以仁義禮智爲龍穴沙水[三]，非不正大。然信如是，則周公卜邑何以取背邙面洛、澗東瀍西？公劉之涉降原[四]②，相陰

---

① 之——王本無。
② 涉降原——王本作"陟巘降原"，是。

陽而觀流泉者,亦奚爲哉?《葬書》言鬼福及人穴吉鬼福,是以安親之大者。世間亦不盡不肖子孫,停柩覓穴,以祖父屍骸求利益也。相傳北宋末吳景鸞[五]上言:'皇陵王氣已盡,獻萬年吉地①。'坐妖言,死獄中。所獻地即明鳳陽陵也。此實忠謀,安得爲罪? 想是如溫公一般意見議論②撑橫朝廷縉紳間,故景鸞③不免耳。天不欲以聰明全畀一夫④,優於彼則絀於此,有所明必⑤有所蔽。若司馬公、吕新吾之於風鑑是也。

【注】

[一]《葬書》:風水之書。舊本題晉郭璞撰。

[二]吕新吾:吕坤(1536—1618),字叔簡,一字心吾、新吾,號抱獨居士。明歸德府寧陵(今河南商丘寧陵)人。萬曆二年進士,官至刑部侍郎。剛正不阿,爲政清廉。理學家。有《呻吟語》《實政録》《去偽齋集》等著述十餘種。

[三]龍穴沙水:舊時堪輿家謂山的氣脉所結處,宜作墓穴。沙水,亦作"砂水"。堪輿術認爲山應人丁,水應財。山即砂,砂水組合最優之處即爲最好墓穴。

[四]公劉之涉降原:公劉,古代周部族傑出首領。《詩經·大雅·公劉》記載公劉詳參地勢,將部族由北豳(今甘肅慶城縣、寧縣)遷豳(陝西彬縣、旬邑縣西南一帶),爲部族發展創造條件。

[五]吳景鸞:字仲祥。生卒年不詳。宋江西德興(今上饒德興)人。堪輿師。慶曆間詔選陰陽者,郡學舉薦入京,授司天監正。以上奏言過直,仁宗不悦,下獄。帝崩,赦還。後棄官歸隱,修真於天門西岸。著有《理氣心印》《玄機賦》《玄空秘旨》等。

---

① 獻萬年吉地——王本作"獻一萬年吉地"。
② 意見議論——王本作"議論意見"。
③ 景鸞——王本作"鸞"。
④ 一夫——王本作"一人"。
⑤ 必——王本作"則"。

二十五　東坡與賈芸老書

東坡與賈芸老[一]書云："處士貧甚，爲畫古木怪石一幅，開視可飽否？ 如有好事，每月給米三石、酒三斗，便可贈之。不則使雙荷葉收貯，俟添丁長付之。"雙荷葉，芸老侍姬。添丁，其子也。東坡自重其筆墨如此，蓋墨寶也。不知此畫今尚存否？ 抑是畫也，惓然有以見古人之厚。

【注】

[一] 賈芸老：賈收，字芸老。世居湖州，蘇軾好友。

二十六　孝　鵝

唐天寶間長興沈氏畜一鵝雛，其母病即不食。母死，啄敗薦覆之，銜草芻列前若祭狀，長號而死。沈氏異而葬之，名孝鵝塚。觀此不覺淚涔涔交頤①下。爲題詩以旌之，有"至性所關難自已，物猶如此況人乎"之句。

二十七　文中子與人款曲

文中子與人款曲而待其會，君子樂其道，小人悦其惠。周濂溪胸懷灑落，一府皆傾。而陽明在龍場，土人鴃舌鳥語，久而益

① 交頤——王本無。

親。是即舜有膻行[一]，所在成都之意。儒者若不透此關，與世隔閡，動致紛紜。無子之温而厲，過之威而猛、恭而不安，正恐只是一矜爲累耳。

【注】

[一] 膻行：令人仰慕的德行。

二十八　塾師入塾

塾師入塾，怒甚。二客在坐，問曰："先生何怒也？"塾師掀髯自顧曰："彼何人，乃亦問候①我！"蓋里中有優者，憩卧道旁，見塾師過，起②，趨前致敬也。二客粲然而出。一客曰："優之品固下矣，恭敬亦非耶？信乎'愛不知惡，惡不知美'之言耶？抑何其僻耶？"一客曰："若能人人愛知惡、惡知美，世間那弗風平浪静？自古天下國家爲僻者所累，而僻者不知也，而人亦未易知也，而於是僻者或矯矯鬱爲民譽也。"

二十九　齊人饋女樂

齊人饋女樂，季桓子[一]受之，三日不朝，孔子行。斯事③也，不聞孔子出一語，豈所謂遂事不諫者耶？孔子請討[二]，陳桓公

---

① 問候——王本作"敢候"。
② 起——王本無，據上文，當係脱漏。
③ 斯事——王本作"斯時"。

曰:"告夫三子。"告三子,不可。曰:"以吾從大夫之後,不敢不告也。"其他亦無一語。將聖人御事固有分寸,而生長收藏,天地有①自然之節奏,而人弗能違耶? 昔人云"天下本無事,庸人自擾之②"耳,觀於孔子益信。

【注】

[一] 季桓子:春秋時魯國權臣。

[二] 孔子請討:前481年,齊國陳成子弒君齊簡公。孔子告魯哀公,請求討伐。哀公答告孟孫、叔孫、季孫三家,三家不允。孔子認爲自己曾任大夫,請求討伐係責任。

三十　輾轅返駕

輾轅返駕[一],青牛出關[二],偏熱心人會冷。宜熱而熱,道在熱;宜冷而冷,道在冷。英雄慷慨,豪俠③意氣,無有是處。嗚呼! 斯其爲④與時偕行,入而能出者與?

【注】

[一] 輾轅返駕:輾轅,山路曲折險阻。謂遇見困難不可行,即當退避。

[二] 青牛出關:相傳老子見周勢衰微,事不可爲,遂騎青牛出關,不知所蹤。

---

① 有——王本作"固有"。
② 庸人自擾之——王本作"人自擾之"。
③ 豪俠——王本作"豪傑"。
④ 斯其爲——王本作"斯之謂"。

三十一　問謝顯道

或曰："昔有人問謝顯道[一]：'色慾想絕多時？'曰：'伊川不絕。某則斷此已二十年。'觀此，顯道勝伊川歟？"曰："否。""既不勝，則此亦無關重輕乎？"曰："然。""然則傳者奚爲記此？"曰："亦是一些小得力，得力處即受用處也。獨不解上蔡奚爲，斤斤以此自與師長相比較耳。"

【注】

[一]謝顯道：謝良佐，字顯道。北宋蔡州上蔡（今河南上蔡）人，故亦稱謝上蔡。從程顥、程頤學。神宗元豐八年進士，任應城知縣等。徽宗時監西京竹木場，坐口語下獄廢爲民。創立上蔡學派，爲心學及湖湘學派奠基人。著有《論語説》。

三十二　學　道

學道其必先於知乎？耕田鑿井，出作入息，隨衆彳亍[一]，此不知道而亦無志於道者也。有志於道而不知道，譬如翹然欲觀光京師，而出門四望不辨南北，盡力奔越，行焉而愈遠。猶不如芸芸衆生，尚不至離道之甚。若志道而知道，則發軔之始宛然，京師効駕鳴鸞，如砥如矢，安坐而往，雖有遠近，可計日而至矣。或曰："何以能知道？"曰："有天有人。"

【注】

[一]彳亍：走走停停貌。

三十三　壞盡世人心術者

樸麗子曰:"嗟乎！壞盡世人心術者,豈非利哉？且童穉皆喜,有如性生,何哉？然而國計民生莫先乎①此。雖大聖賢大豪傑,非此寸步難行。余嘗游墟市間,一老人言'金錢世界',聞之刺骨痛心。然得謂其言之非是乎哉？人既不能遺世而獨立,則其取與出納間,固亦學者切心致力之實際矣②。"

---

① 乎——王本作"於"。
② 矣——王本作"哉"。

卷十七

一　紫金山

　　樸麗子游紫金山[一]，弟子二三人捧杖携酒以從。至山頂，扶杖盤桓小酌，顧詹嵩印河洛，風埃微起，淒然覺有寒意。於是却步降憩磐石上，與弟子輩論次久之。鶴年[二]起而問曰："先生所居之軒名思過，敢請其義。"樸麗子瞿瞿[三]有間，慨息而言曰："余之爲是軒也，久矣。夫人非聖人，孰能無過？第患有過而不知，不知過焉能改過？余竊見夫世之人大率皆無過之人耳，冥然自是，反覆沉痼，至於惡積而不可掩，誠堪憫惜。子路，人告之以有過則喜，喜得知其過而改之也。且夫人苟知其過之所在而亟改之，則天下之事亦惡有不善者哉？然安得人必告我以過？人不告吾以過，豈遂委其身尤悔之叢乎？余軒舊名'定'，既而反躬力勘有見於人生之少而多失也，大懼。醞偷釀垢，爲小人指歸，又何定之足言？因改今名，時時思過而期改。"

【注】

　　[一]紫金山：疑當爲紫荆山。鄭州市内一景，原爲商城舊址，乾隆間聚沙成丘。

　　[二]鶴年：張鶴年，字德長，號牧村。生卒年不詳。清犖縣人。邑庠

生。無意科名，立志求道。年二十二至鞏縣學署拜謁教諭馬平泉，遂受業，從游近十年。學求心得，以躬行爲本。家貧甚，然以困苦鑄煉人心，裨益良多，曰："天之待我誠厚也。"年四十一卒。

［三］瞿瞿：眼睛轉動思索貌。

二　足生癬疥

足生癬疥，醫者爲和藥，攻伐腸胃腑臟，而針砭幾遍於體。或曰："癬疥在足，而治之如此哉？其勢都不足相及，徒耗剝中氣，痛苦肌膚耳。其瘳不虞其將有大焉者乎？是謂治疾之疾，甚於其所治之疾。然則宜何如？"曰："癬疥也，治之以癬疥而已爾。其在足也，治之於其足而已爾。夫醫之道與政通。古之人不爲良相，必爲良醫，有由然也。子產相鄭，以乘輿濟人[一]，孟子以爲不知爲政。子產豈不知爲政者？第就此論之，則爲不知爲政耳。要非論子產也，論爲政也。行醫不可不知醫，爲政不可不知政。"

【注】

［一］以乘輿濟人：春秋時鄭國執政子產獻出自己的車供百姓繞道渡河。孟子批評他所施行不過小恩小惠，不如造橋。

三　宋高宗梁湘東王繹之流亞

宋高宗[一]，梁湘東王繹[二]之流亞耳。復然[三]死灰，拮据江表，倚岳武穆以爲安。及其既安，則陽合而陰與背馳。秦檜知之，忠武不知也。至精者，愚也。夫當其建儲被斥、朱仙班師，擬諸孔子之時，豈直受女樂三日不朝而已哉？韓蘄王[四]西湖游遨，若絕不知天下事者，不其遠與？嗚呼！進退存亡之機，未嘗不與吾性情相參，蓋其道難言之矣。

【注】

[一]宋高宗：趙構，字德基。南宋開國皇帝，宋徽宗趙佶第九子，宋欽宗趙桓異母弟。在位時，迫於形勢起用岳飛、韓世忠等大將抗金，但仍傾向議和。後處死岳飛，罷免李綱、張浚、韓世忠等主戰派大臣。後世多譏之。

[二]梁湘東王繹：蕭繹，字世誠，小字七符，自號金樓子。南北朝南蘭陵(今江蘇常州)人。梁武帝蕭衍第七子，梁簡文帝蕭綱之弟。初封湘東王，早年因病而一眼失明。梁武帝餓死台城後，蕭繹首發兵攻滅侄兒河東王蕭譽與哥哥邵陵王蕭綸，並擊退襄陽都督蕭詧(蕭譽之兄弟)來犯；之後再命王僧辯率軍東下消滅侯景。侯景死後，蕭繹即帝位於江陵，史稱梁元帝。此後其弟武陵陵王蕭紀稱帝於益州，蕭繹爲平叛，請求西魏出兵。西魏遂趁機占領益州。後與西魏交戰失敗，率太子等人到西魏軍營投降。不久爲襄陽都督蕭詧以土袋悶殺。

[三]然："燃"古字。

[四]韓蘄王：韓世忠，字良臣。宋延安(今陝西綏德縣)人。名將，與岳飛、張俊、劉光世合稱"中興四將"。出身貧寒，有勇力，年十八應募從軍。英勇善戰，富於韜略，在抗擊西夏和金的戰爭中立下汗馬功勞。爲官清正，不肯依附奸相秦檜，爲避禍優游林下。宋孝宗時，追封蘄王，謚忠武。

四　項羽因惡草具

項羽因惡草具[一]，謀臣疏間，卒以滅亡。李懷光因犒師菲薄致叛[二]。青菜白腐，胡絃與晦翁因之成仇[三]。夫飲食口腹，君子之所甚輕，而小人之所甚重者也，精力萃焉①。孫高陽督師

---

① 精力萃焉——王本作"故精力萃焉"。

關外，朝廷遣使①勞之。軍中方禁酒肉，待之無異食。中使不悦，歸而讒構滋起。論者謂："高陽生平練達深穩，此等刺瑣傖夫銜命而來，何難爲特設一饌哉？"此論未爲無見，然以高陽之明，豈不知此？大賢故未易窺測，想當別有道存。

【注】

　　[一] 項羽因惡草具：楚漢相争時，項羽派使者至劉邦處。劉邦先優禮之，後以對方不是項羽重要謀士范增派來的，更以粗惡飲食，離間項羽與范增。項羽疑心范增私通劉邦，遂惡之。

　　[二] 李懷光因犒師菲薄致叛：似誤。唐德宗時，淄青節度使李希烈叛變占取河南襄城。涇原節度使姚令言受詔命往討。涇原軍途經長安，京兆尹王翃犒師菲薄，遂造反，攻占長安，大肆擄掠。唐德宗出逃至奉天（今陝西乾縣）。史稱涇原之變。

　　[三] 胡紘與晦翁因之成仇：胡紘，誤，當爲"胡紘"，王本正作此。晦翁，朱熹。胡紘字應期，南宋慶元（今浙江慶元縣）人。幼而好學，博聞强識。隆興元年(1163)進士。曾任監察御史、吏部侍郎等職。追隨權臣韓侂冑，打擊政敵趙汝愚及其所愛重之朱熹。紘未達時，嘗於建安拜謁朱熹。朱熹待之與其他學子同，飲食惟脱粟飯。紘不悦，語人曰："此非人情。隻雞尊酒，山中未爲乏也。"以此銜恨。及趙汝愚遭貶，朱熹亦以"僞學罪首"之名罷用。

五　甘食悦色

　　甘食悦色，人之常情。陶淵明好讀書，既云"好"，與食色詎有異乎？然食色有厭時，讀書之好無厭，故書重焉。至若呫嗶以取科第，非好也，急利禄也。既得利禄，則各殉其意之所喜而棄

---

① 使——王本作"中使"，是。

置之矣。相傳張曉樓[一]通籍[二]後酷嗜葉子戲[三]，然猶不廢書。固爲彼善於此，然其好讀書終不如葉子戲，何也？若好讀書如葉子戲，豈復爲葉子戲哉①？

【注】

[一]張曉樓：張百川，號曉樓。雍正元年（1723）進士，翰林院庶吉士，授檢討。善詩文。

[二]通籍：指初作官。意謂朝中已有了名籍。

[三]葉子戲：古代一種紙牌游戲。

六　釐降二女

釐降二女[一]在允若[二]、不格奸[三]之後，安有完廩濬井之事，此不待辨而明。象入舜宫[四]云云，更無此事。真乃齊東野人之語矣。然不如此不足以見大聖人情理之至。爲天下昭示大義，即不必計及細微，所謂得其精而遺其粗，善讀書者自能超乎語言文字之外也。

【注】

[一]釐降二女：釐，整治。降，下。本謂堯嫁二女於舜。見《尚書·堯典》："釐降二女於媯汭，嬪於虞。"

[二]允若：順從。本指瞽瞍在多次謀害其子舜不成，而舜享有天下之後的順從態度。見《尚書·大禹謨》："負罪引慝，祗載見瞽瞍，夔夔齋慄，瞽亦允若。"

[三]不格奸：不至於奸惡。指舜不計較其父謀殺之行，以孝感動之，使不陷於奸惡。見《尚書·堯典》："克諧以孝，烝烝乂，不格奸。"孔傳："言

---

① 哉——王本作"耶"。

能以至孝和諧頑嚚昏傲,使進進以善自治,不至於奸惡。"

［四］象入舜宮:指舜的異母弟占取他的房屋財產等。參《孟子·萬章上》。

七　達官

有達官出,儀從甚都。或以語先師省泎先生達官貪橫,先師惡聞之,見於面復頓口贊嘆。先生作色曰:"君見其外,未見其内。君以爲擁護嚻嚻者,大人也。若校其實而論其心,不但不得爲大人,且不得爲人矣。何足道哉!"余時年十四,始聞先生之言,竊異之,旋覺胸中蠕蠕如行深穴中,蓦然忽有開朗意。蓋自是而吾於人之生也,略知所輕重矣。未幾,達官拏問進京,下獄論死。

八　天下之人疏爲十分

舉天下之人疏爲十分,耆年者約不過一分耳,飢寒荼毒與夭於疾病刑戮者二分,其他七分皆爲酒色財氣死:酒一分,色二分,財三分。嗟乎!死生亦大矣,人奈何不自珍惜,而以父母遺體輕擲於糞土中哉?

九　慈者所以使衆

慈者所以使衆,順民之情,慈也;容民之過,亦慈也。夫君子於人,何所不容?況蚩蚩之氓乎?過可容,況其過之施於我者乎？若因其過而益致其哀矜憫惜，則更足以見其情之厚且長。而仁人之用心詎有窮極哉？

十　與府學陳漢策會於公所

一日與府學陳漢策謨會於公所。漢策曰："諸務倥偬，不獲就館相與談道論心。"樸麗子曰："吾輩因公奉檄在此，日所營繕趨蹌皆道也，即皆心也，更復向何處談道論心。"漢策唯唯首肯，起立云："所行皆朝廷典禮。"

十一　飲酒大嚼

樸麗子方飲酒大嚼，一生進曰："肴嘉乎？"曰："嘉。""酒旨乎？"曰："旨。""醉乎？"曰："醉矣。"曰："旨酒嘉肴而醉，猶握杯不止，得毋情熾①而蕩乎？"樸麗子作而言曰："嘻！余平生貧困抑塞、茹苦辭甘，迄於今七十有餘歲矣。既老且憊，無所求於肴之嘉，忽得嘉肴，因而嘉之；無所求於酒之旨，忽得旨酒，因而旨之。恣嚼痛飲，以極余一時興趣之所至。誠爲疏於檢制，然偶爾作達如此亦僅，奚事斷斷②乎？且夫食甘飲醇，情也，亦不得謂之③非性也，情得而性，行乎其中矣。吾惡夫鑿性而溺於情者，而又可矯情以牿性乎哉？矯情以牿性，其視視不見、聽不聞、食而不知

———

① 情熾——王本作"情恣"。
② 奚事斷斷——王本作"奚斷斷"。
③ 之——王本無。

其味者,相去幾希。"

十二　略言精明

"不敢略言精明,而所見顧多糊塗,何也?"曰:"若皆不糊塗,則風平浪静,天下便都無事,真成極樂世界矣。吕正惠[一]小事糊塗,乃非要緊事雖錯亦無妨碍耳。若略關倫物身心,即不得爲小事,若之何糊塗? 先儒謂'使此心常惺惺[二]',若能提得此心常惺惺,則一心不昧,萬里燦然,何糊塗之有?"

【注】

[一] 吕正惠:吕端,字易直。北宋幽州安次(今廊坊安次區)人。生於仕宦之家,自幼好學。初以父蔭補千牛備身。至道元年(995)拜相。爲政識大體,以清簡爲務。宋太宗稱其"小事糊塗,大事不糊塗"。卒贈司空,謚正惠。

[二] 常惺惺:本佛教用語,指頭腦經常或長久保持清醒。後謝良佐、朱熹等儒家學者亦用以表示修行之法。

十三　季康子

季康子[一]問:"弟子孰爲好學?"夫子第告以顔回。好學而不言所以好學①,若非哀公問[二],則其義隱矣。今其義夫子已自説出,曉然明白,猶須后儒擬議耶? 胡安定[三]掌國子監,命諸生作《顔子所好何學論》,吾惑焉。本朝方靈皋謫郊縣,訪仝車

---

① 不言所以好學——王本作"不言其所以好學"。

同[四]，遇二人方講靈皋文，各執一説。以問靈皋，俱不以爲然，因疏舉其義。二人怫然曰："君非方先生，安知此哉？"靈皋默然去。或曰："本人自解其文而不信，可怪哉。"又一人曰："此猶不足怪，彼實不知其爲靈皋故耳。若知其爲靈皋，亦安有此耶？"然如胡安定則又何説？

【注】

[一] 季康子：季孫肥，春秋時期魯國的正卿。

[二] 若非哀公問：顏回早卒。魯哀公問孔子："弟子孰爲好學？"孔子對曰："有顏回者好學，不遷怒，不貳過。不幸短命死矣，今也則亡，未聞好學者也。"見《史記・仲尼弟子列傳》。

[三] 胡安定：胡瑗，字翼之。北宋陝西路安定堡（今陝西子長縣安定堡）人，世稱安定先生。曾任國子監直講。

[四] 仝車同：仝軌，字車同，號平山。清河南汝州直隸州郟縣人（今河南郟縣）。出身書香門第，屢應鄉試不中。年五十八中解元，殿試不中，布衣終身，然亦享譽京華。主持大梁書院，爲中州學界領袖。與趙御衆爲好友。有《真直堂文集》《真直堂詩集》行世。

十四　湛溪黎公

湛溪黎公世序[一]，羅山人，十九歲成進士，入詞垣[二]。時和珅方貴重用事，欲納爲門生，不可，降知縣發江西。歷陞江南鎮江府知府。公廉明篤實，遇事立辦，所在有聲績。轉河道，特簡總督河務，十餘年無河患。卒於任，年五十一歲。天子震悼，賜祭葬，謚襄勤。江西、江南民爲立祠祀焉者十有八，奏聞者四。論者以爲吾豫自湯文正後一人而已。初，公應童子試，太守見其詩有"云在山泉，水出山清"，太守嘆曰："此足以覘是子他日風概矣。"又有句云："萬頃汪洋黃叔度[三]，一生坦白郭林宗。"

【注】

[一] 湛溪黎公世序：黎世序，初名承惠，字湛溪，又字景和。清河南省汝甯府羅山縣人。嘉慶元年(1796)進士。歷任江西星子縣知縣、南昌知縣、鎮江知府等職。精於治水。卒諡襄勤。

[二] 詞垣：指翰林院。

[三] 黃叔度：名憲。東漢汝南慎陽(今河南正陽)人。本牛醫之子，少年好學，德行高院，爲當時名士。以布衣終。

十五　四書五經

四書五經，布帛菽粟也。《左》《史》《莊》《騷》，綾羅珍羞也。蘇、李、陶、謝、太白、少陵之詩，甕頭醰醰發醅新緑也。衣布帛，食菽粟，時進綾羅，珍羞與至，隨意飲新緑數杯。自髫齡①至於白首，日日享受，未嘗欠缺②，人生世上如此，當復不惡。

十六　理中之欲

不窮理中之欲，則疑似以爲理而吾性失矣。不窮欲中之理，則矯揉以爲理而吾性失矣。二者交譏，然前之失易辨，後之失難明③。告子[一]以食色爲性，疑似以爲理也；以杞柳[二]爲性，矯揉

---

① 髫齡——王本作"韶齡"。
② 欠缺——王本作"歉缺"。
③ 明——王本作"辨"。

以爲理也。後學多旁門,大約不出此兩途。一失於疏,疏則放,放則踰閑。一失於密,密則拘,拘則鮮通。夫聖人從心不踰,賢人謹身寡過。民之質矣,日用飲食。除此三者外,物雜言龐,如治絲而益棼。

【注】

[一]告子:東周戰國時思想家。曾受教於墨子,有辯才,講仁義。曾與孟子辯論,認爲人性"無善無不善",主張"食色,性也"。

[二]杞柳:落葉喬木,枝條柔軟。

十七　書家有清和朗潤之言

書家有清和朗潤之言,而見世之有德者,動目曰道氣[一]。道氣者,大概不離所謂清和朗潤者。近是清和朗潤,見乎面而心可知矣。得謂非有道之士乎哉?清和朗潤見於面,而主之者心也。心之所無而能見乎其面乎哉?① 然人孰不欲清和朗潤?而卒不得者,蓋亟②難耳。若之何其可也?曰:"第取其有害於吾心之清和朗潤者,而力克之,使不爲吾心之害,則其於清和朗潤也何有?"

【注】

[一]道氣:超凡脫俗的氣質。

---

① "清和朗潤"至"心之所無而能見乎其面乎哉"——王本無。
② 亟——王本作"極"。

十八　安成王惺庵

安成王惺庵者,博洽士也,以所著書呈學使。學使嘉嘆,遂出示,亟稱其書,令闔郡生童共爲矜式。惺庵一老明經,自是望重南州。樸麗子曰:"余游豫章,嘗見其書。大概詮圖書象數,雖頗精該,而於敦行實詣未見宣發,蓋亦第二等笔墨也。然彼學使何人?乃能爲人做美如此?當於古人中求之耳。"

十九　達官窖金宅中

有達官窖金宅中,子孫不知,以問巫。巫漫應以有,將待有福者。及金出,粲不勝舉,乃一浪子也,不久耗費都盡。或曰:"官若不貪,安得如許?當此金若界有福,則爲積金,以長子孫,豈天道哉?然此金歷久,無災無害,第使浪子消耗之,則彼達官者想猶非十分貪婪放恣,故從末減。"

二十　昔在廬陵

樸麗子曰:"昔在廬陵,至鷺湖拜文丞相墓。徘徊左右,抗聲誦《正氣歌》,山谷皆應。又於文山公祠中讀公紀年録,'壬午'下書曰:'是歲春作贊,擬終時①書之衣帶間,即孔曰成仁云云。'末書'宋丞相文天祥絶筆'。附載鄧光薦傳略曰:'公正月十二後卧

---

① 終時——王本作"臨時"。

病，右臀患癰痛甚。南人仕於朝者王績翁等①奏請釋放，爲人臣好樣。上令千户所且好好與茶飯者。公使謂績翁曰："吾義不食官廩數年矣，果然，吾且不食。"遂止。十二月初七日，司天奏三台折。初八日上詔見公，長揖不拜。或以金撾[一]撾其膝，堅不爲動。上曰："汝在此久，若能改心，以事宋者事我，令汝與中書令在一處坐。"對曰："天祥受宋朝三帝厚恩，今事二姓，非所願也。"上曰："汝何願？"曰："願賜一死足矣。"麾之退②。初九日，參政麥述丁[二]力勸從其請。上可之，宣使金鼓迎詣市。公欣然曰："吾事了矣。"卒之日大風埃，晝晦。年四十七。'"或曰："公之在獄也，張弘範[三]數請開釋，而姚、許[四]諸儒方向用，何不聞一言及之？"樸麗子曰："文山作梗，本朝臣子蓋所難言。抑文山以死爲得，君子愛人，定不姑息也。且夫黃冠備顧問之言若遂，雖於義無害，終不足色，亦烏能貫日月而塞蒼冥，如此其盛者乎？"

【注】

[一] 撾：一種兵器。亦可作動詞，表"擊打"義。

[二] 麥述丁：元將，此名爲阿拉伯語 Maisad-Din 音譯，亦作買述丁。

[三] 張弘範：字仲疇。元初易州定興（今河北定興）人。名將。跟隨元帥伯顏攻打南宋，滅宋之戰的主要指揮者，曾擊敗文天祥與張世傑。

[四] 姚、許：姚樞，字公茂，號雪齋、敬齋。金末元初洛陽（今河南洛陽）人。理學家。金末，因楊惟中引薦北觀竇闊台。蒙軍攻南宋，姚樞隨楊惟中訪求儒、道、釋、醫、卜等類人才。德安攻陷，姚樞從俘虜中訪得名儒趙復，力勸其北上講學授徒，理學遂在北方傳佈漸廣。又從趙復處盡得程朱傳注諸書，始攻習理學。後出任燕京行台郎中，旋即棄官隱居於輝州蘇門。後應忽必烈徵召，參與滅宋，屢諫屠戮。官至翰林學士承旨。卒諡

---

① 王績翁等——王本無。
② 麾之退——王本作"麾使退"。

文獻。許衡,字仲平,號魯齋。金末元初懷慶路河內(今河南焦作)人。理學家。自幼好學,爲避戰亂,常來往於河、洛之間,從姚樞得宋二程及朱熹著作,與姚樞及竇默相講習。元憲宗四年(1254),許衡應忽必烈之召出任京兆提學,授國子祭酒。奉命與徐世隆定朝儀、官制,與郭守敬修成《授時曆》。諡文正。皇慶二年(1313),從祭孔廟。著有《讀易私言》《魯齋遺書》等。

二十一　之封丘

樸麗子曰:"余之封丘,訪前明黃都堂[一]故里,嘅想其爲人。相傳其巡撫延綏時,見川中飲馬婦片布遮下體,俯首嘆息曰:'健兒貧至此,吾何面臨其上。'乃預給餉三月,嚴核諸將扣剋。人人感泣,願出死力爲黃都堂一戰。嗚呼!其俯首嘆息也,良心也。其預給餉、嚴扣剋也,實用也。有良心必有實用。至於人皆舍死,欲爲我戰①,此等士卒一以當百。"

【注】

[一]黃都堂:黃紱,字有章,號精一道人,蟾陽子。曾祖河南封丘人,後遷平越衛(今貴州福泉)。明英宗正統十三年(1448)進士。官至南京户部尚書兼左都御史。性急躁不能容物,爲官剛正廉潔。

二十二　戰國四君

樸麗子曰:"戰國四君,信陵稱首。漢高帝所爲置守冢,世世

———

① 欲爲我戰——王本作"欲爲一戰"。

奉祀也。其却秦救趙，非生死而骨肉[一]哉？及趙王埽除迎公子，公子引過退讓，言有負於魏，無功於趙，至使趙王侍酒至暮，口不忍獻五城。趙王、公子並有古人之風①，可以敦薄[二]矣。惟是晉鄙[三]之死，大不厭於人心②。非侯生[四]，公子斷不爲此。但侯生既爲公子畫救趙之策，即不容不竊兵符，竊兵符即不容不椎晉鄙。晉鄙死，侯嬴豈容獨生？嬴之所以自剄與。嗚呼！此之謂士爲知己者死。"

【注】

[一] 生死而骨肉：使死而生、骨生肉。意謂起死回生。

[二] 敦薄：使澆薄變得敦厚。

[三] 晉鄙：戰國時魏國將軍。信陵君爲救趙，竊取虎符，矯詔奪晉鄙軍，并將之殺死。

[四] 侯生：侯嬴，信陵君的謀士，救趙策略的主要制定者，謀成而自殺。

二十三　一人只管一人

昔人有言曰："一人只管一人，雖鞭之長能及馬腹乎？"子曰："躬自厚而薄責於人。"非恝[一]也，理勢則然。夫因人之不咸而我病焉者，惑之甚者也。是故君子開懷春溫，閉目冰冷③。道因時異，我何與焉？斯亦明道所謂"萬變都在人，其實無一事"也。

---

① 古人之風——王本作"古人風"。
② 大不厭於人心——王本作"大不厭人心"。
③ 冰冷——王本作"秋冷"。

【注】

　　[一] 恝：淡然。

二十四　天下一情所融結

　　天下一情所融結，聖人無處不情長。然情易溺也，肆焉而滋①。儒者矯枉過正，往往至於不情。覺日燦雲爛、柳媚花明、莫不盡態而極妍者，頗爲多事，無裨於世教，或從而橫決益甚矣。故曰：世無孔子，萬古長夜。

二十五　責以公誼

　　或曰："茲有人焉，責以公誼，則取宵小以自儗[一]；戒其冥行[二]，則謂律令經訓皆虛語。將何如②？"樸麗子愀然曰："之人也，吾不敢知。其前蓋法少伯對吳使也，其後蓋法荊公行新法也。之人也，吾不敢知。抑余有大懼焉。"曰："何懼？"曰："懼其遺害也，封豕長蛇不足喻其毒。"

【注】

　　[一] 儗：比擬。
　　[二] 冥行：盲目行事。

---

　　① 滋——王本作"益偷"。
　　② 何如——王本作"如何"。

二十六　沛父老率衆欲立高帝爲沛令

初,沛父老率衆欲立高帝爲沛令。高帝對父老之言婉而壯,沉雄而有體,可知平日狎侮,隨便作戲耳,一遇事,如泰山喬嶽震撼天中矣。及爲義帝[一]發喪,慟哭盡哀,將士莫不感動①。過曲阜,以太牢祀孔子,是萬世之木鐸實始高帝,特表章之,而木鐸萬世也②。凡此皆所謂天授,不減湯武,而詳校其功績,迨將過之。要都非湯武以下之英君令辟[二]之所可跂及也。

【注】

[一] 義帝:楚義帝熊心。楚懷王熊槐之孫,楚頃襄王熊橫堂姪。秦滅楚後,隱匿民間牧羊。項梁起事,採納范增建議,自稱武信君,立熊心爲楚懷王,以從民望。後與項羽有隙,羽佯尊其爲義帝,徙於長沙郴縣,暗中令英布等人將之弒殺。劉邦爲籠絡民心且明項羽之過,遂爲義帝發喪。

[二] 令辟:賢明的君王。

二十七　比周驕泰

比周驕泰[一],聖人特爲判清。鄉愿似忠信廉潔,聖人惡之。大抵學問之醇疵、人品之高下,都不在形聲迹象之間。鏡照面不照心,聖人照心不照面也。孫夏峰與人書,稱其不入會、不受請二事,如嚴霜峻潔,愛之敬之。復言亦當問其立會、請客之意,若③意

---

① 感動——王本作"感泣"。
② 特表章之而木鐸萬世也——王本作"特表章之之力也"。
③ 若——王本無。

果無他，何妨應之？人之失足權門勢焰者，爲利耳。如以明白坦易之心出之，因時①維挽，何處非學問所及之地、所及之人。願更進此一步。

【注】

　　［一］比周驕泰：比周，結黨營私。驕泰，放縱驕橫。

二十八　皇后崩逝

　　道光十三年四月二十九日皇后崩逝，敕詔過百日雉髮[一]，期在八月初十日。及初六日，縣令知會本日雉髮。教諭芳問其故。蓋有委員自府中來，已雉髮也。越二日，與寅僚相會，爭問何以不雉髮。答曰："感風寒，首②痛耳。"既退，門人復以爲問。答曰："奉敕③，今未見敕，不敢不及期。"仍初十日雉髮。

【注】

　　［一］雉髮：剃髮。

二十九　天下事千態萬狀

　　天下事千態萬狀，而吾所以應之者，一而已矣。一者何？曰理。但順理而行，隨感隨應，如白雲捲舒空際，究竟一事也無。然而輕

---

① 因時——王本作"隨地"。
② 首——王本作"頭"。
③ 奉敕——此下有脱文。王本作"奉敕有期，改期亦必奉敕"。

重、曲直、疾徐之間,回視返聽,終身難得盡其蘊,畢世未能適其宜。

三十　老僕持筭子主人前

老僕持筭子主人前,該檢出納。謂主人曰:"理財貴有經制[一],財出二孔足以亡國,況家乎?盍節諸?"主人奪其筭子,輕搖而歌曰:"古名泉貨,流通不滯。倘然而來者,亦倘然而去。否則,釀盭[二]醞偷以爲君子之累。噫!與其漫然而一聽其自去乎,孰若杜之而不使其輕來乎?銅乎?鐵乎?半兩五銖乎?仳仳萩萩[三]阿堵之爲物乎?"

"釀盭醞偷以爲君子之累",言之慨然。

【注】

[一] 經制:經理節制。
[二] 盭:乖離,悖逆。
[三] 仳仳萩萩:微賤瑣屑。

三十一　游安成

樸麗子曰:"余游安成,聞一日者[一]預推云:'來年九月九,兩個麻子一壺酒。'至期果然。兹所謂一飲一酌,莫非命者耶?夫天之於人,無弗愛也,尤注意於善人。其日用過活,默爲籌度,審矣。然操若權衡,必無濫頒①,苟②能於此無所沾拖挂累,便可

---

① 濫頒——王本作"濫班"。
② 苟——王本作"若"。

向荆棘叢中掉臂游行耳①。"

【注】

[一]日者：以占卜爲業者。

三十二　古文當誰法

或問："古文當誰法？"曰："《史記》、韓文宜熟讀。"曰："蘇長公[一]何如？"曰："自是後來之雋。世稱韓潮蘇海。讀東坡文如噉大白梨，清利痛快而味不厚。讀韓文如食金橘，味在酸甜之外。讀《史記》如食橄欖，亦酸亦辛亦澀而有回味，細嚼之齒頰生氛。第以酒論，東坡文，江南百花酒也；昌黎，中州梨花酒也；子長，京師佛手露也。先飲百花酒，則思梨花酒；飲梨花酒，則思佛手露。若先飲佛手露，則梨花酒亦不復欲飲，何論百家。"

【注】

[一]蘇長公：指蘇軾。

三十三　梅禹金云

梅禹金[一]云："《東坡志林》曰：'七言偉麗者，子美。''旌旗日暖龍蛇動，宮殿風微燕雀高。五更鼓角聲悲壯，三峽星河影動

---

① 耳——王本無。

摇。'爾後寂寞無聞。歐陽永叔'蒼波萬古流不盡,白鳥雙飛意自閒。萬馬不嘶聽號令,諸蕃無事樂耕耘。'可以並驅爭先。余亦有'令嚴鐘鼓三更月,野宿貔貅萬竈烟。露布朝馳玉關塞,捷書夜到甘泉宮。'殆庶幾焉。宋人往往苦不自知,子瞻不應亦爾。"樸麗子曰:"歐蘇自是名句,蘇似又小勝,而禹金非之。在東坡故猶未爲大失。他若米元章謂:'吾書幸無右軍一點俗氣。'而楊慈湖[二]言:'右軍何足道?'二子益不應有此。至如胡康侯[三]《春秋序》,余每讀輒眩暈,閉目不復能睨視,則又何也?彼桑悅[四]者,安足復彈?"

【注】

[一]梅禹金:梅鼎祚,字禹金,號勝樂道人,世稱宛溪先生。明代宣城(今安徽宣城)人。嘉靖進士,累遷至雲南參政。後歸隱,以讀書藏書著書爲樂。擅詩文戲曲,與湯顯祖等友善。

[二]楊慈湖:字敬仲,世稱慈湖先生。南宋慈溪(今浙江寧波西北)人。乾道五年(1169)進士,官至實録院檢討官。曾師事陸九淵,折服本心之説。與袁燮、舒璘、沈焕,並稱"甬上四先生",或"四明四先生"。創慈湖學派,潛心心學,並有發展。有《慈湖遺書》《慈湖詩傳》《楊氏易傳》等行世。

[三]胡康侯:胡安國,又名胡迪,字康侯,號青山,亦稱武夷先生。北宋建寧崇安(今福建武夷山)人。紹聖四年(1097)丁丑科進士。曾任太學博士。提倡修身爲學,主張經世致用,重教化,講名節,輕利禄,憎邪惡。潛心《春秋》。創辦"碧泉書堂",開創"湖湘學派"。其所著《春秋傳》成爲後世科舉士人必讀的教科書。有《資治通鑑舉要補遺》《文集》等行世。

[四]桑悦:字民懌,號思亥。明代南直隸蘇州府常熟(今江蘇常熟)人。成化元年(1465)舉人。曾任泰和訓導、柳州通判。後丁憂,遂不出。爲人怪妄,好爲大言,以孟子自況,謂自己文章天下第一,次則祝允明。工於辭賦,有《南都賦》《北都賦》頗知名。

三十四　欽明濬哲

樸麗子曰:"欽明濬哲[一],何以與人同? 禹稱神禹,何以途之人皆可爲之? 理障不撤,此類皆成狂語①。程明道體認天理,陸象山力提本心,撤理障也。至王陽明②直揭良知之旨。人人各致其良知於事事物物之間,爲善而去惡,則理障盡撤矣。六經者,所以發明③此良知記載之,昭示萬世也。堯、舜、禹、湯、文、武、周、孔④與愚夫愚婦同此良知,特能盡致其良知,並未嘗於良知有所加,而人亦何不可學之有? 夫舍窮經稽古之力,與愚夫愚婦較論良知,曰人人皆同,無分高下,但爭能致不能致耳,其誰甘之我⑤? 故曰:陽明,大仁人也,義之盡也,功在萬世者⑥也。"

【注】

[一] 欽明濬哲:欽明,敬肅明察。濬哲,深邃的智慧。

三十五　君子無入不自得

樸麗子曰:"君子無入不自得,自得謂得其理也。理即道,素位者之所行也。正己無求正己,則得求人,安能無失? 必至怨天

---

① 狂語——王本作"誑語"。
② 王陽明——王本作"陽明"。
③ 發明——王本作"闡發"。
④ 周、孔——王本作"周公、孔子"。
⑤ 其誰甘之我——此處有脱文。王本作"其誰甘棄之我",是。
⑥ 者——王本無。

尤人，行險徼倖，反覆洗發一'自'字，坦蕩蕩自得也。失則戚戚，禍福無不自己求之，亦此義。一點方寸地，立判雲泥。孔子、子思、孟子看透人生得失之樞，爲君子慶幸，尤爲小人愴懷，特地提呼，欲使顛沛流離之徒一轉頭而奠諸衽席之上。"

卷十八

一　太史公見民生之多欲

樸麗子曰："太史公見民生之多欲，而慨人心之不古。謂善者因之，次利導之，次教誨之，次整齊之，誠哉是言。夫良醫治病，期於十全，然不能無從治[一]、反治、間治輕重緩急之殊者，豈好異哉？病機之不同，而吾之術亦有淺深。斯其所以治之者各別耳。虞廷詢事考言，言即其事。太史公之言必非無具者所能通也。嗚呼！太史公陳治道、明是非、決嫌疑，其於古今得失之林洞若觀火，確然足以見諸行事，輔翊治平。而論者謂其是非頗謬於聖人，豈不誣哉！"

【注】

　　[一] 從治：指疾病的臨床表現與其本質不相一致情況下的治法。採用的方法和藥物與疾病的證像是相順從的，又稱爲"反治"。

二　郭崇韜奉命伐蜀

郭崇韜奉命伐蜀，見汾陽王像，大哭，所感深矣。豈非以汾陽遭時際會，囂囂以功名終，而顧詹身世，有不免憂從中來者哉？奈何以爲冒遠祖？崇韜強毅有謀，國之重臣。崇韜不死，後唐不亡，大非倥倥者。夫自古英人傑士，凡所舉動，自有由來。當其至情激發，一往莫遏。至於不顧罵譏若此類者豈少耶？如必一一盡人而別白之，斯亦不勝其屑屑者矣。何足道哉？何足道哉？

三　人當窮居里巷時

人當窮居里巷時，苟著一二聲聞有可稱述，則一旦遭時構會，定不碌碌，其素所樹立者然也。夫頹靡自甘，俯首隨俗，泯泯然進退略無所立於世，斯其人虛生浪死，雖昂昂七尺軀，何異螻蟻？君子疾末世而名不稱，非務名也，聖人特爲世間没志氣漢發此棒喝。

四　宋義不聽項羽之言

宋義[一]不聽項羽之言，遂下峻令，孟浪有取死之道。夫起事者本項氏也，義以羈旅突據將壇，未厭衆心。項羽責以逗留，未爲不是，奈何遽①欲斬之乎？當是時，羽不殺義，義必殺羽，其勢然矣。羽即帳中斬義頭，矯詔持號將士疾馳破秦。羽之才不及此，竊以爲范增教之也。然無"強不可使皆斬"之令，增雖教之不能用也，不觀鴻門之事乎？

東坡謂增當於殺卿子冠軍時去，非也。當於弑義帝時去耳。

————————

①　遽——王本作"遽"。

羽欲弒義帝，增若諫不聽，羽之所以亡也，若之何弗去？

【注】

［一］宋義：戰末漢初人。早年曾任楚國令尹。秦末楚國復辟，爲楚懷王熊心大將軍。章邯攻趙，宋義奉楚懷王命令，統兵解救，因畏戰不前，爲項羽斬殺。

五　方孝孺

明太祖嘗稱方孝孺［一］爲莊士，以遺子孫。建文時特起用之，與議朝政。斯真大丈夫有爲之時矣。然夷考其行事，何其戾也。夫太祖聰明神武，創制天下，陳紀立綱，規模宏遠。孝孺①不務修補潤色，紛紛變法，有如更姓②，不亦悖乎？且井田不宜於今，昔人辨之甚明，愚夫③皆知其不可，而孝孺鋭欲復之，是亂天下也。至其議罷北方學校，舉堯舜禹湯文武周孔四十年神聖首善之區④，一旦悉夷而榛杯之，何異李斯焚書坑儒哉？蓋孝孺爲人強毅介特，嗜古而不達於事理，托迹孔孟，實類申韓。要其志意之所居不失爲正直之士，故得以節義終。然而七百餘口纍纍市曹，男婦老稚瀝血白刃，彼其遺毒爲亦⑤烈矣。

【注】

［一］方孝孺：字希直，一字希古，號遜志，亦稱"緱城先生""正學先

---

① 孝孺——王本作"孝武"，誤。
② 更姓——王本作"更張"。
③ 愚夫——王本作"愚儒"。
④ 區——王本作"地"。
⑤ 亦——王本作"已"。

生"。明代寧海（今浙江寧海）人。建文帝老師，力主削弱諸王實力。"靖難之役"後，拒爲燕王朱棣所用，被誅十族。

六　鞏之節烈康氏

鞏之節烈康氏，舅姑早歿，夫亦歿，唯一叔十三齡矣。父欲嫁之，婦不應。越二三載，復以爲言，且曰："叔長，亦避嫌疑。"亦不應。及爲叔授室，慨然曰："吾所以不死者，爲弱叔也。今既成家，吾死無憾矣。"乃縊。樸麗子曰："余向有言，君子不避嫌疑，然有重於避者，不避可也，否則避爲愈。婦有重於避者也。"適三學[一]俱呈其事請旌表，余慷慨歔欷，爲灑淚出評語①云："五年殉夫，從容尤難。義烈深沉，女中奇士。"

【注】

[一] 三學：唐代指國子監。此處當指學署。

七　朱泚之亂

唐朱泚之亂，陸宣公[一]從幸代草詔書，痛自引咎，雖武夫悍卒，聞者無不揮涕激發。議者以克平寇亂，雖爪牙宣力，亦資文德之助，是爲知言。夫天下披聲別色之倫，莫不負性貪情，如木同核而花同萼。仁人必無菲薄之心、恕己責人之意，開心見誠，傾吐肝膽，悃篤之至，木石咸通，其陸宣公之謂乎？蓋其一體萬

---

① 評語——王本作"評"。

物之懷鬱積於中,大抒於朝廷,而施於天下者也。公之言曰:"吾上不負天子,下不負吾所學。"夫公之學,内聖外王之學也。

【注】

[一]陸宣公:陸贄,字敬輿。唐代吳郡嘉興(今浙江嘉興)人。大曆八年(773)進士。歷任監察御史、翰林學士、中書侍郎等職。工詩文,尤長於制誥政論。建中四年(783)朱泚叛亂,陸贄隨德宗奔奉天,起草詔書,情詞懇切,讀者無不揮涕感動。卒謚宣。

八　禹州牧劉公

禹州牧劉公[一]國儒,旗人也。爲政廉明,案無滯事。其子獻漕米羨餘[二],公怒曰:"漕有定額,安得羨餘?"立鞭之。常自誦曰:"眼前皆赤子,頭上是青天。"迎養太夫人,徒步接五十里外,扶轎入署。及歸,旗主索金錢不得,抽手足指甲皆盡,遂卒。自古賢人君子遭逢不若[三]、勤至邂逅[四]者多矣,然大率標垂青史,焜燿無窮,所謂死重於泰山者也。如公者,則又何説?夫以公之賢所當奏明朝廷,不次[五]拔擢,風示有位,乃扼於私門,身死名滅,何哉?然僨車覆舟,必有其機。苟能慎察其機而力持之,舟車其如我何?劉公於此,毋亦始之有所未審與?嗚呼哀哉!公之德政,至今窮鄉墟肆間猶歌思不忘。而自誦兩語現對懸大門外。吾欲號召郡之父老子弟,蠲吉[六]置酒,洗爵而釃遥空,大家望公齊聲一哭。

【注】

[一]禹州牧劉公:禹州牧,禹州知州。劉公劉國儒,字聖公。清遼陽(今遼寧遼陽)人。康熙二十五年(1686)始任禹州知州,歷十餘年。爲

政清廉,盡忠職守。康熙二十三年主持修纂《禹州志》。鼓勵商業,開闢禹州藥材市場,發展經濟。致仕還鄉,鑲黃旗主向之大肆勒索,受酷刑而死。

[二]羨餘:清代州縣在正賦外還增徵附加額,這部分收入除去實際耗費和歸州縣官吏支配的以外,其餘的解送上司,名爲羨餘。

[三]不若:不順遂。

[四]邂逅:意外。

[五]不次:破格。

[六]蠲吉:謂齋戒沐浴,選擇吉日。

九　明道《睡起感興詩》

明道《睡起感興詩》繼《定性書》而作也,蓋既發其蘊於橫渠而復長言而詠嘆之。其所以拳拳於性道者深矣。首言從容。從容者,定也。前半皆言靜中之定也。五六本於道,思過半。來道與形通,思極其變,由憧憧[一]往來朋從而思推廣言之也。末聯見湛然無事,物皆不足以累之。所謂動亦定,靜亦定,非豪雄孰能?

富貴貧賤一切境遇,都在內有所溺,則淫有所欲則不樂,不淫而樂,非有大力能自勝者不及其,故曰豪雄。

【注】

[一]憧憧:往來不絕貌。

十　高景逸過汀州

高景逸[一]過汀州[二],坐小樓上讀程子書。至"金革百萬,曲肱疏水①,樂在其中。萬變皆在人,其實無一事"處,豁然頓悟,覺得此心與大化無間。倘即所謂天地之常以其心普萬物而無心者耶? 蓋吾心之神明,所以秉承於天者,實起乎形色聲臭外耳。而我陽明夫子謂:縱令天下皆反,我輩祇合如此。一時胸中利害如洗。此其變有加於金革曲肱②,而利害如洗。豈非本來無一事乎? 非陽明不足以當此,非此不足以見陽明性之定也。明道發其蘊,陽明造其極,道之所以必歸③二明也。

【注】

[一]高景逸:高攀龍,字存之,又字雲從。明江蘇無錫人,世稱"景逸先生"。萬曆十七年(1589)中進士。官至都察院左都御史。性剛直,參劾權貴,遭貶謫。萬曆二十三年(1595),辭官歸家,與顧憲成兄弟復建東林書院,講學二十餘年。天啟元年(1621),重獲起用。天啟六年(1626),遭魏忠賢黨羽誣告貪污,不堪受辱,投水自盡。

[二]汀州:今福建長汀。

十一　三代而後

三代而後,漢如張良、鄧禹[一]、耿弇[二]、諸葛亮,唐之房玄齡、杜如晦、李靖、魏徵,宋之韓琦[三]、范仲淹,元耶律楚材[四],明如徐達、劉基,皆天生名世以成一代治平,非《詩》《書》所能啓牖、師友所能輔成者也。或曰:"比之伊尹、萊朱[五]、太公望、散宜生何如?"曰:"將毋同。"曰:"伊尹、萊朱、太公望、散宜生,古之大聖

---

① 疏水——《二程遺書》作"飲水"。
② 金革曲肱——王本作"金革百萬、曲肱疏水者"。
③ 必歸——王本作"歸"。

大賢，道統攸繫，豈數子所能同？"曰："子安見伊尹、萊朱、太公望、散宜生之不同於數子？子又安見數子之不同於伊尹、萊朱、太公望、散宜生耶？夫時有古今，道無古今，故人亦無古今。是古而非今，貴耳而賤目，學士之通患也。視古之聖賢若地與天，必不可以相及。率天下之人自絕於聖賢之路者，必子之言。夫聖賢之道，本之可以安身，推之以濟務，雖允蹈^[六]者鮮，誠偽攸殊，然未有舍此而可以有成者也。袁紹^[七]違田豐^[八]之諫，敗於官渡，歸而殺豐。袁術^[九]窮蹙坐繩床上，恚曰：'袁術亦至此乎？'此二人者，困不知反，變而愈厲，卒至滅亡。張綉^[一〇]降復反，曹公中流矢，謂諸將曰：'吾降張綉，失不便取其質，以至於此。吾知所以敗。諸卿觀之，自今以後不①復敗矣。'是役也，荀攸^[一一]諫，弗聽。謝攸曰：'不用君言至是。'由是觀之，其視本初兄弟何如也②？非所謂行有不得，反求諸己耶？夫湯武責己，其興也勃③焉。操雖未敢擬此，要之，於安身濟務之道有合者不如是，烏足以削除禍亂、雄視一世乎哉？"

【注】

[一] 鄧禹：字仲華。西漢末年新野（今河南南陽新野）人。東漢開國功臣，雲台二十八將第一位。善戰有謀，劉秀"恃之以爲蕭何"，勳績卓著。劉秀稱帝后，封鄧禹爲大司徒、酇侯，後改封高密侯。

[二] 耿弇：字伯昭。西漢末年扶風茂陵（今陝西興平）人。東漢開國名將，雲台二十八將第四位。劉秀稱帝後，耿弇受封建威大將軍、好畤侯。此後敗延岑、平齊魯、攻隴右，爲東漢統一立下赫赫戰功。爲人謙恭有禮，後辭去大將軍職。

[三] 韓琦：字稚圭，自號贛叟。北宋相州安陽（今河南安陽）人。天

---

① 不——王本作"無"。
② 也——王本作"耶"。
③ 勃——王本作"浡"。

聖五年(1027)進士。歷仕仁宗、英宗、神宗三朝,爲相十餘載。忠於職守,勤政愛民。參與慶曆新政。與范仲淹率軍防禦西夏,聲威甚著。卒諡忠獻。

[四]耶律楚材:字晉卿,號玉泉老人,法號湛然居士。契丹人,世家子。蒙古軍攻占金中都後,成吉思汗收耶律楚材爲臣。儒化甚深,仿漢制爲蒙元制定治國方略,貢獻巨大。乃馬真后稱制,漸失信任,抑鬱而死。

[五]萊朱:名仲虺,商朝開國君主成湯的左相。商湯滅夏,於亳東郊鑣官向天下諸侯宣示即位。萊朱書《仲虺之誥》詔告天下:商代夏是上天命湯弔民伐罪,不是犯上作亂。此後,諸侯賓服,天下歸心。

[六]允蹈:恪守。

[七]袁紹:字本初。東漢末年汝南汝陽(今河南周口)人。出身世家。漢末地方軍閥之一,最初地廣兵衆,然而好謀無決,於官渡之戰中大敗於曹操,不久病死。

[八]田豐:字元皓。東漢末年鉅鹿(今河北巨鹿)人。袁紹部下謀士。爲人剛直,多次向袁紹進言而不被採納。後諫阻袁紹征伐曹操,先被囚禁,官渡戰敗後,被袁紹殺死。

[九]袁術:字公路。袁紹之弟。與袁紹敵對,割據揚州。建安二年(197)稱帝。治國無術,暴虐有方。先後被呂布、曹操擊敗,元氣大傷,最終嘔血而死。

[一〇]張綉:東漢末年武威祖厲(今甘肅靖遠)人。割據宛城,並與劉表聯合,稱霸一方。建安三年(198)曹操前去征討,張綉投降,旋即因不滿而突襲曹操,復與劉表連和。官渡之戰前,聽從賈詡建議再次降曹,官至破羌將軍,封宣威侯。後於北征烏桓(207)途中去世。

[一一]荀攸:字公達。東漢末年潁川潁陰(今河南許昌)人。曹操重要謀士,屢出奇計。荀攸以劉表與張綉聯合,勢力非小,建議緩兵待變,不可急攻。曹操不聽,大敗。後於伐吳途中去世。

十二　帝廷明試以功

帝廷明試以功,《周易》無不利。功利者,奠上下者也。古之仁聖賢人，大都正誼以謀利，明道以計功。斯功利悉歸道誼之中矣。後儒云："仁人者，正其誼不謀其利，明其道不計其功。"此徒爲大言耳。不謀利，利與何有①？不計功，功與何有？功利者，道誼之載也。離功利而言道誼，則道誼虛而無所措。尚虛辭而蔑實務，究其害，至於破家亡國。魏晉清談，南宋性命，所由靡靡[一]也。曰："亦有仁義而已矣，何必曰利？""非正其誼，不謀其利乎？"曰："'何必曰利'非不謀利也。仁不遺親，義不後君，其爲利也大矣。此之謂正誼以謀利。"

【注】

[一] 靡靡：漸漸。

十三　不計事之濟否

嗚呼！不計事之濟否，發言必據其勝，曰："道固如是。"是惡②知夫道哉？耶律楚材之聞屠汴也，馳驛力諫，不許。又言凡弓矢甲仗金玉等匠及官民富貴之家，皆聚此城，殺之則一無所得，是徒勞也。乃詔除完顏氏一族外，皆原死。文正，聖人之徒，豈不知帝王之道與物同體，殺一不辜得天下不爲，而乃屑屑於弓矢金玉等項，爲霸者所羞出，何耶？蓋蒙古主好戰嗜殺，其視生靈不如其急貨力③，不如是則諫不行也。其言弓矢金玉也，義之盡也。義之盡也者，仁之至也。夫道豈一端哉？緩急輕重之間，

①　利與何有——與，王本作"於"。
②　惡——王本作"烏"。
③　貨力——王本作"貨利"。

非上智烏從而議之乎？是時避兵在汴者，一百四十萬户。

十四　明之興

明之興也，文成、中山以謀勇勘亂，烈哉古之名世[一]！天下既定，太祖猜猛，並有避罪意。其他文臣牽於後世格套，非宏濟才。洪武末年，政多荒粃。越及建文，方、黄[二]諸人學古而闇於時務，紛紛改制，得不補患？姚少師[三]扶龍御天，即進即退，潛引默喻，能以沉雄開大生其敬畏。永樂間朝野清肅，誰之力與？若少師者，雖不足以侔伊尹、太公，亦豪傑之特出者哉。

【注】
　　[一] 名世：名顯於世的人。
　　[二] 方、黄：方孝孺與黄子澄。黄子澄，明分宜（今江西分宜）人。洪武進士，授修撰，侍讀東宫，累遷太學東卿。建文帝即位，命兼翰林學士，與齊泰參國政，建議削藩。燕王朱棣聞訊舉兵反，師名靖難，指黄子澄、齊泰爲奸。燕師渡江破京師，被執不屈，磔死，族誅。
　　[三] 姚少師：指姚廣孝。

十五　明世宗驕而戾

明世宗[一]驕而戾，加之以矯誣。權臣竊弄威福，決非士君子仕進之時也。考其時，明於出處之宜者，其陸文正[二]乎？數詔皆辭不赴。直至穆宗[三]初政，爲朝廷一出。視江陵[四]難與共政，旋引去。懿哉！奉道以周旋者矣。華亭徐公[五]補偏救弊，功績爲多，然委蛇渢忍，其用心良苦。嗚呼！微徐公，無以立臣道。微陸公，又何以礪士操哉？

【注】

［一］明世宗：朱厚熜，即嘉靖皇帝。癡迷道教，尋求長生之術。在位時國政昏亂。

［二］陸文正：陸樹聲，字與吉，號平泉。明代松江華亭（今屬上海松江區）人。嘉靖二十年（1541）進士。曾任南京國子監祭酒、禮部尚書等職。性耿直，淡泊名利，屢次辭官。卒諡文定。馬平泉似誤。

［三］穆宗：朱載坖，明世宗朱厚熜第三子。寬仁大度，倚靠高拱、陳以勤、張居正等大臣輔佐，革弊施新，國勢遂有起色，史稱隆慶新政。沉迷丹藥，早卒。

［四］江陵：張居正，字叔大，號太嶽。明代江陵（今湖北荆州）人。萬曆時內閣首輔。銳意改革，輔佐萬曆皇帝朱翊鈞開創了"萬曆新政"。性褊急，不能容物，與萬曆亦多有摩擦。卒諡文忠，後遭褫奪，並抄家。

［五］華亭徐公：徐階，字子升，號少湖，一號存齋。明代松江府華亭縣（今上海松江區）人。嘉靖朝後期至隆慶朝初年任內閣首輔。爲人謹慎，與嚴嵩同朝十餘年，又善於迎合帝意，故能久安於位。嘉靖四十一年，得知嘉靖帝對嚴嵩父子頗有嫌惡，遂命御史鄒應龍參劾，終於使嚴嵩罷官，其子嚴世蕃謫戍。

十六　國家所乘者勢

夫國家所乘者，勢也。勢至，易爲力；勢過，難爲功。季漢之勢，在得荊益時，如漢高之王巴蜀漢中。高帝出，昭烈入，高帝進，昭烈退，興替決矣。蜀於天下十分之一二耳，時過氣衰，精銳耗損，乃復欲以寡勝衆、弱兼強。夫自古小之所以能勝大者，必有昏明仁暴之殊，不則出奇制勝，徼幸於萬一耳。當時，兩國之君才德不相遠，魏之政事粗亦修，舉其士卒固非若牧野倒戈之眾，而且將能兵練①，謀臣猛士如雲，武侯又謹慎持重，不用險計，以此欲得志中原，知其難也。前志載武侯云②以某年取魏，睡語耶？傳之者妄耶？然痛心於漢賊不兩立，而鞠躬盡瘁，以死自效，足以礪千秋臣節矣。

十七　韓昌黎三上宰相書

韓昌黎三上宰相書，以泰山北斗之望纍纍權門閽吏間③。始頗怪之，今日則否。凡人安常處順，優游閒泰④，庸夫俗子皆能操是非之柄，睥睨一世，而幽人志士不見諒者，眾矣⑤。然而古來幽人志士孤行己意，不憂讒避毀以自阻⑥，亦未嘗求諒於人者，何也？彼其心誠有所不得已，而難以口舌爭也，公之謂也⑦。

十八　明太祖以神武創業

明太祖以神武創業，振立紀綱，正大嚴肅，然往往失於暴戾矣。明之一代，其君自孝宗[一]，其臣自名德，卓卓諸公外，大抵挾帶厲氣⑧，上下內外隱相角持，盛於嘉靖，極於天、崇之世。迨

---

① 練——王本作"鍊"。
② "前志載武侯云"至"傳之者妄耶"——王本無。
③ 纍纍權門閽吏間——王本作"纍纍於權門閽寺間"。
④ 優游閒泰——王本無。
⑤ 眾矣——王本作"多矣"。
⑥ 阻——王本作"沮"。
⑦ 公之謂也——王本無。
⑧ 厲氣——王本作"戾氣"。

至太廟之鬼呼號而出，社稷墟，血食斷矣。此亦太祖有以啓之也。自古開基之君，其精神意氣與國運相終始①云。

【注】

[一] 孝宗：明孝宗朱祐樘，年號弘治。性寬仁，勤於政事，任用王恕、劉大夏等爲人正直的大臣，國内安定繁榮，史稱"弘治中興"。

十九　文成王子之平宸濠

文成王子之平宸濠[一]也，搏虎如搏鷄，所謂多方以誤之。濠雖有十萬衆，無所措力，只一往復疑信間；已潰爛不可收拾。故陽明之難不在平宸濠，而在處江彬之譖。當是時②，彬握重兵，據帝側，包藏禍心，必欲殺先生，而卒無恙者，何也？未嘗一與之角，而有奧援於内也。張永[二]，宦官之善者，先生因而用之。要之，雖無永，必更有道以處此不死彬手、禍及國家。彼江彬安能害先生哉？觀於微服戒心之義，鄒魯之日月本寬也。先生講之精矣。及平思、田[三]，謂門人曰："當時猶有微動於氣處，今處之當更别。"至人之妙用，固未有窮極與？嗚乎！功名之際難矣哉。

【注】

[一] 宸濠：朱宸濠，明寧王朱權的第四代繼承人，明太祖朱元璋五世孫。驕縱不法，暗中擴張勢力。正德時集兵號稱十萬造反，四十三天後大敗，與諸子、兄弟俱爲王守仁俘虜，押送南京，被殺。

---

① 終始——王本作"始終"。
② 是時——王本作"斯時"。

［二］張永：明代河北保定人。武宗時權宦，與劉瑾素有怨懟。安化王朱寘鐇反叛，楊一清總督寧夏、延綏，張永任監軍，前往平叛。亂平，張永、楊一清二人密議除去劉瑾。張永遂趁獻俘時向武宗告發瑾罪，劉瑾終被凌遲處死。

［三］思、田：王陽明在嘉靖六年受詔命前往廣西思恩、田州平叛。

二十　游衛源

樸麗子曰："余游衛源［一］，聞一孝廉於廣坐中大言曰：'凡今所謂理學者，無不可惡。竊謂人曰魏了翁［二］爲僞君子，真德秀［三］爲真小人。其惡之也，可言既乎？第昔之所惡於理學者，爲其與己作梗，實相水火耳。今誰爲理學者猶復齟齬乎？'其言猖猖［四］，使人驚怖。雖然，人同名而異情，東陵豈無伯夷首陽山，何必非盜賊淵藪？若金玉其外，敗絮其内，如何善山［五］所謂今之號名講學者，要其中類無人心，則其謂之可惡也亦宜。但彼孝廉者，祇騰輔頰，未必有此深識。至如儲同人云今竟以不近人情爲理學，則謂之可惡也亦宜。"

【注】

［一］衛源：今河南輝縣百泉北岸有衛源廟，爲祭祀河神之處，始建於隋。

［二］魏了翁：字華父，號鶴山。南宋邛州蒲江（今屬四川）人。理學家。慶元五年（1199）進士。官至兵部郎中。行剛直，屢遭貶謫。反對佛、老"無欲"之說，認爲聖賢只言"寡欲"不言"無欲"，重實學反空談，思想與陸九淵接近。

［三］真德秀：字實夫，後更字景元，又更爲希元，號西山。本姓慎，因避孝宗諱改姓真。南宋福建浦城（今浦城縣仙陽鎮）人。理學家，與魏了翁齊名。慶元五年（1199）進士及第，官至參知政事。爲官清正，於時政多

所建言。學宗朱熹。慶元黨禁後，程朱理學得以復盛，他與力爲多。創"西山真氏學派"。

［四］狺狺：中傷喧嚷。

［五］何善山：何廷仁，初名秦，字性之，別號善山。明代江西雩都縣（今江西于都縣）人。理學家。先尊崇陳獻章，後於贛州師從王陽明。極受倚重，王門新入弟子多由何廷仁教導。早年受學陽明，不應科舉。嘉靖元年（1522），陽明歸鄉守制，方應江西鄉試中舉，進士未第。嘉靖二十年後歷任廣東新會知縣、南京工部主事，治下政事清明，教化風行。期滿辭官回鄉，講學著書終身。著有《善山集》等。

二十一　民生於三事之如一

民生於三事之如一，豈不以成我者師，有畢生莫可逃之義哉？嘗嘆朱文公之徒當其被譴時，何靡然無士君子之行也？及觀王龍溪、錢緒山[一]諸子所以急師門之難者，爲之感泣。用是博觀王門弟子，人人真切如俠客，巷深谷赤體搏戰，更無轉身。其何故也？夫人家各有所珍，金玉纂組[二]雖難得，當倉猝皇迫時，都可割置，而故物青氈則惜之矣。驪龍骨肉鱗角有時解脫，而頷下明珠生死保持。無他，愛之深，故護之力也。苟知吾心即天地之心、聖賢之心，精微不滓，廣大無窮，則所以愛而護之者，豈持青氈明珠而已哉？此致良知之效也。

【注】

［一］錢緒山：錢德洪，本名寬，字洪甫，號緒山。明代餘姚（今浙江餘姚）人。理學家。嘉靖進士。歷任國子監丞相、刑部主事、陝西司事等。王陽明弟子。篤信師說，終身講學不輟。

［二］纂組：精美織物。

二十二　孟縣有湯姓者

孟縣有湯姓者，精武藝，其地多師尊之。一日，謂其弟子曰："汝等進退伸縮，若自覺得手足着着輕便，則得之矣。"是藝也，可以喻道。道未有不輕便者也。然必非沾沾拘墟者之所可及。夫道若大路，惟爭知不知耳。人誠知道，開目即是蕩蕩平平，何有阻滯？就令偶值險塞，一轉足，來路即是去路，亦無弗輕便也。吾觀古之真聖賢必無棘心事，真豪傑必無棘手事。

二十三　明尚書白公

明尚書白公昂[一]初登進士，問胡安定處世之要。答曰："多栽桃李，少種荆棘。"仕至大司寇，斷獄不苛。嘗曰："秋霜之肅，何如陽春之和？"佩其言終身。樸麗子曰："余游江南至今，其父老猶稱道白公勿衰。且言其生平氣溫色愉，出言惟恐傷人。孟子不云乎'愛人者，人恒愛之'？然則傷人者，未有不自傷者也。夫洙泗之教，主於求仁，抑豈博愛之謂而煦煦以好行德者耶？然大概亦不離乎此。若白公者，雖不足語聖門之仁，顧復有不仁乎哉？羅念庵云：'灑灑熙熙[二]，不爲祥雲，則爲甘雨，定不落沴氣中去。'白公豈其人與？"

【注】

[一] 白公昂：白昂，字廷儀。明代武進（今屬江蘇常州）人。天順元年（1457）進士，官至刑部尚書，精於河務。

[二] 灑灑熙熙：持續和樂。

二十四　楊子殷官禮曹

楊子殷[一]官禮曹,大宗伯吳公[二]謂之曰:"聞君守甚清苦,與吾受朝廷大俸不同,凡饋遺無碍義者,不必峻拒。"對曰:"官有大小,人無大小。"樸麗子曰:"吳公名德碩望,余素所欽其言,當不誣。而楊君矯矯風節,所謂履白雪而方潔者耶？是皆表表然於中,故當有辨。"曰:"何辨？"曰:"饋遺無碍於義,而其人爲君子也者,則吾願從吳公。饋遺無碍於義,而其人非君子也者,則吾願從楊君。"

【注】

[一]楊子殷:楊豫孫,字幼殷,號朋石。明代南直隸松江府華亭(今上海松江)人。嘉靖二十六年(1547)進士。曾任禮部員外郎、湖廣學政、河南參政等職。因與首輔徐階同鄉且爲知交,朝士有求知於階者,輻輳其門,謝之不得,力求出。以右僉都御史巡撫湖廣,政尚寬平,卒於官。

[二]大宗伯吳公:明清亦稱禮部尚書爲大宗伯。吳公,吳山,字靜之,號筠泉,明南直隸蘇州府吳江(今屬江蘇)人。嘉靖十四年(1535)進士,官至禮部尚書。爲人剛直,與嚴嵩同鄉而峻絕苟合。嘉靖四十年二月,以日食上疏諫諍,觸怒世宗,遂受迫致仕。穆宗即位,召吳山爲南京禮部尚書,堅辭不赴。卒謚文端。

二十五　人之升沉得喪皆命

人之升沉得喪皆命也,一衣一食亦有定額。百日之用,用以百日,百日盡,用以十日,十日盡。額有豐嗇,伸縮在人。非分之衣,衣年者也。非分之食,食年者也。而且有踰量之享受,必有非意之災侵。是故君子制節謹度，尚樸素，甘澹泊，於焉足用，亦以引年。明陸文正樹聲官大宗伯告歸，遣官存問，時年九十五矣，跨馬郊迎。觀者夾道，目爲天人。其居恒嘗言："士大夫於世法中唯廉取薄享，可續壽命之源。"嗚呼！此翁之所以矍鑠與？

二十六　錢塘于忠肅祠

錢塘于忠肅祠①，凡祈夢者無不立應。本朝李文貞公[一]未遇時曾見示云："富貴無心想，功名總②不成。"後拜相，戌年③成進士也。又一人爲書曰："尚早尚早，綠衣小人。"及登第，其座師祈夢時始生也。或曰："是不涉於簸弄機巧乎？"樸麗子曰："非也，是仁也。蓋神明昭著於冥冥之中，欲藉是爲作合之緣，溫然與斯世斯人時相聯屬耳。"

【注】

[一] 李文貞公：李光地，字晉卿，號厚庵，別號榕村。清代福建泉州人。理學名臣。康熙九年（1670）進士，歷任翰林編修、吏部尚書、文淵閣大學士等職。曾協助平定三藩、統一臺灣。著有《曆像要義》《四書解》《性理精義》等。

---

① 于忠肅祠——王本作"于忠肅公謙祠"。
② 總——王本作"就"。
③ 戌年——當爲"戊戌年"。故事見袁枚《子不語·李文貞公夢兆》，祈夢處爲九龍灘廟。

二十七　耿公掌吏部

耿公裕[一]掌吏部。儲柴墟巏[二]因事争於堂上，公不可。柴墟曰："必如是，公何異王介甫？"公默然良久，曰："郎中言是，然非我莫能容也。"二公皆賢者，而耿公遠矣。弘治朝多名臣，而六卿之長尤稱得人，天所以襄泰運也，大抵皆沉厚寧謐，得力於動心忍性云。

【注】

[一] 耿公裕：耿裕，字好問。明代盧氏（今河南盧氏縣）人。景泰五年(1454)進士。授爲庶吉士，轉户科給事中改工科。

[二] 儲柴墟：儲巏，字静夫，號柴墟。明代直隸泰州人。成化二十年(1484)進士。官至南京吏部左侍郎。剛正不阿，嫉惡如仇，對上峰亦不稍假以辭色。

二十八　弘光草創未定

弘光草創未定，劉宗周以羈旅至憤請復仇，奏劾在位①諸大臣之罪，言其皆可殺，不綦烈哉！然自古未聞用壯如此而可以有爲者也。其不死於奸人之手者，亦僅矣。當時大勢雖去，尚有天下之半，拮据圖存，猶堪爲國。孤臣遺老，忠悃可恃，足以整屬人心，公與史道鄰[一]兩人而已。然史公弱，劉公激，俱非濟時才，尚不及王、謝[二]，何論趙、岳[三]？然足以立名義，振礪②人紀，蓋

---

① 在位——王本無。
② 振礪——王本作"振勵"。

皎皎然天壤間矣。

【注】

　　[一] 史道鄰：史可法，字憲之，號道鄰。明末河南開封府祥符縣（今開封祥符區）人。崇禎元年（1628）進士。初任西安府推官，後轉平各地叛亂。北京城被攻陷後，史可法擁立明福王（弘光帝），繼續與清軍作戰。官至兵部尚書。弘光元年（1645），清軍大舉圍攻揚州城，城破，拒降被殺。

　　[二] 王、謝：指東晉名臣王導與謝安。

　　[三] 趙、岳：指南宋主戰派趙鼎與岳飛。

二十九　郝奇遇

　　郝奇遇世爲農家，崇禎甲申聞國變，謂妻曰："吾欲死義，爾能從乎？"妻請先之，飲藥死。乃召親舊永訣①。衆曰："子草茅賤士，捐軀殉國，好名不亦②甚乎？"答曰："士各有志，豈以死名高？特以愧事君懷二心者耳。"亦飲藥死。樸麗子曰："凡死職死親暱，必義有所大不容已，死安於生也。死恐不得，何敢告人？死有餘痛，何暇愧人？郝君奚死也？抑子平家有言祿命盡則死。郝君想是命數合盡，故如此。不然，甚無謂③也。噫！矯激輕脫，等性命於兒戲，君子無取焉。"

————

① 乃召親舊永訣——王本作"乃詔親族與訣"，"詔"誤。
② 亦——王本作"已"，誤。
③ 無謂——王本作"無爲"。

三十　曹月川

世稱曹月川[一]爲鐵版道學。道學鐵版耶？而彭大司馬稱爲本朝理學之冠。蓋有明講道學斷自月川始。傳稱其爲霍州學正十餘年，士子咸服，方岳重職不敢以屬禮待。夫古調獨彈，孤音誰賞？百尺長松，鬱鬱澗底，昔人之所於邑。今觀曹先生，官雖卑，固亦居然光顯，不抑閟矣。一時士大夫風尚可想，豈不麻哉？顧所謂"方岳重職"者誰也？是時三楊[二]當世，好賢忘勢，或其人歟？然三楊皆佐天子、位宰輔，不聞臨蒞河南。于忠肅嘗爲河南巡撫，然未聞其曾與月川相見，亦不得謂爲于忠肅也。要之，此"方岳重職"者，三楊、忠肅之倫。

【注】

[一]曹月川：曹端，字正夫，號月川。明代河南澠池人。理學家。其學以躬行實踐爲務，而以存養性理爲大端。守道甚嚴，父母喪，盧墓六年。黄宗羲稱他："先生以力行爲主，守之甚確，一事不容假借。"

[二]三楊：指楊士奇、楊榮、楊溥，爲明代永樂、洪熙、宣德、正統四朝重臣，人稱"三楊"。

三十一　古里國

大海東有古里國，去中國十萬里，明洪武、永樂間遣使入貢。其俗行者讓道，路不拾遺，以石灰畫地爲禁，莫敢犯。又有西番法令嚴肅，上下一心，議事自下起，因人所利行之。又有哈烈國，四面皆大山，其地無斗斛，用權衡爲量，田美多獲，祭先於墓所，立有學舍,聚生徒講習,省刑薄斂,寡訟好施。樸麗子曰:"若使人皆樸厚,萬世一皇初也。余讀《五柳先生傳》,其自擬以無懷葛天之民,足稱高致。至桃花源雞犬桑麻,非復人間煙火,使人飄飄有世表意。惜漁郎而後無問津者。今觀古里諸國之風,去桃花源亦頗不遠。"

卷十九

一　聞《韶》不知肉味

　　樸麗子曰："聞《韶》不知肉味,則孔子知味可知也。'唯酒無量',則孔子能飲可知也。'委吏乘田',則孔子謀生可知也。由孔子以觀周公,醯醢鹽梅掌之有司,則公之食定不廢烹調。設酒人,則公之飲定不貴魯酒之薄而。且袞衣綉裳,赤舄几几,即其宮御嬪嬙定不尚黃髮大足短衣椎髻。大抵聖人都與人同,其不同者,人異之耳。觀聖於其異,不如於其同①。同則易親,異則易疏。親則引而近之而日上,群入君子之途。疏則去而遠之而日下,卒爲小人之歸。"

二　汲長孺面折天子

　　汲長孺[一]面折天子,長揖大將軍[二],而屈於楊繹[三]。論者謂楊繹無賴小人,不可以情理喻焉者也。譬如②油膩近則污人,

---

① 不如於其同——王本作"不如觀聖於其同"。
② 譬如——王本作"譬之"。

又如亂絲偶一撩撥,觸手益棼。自古君子與小人角,不至兩傷不止。與物薄,而自與亦復不厚。胡爲乎？士大夫不幸與此輩相值,雖大難堪,惟當委蛇①宛轉,度外置之,則風波無自而起,身世間自覺寬平。

【注】

[一] 汲長孺：汲黯,字長孺。西漢濮陽(今河南濮陽)人。景帝時以父蔭任太子洗馬。武帝時,官列九卿。性耿直,好直諫廷諍。

[二] 大將軍：指衛青。

[三] 楊縣：指周陽由,漢武帝時九卿之一。本姓趙,其父以淮南厲王劉長舅父身份受封周陽侯,遂改姓。酷吏,好爭權,汲黯等亦對之"禮讓"三分,與同僚積怨多且深。後任河東郡做都尉時與太守申屠公爭權,相互攻訐,同被治罪,處以棄市之刑。

三　昭烈既得荊州

昭烈既得荊州,復有益、漢中,群策群力,王業有可乘之勢矣。夫昭烈之荊州,高祖之滎陽也。當是時,昭烈若令壯繆[一]守益州,桓侯[二]守漢中,而自與孔明治兵荊州,帥趙馬黃魏[三]諸將爭衡,天下事未知何如耳。然世代久遠,傳聞未易周悉,其中或別有曲折,惜不得臥龍先生一質。

【注】

[一] 壯繆：關羽諡號。

[二] 桓侯：張飛死後追封桓侯。

---

① 委蛇——王本作"委曲"。

[三]趙馬黃魏：指趙雲、馬超、黃忠、魏延，均蜀國名將。

四　曹操帥衆伐吳

曹操帥衆伐吳。張昭[一]議降，蓋內審時勢，欲舒國難而憫人窮耳。周瑜孤意抗之，敗諸赤壁，可稱壯烈。竇建德[二]救鄭若聽凌祭酒之言，詎有牛口之敗乎？夫赤壁之戰，天所以開三分也。牛口之擒，天所以成一統也。當時，葛亮、薛收[三]皆預知之若燭照數計，豈有他哉？人心之至靈也，苟能不引於外物而汩沒之，則靜極而明生，天人合符矣。

【注】

[一]張昭：字子布，三國時徐州彭城(今江蘇徐州)人，孫吳重臣。

[二]竇建德：隋末貝州漳南(今河北故城東北)人。軍閥之一，建立夏國，稱雄河北。後發兵救援被唐廷攻打的王世充(稱帝，國號鄭)，祭酒凌敬提出圍魏救趙的策略，先去攻打李唐兵力空虛之地，竇建德未予采納。最終於牛口渚爲李世民擊敗被俘，旋即被唐高祖處死於長安。

[三]葛亮、薛收：葛亮，指諸葛亮。薛收，李世民謀士，參與消滅竇建德之戰，對當時形勢掌握分明。

五　論安言計

或曰："論安言計，動引聖人。聖人不宜引歟？孔明非之，何也？"樸麗子曰："聖人無不切之事，而自有聖人之時，可見者事也，不可見者時也。離時而比事，庸有當乎？是故，時有不同，事從而變。非聖人不宜引，引聖人者失聖人也。且夫闒夫多端，誇者無所從來遠矣。"

六　宋之元祐實關隆替

宋之元祐[一]實關隆替,以司馬公之忠直,濟之以呂正獻[二]之曉事,當時庶幾。慶曆[三]天下翕然,有太平之望焉。所惜明道、堯夫,帝王之佐,或吟弄風月,或擊壤安樂窩中耳。然若得如博陸[四]贊皇者參贊之,亦更當有進。我求其人而未見也,求諸朝而不得,則反而求諸野,其蘇明允乎?

【注】

[一] 元祐:宋哲宗趙煦首個年號,1086 年至 1094 年。期間由以司馬光爲首反對新政的舊黨當政。

[二] 呂正獻:呂公著,字晦叔。北宋壽州(今安徽鳳臺)人。出身東萊呂氏,太尉呂夷簡第三子。早年因父蔭補任奉禮郎,並進士及第。元祐元年(1086)拜相,與司馬光同心輔政,變熙寧新法。

[三] 慶曆:宋仁宗趙禎年號,1041 年至 1048 年。

[四] 博陸:指漢昭帝、漢宣帝時輔政大臣霍光,封博陸侯。盡忠竭力,勇於任事。後世有論者認爲非霍光,則漢祀將終。

七　元祐時君子滿朝

元祐時君子滿朝,而嬴豕[一]躑躅,乘機伺隙,勢如伏弩。乃當時有録人之過不宜太盡之説。噫!盡猶未也,況未盡乎?致使網漏於吞舟,雖有所懲,略無震怖。夫當時之足以爲梗,不過數人耳,能用用之,不能或包而防範之,度皆不能則聲明其罪,並竄而投諸遠方，使略無所因緣以逞，天下無事矣。

【注】

〔一〕贏豕：母猪。此指奸人。

八　伊川涪之行

伊川涪之行[一]，或謂邢恕[二]及族子某所爲。伊川曰："族子至愚，不足責。故人情厚，不敢疑。"愚又何責？雖責之，庸愈乎？是爲通簡。惟通故簡耳。第如彼故人者，情與何有？況厚耶？既爲所陷，而復不疑，不虞其屢陷而不一陷耶？

【注】

〔一〕伊川涪之行：北宋紹聖三年（1096），在新、舊黨鬥争中，新黨再度執政。程頤被定爲反對新黨的"奸党"成員，貶至四川涪州（今四川綿陽），交地方官管制。

〔二〕邢恕：字和叔。北宋鄭州原武（今河南原陽西）人。早年師事二程。程頤遭貶，時人認爲乃邢恕播弄所致。

九　贛州聲妓

或曰："贛州聲妓、燕獄鬼火[一]何其異也？"樸麗子曰："一人也，何異之有？夫小人縱欲滅理，誼士制欲以存理。大人本天而動，理欲並行而不悖。文山本天而動，前後一也，何容心之有？然三者分位，致相懸殊。小人之不能爲誼士也，猶誼士之不能爲大人也。此蓋性質之昏明廣狹使然，未可以人力强齊者也。雖然，誼士可學，大人不可學。學大人不成，必且流爲小人之歸。"

【注】

［一］贛州聲妓、燕獄鬼火：贛州，指文天祥（江西吉州廬陵人）任贛州知州時生活奢侈，衣食豐厚，聲伎滿堂。燕獄，冤獄，源出《淮南子》："鄒衍事燕惠王，盡忠。左右譖之，王繫之。仰天而哭，夏五月，天爲之下霜。"鬼火，文天祥《正氣歌》記述被蒙軍囚禁所遇惡劣而忠貞不渝事，有云："陰房闃鬼火，春院閉天黑。"

十　歸震川見李崆峒所爲于忠肅廟碑

歸震川見李崆峒[一]所爲于忠肅廟碑，未數行即揮去曰："那得通？"余家無《崆峒集》，未審其文果如何。然崆峒爲人矯矯立異，善使氣，其事多不通。事不通①，文能通耶？唐荊川[二]家居，日有送新修府志者。荊川方浴面，側覽封面標題，輒不閱。曰："大明人修蘇州志，而標籤曰《姑蘇志》，不通可知。"俗士簸弄筆墨，如嫫母著脂粉愈醜。應德指出不值一笑矣。夫文者心之聲，所以載道也，當以六經爲宗，附之以《左》《國》《莊》《騷》《史》《漢》等書。縱不能登峰造極，蘄[三]至於古之作者，亦必使之文從字順，有意義，可觀覽，大抵不離乎所謂通者，近是。然如此者，實亦未易見。莫怪歸唐二老好吊白眼。

【注】

［一］李崆峒：李夢陽，字獻吉，號空同。明代河南扶溝人。弘治七年（1494）登甲寅科進士。直言敢諫，屢遭貶謫。工於書法，雅善文章。爲前

---

①　事不通——王本無。

七子的領袖人物，提倡復古，主張"文必秦漢，詩必盛唐"。

［二］唐荆川：唐順之，字應德，一字義修，號荆川。明代武進（今屬江蘇常州）人。嘉靖八年（1529）會試第一。歷官翰林編修、兵部主事、右僉都御史等。善文章，早年受前七子影響，標榜秦漢。中年以後，受王慎中影響，反感七子模擬古人，故作詰屈之語，於是提出師法唐宋而要"文從字順"的主張。與王慎中、茅坤、歸有光等同爲"唐宋派"代表。

［三］蘄：祈求。

十一　孔子微服過宋

孔子微服過宋①，臨河返駕。其贊《易》曰："動靜不失其時，其道光明。"光明者，謂亨也。而曾子啓足啓手［一］，何其警悚。蓋戰兢惕勵實洙泗之淵源。夫宋咸淳［二］之時，何時也？天子尸位，襄陽被圍七年不救，當國者［三］方據半閒堂鬥蟋蟀。是時凡有位②者，進則爲長纓之請［四］，退則爲見幾之作，他無住足處也。文山贛州聲妓必至燕獄鬼火，矢到弦上，那得不爾？然却藉此做得轟轟烈烈，遂成振古人豪。

【注】

［一］曾子啓足啓手：語本《論語·泰伯》："曾子有疾，召門弟子曰：'啓予足！啓予手！'"朱熹集注："曾子平日，以爲身體受於父母，不敢毀傷，故於此使弟子開其衾而視之。"

［二］咸淳：南宋度宗趙禥年號，1265年至1274年。此時蒙古軍步步緊逼，南宋幾無招架之功。

［三］當國者：指當時權臣賈似道。

---

① "孔子微服過宋"至"洙泗之淵源"——王本無。
② 有位——王本作"在位"。

[四]長纓之請——謂自告奮勇,請求殺敵。長纓,指捆綁敵人的長繩。

十二　齊宗伯召南少游于忠肅廟

天台齊宗伯召南[一]少游于忠肅廟,倦憩於廊,見若吏役者執刺相迓①。入中庭,忠肅出位揖之。先生因請曰:"公在景泰時專聽獨任,千載一時,而易儲事默不諫,何也?"公曰:"耿耿此心,湷②没幾數百載,微子問,余固將說③。子他日第詳檢皇史宬[二]中,便知我心迹耳。"及入史館修《明史》,因請開皇史宬,見公諫疏著《易儲十論》,以暴其事。樸麗子曰:"于忠肅在明爲第一流,獨其不諫易儲吾惑焉。大難猝乘,國賴長君,景帝之立是也。易儲曷異紾[三]兄之臂而奪之食乎?及見孫夏峰答湯孔伯,以爲當日必有造膝[四]陳奏而人不知者,嘆爲知言。然亦想當然語,豈可據以爲信乎?今就皇史宬所列,昭然有如發蒙。"

【注】

　　[一]齊宗伯召南:齊召南,字次風,號瓊台,晚號息園。清代浙江天台人。幼有神童之稱,精於輿地之學,兼善書法。乾隆元年(1736)召試於保和殿,欽定二等第八名,爲翰林院庶起士,授檢討。參修《大清一統志》,撰《外藩書》,充《續文獻通考》副總裁。曾任禮部侍郎,故稱"少宗伯"。
　　[二]皇史宬:明清兩代的皇家檔案館,又稱表章庫,位於北京天安門東的南池子大街南口。始建於明嘉靖時。
　　[三]紾:拗折。
　　[四]造膝:促膝。

---

① 相迓——王本作"以迓"。
② 湷——王本作"掩"。
③ 將說——王本作"有說"。

十三　明世宗謂王守仁"有用道學"

樸麗子曰："明世宗謂王守仁'有用道學'。道學有無用者耶？無用猶得爲道學耶？然自章句訓詁之學興，精力都困敝在册子上。内溺其心，而外作偶人形。尋常著衣噉飯，動致顛倒①失措，遑問有用無用耶？抑世勳謂迂儒、腐儒、瞥儒、俗儒、曲儒、陋儒，不聞愚儒。余嘗有言，不圖象山已先言之。其言曰[一]：'今風俗弊甚，獄訟煩多。……欲得其情，豈免用問馬參牛[二]之智？愚儒以鈎拒非之，則是曲直倒置②、奸惡肆行，乃謂道耶？害道傷治，學者當明辨乎此。'此猶愚之易見者。夫儒爲人之所需，而窮經所以致用。諸如此類，何足道哉？何足道哉？嗚呼③！人無師友，則愚誰爲之講明也者？而安得不愚？"

【注】

［一］其言曰：引文見《象山先生全集·卷八·與趙推書》。文字略有不同。

［二］問馬參牛：亦作"問牛知馬"，謂先打聽牛的價錢，即可以推知馬的價錢。語出《漢書·趙廣漢傳》。

十四　雍正十三年癸丑殿試

雍正十三年癸丑殿試，張若靄[一]已定一甲二名。折卷後，

---

① 顛倒——王本作"倒顛"。
② 倒置——王本作"顛倒"。
③ 嗚呼——王本作"嗟呼"。

大學士張廷玉[二]懇求降甲,繼以泣。乃改二甲一名。樸麗子曰:"此泣千古。人孰不欲其子之貴且尊?乃遜讓至於泣,何也?豈非稔知夫乘除消長之機,而深以盛滿爲懼與?明相國楊公[三]方開壽筵,子慎狀元及第,推杯曰:'肉爛人散時矣。'二公之意略同。然則人生升沉榮瘁①,何異浮雲之往來無定象而,豈足措意於其間哉?二公之事使人倏然意遠,然楊公知之明猶不若文和辭之固也。"

【注】

[一] 張若靄:雍正時重臣張廷玉之子。

[二] 張廷玉:張廷玉,字衡臣,號硯齋。清代安徽桐城人。大學士張英次子。康熙三十九年(1700)進士,官至保和殿大學士(內閣首輔)、首席軍機大臣。先後任《清聖祖實錄》副總裁官,《明史》《四朝國史》《大清會典》《世宗實錄》總裁官等職。卒諡文和,配享太廟。

[三] 明相國楊公:楊廷和,字介夫,號石齋。明代四川成都人。楊慎之父。歷仕憲宗、孝宗、武宗、世宗四朝。武宗時任首輔。

十五　海內三遺民

徐俟齊與宣城沈壽名、嘉興巢鳴盛[一]爲海內三遺民。川湖制軍蔡毓榮慕俟齊名,具書致名藥託幕友馮生道意。俟齊堅不受,遺書馮生,善爲辭焉。湯文正撫吳時,屛騶從兩詣山中,卒不得見,嘆息而去。樸麗子曰:"徐先生蕭然世外,介節如石,然觀其於當途雖復落落,猶存宛轉周旋意,非一味吊高者比,殆古之至心人與?昔人詩'兒女從教催白髮,山林歸隱負漁樵',區區生

---

① 榮瘁——王本作"榮辱"。

平自命頗亦不凡，白首蹯蹯猶浮沉苴蓿盤中，不及徐先生遠矣。抑君子俟命，孟子待後。待亦俟也。未知先生所謂俟者何如耳。"

【注】

［一］徐俟齊與宣城沈壽名、嘉興巢鳴盛：徐俟齊、沈壽名、巢鳴盛均明末舉人，入清後不出。

十六　朱文端公

高安相國朱文端公[一]世傳其遺表，云："萬事根本，君心所重，莫過理財用人。近唯鹽稞一事經臣條奏，尚未議行。伏思國計民生，均應籌畫。臣查額所儲一切經費寬然有餘，倘日後有言利之臣，伏乞乾斷[二]永絕。得言至用人，尤關緊要。邪正公私，心迹各判。幾微之間，最易混淆。惟審擇君子小人而進退之，此臣垂死之言也。"樸麗子曰："文端得時輔政，澤被蒼生，生死不忘國，有古大臣之風。或謂：'理財用人，義出《大學》，其誰不知？猶須斤斤耶？'不知《大學》雖無不讀，按之實事，乃見聖人大用。夫朝廷無言利之臣，而縉紳中群枉之路塞，此萬世雍熙之基也。公之爲國家計，何其遠哉！何其遠哉！"

【注】

［一］朱文端公：朱軾，字若瞻，又字伯蘇，號可亭。清代瑞州府高安縣艮下村（今屬江西高安）人。歷仕康熙、雍正、乾隆三朝，官至太子太傅、文華殿大學士，兼吏、兵二部尚書。爲乾隆帝師。居官廉潔，剛正不阿。乾隆帝御賜"帝師元老"。諡"文端"。

［二］乾斷：帝王的裁斷。

十七　杭州龍泉連學

杭州龍泉連學博年九十，鬚髮步履如五十許人。自言其四十餘讀書天鯉山，一日風聲蕭然，見道士曳杖至，狀類野豻，吳姓字妙應，宋元豐中避役入此山，今七百餘歲。嘗遇異人授以神仙之方，服食有驗，但不能飛升耳。嗣後來去倏忽。素習《易》妙諦，多昔人所未道。出《先天圖》曰："學《易》者不可不知此，堯夫只得其粗耳。"先是，體弱，面有皺纈紋，據床咯咯不止。自是，病良已，容色光澤。今閱五十年未嘗一日少不快也。樸麗子曰："堯夫深於先天學，道士謂得其粗，其所爲精者何也？將道固無窮耶？道士所得方服食有驗，其能却病延年章章矣，何必飛升？惜乎其方不傳。然學博自遇道士後，五十年未嘗一日不少快，其心境可知。蓋由道士而得天趣也。繹斯言也，則即謂其方已傳焉可。"

十八　嘉定秦簪園續娶

嘉定秦簪園大成續娶[一]。婚夕，新婦啼不止。問之，曰："妾幼許臨①村李氏，因貧休親改嫁。竊念身更二姓，名節有乖，是以悲耳。"簪園悚然曰："何不早言？幾成吾過。"乃趨避外舍，命僕召李。李至，語之故，且曰："今夕良辰，可於敝廬合巹。所有奩資舉以相贈。"李感激涕零，莫知所對。三朝後，夫婦叩謝而去。樸麗子曰："觀秦君此舉，使人心醉。夫豈有所見聞於前，而

---

① 臨——王本作"鄰"，是。

作意仿效之哉？亦惟是力行其不忍人之心，而不令邪思雜念得以闌入其中而侵薄之耳。遂能作得爽利酣暢至於如此。何其懿哉①？想彼蒼當亦顧之而喜爲之輾然一笑。"

【注】

[一] 嘉定秦篝園續娶：事見清陸以湉所撰《冷廬雜識》。是書據作者讀書所得及生平見聞記録而成，多涉清代及清以前文人學者的學行、師承、交游等情況。

十九　僧照微

僧照微受戒少林而歸，其師以故逃，莫知所往，坐未安，負囊即走。諸僧挽之曰："何往？"曰："尋吾師。"諸僧曰："汝師以忿怒出，不避死亡。聞其向西南去。西南皆深山大谷，虎豹淵藪。汝亦不避死亡耶？"照微揮涕曰："既知往西南，吾即西南行，何虎豹之足云。"去踰月無音耗。是僧素號憨和尚，群相嘆息曰："憨和尚死矣。"既而與師同歸。

二十　醉人橫路卧

樸麗子方高步乎通衢，見醉人橫路卧，叫號無狀甚，止步欲返。一杖者曰："子胡爲前却？"指醉者曰："如此安往？"杖者莞爾小語曰："子何不潛身，迤而左，從其旁，見若弗見、聞若弗聞也者而過之？"

---

① 哉——王本作"與"。

二十一　鄉之杖者年七十餘

鄉之杖者年七十餘矣，倚杖龍鍾而走。見樸麗子曰："昔余居京師，聞人之訛謏者若弗聞也，見人之角鬥者若弗見也，返居汴梁亦如之。今家居，一聞訛謏，則愓息如被重辱；一見角鬥，則愈愓息如被重傷。且將奈何？"樸麗子曰："翁何不仍居京師，仍居汴梁？"曰："老，不復能出矣。"曰："翁何不居家也，而仍居京師、而仍居汴梁？"

二十二　自古宦官之禍烈

自古宦官之禍烈矣。然如呂强[一]之剛正、張承業[二]之篤悱，士大夫中亦不多得。誰謂糞土中無菌芝哉？有明四璫[三]，尤爲凶横，國以滅亡。而張永始聽文襄[四]言，除去劉瑾，後復能保護文成於群凶交構之日。而武宗回鑾得終於豹房，永有力焉。蓋亦呂强、張承業之倫。然上下千餘年間，可稱道者只此數人耳，可不懼哉？

【注】

［一］呂强：字漢盛。東漢末年成皋（今河南滎陽）人。宦官。靈帝時封爲都鄉侯，辭不就。上書請求斥奸佞，任忠良，薄賦斂，厚農桑，開言路。靈帝知其忠而不能用。黃巾起義爆發，建言應赦黨人，誅殺貪官，考核地方官吏是否稱職。宦官大懼，紛紛召還子弟在州郡爲官者。中常侍趙忠等誣奏强兄弟爲官貪濁，靈帝派人拘捕，怨而自殺。

［二］張承業：本姓康，字繼元。唐末五代同州（今陝西大荔）人。宦官。自幼入宮，爲内常侍張泰收爲養子，後升任内供奉。乾寧三年（896）

出任河東監軍,加左監門衛將軍。執法嚴明,得到晉王李克用器重,並接受遺命輔佐李存勖。唐亡後,拒絕李存勖的封賞,仍擔任唐朝官職。梁晉戰興,留守太原,提供後勤保障。龍德二年(922),李存勖執意稱帝,張承業勸諫未被採納,憂憤而死。

〔三〕四璫:通常指明朝王振、汪直、劉瑾、魏忠賢四個宦官。王振在明英宗正統時期擅權,鼓動皇帝親征蒙古,結果英宗在土木堡被俘,王振亦在戰場被明將殺死。汪直爲明憲宗成化時權宦,掌握西廠,陷害大臣,後被黜免。劉瑾,明武宗正德時掌握大權,貪婪殘暴,大肆誅罰異己,後被凌遲。魏忠賢,明熹宗天啓時權璫,自稱"九千歲",傾害直臣,貪殘不法,後被崇禎皇帝賜死。

〔四〕文襄:楊一清,字應寧,號邃庵,別號石淙。明代南直隸鎮江府丹徒(今屬江蘇)人。成化八年(1472)進士。歷仕成化、弘治、正德、嘉靖四朝,爲官五十餘年,官至内閣首輔,精於邊務,文武全才。卒諡文襄。

二十三　崇明吳老人

　　崇明吳老人者,夫婦皆垂百歲猶無恙。初,老人生四子,鬻爲人奴。長俱能立,贖身歸,貨殖以養其父母。其養也,始議月一輪,諸婦以爲疏,易以日,猶以爲疏,乃以餐輪。每歷五日,共設饌中庭,以次稱觴上壽。孫、曾孫環列秩秩。爲小櫥,各置錢一提數十,老人每出,隨手取。爲葉子戲間,時袖錢數百,潛給同博者祈令輸,老人勝則踴躍歡笑以歸。如是數十年無異。樸麗子曰:"四子難,四婦尤難。洵爲千古佳話。抑聞是風也,使人蓼莪〔一〕之痛愈深。凡爲人子,誰不俯首?"

【注】

　　〔一〕蓼莪:《詩經·小雅》篇名。詩表達了子女追慕雙親撫養之德的情思。後以"蓼莪"指對亡親的悼念。

二十四　人生有涯

樸麗子曰:"人生有涯,遭際無涯。命之強弱,事之吉凶,有機緘焉,雖大力者莫能與之相爭也。豪傑矯強而益弊,庸夫頹唐而自廢,二者交譏。夫強者自強,不必算卦推星而無弗強也。吉者自吉,不必官占[一]詢夢而無弗吉也。雖命之理微,事會有變,而誠能安之若素、制之以義,則即弱且凶焉,而復有強於此焉者乎①?而復有吉於此焉者乎?是故,君子之道約而精,曰循循焉②唯求其在我者而無弗定。"

【注】

[一]官占:占官的卜算。

二十五　鞏學署

樸麗子至鞏學署,東壁鄰巨津,浩渺無際,青蓮萬柄,鷗鷺漁舟,飛鳴往來。於是鑿一吊窗,築天籟亭於其際,引水環其三面,映以花柳叢篁。循庭際跨亭駕石橋,寬尺餘,軒然窿起。亭柱聯曰:"有吾與點也意,知其在濠上時。"每日或坐亭中,或扶杖立橋上,亦頗有一番興致。適有鞏士自都中歸,作詩招飲亭子上。其詩云:"小亭新築甕頭春,細雨秋花也可人。屈指還鄉無幾日,想

---

① 而復有強於此焉者乎——王本作"而復有強於此者乎"。下句"而復有吉於此焉者乎",王本亦無"焉"。

② 曰循循焉——王本作"循循焉曰"。

來猶帶帝京塵。"

二十六　張文端公言

張文端公[一]言："近得一方：五官百骸,聽其煩苦,獨守方寸靈府[二]。如城堅開四門,不許憂喜榮辱、進退升沉、勞苦生死諸念闌入其中。或少疏虞,即時驅逐,而且決不作非理事及費力挽回、敗壞生平與不可告人事。凡事必求其穩,故每食必飽,臥即酣睡。有時濁酒一杯,清琴一曲,斗室中萬壑千巖。"樸麗子曰："文端制行謹愿,而神明閒泰,悠然有餘地,是謂大人。自古賢達勝士遭歷險阻、自傷時命者多矣,而公通顯順適,極人生際遇之隆,何天之於公獨厚也？然如公者,雖當拂逆難堪之境,詎能侵削搖撼於其毫末也哉？以此定其心,以此安其身,以此措之天下國家,大勳庸[三]而著旗常,爲昭代[四]名臣,冠冕何其盛與？昔余游桐城,上黃土崗,相府巋峩在望。迤而西,太夫人尹氏墓在焉。山勢秀拔,踴躍騰擲,形家[五]目爲笑獅云。"

【注】

[一] 張文端公：張英,字敦復,號樂圃,又號倦圃翁。清代安徽桐城人。張廷玉之父。康熙六年(1667)進士,累官至文華殿大學士兼禮部尚書。性謹慎厚重,深得康熙皇帝信任。先後充任纂修《國史》《一統志》《淵鑑類函》等總裁官。卒諡文端。

[二] 靈府：指心。

[三] 勳庸：功勳。

[四] 昭代：政治清明的時代。

[五] 形家：堪輿家。

二十七　王太倉相公假歸

王太倉[一]相公假歸，入山養病，戒僕人勿①言姓氏。道遇疾雨，避鄉坊，其家不容②。公曰："我好人，勿疑也。"鄉人笑曰："好人那肯六月出門？"樸麗子曰："鄉人之言甚微至[二]③。吾因之有所感焉。昔游京師，見車馬填轟，人無緩步，蓋只是爲名利忙耳，皆六月出門者類。夫拔山蓋世，無意得騅，若非鄭侯，誰識無雙國士？大抵默默中自有安頓，不須人忙。然使騅踶跇不任驅策，即非霸王之騅。蕭何不薦，即當胯下終老。忙亦何益？求則得之，而非由於求也。舍則失之，而非由於舍也。倘然④而得，亦倘然而失而已爾。君子知其然，故得不以爲喜，失不以爲戚，委身太和中，隨緣過活，從容閒泰，用自⑤適於大順。"

【注】

[一] 王太倉：王世貞。
[二] 微至：精妙。

二十八　飽食終日

樸麗子曰："夫子云：'飽食終日，無所用心。'難矣哉。此人

---

① 勿——王本作"無"。
② 容——王本作"納"。
③ 微至——王本脱"微"。
④ 倘然——王本作"儻然"。下句亦同此。
⑤ 自——王本無。

不必與之言德、言患害,即其沉沉昏昏,略無聊賴,度日如年,豈不難甚?夫人苟心得所用則定,保而不蕩,雖造次顛沛,炯然有神明之契。古人之惜寸惜分光陰致爲可愛也,而乃難也。南唐主即降至汴,有司奏其荒湎於酒。藝祖曰:'李煜若不飲酒,何以度日?'蓋深憫其難,亦夫子之意云。"

二十九　初讀書定軒

樸麗子初讀書定軒中,適出,諸客至。一客曰:"誠之性質端厚,好學有志行。今年少,青雲有路。他日,端肅事業其堪期乎?"孝廉刑儒則曰:"不然。吾觀古來立功名者,大率恢豁超拔,有倜儻不羈之概。今誠之循循謹飭,思太深,步太穩,絕不似少年人,自淑[一]而已,安能及人?"越日歸,童子以告,夷然不以屑意。及晚年,得以教職蒞任。偶與人談及定軒中語,乃感慨太息而言曰:"彼時余方二十二歲,平生孜孜,窮經稽古,亦欲少有所建立於世。今年垂七十,得一老廣文,絲毫無所表見,竟爲長者所料,能勿歉然?如何!如何!雖然,長者知我而不盡知我也。"

【注】

[一]自淑:謂獨善其身。淑,善。

三十　游吴楚於越而歸

樸麗子游吴楚於越而歸,至西華艤舟上岸。遇老人貌古厚,風致灑然,立而共語。自言其初習刑名家言,爲人幕客以餬其口於四方，既而悟其非，遽棄去，歸老於此。又言，今儒家①人人讀孔孟之書，何未聞知道者也？其無乃汩没於利欲而不返耶？抑無知道者以爲②前導耶？忽喟然嘆息揚聲曰："聖賢之道，天地所以與立人心，所以常存而不敝，安得竟晦昧隔塞如此哉？余南船北轍，幾遍天下矣，所在各殊，惟開歸陳許[一]等處猶爲近古世，而無其人也。世而有其人，其在兹土與？其在兹土與？"

【注】

[一] 開歸陳許：雍正十三年（1735）以開封、歸德（今河南商丘）、陳州（今河南淮陽）、許州（今河南許昌）四地爲開歸陳許道。道爲清代省與府之間的行政級別。

三十一　《孟子》末章本《論語》末章以立言

《孟子》末章本《論語》末章以立言。見知聞知[一]謂知道也。道，即治天下之道也。是道也，必不可不知。不知道，則雖有願治之主、靖恭之臣，而至治之澤不可復見。孟子此言非合古今聖哲而考定品題之也，其所以爲斯世斯民抱千古之憂者，至深切矣。自是有治統、道統之説③，吾不能無疑焉。道行與④上以治人，道行於下以治己。雖有廣狹捲舒，一而已矣，如何區分？必

---

① 儒家——王本作"儒者家"。
② 以爲——王本作"爲之"。
③ 説——王本作"分"。
④ 與——王本作"於"，是。

强從而區分①之,治爲何治? 道爲何道?

【注】

[一]見知聞知:見知,見而知之,指同時代的事。聞知,聞而知之,指前代的事。語本《孟子·盡心下》:"由堯舜至於湯,五百有餘歲。若禹、皋陶,則見而知之;若湯,則聞而知之。"

三十二　程伯子云

程伯子云:"吾學雖有所受,而天理乃自家體認出來。"理而曰天,蓋本於穆而不可以私意與焉者也。人若無理,而非理之理,殆尤甚焉。夫所謂體認者何也? 天下事有三:曰理,曰情,曰勢。天之發動,倚著有自然之撰,而理行乎其中。理有是非,衷諸天常。非體認,烏從而知之? 所謂君子之學,莫若廓然而大公、物來而順應者,善體認也夫。

三十三　陽明子之謫龍場

陽明子之謫龍場也,瘴癘與居,魑魅與游,而且多意外摧辱,岌岌乎不可終日,因自爲石槨以待盡。噫! 可謂困矣。然而窮居三年,磨練出繼往開來學問、掀天揭地事業,豈非困之所以成之與? 孔子曰:"烈士不困,行不彰。陳蔡,某之幸也,亦二三子之幸也。"大抵人生險阻艱難之境,皆彼蒼之所以玉成英流大丈

---

① 區分——王本作"分"。

夫。前有千古,後有萬年,何時非吐氣揚眉①?

三十四　理樂欲不樂

樸麗子曰:"理樂欲不樂。理無不足,貞[一]遇而安。安,故樂。欲無足時,行險而危。危,故不樂。子曰'君子坦蕩蕩',從理也;'小人常戚戚',從欲也。然而人多舍理從欲者,謂欲樂理不樂也。欲樂理不樂,安肯舍樂而從不樂?且夫天下不乏清謹刻厲②之士,於一切世味介然無所與。人見其異於衆也,群推以爲理學,而亦矯然自異曰理學理學③。理若不在日用應酬、飲食作息、被色別聲之中,株株焉別爲一不情苦物之詣也者。由是,理遂爲世之畏途,而惡④識夫理樂欲不樂也乎?不識理樂欲不樂,故舍理而從欲。然則知之於人也,誠大矣哉。夫亦安得使天下人人而皆知之也理樂欲不樂?"

【注】

[一] 貞:正。

① 吐氣揚眉——王本作"揚眉吐氣"。
② 清謹刻厲——王本作"刻苦清謹"。
③ 理學——衍。王本無。
④ 惡——王本作"烏"。

附　録[①]

續樸麗子序

孫道恕

易以時爲大，子曰學而時習之，曰時哉時哉，因時制宜，隨時處中，此聖人所以示天下後世神明變化之道也。自章句訓詁之學興，儒者守爲典要，往往拘文牽義，昧時勢而泥於成説，於是乎率性之道不著，而國家天下皆隱受其病而不自知。先生有憂之，既著《樸麗子》於前，復續成《樸麗子》於後。其書大約皆辨其非中之是，與夫是中之非，而一以時字爲定盤針，而迹象不參焉。學者刻苦清謹之餘，自謂執德固、信道篤矣，然不進此一步，道其所道，於世終爲礙物。所願觀是書者，悉心平氣而深究之，將必有心目開朗，恍然於前有千古、後有萬年之故，而不可以尺寸繩者矣，庶幾乎有用之學。

光緒甲午仲秋，上澣末學子忠氏謹識於梁園之悦心齋。

[①] 附録文字原載孫道恕注《續樸麗子》，清光緒二十一年王樹森刻本。

平泉自記

　　道光甲午秋八月望,《樸麗子》成帙。初以房塌幸免,感天地再造之恩,不敢虛此歲月,嘗有詩云:"沈思測帝載,怙冒知何如?無計酬高厚,還成一部書。"至是書成,接歲元日昧爽,題詩云:"空庭寂歷視茫然,抱此區區祇自憐。尚有癡情消未得,還思敦迫叩諸天。"

　　道光十五年乙未春正月朔旦,鞏縣教諭馬時芳設几,肅衣冠,出其所著《樸麗子》十九卷陳於上,焚香稽首,虔告於天。此條從《芝田隨筆》補出。

附誌

　　求人則怨尤必多,安能自得乎?自得者,正己而已。故曰:"射,有似乎君子。"反身而誠,孟子之自得也。自是厥後,周子常泰無不足,程子晨夕怡悦,邵子到處嘻嘻,皆君子之嗣音。乃其所以然者,何也?夫見其大而忘其小,非周茂叔乎?能堪人所不能堪,非程伯子乎?求人信而人不知,非邵康節乎?凡此者,大率皆從不得意時淘洗出,而其容貌形象間,亦有可得而言者:濂溪光風霽月,明道一團和氣,堯夫空中樓閣。並足使百世而下,瞻仰不盡。昔余屏居又損庵,酷慕諸先正風流,不揣固陋,思欲竊取萬一,書門楔云:"須撲去俗塵三斗,要飲乾醇醋十壺。"而卒未見湊泊也,如何如何。甲午新正望前三日,中夜夢航海遇颶風,舟幾覆,徐徐泊岸而登。見一道士披髮跣足過我前,蹀躞拍手而歌,其音琅琅可聽。醒而紀之,不解所爲。稿失已久,今忽拾得,益復惝怳,既而思之,不覺瞿然四顧,仰天而嘆曰:"嘻!道士之歌,其預知我當厄,示以朕兆,轉相慰藉乎?"蓋夢之次日黎明，住房崩塌，幸不死，感天地再造之恩，因續成《樸麗子》十九卷。是書也，內多寓言，而生平遭際略具於此。大抵皆從拂逆困衡中千錘百鍊悉力討論稱量而得之，其言頗不偆偆。未敢謂與道符合也，亦庶幾叩心而出，疏發諸義蘊，不狹不溢，粗無憾於懷來耳。道士之歌，其爲此乎？其爲此乎？然吾又烏從而質之？烏從而信之？故是夢夢。丁酉重陽，見吾道人識其歌云："咄咄無端，怎麼遇這般没情致？譸張多變態，爲鬼復爲蜮。百折千回，演成好把戲。這也短嘆，那也長噓。却不知道，是艱難中弄出一椿大好事。不覺淚紛紛，忽然笑嘻嘻。前後通盤計，好奇異哈也。不枉莽男兒一番孟浪，討盡了骯髒氣。破几，破硯，破椅。"住房崩塌，惟下榻處獨完。余尚未起。房中諸器物俱破，印盒去枕尺餘，亦從旁擊碎，印飛出二三步外。榻上余幸免糜爛耳。甲午正月十三日，七十三歲老人芳識。"人説原來世界寬，也曾屢次費參觀。忽然又見房中物，任是愁時也喜歡。"

澹翁跋[1]

是書也，凡意之所欲申，與夫卷曲不得於心者，稱情而談，略不閟匿。非云騰口，蓋不容已，庶幾少袪遺憾。嘗中夜焚香稽首，開卷而質之於天。惟是茫茫世宙，寄託無所，有奄在茲，知之者何人？竊恐他日衹流落作人家覆瓿物，亦復奈何？雖然，嶺雲可悦，石氣自青，吾將抱此區區以終老矣。

---

[1] 原注：王澹泉，新鄭人，名鈐，舉人。李文清公在京邸與商訂陽明之學。又平泉先生別號澹翁。未知孰是。

劉瑞律跋

馮虛子曰:《樸麗子》一書,余不足以知之。然往復尋繹,粗有以得其大凡焉,曰渾精粗、合内外、徹幽明、平物我、契天人、一窮達,言近指遠,詞少而意多。其於道也,濬源溯流,稱情而出,昭昭然若發矇矣。

吾師平泉夫子居又損庵中,七歷寒暑,著《樸麗子》九卷。越三十有三年,甲午春,又續爲十九卷。吾師青年嗜學,白首不怠,用力得力,略見於此書。其間議論透出一層,功夫追進一步,大約博觀約取,默會自得,順情協理,期歸至當。其於斯世斯民之故,成敗得失之機,固已惓惓款款,不遺餘力矣。

道光戊戌九月,門人劉瑞律頓首敬跋。

孫道恕跋

平泉先生《樸麗子》一書,力辨理中之欲、欲中之理,闡明率性之道,而立言之體美無弗備,早已膾炙人口矣。然能神而明之、默會自得者,自文清李公暨先生高弟敦五馮公諸人外,指難多屈,其故在心之不精,而非關言之不備也。不揣固陋,已取《樸麗子》前册摘要録出而僭注之,謂即此已足揭先生之苦心,標斯道之的傳,而善身世之用矣。癸巳夏,復獲閲《樸麗子》續集,其寄意益深,其用心愈苦。竊嘆先生憂世之心之無已也。然區區終恐務於博而卒無所得,輒復擇其尤要者録出十之七八,循前例贅以注語,其他或説非特出,或意涉重複者,仍略從刪節。以此書未經付梓,固爲先生未定之本也。吾輩讀古人書,但求洞澈本原，自能因心作則。徒務博覽而未有心得，或道聽塗說，或刻舟求劍，既讀以後與未讀以前，器宇識量未見判若兩人，雖博亦奚以爲哉？至此書，皆就實事發揮，無語録空談性命之習，而性命自流行發見於其間，撤盡理障，中道而立，潛契默悟，惟俟能者從之耳。

甲午季秋中浣，末學子忠氏載識。

王樹森跋

余賦質魯鈍，兼汨舊習，不知所謂學，又烏知所謂道？光緒乙未春因師子忠先生，得讀馬平泉先生《樸麗子》一書，暨師注語，心欣欣不自禁。舉平日所不敢一言道及者，今始知聖賢之道，乃愚夫婦所共由，而不客自外。躍然曰："是即《中庸》所謂'道不遠人'者乎？"流連省覽，莫能已已。顧此書舊無完本，爰與同窗友吳君新甫請於師，削删以公諸世，則是書不没於六七十年之後，如前跋所云，流落作人家覆瓿物，或不負平泉先生憂世之苦心與？

光緒乙未秋八月中澣後生王樹森謹跋。